BIBLIOGRAPHIE

COMPLÈTE, ANALYTIQUE, RAISONNÉE ET PAR ORDRE ALPHABÉTIQUE,
DE TOUS LES OUVRAGES CONNUS EN TOUTES LES LANGUES,

SUR LE

JEU DE DAMES,

SOIT A LA FRANÇAISE, SOIT A LA POLONAISE,

PAR

Frédéric ALLIEY, Magistrat.

TROISIÈME ÉDITION,

REVUE, CORRIGÉE ET TRÈS-AUGMENTÉE PAR LUI-MÊME,
AUTEUR DE LA BIBLIOGRAPHIE ÉGALEMENT COMPLÈTE
DE TOUS LES OUVRAGES QUI ONT PARU

SUR LE

JEU D'ÉCHECS,

COMPOSÉE DE PLUS DE SIX CENTS ARTICLES
CONCERNANT LES AUTEURS SPÉCIAUX RELATIFS A CE JEU,
OU LEURS TRADUCTEURS,
ET D'ENVIRON QUATRE CENTS AUTRES TOUCHANT DIVERS ÉCRIVAINS
DANS LES LIVRES DESQUELS
IL EN EST PLUS OU MOINS PARLÉ PAR OCCASION,
ET DE LA BIBLIOGRAPHIE DES OUVRAGES PUBLIÉS

SUR LE

JEU DE TRIC-TRAC.

COMMERCI,
CH. CABASSE, IMPRIMEUR-LIBRAIRE.
1852.

« L'on comprend facilement, par cette petite *Bibliographie* des ouvrages sur le Jeu de » Dames, toute l'importance de celle vraiment plus intéressante, sur le Jeu des Échecs, dont » l'auteur a maintenant le manuscrit entièrement terminé et prêt à livrer à l'impression. (Elle » demanderait environ vingt-cinq feuilles.)

» Les recherches immenses faites pendant plus de trente ans à ce sujet, et les soins minu- » tieux avec lesquels il a réuni les moindres renseignemens, lui ont permis de pouvoir donner » des analyses complètes de tous les nombreux ouvrages qui la composent; de telle façon, » qu'avec cette bibliographie, chacun pourra connaître parfaitement tout ce que contiennent » les divers livres publiés chez toutes les nations et à toutes les époques sur le Jeu des Échecs. » C'est, en un mot, un compte rendu fidèle et le plus exact de la curieuse et surprenante » *Bibliothèque échiquéenne*, que l'auteur possède en presque totalité.

» Nous regrettons beaucoup que ses dimensions soient dans des proportions trop gigan- » tesques pour le PALAMÈDE, qui, sans cela, eût sollicité du savant bibliographe, la faveur » d'éditer ce prodigieux catalogue. » (*Note de M.* ST.-AMAND, *éditeur de la 1re édition.*)

RÉCAPITULATION DES CINQUANTE DIVERS OUVRAGES SUR LE JEU DE DAMES COMPOSANT CETTE BIBLIOGRAPHIE ET PRÉSENTÉS EN DEUX TABLEAUX.

PREMIÈRE DIVISION.

EU ÉGARD AUX LANGUES DANS LESQUELLES ILS ONT PARU.

ALLEMANDS.	ANGLAIS.	ESPAGNOLS.	FRANÇAIS.		HOLLANDAIS.	ITALIENS.
Koch. Tolden. Waidder. Zimmerman.	Anderson. Bohn. Drummond. Painter. Payne. Pohlman. Reuben-Roy Sturges. Twis. Walker.	Canalejas. Garces. Montero. Rica. Torquemada Wells.	Académie. Alliey. Blonde. Boilly. Commard. Dufour. Encyclopéd. Everat. Ferrant. Grégoire. Jaffa. Laclef.	Lallement. Leleux. Maillet. Mallet. Michellerie. Manouri. Manuscrits. Palamède. Philidor. Poirson. Quercetano. Van-Tenac.	Embden(Van)	Sonzogno.
					LATINS.	**RUSSES.**
					Hyde.	Petroff.

SECONDE DIVISION.

AUQUEL DES DEUX JEUX ILS S'APPLIQUENT.

À LA FRANÇAISE.		À LA POLONAISE.	
Académie. Alliey. Anderson. Bohn. Boilly. Canalejas. Drummond. Ferrand. Garces. Hyde. Koch. Mallet. Manuscrits. Michellerie (de la). Montero.	Painter. Payne. Petroff. Pohlman. Quercetano. Reuben-Roy. Rica. Sturges. Tholden. Torquemada. Twiss. Waidder. Walker. Wells.	Académie. Alliey. Boilly. Blonde. Bohne. Commard. Dufour. Embden (Van). Encyclopédie. Everat. Ferrand. Grégoire. Jaffa. Koch. Laclef.	Lallement. Leleux. Maillet. Manouri. Michellerie (de la). Palamède. Petroff. Philidor. Pohlman. Poirson. Sonzogno. Twiss. Van-Tenac. Waidder. Zimmerman.

BIBLIOGRAPHIE
DU JEU DE DAMES.

ACADÉMIE DES JEUX, contenant les principaux jeux de hasard, de cartes et de combinaisons, publiées d'abord sous les titres de *Maison des jeux Académiques*, ou de *Maison Académique des jeux*, ou encore sous ceux de *Nouvelle Académie des jeux*, de *La plus nouvelle Académie des jeux*, d'*Almanach*, d'*Album*, d'*Encyclopédie*, de *Calendrier des jeux*, etc., etc... Enfin dans tous les *Recueils de jeux*, émis dans toutes les langues, dans tous les pays, à toutes les époques et dans tous les formats, même en simples tableaux ou petits cartons.

Quand ils sont un peu complets, il s'y trouve presque toujours un *Traité* plus ou moins développé du jeu de Dames, ordinairement la réimpression de celui le plus en vogue au moment où il paraît.

ALLIEY (Camille-Théodore-Frédéric), né le 9 février 1799, à Briançon, département des Hautes-Alpes; auteur de diverses productions littéraires sur le jeu des Échecs et d'un grand nombre de traductions en langue française d'ouvrages étrangers sur ce même jeu.

BIBLIOGRAPHIE COMPLÈTE, *analytique, raisonnée et par ordre alphabétique, de tous les ouvrages connus en toutes langues sur le jeu de Dames, soit à la française, soit à la Polonaise*. Paris 1847, in-8° de 20 pages.

1re Edition, insérée dans le Palamède, revue mensuelle des Échecs et autres jeux, vol. de 1847, de la 349e à la 368e page, ne contient que trente articles.

2e Edition, revue, corrigée et augmentée par lui-même; Commerci, chez Ch. Cabasse, imprimeur-libraire, 1850, grand in-8° de 28 pages.

Elle contient trente-deux articles, deux de plus que la précédente édition, et quelques développemens dans certaines analyses; elle n'a été tirée qu'à quarante-cinq exemplaires.

L'accueil de plus en plus obligeant que les nombreux amateurs du jeu de Dames, ainsi que les principaux Bibliographes et Bibliophiles ont bien voulu continuer à cette petite Bibliographie; la bienveillance que tous ceux que j'ai eu l'honneur de voir dernièrement à Paris et à Londres, durant un assez long séjour que je viens de faire dans chacune de ces deux capitales, ont daigné me témoigner personnellement, m'a fourni le moyen de réunir, à bien peu de choses près, tout ce qui a paru de plus important sur notre savant amusement, le jeu de Dames, le frère cadet des Échecs et son intéressant satellite, que l'astre principal ne doit pas faire négliger.

J'ai acquis 20 ouvrages de plus sur les Dames, j'en possède maintenant 40 sur 50. Je m'empresse de leur faire part ici des nombreux et curieux documens que je viens de recueillir, ce qui va augmenter d'un tiers mon travail. Je le mets toujours sous la protection de nos grands maîtres à ce jeu pour m'aider à l'améliorer et le compléter à leur plus grande satisfaction Il ne me manque plus que les analyses des deux livres espagnols de Montero et de Torquemada, dont je n'ai qu'indiqué les titres, n'ayant encore pu me les procurer ni trouver l'occasion de les voir nulle part : je serais très-obligé à celui qui, plus heureux que moi, pourra les rencontrer, de vouloir bien me gratifier de leur description la plus détaillée.

J'ai complété, enrichi et orné autant qu'il a dépendu de moi, tous les ouvrages que j'ai acquis sur le jeu de Dames; savoir : ceux en langues étrangères par leur traduction, ceux dont les expositions, démonstrations ou solutions ne sont qu'en chiffres ou lettres, en les illustrant de diagrammes représentant leurs positions; presque tous les français en les ornant de la jolie petite gravure de Commard.

J'ajouterai qu'en échange de quelques ouvrages sur le jeu des Échecs, qui manquaient à ma collection, j'ai cédé tous les divers manuscrits que j'avais réunis, y compris celui inappréciable de Blonde, à M. Poirson, de Commerci, Meuse, amateur du jeu de Dames, aussi laborieux que zélé, qui, comme j'en étais certain, après les avoir mis en ordre, terminés et encore bien améliorés, les fait paraître dans ce moment dans sa riche et surprenante Encyclopédie qu'il imprime actuellement : l'analyse du prodigieux contenu de cette œuvre remarquable sera ci-après à sa place. Je me félicite donc sincèrement d'avoir ainsi pu contribuer à décider M. Poirson à nous gratifier de son immense et précieuse collection, qui sera certainement la plus étendue qui ait jamais paru sur notre beau jeu.

J'ai acquis la certitude qu'en Angleterre, le seul jeu de Dames à la française est celui qui est le plus généralement pratiqué; c'est ce qui nous explique pourquoi presque tous leurs ouvrages sont sur le jeu à la française.

ANDERSON (A).

GUIDE *to the Game of Draughts, containing upwards of seven hundred Games.*

(*Guide du jeu de Dames*, à la française, *contenant plus de sept cents coups*).

Lanerk : By R. Wood, 1848, in-12 de 74 pages.

Après le titre, au verso duquel se trouve la dédicace de l'auteur à David Brown Esq., le traité commence par une préface historique en trois pages signée des initiales A. A. de l'auteur. Suivent une page et demie de remarques générales, une donnant sept règles de ce jeu et une autre contenant un damier de 64 cases numéroté de 1 à 32 sur les cases noires. Viennent après, de la page 7 à la page 73, cinquante-huit parties entières. La dernière page renferme une douzaine de situations critiques, de coups singuliers. Le tout imprimé sur cinq colonnes par page.

L'on reconnait par ce court exposé que le titre n'est pas exact, à moins que l'auteur, en annonçant sept cents coups, n'ait voulu parler de tous ceux qui peuvent se présenter dans les 58 parties entières qu'il donne.

BLONDE, naturaliste, dit le *Marchand de cure-dents* (décédé à Paris, le 9 février 1819, à neuf heures du soir, dans sa 79e année).

COUPS *brillans et fins de parties*, extraits d'un manuscrit intitulé : *Analyse du Jeu de Dames à la polonaise.*

Paris, café Manouri, an VI (1798), in-8° de 40 pages.

Les six premières contiennent le titre et une introduction enrichie dans la plupart des exemplaires de la signature autographe de l'auteur ; les autres la position et l'exécution raisonnée de 34 coups ou fins de parties, dont un par page : 26 sont de l'auteur, 4 de joueurs de première force qu'il ne désigne pas, et les quatre autres de Bertrand, Combet, Dufour et Lamontagne.

Avec une planche représentant un Damier numéroté, du haut en bas, sur les cases blanches, de 1 à 50, destiné à diriger, pour la démonstration des coups, et devant être placé à la fin du volume, de manière qu'étant déployé il soit en regard.

Comme le porte le titre de cette brochure, *Blonde*, à la fin de sa courte introduction, annonce qu'il va publier une Analyse du jeu de Dames, travail différent de celui de Manouri, qui, ayant dit tout ce qu'il est possible d'émettre sur les règles générales de ce jeu, sera destiné à lui servir de supplément, étant composé de parties entières, commencées et mises à fin par deux joueurs de première force, démontrant les dangers de certaines positions, et dans lesquelles ils trouveront la seule manière de bien jouer les pions; qu'enfin un grand nombre de fins de parties et de très-beaux coups viendront à l'appui de ses observations qui, ajoute-t-il, ne laisseront rien à désirer.

L'excellence de ce bon petit recueil, la longue pratique et l'expérience profonde de *Blonde*, qui a été toute sa vie le premier et le plus fort joueur de Dames connu partout, ayant battu tous ses antagonistes pendant plus de quarante ans, nous fait sincèrement regretter, comme à tous les vrais amateurs, qu'il n'ait pu tenir sa parole.

On y comptait tellement que l'émission même de cet excellent ouvrage a été annoncée différentes fois par plusieurs joueurs et divers bibliographes. Mais je puis assurer qu'il n'a jamais paru; car j'ai acquis, en 1823, ce précieux manuscrit, non entièrement terminé, qui consiste dans le projet d'un traité complet divisé en quatorze chapitres sur l'historique, les règles, l'exposition des élémens, de la théorie et de la pratique du jeu de Dames. La base de ce travail était d'environ 180 coups ou fins de parties du fameux *Blonde* lui-même; quelques parties entières, un grand nombre d'autres coups ou problèmes par lui choisis et appréciés, extraits des meilleurs auteurs. La plupart des chapitres bien avancés, du moins leur projet, et assez faciles à compléter par les indications de ce qu'ils doivent contenir, dont des fragmens sont même déjà préparés dans des cahiers particuliers. Je disais dans ma 1re édition de cette bibliographie, que j'étais tout disposé, après l'avoir mis en ordre et au net, à le livrer à un bon éditeur intelligent, qui voudrait le faire paraître d'une manière convenable. J'ai immédiatement reçu maintes propositions, et je me suis décidé à celle que j'ai indiquée à la fin de mon article.

BOHN (Henri-G.) Libraire à Londres et éditeur de plusieurs ouvrages. HAND-BOOD *of Draughts Game.* (*Manuel du jeu de Dames*). Londres, H. Bohn, 1850, in-8° de 106 pages.

Quelques lignes historiques sur le jeu de Dames, un paragraphe sur les livres principaux qui en traitent, l'exposition des principes élémentaires de ce jeu, la position de ses pièces représentée sur deux Damiers, l'un avec des pièces, l'autre simplement avec des numéros sur les cases qu'ils doivent occuper; les règles de ce jeu qu'il réduit à douze, font la matière des dix premières pages. De la 11e à la 55e il donne les 69 parties de Dames de Sturges, dont plusieurs avec variantes; de 55 à 94, représentés sur 150 Damiers dont 6 par page sont figurés le même nombre de coups curieux du même auteur Sturges, suivis de leurs solutions. Puis également sur autant de Damiers aussi suivis de leurs solutions, il rapporte douze coups remarquables d'un M. Martin, qu'il désigne comme le plus fort joueur de Dames de Londres.

Enfin, dans les neuf dernières pages seulement, dont la première commence par un Damier de 100 cases numéroté de 1 à 50 sur les cases blanches, il aborde bien succinctement le jeu *de Dames à la polonaise*, dit quelques mots historiques, en énonce les principes et en donne deux parties annotées.

Il faut remarquer que les 52 feuillets contenant toutes les solutions, sont imprimés chacun sur six colonnes de 49 lignes à la page, ce qui réduit singulièrement le volume que l'on aurait pu donner à ce recueil si l'on avait voulu l'étendre.

M. Bohn, lui-même, un des plus forts joueurs de Dames d'Angleterre, est en même tems un homme aussi instruit qu'aimable et obligeant. Il a eu la bonté de me céder les onze ouvrages anglais sur ce jeu, faisant partie de sa bibliothèque particulière, que sans cela je n'aurais pas encore; car malgré mes recherches dans toutes les principales librairies de Londres, je n'en avais pas trouvé un seul. Il ne me manque plus que celui de Painter, qui est fort rare. M. Bohn m'a assuré n'avoir jamais pu même le voir nulle part.

BOILLY.

De 1810 à 1820 il a fait paraître à Paris une charmante lithographie de 35 centimètres de largeur sur 26 de hauteur, marges comprises, dont l'encadrement du fond noir n'a que 23 centimètres sur 18, sur le dessin qu'il en avait fait lui-même, représentant douze figures en pieds également soignées et bien faites. Elle est intitulée : *Le jeu de Dames.*

Sept amateurs du jeu de Dames, presque tous d'un âge mûr, dont deux font la partie, sont assis autour d'une table et paraissent tous participer très-attentivement aux coups qui s'exécutent respectivement. Cependant quatre, ceux du côté droit en regardant le tableau, semblent plus calmes et satisfaits, tandis que la préoccupation et la peine se distinguent sur la physionomie plus sévère des trois opposés, dont l'anxiété, surtout de celui qui tient le jeu, est frappante. Les cinq autres, tous debouts et en deux groupes séparés, sont censés raisonner à part de la position délicate de la partie. Toutes ces figures vraiment aussi naturelles que pleines d'expression, quoique quelques-unes légèrement grotesques, font honneur au crayon de Boilly, si adroit à saisir les scènes de caractères, et je crois, comme on me l'a assuré, que ce sont les ressemblances réelles des principaux maîtres du jeu de Dames qui fréquentaient, durant la période que j'ai indiquée, le café Manouri, rendez-vous bien connu depuis plus d'un siècle, de tous les adeptes de ce beau jeu.

CANALEJAS (Juan-Garcia) habitant de la ville de Grenade.

Libro *del juego de las Damas, divido in tres tratados, en Çaragoça*, por Juan Nogves, año 1650, in-4° de XIV et 144 pages; dédié à don Juan-Baptiste Pertysa, chevalier de la ville de Neustra, seigneur de Montese, de la cité de Valence.

Les XIV pages sont pour le titre, l'approbation, l'avis au lecteur, la dédicace, les lois du jeu.

Suit le premier traité qui, en 82 numéros, donne 80 parties qui ne sont jouées qu'avec des pions;

Puis le deuxième en contient 100, jouées avec des Dames contre des Dames;

Enfin le troisième, en 27 numéros, en expose 30 de deux Dames contre deux autres Dames, dont les quatre dernières pages sont de simples coups ou fins de parties.

Le volume se termine par un Damier à la française de 64 cases numéroté sur les blanches. Ce livre, qui ne traite que du jeu à la française, a été imprimé pour la première fois vers 1610.

COMMARD (Laurent), amateur et fort joueur de Dames.

Deux cents nouveaux problèmes récréatifs du jeu de Dames à la polonaise, d'une difficulté progressive, et propre à fortifier les amateurs, avec leurs solutions; avec gravure.

Paris, Guillaume, 1823, in-12, sans numérotage de pagination, mais de 115 feuillets, ou 230 pages.

La jolie petite gravure annoncée est en regard du titre et porte pour souscription *Café Manouri*. Elle représente bien distinctement douze personnes. Deux joueurs assis de chaque côté d'une table (Blonde et Clérambault) fesant la partie de Dames qui sont entourés de divers spectateurs ; et d'autres qui s'amusent différemment ou lisent les journaux. C'est la perspective de la salle de ce café si renommé depuis plus d'un siècle pour la réunion des joueurs de Dames. Tous les amateurs savent que cet établissement est au coin de la place de l'École, du côté du quai du Louvre, à la descente du Pont-Neuf à Paris.

Les 18 premières pages contiennent les titres, l'introduction et la figure d'un Damier de 100 cases numéroté sur les blanches.

Le reste, qui forme le corps de l'ouvrage, consiste en deux Damiers par page sur le recto de chaque feuillet, ayant en regard sur le verso du précédent, l'exécution en chiffre de chaque coup dont la position est figurée sur les Damiers correspondans, qui sont, exécution et Damier, numérotés de 1 à 200.

Viennent ensuite les Nos 29, 105, 111 et 251, reproduits de la même manière comme coups rectifiés.

Le volume se termine par les errata, qui sont assez nombreux.

Cette collection intéressante se divise en trois séries, savoir :

1re Série, 24 coups de pions sans Dame, faits en jouant ;
2e — 150 coups de pions sans Dame, composés ;
3e — 26 coups de Dames Damées.

Ce sont de nouveaux problèmes, neufs dans leurs moyens, qui présentent une position naturelle, et sont, en grande partie, composés de pions sans Dame, ce qui n'a été qu'accessoirement traité dans tous les autres ouvrages. Ce livre est donc plus classique, car il importe d'apprendre à faire une Dame avant d'apprendre à la faire agir.

Commard, dans son introduction, page 8, prétend que le jeu de Dames inépuisable dans ses calculs, surpasse en imagination tous les autres jeux, sans en excepter celui des *Échecs*. Il entre à ce sujet, dans diverses considérations et raisonnemens qui ne convaincront aucune personne familière avec les deux jeux.

DRUMMOND (John).

THE SCOTISCH DRAUGHT *Player ; or the Theory and Practice of that scientific Game, familiary illustrated according to the latest and most approved Mode with numerous improvements, critical situations, etc., etc.....* *Containingupwards of* 700 *select Games.*

(*Le profond joueur de Dames, ou la théorie et pratique de ce jeu savant, expliqué simplement suivant la manière la plus usitée : avec un grand nombre de positions critiques expliquées, contenant encore plus de 700 coups choisis*).

Falkirk : printed for the Author, 1858, in-4° de 66 pages.

L'on remarque d'abord en regard du titre un joli frontispice représentant deux amateurs assis chacun d'un côté d'une table, fesant la partie de Dames ; ils sont enfermés dans une espèce d'écusson, formé par deux grandes branches de fleurs, qui l'est lui-même dans un encadrement qui entoure toute cette page.

Après le titre, un second feuillet pour la dédicace à W.-R. Ramsay, signée par l'auteur, un pour la préface, un pour les règles du jeu et deux pour une introduction en tête de laquelle se trouve un Damier de 64 cases garnies sur les noires de pions et en même tems de numéros.

Il donne, de la page 12 à la 61, chacune imprimée sur cinq colonnes de doubles chiffres, quarante-neuf parties entières, toutes avec de nombreuses variantes, puis il termine dans les cinq dernières pages, par les positions et solutions de cinquante-deux fins de parties ou coups intéressans du jeu de Dames *à la Française*, car il ne traite que de ce seul jeu.

Je répéterai pour ce livre ce que j'ai dit au sujet de celui d'Anderson, que l'on ne peut y trouver les sept cents coups annoncés par le titre, qu'en les prenant dans ceux compris dans les parties entières.

Cet ouvrage est du reste très-bien et correctement imprimé.

DUFOUR (M.)

Recueil *de Coups de Dames* (à la Polonaise), *et de fins de parties difficiles*.

Paris, Everat, 1808, fort in-12, ne portant aucune pagination, mais de 258 feuillets, ou 516 pages, divisé en deux parties distinctes, savoir :

La première, après deux feuillets de titre ou avis, se compose de 156 feuillets ou 312 pages, avec les dessins très-bien imprimés de deux Damiers par page, représentant autant de coups de Dames, et portant chacun le nom de leur auteur, ce qui fait en tout 624 damiers ou coups figurés.

La seconde partie que l'on peut dire de texte, quoique entièrement en chiffres, a 100 feuillets ou 200 pages, dont les 16 premières pour les titre, préface, explication, figure d'un Damier modèle numéroté sur les

50 cases blanches, et les 184 autres pour l'analyse des 624 coups ou fins de parties. Ainsi, l'exécution ne se trouve pas en regard des figures.

Les six dernières pages contiennent une table ou liste par ordre alphabétique des noms d'auteurs, et le nombre de coups dont chacun est l'inventeur, parmi lesquels je ne citerai ici que ceux d'auteurs d'ouvrages sur la matière :

Blonde, 68 coups ; Dufour, 50 ; Éverat, 17 ; Laclef, 1 ; Manouri, 8 ; Philidor, 6 ; Commard, 11, et les autres sont tous d'amateurs plus ou moins forts.

C'est encore un bien bon et très-riche recueil des coups les plus intéressans des premiers maîtres, que l'on est heureux de trouver ainsi réunis. L'auteur ne s'y est pas arrêté exclusivement aux grandes difficultés ; il a eu le bon esprit d'y insérer un petit nombre de coups d'une structure moins abstraite et plus à la portée des joueurs secondaires.

La variété de cette collection a été ménagée avec beaucoup d'intelligence. Il y a sauvé l'ennui des formes didactiques. A côté d'un coup où des Dames sont en opposition, il en a placé un autre qui n'est composé que de pions simples ; et à la suite d'une combinaison de première force, dont les tems sont très-cachés, dont la situation est compliquée et difficile à saisir, il fait venir un coup élégant qui n'est pas trop chargé, ou une fin de partie qui soulage l'esprit et lui fait faire, pour ainsi dire, une pause.

J'ai fait un bien grand travail pour décomposer et ranger d'une autre manière celui de Dufour : je l'ai divisé en deux cahiers, l'un ne comprenant que les coups dans la composition desquels il n'entre que des pions contre des pions, et j'en ai trouvé 233 ; l'autre, dans la composition desquels entrent des pions combinés avec des Dames, et il y en a 391, qui font bien le total de 624.

J'ai rangé dans ce premier cahier ces 233 coups dans le même ordre qu'ils occupent dans l'ouvrage de l'auteur.

Et ainsi, les 11 premiers coups contiennent autant de fins de parties.
Du n° 12 à 15, les 4 suivans ont lieu au IIIe trait.
—— 16 à 37, les 22 —————— au IVe.
—— 38 à 75, les 38 —————— au Ve.
—— 76 à 129, les 54 —————— au VIe.
—— 130 à 191, les 62 —————— au VIIe.
—— 192 à 224, les 33 —————— au VIIIe.
—— 225 à 230, les 6 —————— au IXe.
—— 231 à 233, les 3 —————— au Xe.

J'ai encore classé par une table ces mêmes 233 coups d'après leur difficulté présumée en raison du nombre de pions dont ils sont composés.

Dans le second cahier j'ai également, adoptant le même ordre, classé mes 591 coups d'après leur difficulté présumée, suivant qu'ils se composent de plus ou moins de pions ou de Dames, les fesant suivre des coups où les noirs se trouvent enfermés, puis des coups doubles, triples, quadruples, des coups de 7 et de 8, et enfin des coups les plus difficiles proposés comme problèmes.

C'est donc une des meilleures collections sur le jeu de Dames, fruit de nombreuses veilles et d'une constance de vingt-cinq ans de l'auteur, qui n'y a admis que des choses neuves ou dignes de fixer l'attention ; ce qu'il était bien à même de discerner, étant très-fort à ce jeu.

C'est en un mot, le recueil le plus brillant, le plus extraordinaire qui ait jamais paru sur les Dames à la Polonaise ; il est rempli de coups dont plusieurs sont des chefs-d'œuvres de combinaison : pour en sentir tout le mérite, il faut être aux Dames d'une grande supériorité.

Un heureux hasard a procuré à l'éditeur de l'*Encyclopédie du jeu de Dames* des manuscrits qui sont de Dufour et qui étaient possédés par Blonde, où s'est trouvée une belle série de coups que Dufour était dans l'intention de mettre au jour, et qui sont entrés dans l'*Encyclopédie* publiée par M. Poirson. C'est une excellente acquisition pour les Damistes.

EMBDEN (Ephraim Van) d'Amsterdam.

VERHANDELING *over het Damspel, waar in deszelfs aard, en grondegelen, midsgaders verschillende loop, zamenschkkengen en werkingen, practikaal aangetoond worden ; Vorrykt met omtrent* 200 *Proeven van Kunstige Positien en slegen, welke daarin voorgesteld en opgelost worden. Oorsprongelyk Zamengesteld, door Ephraim Van Embden.*

TRAITÉ *sur le jeu de Dames, dans lequel les principes ainsi que les différentes marches et combinaisons sont déterminées par la pratique ; enrichi d'environ* 200 *exemples de positions et de coups subtils, qui y sont proposés et résolus pour la première fois dans le meilleur ordre, par Ephraim Van Embden.*

Amsterdam, Crajenschot, 1785, in-8° de XXIV et 286 pages.

Sur beau, fort et bon papier collé, très-bien et correctement imprimé aux dépens de l'auteur.

Les XXIV, après les titres, donnent le privilége, une liste de trois cents souscripteurs, l'avant-propos, puis la table des douze chapitres qui divisent le traité.

On trouve dans le supplément de la liste des souscripteurs, un Joachim Van Embden, docteur médecin, sans doute parent de l'auteur.

Les six premiers chapitres, de la page 1ère à la page 89, contiennent l'exposition de l'historique du jeu de Dames, de ses élémens et de ses règles, la démonstration et l'explication du jeu, ses principes généraux et particuliers rendus sensibles par des exemples ou coups qui y sont mêlés.

Le VIIe chapitre donne, de 89 à 114, l'exposition, la simple situation une série de 50 coups de Dames avec tel nombre de pions ou de Dames contre tel autre.

Le VIIIe, de la page 114 à la page 158, une autre exposition d'une nouvelle série de cent coups ou fins de parties, aussi destinés à être exécutés avec divers nombres de pions et de Dames contre tel autre.

Les quatre derniers, de 158 à 281, l'analyse où sont les solutions de ces coups.

Le tout bien raisonné et expliqué avec de nombreux renvois et des variantes.

Enfin le volume se termine par deux tables des deux séries de coups qui composent cet ouvrage, entièrement écrit; car ce livre n'est pas orné de diagrammes ou Damiers pour représenter la position des coups.

Le plus grand nombre de ces coups sont fort intéressans.

Les coups sont écrits en chiffre et le Damier est numéroté à l'ancienne manière, du bas en haut, sur les cases noires, de 1 à 50.

J'ai traduit tous les coups donnés par Embden, c'est-à-dire que j'en ai figuré toutes les positions sur des Damiers, en y portant de plus sur les marges leurs solutions en chiffres, ce qui forme un second volume.

Gabriel Dufour, libraire à Paris, disait en 1822, que ce livre ne se trouvait plus dans le commerce, mais in-folio avec des figures; ce qui ferait supposer qu'il y en a eu une édition, de 1785 à 1822. Malgré bien des recherches à ce sujet, je n'ai pu vérifier l'exactitude de ce fait, qui est assez douteux à mon avis. Mais ce qu'il y a de certain c'est qu'il y en a paru une nouvelle édition aussi en langue hollandaise et à Amsterdam en 1848, in-8° de 212 pages, tables non comprises, qui est ornée d'un Damier gravé, numéroté de 1 à 50 sur les cases noires, mais sans autre figure ou diagramme. L'avant-propos porte la signature E. Van Embden, suivie de quelques lignes signées De Uitgever (l'éditeur) datées d'Amsterdam le 1er septembre 1848. La liste des souscripteurs n'a pas été reproduite. A la fin du volume il y a une page adressée au lecteur où trois coups sont modifiés.

Encyclopédie méthodique *par ordre de matières, par une société de Gens de lettres, de Savans et d'Artistes.* Paris, Panckouke, 1792, in-4°.

Dictionnaire des jeux, pages 42 et suivantes, au mot *Dames*, se trouve un long article sur ce jeu, en 22 pages à deux colonnes, donnant :

L'exposition du jeu de Dames, la division des joueurs en classes ; trente-huit règles de ce jeu, des observations sur la remise de la partie, sur ce que c'est que d'avoir le coup, sur le tant pour tant, le coup de repos, la lunette, la dame, diverses positions ; enfin un vocabulaire des termes usités à ce jeu.

Et dans le *Dictionnaire des jeux mathématiques*, fesant suite au Dictionnaire des jeux. Paris, H. Agasse, an VIII, in-4°.

De la page 38e à la 54e, au même mot Dames, un article de seize pages contenant : 45 coups extraits de la seconde édition de *Manouri* de 1787, et 17 coups du petit ouvrage de *Blonde*.

ÉVERAT (A. A.) ancien commissaire-général de la société philantropique de Paris.

Manuel *des Amateurs du jeu de Dames à la Polonaise, ou choix de fins de parties et de coups de Dames amusans et instructifs, figurés sur des planches et à la portée des joueurs de toutes les forces. Ouvrage où l'auteur n'a rien inséré de ce qui se trouve dans les recueils déjà publiés.* Paris, Éverat fils, imprimeur-libraire, 1811, in-12 de 372 pages.

Savoir : 132 de texte, dont 25 pour le titre, la préface et les règles ; ensuite le reste pour l'explication des 456 coups de Dames ou fins de parties contenues dans le Manuel : 423 coups sont de l'auteur, et les 33 autres de divers qui y sont désignés. Ces 456 coups sont figurés sur autant de diagrammes ou Damiers, dont deux par page, formant les 120 feuillets restant qui complètent le volume.

On peut les diviser en deux catégories, et c'est ce que j'ai fait : une qui ne comprend que des coups dans lesquels il n'entre, de part et d'autre, que des pions, et j'en ai trouvé 195 ; l'autre, dans laquelle figurent aussi des deux côtés des Pions et des Dames, et qui a 261 coups. Je les ai réunis en deux volumes distincts, et tous sont figurés sur autant de Damiers avec leurs solutions au bas ou sur les marges; je les ai également tous classés dans l'ordre progressif de leur difficulté présumée.

C'est une collection élémentaire pour préparer le commun des amateurs à l'intelligence des traités, un livre où les finesses du jeu sont développées avec moins de complication, où les joueurs de toutes les forces peuvent trouver sans fatigue l'agrément à côté de l'instruction.

Dans ce choix de fins de parties et de coups de Dames mis à la portée des diverses classes de joueurs, il y en a de très-simples, d'autres un peu plus compliqués, d'autres encore qui embarrasseront quelquefois les plus habiles; d'autres, enfin, d'une difficulté majeure et qui exigeront une grande contention d'esprit.

Il est à regretter qu'ils ne soient pas classés comme je l'ai fait, par degré de force, ce qui, à la vérité, n'est pas chose facile, parce que ce qui paraît aisé aux uns devient pour les autres un sujet de réflexion.

On peut appeler cet ouvrage *Les Stratagèmes du Jeu de Dames*, car il en contient de vraiment curieux et intéressans. Il faut que ce savant auteur se soit bien et long-tems occupé de ce beau jeu, la passion de toute sa vie, pour être ainsi parvenu à faire cette collection aussi précieuse qu'étendue.

Presque toute la préface d'Éverat est une intéressante discussion de tous les principaux avantages du jeu de Dames, mis en rapport avec le jeu des Échecs, auquel il ne veut pas céder la prééminence, prétendant que c'est à tort que bien des personnes veulent y trouver plus de difficultés qu'à celui des Dames; que c'est sans doute par suite de sa grande antiquité et de l'habitude que l'on a de parler de ses combinaisons, que l'on se laisse aller à le préférer au jeu de Dames. Enfin, dans son langage d'enthousiaste, l'écrivain aussi passionné que distingué, termine ainsi :

« Ne croyez pas que je veuille établir ici une discussion de supériorité » entre l'un et l'autre jeu; ils sont tous les deux très-beaux, très-attachans, » très-dignes d'occuper les loisirs des gens raisonnables. Je veux bien que » les Échecs marchent de pair avec les Dames; mais je m'indigne d'une pré- » férence accordée sans motif ou sans examen, et qui ne doit exister que » dans le goût des joueurs. »

Je me félicite d'avoir connu personnellement ce vénérable et estimable auteur, avec lequel j'ai eu maintes conversations sur toutes choses pouvant concerner notre jeu, notamment, l'avant-dernière, en septembre 1838, à

Paris, à la suite de laquelle il voulut absolument me faire cadeau d'un exemplaire de son ouvrage, avec une dédicace au verso du titre, écrite, datée et signée de sa main ; exemplaire que je conserverai très-précieusement comme bon souvenir de ce digne et savant auteur, âgé alors de 80 ans, et que j'ai encore eu la satisfaction de revoir et d'entretenir plusieurs fois en septembre et octobre 1844, rue Culture-Ste-Catherine, n° 32, à Paris, où l'on m'a assuré dernièrement qu'il était mort il y a deux ans.

J'allais oublier de dire que son nom n'est pas porté sur le titre ni ne se trouve mentionné ailleurs dans son livre ; il n'y en a que l'*initiale*. Mon exemplaire a donc un très-grand prix, puisque je crois me rappeler que ce bon vieillard m'a assuré que c'était le seul qu'il reconnaissait ainsi officiellement.

FERRAND (Pierre).

Les Vérités plaisantes *ou le monde au naturel*. Rouen, 1702, in-12 de 524 p.

De la page 189 à la page 199 on lit une exposition du jeu de Dames en 234 vers français, aussi singulière relation sur l'invention de ce jeu, qu'originale description.

Ce n'est pas sur le titre, mais dans le privilége qu'on trouve le nom de l'auteur de ce curieux recueil, qui est divisé en *Entretiens*, *Amours*, *Galanteries*, et les descriptions en vers de dix-sept jeux.

GARCES (Don Joseph-Carlos), licencié, natif de Basbatre, royaume d'Aragon.

Libro *nuevo juego de Damas divido in tres tratados.*

Madrid, Antonio Gonzales de Reyes, ano 1684, in-4° de XX et 224 pages ; dédié au S. Don Joseph de Pedrosa, de la ville de Braccmonte, S. de la ville de Santa-Maria de la Vega, en Nabarillos, etc...

Les XX sont remplies par le titre, la dédicace, la censure, la licence, l'approbation, les lois du jeu, le prologue, des notes pour l'intelligence du livre, et un Damier de 64 cases, numéroté sur les 32 blanches.

Le premier traité ou livre, de la page 1 à 133, est divisé en 168 paragraphes, parties ou chapitres, sur les parties des pions aux débuts, aussi bien pour celui qui a le trait que pour l'autre joueur.

Le deuxième, de 133 à 194, en 100 chapitres, ou parties de Dames contre Dames, dans 100 ouvertures différentes.

Le troisième, de 194 à 209, en 27 parties de deux Dames contre deux Dames, et autres parties curieuses.

Enfin, de 209 à la fin, 53 jeux de parties remises dans certaines positions.

En face du premier traité se trouve un beau Damier de 64 carrés numérotés sur les blancs de 1 à 32, surmonté de petites figures tenant un échiquier, sur lequel on distingue quelques pièces du jeu d'Échecs. Ce livre est sur le jeu de Dames *à la française*.

GRÉGOIRE (Grégoire) de Valence, Drôme, membre de plusieurs sociétés.

Nouveau Manuel *théorique et pratique du jeu de Dames à la Polonaise*.

Paris, Peltier, rue Aumaire 51, 1847, in-8° de 51 pages.

Cet intéressant petit volume contient : le titre, un avant-propos expositif de son plan, des instructions préliminaires, les règles du jeu de Dames au nombre de seize, des observations sur la manière d'engager la partie, dans lesquelles il cite les principaux joueurs de Dames anciens et modernes de France et de l'étranger, quelques bons conseils sur ce jeu, quelques rapprochemens entre les jeux d'Échecs et des Dames, et sur les qualités nécessaires pour y exceller ; un court exposé de son travail, des dissertations sur la partie de *qui perd gagne*, traitée par lui pour la première fois. Les dernières pages du manuel contiennent 206 coups ou fins de partie, les uns simples et faciles, les autres de force supérieure, tous ingénieux et intéressans. C'est une fort jolie collection.

Cette petite brochure est accompagnée de 17 cartons contenant chacun 12 petits Damiers bien dessinés, sur lesquels sont figurés les positions de 204 de ces coups, et les deux derniers sont représentés sur la couverture coloriée de l'étui qui renferme le tout.

M. Grégoire, auteur distingué, est en même tems un des joueurs de première force de notre époque.

HYDE (Thomas), professeur d'arabe à l'université d'Oxford.

De Ludis *orientalium*.

Oxonii, 1694, 2 vol. in-8°. Deux parties ensemble de 622 pages.

Liber secundus pages 173 à 195, donne en 22 pages, *Historia Dami ludi seu Latrunculorum ;* en trois divisions principales, savoir :

§ I. *De hujus Ludi nominibus.* — § II. *De Tabella lusoria et calculis et de ratione ludendi.* — § III. *De Ludi Latrunculorum antiquitate.*

Hyde, dans cette savante et historique dissertation, prouve, par grand nombre de citations et par divers passages, en prose et en vers, d'auteurs anciens, que le jeu de Dames est celui plus anciennement connu sous le nom des *Latruncules*. Après avoir fait connaître comment le jeu de Dames a été appelé chez toutes les nations et dans les différentes langues, ainsi que le Damier et les Pions avec lesquels on joue, il en donne les figures avec la manière de les placer et de les y faire manœuvrer, ainsi que leur nombre, forme et grandeur. Tout ce qu'il dit est historique, scientifique, littéraire, très-peu descriptif et absolument rien sur la théorie pratique.

JAFFA (Mortier), de Metz, négociant à Paris, décédé en 1849.

Jeu de Dames, dont 40 cartes renfermées dans un étui, ainsi qu'une figurative du Damier, indiquent la manière de jouer les coups les plus difficiles et les plus curieux des fins de parties, trouvés et indiqués par les plus célèbres joueurs de Dames. Chaque coup à jouer est indiqué au dos de chaque carte.

Cette petite compilation, que nous savons avoir été extraite en presque totalité de l'ouvrage de Dufour par feu *Jaffa*, a paru sous l'anonyme en 1846, à Paris; aussi aucun nom d'auteur n'est mentionné au titre lithographié sur un simple papier à part, de 9 centimètres de hauteur sur 8 de largeur, même format que les cartons qui représentent chacun autant de Damiers gravés figurant la position du même nombre de coups portant les noms de leurs auteurs. Au dos se trouvent les solutions, mais sans aucune note ni explication.

Il y a un 41e carton donnant un Damier numéroté sur les cases blanches de 1 à 50, de haut en bas, au dos duquel se lisent les indications pour s'en servir. Les deux premiers ne portent ni nom d'auteur ni solution; les autres sont: 4 de Blonde, 4 de Lamontagne, 4 de Harvant, 2 de Mardochée, 2 du Hollandais, 2 de Chalons, 2 de Boutilliers, 2 de Dufour, et 1 de Philidor, Manouri, Commard, Léger, Hardanpont, Altroffe, Aubri, Combet, Dessi, Dardennes, Lanoé, Villesavoye, Wolff, Rebours, Hennequin et Fontaine, tous joueurs fameux de leur époque.

KOCH (J.-F.-W.) prédicateur de la cathédrale de Magdebourg (Prusse).

DAS DAMENSPIELD, *auf feste Regeln gebracht durch Musterspiele erlautert und mit Viernoch unbeckanten spielarten berichert mit sechs kupfertafeln.*

(*Le Jeu de Dames, ses principes fondamentaux expliqués par les premiers Maîtres, suivis de quatre variétés encore inconnues ou soit nouvelles manières de jouer ce jeu ainsi modifié, avec six planches*).

Magdebourg, chez Guillaume-Henri Hofen, 1811; in-8° oblong de XVI et 260 pages, imprimé sur deux colonnes et sur mauvais papier.

Les XVI donnent une notice historique, bibliographique et expositive du contenu de ce livre, puis l'errata; viennent après les six feuillets de planches représentant les divers Damiers même de jeux de Dames modifiés, puis arrive le traité divisé en six chapitres;

Le Ier sur le jeu de Dames *Allemand* soit celui à la *Française*, son exposition, ses règles, vingt-une parties entières avec variantes, et trente-sept fins de parties.

Le IIe Le jeu de Dames à la *Polonaise*, son exposition, ses règles, deux parties entières et cent soixante-deux fins de parties.

Le IIIe Le jeu de Dames Anglais, ou jeu de Dames Polonais modifié, changé, son exposition et deux parties entières.

Le IVe Le jeu de Dames Échecs, et le Ve Le jeu de Dames à trois; chacun avec deux parties.

Le VIe Enfin sur le jeu de Dames des nombres, jeu mathématique, soit une imitation du jeu de Rytmomachie.

LACLEF, amateur et joueur de première force.

COUPS DE PARTIES DE DAMES *à la Polonaise*.

Paris, 1736 à 1740, in-8°, tiré à 25 exemplaires seulement pour des amis intimes.

Le premier livre pratique qui ait paru sur le jeu de Dames à la Polonaise. Malgré les plus minutieuses recherches, je n'ai pas même pu arriver à le voir.

C'est M. Éverat qui m'a écrit lui-même le titre de cet opuscule, m'affirmant à plusieurs reprises l'avoir vu, lu et feuilleté, et en avoir parlé diverses fois avec l'auteur.

LALLEMENT (J.-G.), membre de la société des sciences et des arts de Metz.
Les quatre Jeux *de Dames, Polonais, Égyptien, Échecs et à trois personnes ; avec les Damiers et pièces nécessaires, ainsi qu'une méthode générale pour varier le jeu de Dames à l'infini, suivis d'un volume de planches, contenant 407 coups de Dames à la Polonaise, instructifs et brillans, dessinés chacun sur un Damier.*

Metz, chez l'auteur et chez Behmer, libraire-éditeur, an X (1802), 2 vol. grand in-12 de 382 et 218, ensemble 600 pages, savoir :

Le premier est divisé en deux parties, dont la première traite en autant de paragraphes, de la page 1 à la page 211, sur les élémens du jeu, ses règles, des observations générales sur les règles, des différens jeux de Dames, des exemples et développemens sur les règles, du coup, du tant pour tant, du coup de repos, des lunettes, du pion en prise, de la Dame, des préceptes généraux, des parties combinées, de l'utilité des coups et fins de parties dessinés dans le second volume, de leur usage, des parties entières, de l'exécution des coups et des manières de les jouer, des raflles de pions et maximum des prises sur le Damier polonais, de la solution du problème de *Lallement*, proposé dans le n° 407 du 2e volume.

La seconde partie de ce premier volume a, en face du titre, une planche donnant les dessins des trois Damiers des jeux de Dames à l'égyptienne, à trois personnes et triangulaire ; elle est partagée en cinq divisions, qui le sont elles-mêmes en divers paragraphes, savoir :

1° Une introduction aux 3 nouveaux jeux de Dames à cases triangulaires.

2° Des élémens, des règles, des exemples et développemens pour l'intelligence de ces règles, et des Parties entières du jeu de Dames à l'égyptienne.

3° Introduction du jeu de Dames-Échecs, élémens, règles, exemples et développemens des règles, parties entières, coups forcés pour gagner en six coups avec deux Dames contre une, soit aux Dames à l'égyptienne, soit aux Dames-Échecs ; de la raflle de 40 pions sur le Damier égyptien.

4° Introduction du jeu de Dames à trois, élémens, règles, exemples et développemens pour l'intelligence des règles, parties entières, maximum des pions sur le Damier à trois.

5° Méthode générale pour varier les jeux de Dames à l'infini ; tableau analytique des élémens et règles constitutifs des jeux de Dames ; tableau comparatif des jeux de Dames français, polonais, égyptien, échecs et à trois.

Procédés à suivre pour la réduction des Damiers.

Manière de tracer les Damiers unicolores, que l'auteur propose de substituer aux Damiers bicolores, pour jouer à la Française et à la Polonaise.

Modèle de Damier unicolore.

Le second volume, après cinq feuillets pour le titre, un avertissement et une table de classification des coups de Dames à la Polonaise avec leurs subdivisions, est composé de 104 autres feuillets contenant presque tous chacun quatre Damiers dont deux par page, sur lesquels sont figurés autant de positions de coups de Dames du vrai jeu à la Polonaise qui sont, le plus grand nombre, extraits des meilleurs auteurs connus alors, notamment 95 de Manouri : ce sont ceux qui figurent ici sous les n^{os} Lallement, correspondant aux n^{os} Manouri.

Lallement 3, 6, 8, 9, 11, 13, 16, 18, 19, 20, 21, 23, 26, 27, 28, 29, 30, 32, 33, 34,
Manouri 24, 36, 32, 41, 25, 90, 55, 88, 89, 100, 35, 84, 85, 45, 86, 87, 82, 81, 80, 78,
Lallement 35, 36, 37, 38, 39, 40, 43, 44, 45, 46, 47, 48, 49, 50, 51, 52, 53, 54, 55, 69,
Manouri 76, 81, 79, 70, 71, 46, 75, 50, 62, 72, 74, 73, 48, 64, 67, 63, 44, 66, 65, 68,
Lallement 61, 63, 64, 67, 68, 70, 73, 75, 77, 79, 80, 81, 82, 90, 130, 196, 224, 259, 262,
Manouri 54, [illegible], 83, 52, 69, 47, 55, 49, 77, 28, 43, 61, 103, 34, 95, 102, 57, 58, 60,
Lallement 267, 268, 269, 270, 271, 272, 273, 274, 275, 276, 277 et 278, 279, 280, 282,
Manouri 56, 26, 50, 98, 104, 53, 42, 91, 39, 17, 97 et 37, 94, 29, 31,
Lallement 283, 284, 285, 286, 287, 290, 320, 339, 353, 372, 373, 374, 375, 376, 377,
Manouri 18, 19, 101, 27, 40, 39, 92, 99, 58, 8, 9, 10, 11, 12, 13,
Lallement 378, 379, 380, 384, 386, 387, 388.
Manouri 14, 15, 16, 20, 93, 23, 22.

Cependant, la plupart des 312 autres coups qui, avec les 95 de Manouri, forment les 407 de ce recueil, proviennent d'une collection formée par Huguenin.

Cet excellent et riche ouvrage, le plus volumineux sur la matière à son apparition, est très-bien imprimé sur bon papier collé ; il a dû être soigné d'une manière toute particulière, car il est presque sans faute ou omission, ce qui est fort rare dans ce genre de production, la majeure partie se trouvant en chiffres ; mais on en est moins surpris quand on sait qu'on le doit aux soins de trois amateurs aussi zélés que capables, savoir :

1° *Badelle*, décédé seulement en novembre 1848, ancien recteur en retraite, alors professeur de mathématiques transcendantes à l'école d'artillerie de Metz. Il a rédigé la partie réglementaire : il avait hérité de tous les manuscrits d'Huguenin ; ses héritiers les ont donnés à M. Poirson père.

2° *Huguenin*, très-bon calligraphe. Il a fourni les 407 coups qui composent la partie pratique. Certains sont de son invention ; beaucoup, également inédits, proviennent d'un recueil manuscrit qu'il devait à la communication de divers amateurs; enfin le reste est extrait des principaux auteurs, tels que Manouri et autres.

3° *Lallement*, qui seul a donné son nom à ce beau livre, a traité des nouveaux jeux de Dames qui ne paraissent pas avoir jamais été pratiqués ni devoir l'être souvent; car ces innovations n'ont pas été plus heureuses que toutes celles tentées sur le jeu d'Échecs.

Lallement a eu le sort d'Erostrate : il a péri dans l'incendie de l'hôtel où il était logé, et il a passé pour y avoir mis le feu.

LELEUX.

Revue archéologique de Paris, année 1846, page 740. *Antiquités égyptiennes au Caire*, § 2.

Le jeu de Dames parait être fort ancien en Égypte : on le voit représenté sur les peintures des hypogées de *Beni-Hassan*, qui datent d'*Osortasen* Ier, et sur les parois du pavillon de *Ramsès-Meiamoun*, à *Medinet-Habou*.

Le tableau qui représente ce Pharaon jouant aux Dames avec une de ses femmes, est une des plus gracieuses compositions de l'art égyptien. Ces représentations étant toujours figurées de profil, et sans aucune notion de perspective, il est impossible de voir la forme du Damier, le nombre de ses cases et si l'on jouait en ligne directe ou oblique. Tout ce que l'on peut connaitre, c'est que les pièces des joueurs étaient alternées, et que ces pièces ressemblent aux Dames qu'emploient encore aujourd'hui les orientaux, c'est-à-dire à des pions. Dans l'incertitude où nous laissent les bas-reliefs et les peintures, le Damier de la collection du docteur *Abbot* acquiert un grand intérêt. Ce Damier, qui a la forme d'une boite d'environ 28 centimètres de longueur sur 7 de largeur, est taillé dans un seul morceau de bois. Il porte sculptées sur ses deux faces, des cases qui paraissent avoir servi à un jeu analogue à celui des Dames. D'un côté la surface est divisée en trente cases, réparties dix d'un côté et trois de l'autre. Sur la face opposée, douze cases forment un carré qui occupe l'extrémité et dont la ligne médiale est augmentée de huit cases, de manière à représenter également le nombre douze. Un petit tiroir qui tient à la boite, renferme différentes pièces en terre émaillée dont la forme est indiquée dans la vignette, mais ces pièces me paraissent avoir appartenu à différens jeux : les *Latrunculi* sont toujours de même forme et de couleurs différentes.

Il est probable que ce Damier égyptien, fort différent de celui dont nous nous amusons en Europe, et qui n'offre pas à beaucoup près autant de combinaisons, a servi de modèle au *diagrammismòs* des Grecs et au *duodecim scripta* des Romains qui, dit-on, ressemblait au jeu de Dames.

Bien qu'il me soit impossible dans ce moment de rien ajouter à cet article historique, je crois être agréable aux Amateurs en le leur donnant; je désire que sa lecture donne l'idée à quelqu'un de se livrer à des recherches plus approfondies à ce sujet.

MAILLET (F).

L'Art *de jouer aux Dames à la Polonaise, élémens de ce jeu intéressant, avec les règles et démonstrations nécessaires*, suivis *d'une ample collection de Coups savamment combinés et de fins de Parties curieuses; imité de Manouri, mais augmenté de plusieurs coups très-beaux, recueillis et mis en ordre.*

Marseille, chez A. Guion, an XIII (1804), in-12 de 216 pages.

Maillet traite en autant de paragraphes, de l'origine et de la science du jeu, de ses élémens, des lois et règles, des avantages que l'on peut y faire, de la remise, des parties gagnées ou remises, suivant les joueurs, des diverses manières de combiner le jeu de Dames à la Polonaise, des coups de repos, des pions en prise, des lunettes, de la Dame, des coups brillans, des fins de Parties curieuses, enfin présente quelques observations générales.

Les 158 coups traités dans ce livre se divisent ainsi : 34 de remise ou suite de remise; 8 coups d'une pour une; 22 coups de repos et lunettes; 11 de la Dame; 50 coups brillans et 33 fins de Parties, dont 4 ajoutées.

Cet ouvrage est plus qu'imité de Manouri et n'est pas augmenté de grand'chose par l'auteur; car, après un examen long et d'une bien grande patience, j'ai acquis la certitude que des 158 coups qui le composent pour sa partie pratique, 72 sont extraits de Manouri, 82 de Lallement; le n° 13 des fins de Parties manque; les n°s 35 et 42 coups brillans, les 10 de la remise et 6 des fins de Parties; les 5 du coup et 9 des fins de Parties; enfin, les 14 de la remise et 19 des fins de Parties étant les mêmes, il ne reste pas un seul coup à l'auteur. On ne pourra que rendre hommage à son bon goût et à son discernement; car il a réellement pris les meilleurs de ces deux auteurs justement estimés.

Ordre dans lequel se trouvent placés les coups dans ces trois ouvrages.

Maillet 1, 2, 3, 4, 5, 6, 7, 8, 12, 13, 14, 15, 16, 17, 18, 19, 20, 21, 22, 23,
Manouri 9, 10, 11, 12, 13, 14, 15, 16, 17, 20, 22, 23, 24, 25, 26, 27, 29, 31, 32, 33,
Maillet 24, 25, 26, 27, 28, 35, 36, 37, 38, 39, 40, 41, 42, 43, 44, 45, 50, 51, 52, 65,
Manouri 34, 97, 38, 39, 40, 45, 41, 42, 43, 44, 46, 47, 48, 35, 30, 31, 49, 52, 53, 55,
Maillet 64, 70, 71, 72, 73, 74, 75, 76, 77, 78, 79, 80, 81, 82, 83, 84, 85, 86, 87, 88,
Manouri 54, 56, 57, 58, 59, 60, 61, 62, 63, 64, 65, 66, 67, 68, 69, 70, 71, 73, 74, 75,
Maillet 89, 90, 91, 92, 93, 94, 95, 126, 127, 128, 132, 133, 134, 135.
Manouri 76, 77, 79, 80, 81, 82, 89, 91, 92, 93, 98, 101, 42, 14 de l'Essai.
Les nos 23, 29 37, 110 sont les mêmes que 131, 143, 134 et 117.

Maillet 9, 10, 11, 29, 30, 31, 32, 33, 34, 46, 47, 48, 49, 53, 54, 55,
Lallement 381, 382, 383, 89, 291, 304, 102, 95, 111, 41, 184, 186, 103, 137, 131, 218,
Maillet 56, 57, 58, 59, 60, 61, 62, 65, 66, 67, 68, 69, 96, 87, 98, 99,
Lallement 200, 171, 24, 202, 231, 147, 109, 190, 217, 213, 241, 144, 31, 22, 17, 167,
Maillet 100, 101, 102, 103, 104, 105, 106, 107, 108, 109, 110, 111, 112, 113, 114, 115,
Lallement 170, 199, 205, 207, 208, 209, 213, 219, 137, 225, 223, 201, 216, 249, 260, 227,
Maillet 116, 117, 118, 119, 120, 121, 122, 123, 124, 125, 129, 130, 131, 135, 136, 137,
Lallement 265, 223, 237, 261, 248, 368, 343, 346, 363, 352, 279, 234, 277, 303, 313, 296,
Maillet 138, 139, 140, 141, 142, 143, 144, 145, 146, 147, 148, 149, 150, 151, 154, 156,
Lallement 114, 308, 91, 301, 125, 89, 129, 106, 95, 126, 109, 112, 300, 359, 105, 107,
Maillet 157.
Lallement 318.

Au reste, Maillet ne s'en cache pas, car il dit dans sa préface :

« On me reprochera sans doute de n'avoir été que le compilateur de » Manouri, et de n'avoir rien dit de nouveau ; je réponds à cela que je ne » prétends pas au mérite d'avoir composé un second ouvrage en ce genre, » que je ne mets au jour ce traité abrégé, qu'à défaut de celui plus étendu » de l'auteur que j'ai pris pour modèle, et que j'ai seulement dépouillé de » tout ce qui m'a paru moins utile. J'ajoute aussi que lorsqu'on a à fixer pour » la science du jeu de Dames, mêmes élémens, mêmes principes, mêmes » règles, montrer cette collection de positions et de coups dignes de re- » marques, on ne peut que se ressembler et dire à peu près la même chose.»

Et dans un autre passage il poursuit :

» Enfin, le but que je me propose dans ce petit ouvrage, n'est que de » propager l'instruction trop peu connue de Manouri, pour un jeu vraiment » intéressant et instructif. »

MALLET (Pierre), ingénieur et professeur de mathématiques.

Le Jeu de Dames (à la Française), *avec toutes les maximes et règles tant générales que particulières, qu'il faut observer en icelui, et la méthode d'y bien jouer.*

Paris, au Palais, en la grande salle, 1668, in-16 de LXIV et 452, en tout 516 pages, avec privilége, et dédié aux belles et généreuses Dames.

De ces 516 pages, à peine une moitié s'occupe du jeu de Dames, savoir: 18 pour le titre, la dédicace et la table (intitulée : État bref et général des principales choses qui sont comprises aux XVIII chapitres de ce livre), et les neuf derniers chapitres à partir du Xe, page 201, moins encore 56 pages du XIIe; tout le reste y est tout à fait étranger.

Mais, dans cette partie, se trouvent parfaitement divisés en corporels, spirituels et mixtes, les vrais jeux, les principaux qui doivent entrer dans chacune de ces classes y sont énumérés; viennent après les définitions, descriptions, explications, préceptes, enseignemens, étymologie du jeu de Dames, des raisonnemens à son sujet et à celui des Échecs; puis il traite des avantages qu'on peut y faire ou recevoir, des conditions, des démonstrations, des conseils pour le jeu de Dames, cite divers grands joueurs, essaie quelque comparaison avec le jeu d'Échecs, donne des règles générales, canons, maximes du jeu de Dames, diverses manières d'y bien jouer, avec des conseils préliminaires, suivis de divers coups très-remarquables pour se former à l'attaque et à la défense. Il s'occupe de la meilleure méthode d'y jouer, de l'obligation de prendre non-seulement du côté le plus fort, mais aussi là où il y a le plus de bénéfice; il propose un cartel à douze des plus forts joueurs du monde, et termine par un mode de jouer aux Dames, selon lequel les Dames simples ou Pions ne peuvent prendre les Dames damées; il explique le jeu de Dames nommé *Coq-Imbert* et celui dit *jeu du Renard.*

Ce livre est vraiment surprenant par la manière claire et bien raisonnée avec laquelle il rend tout ce que nous venons d'analyser sur le jeu de Dames; il est surtout intéressant quand on se rappèle que c'est le premier écrit en français sur la matière; il est aussi précieux que rare et recherché.

Mallet, son savant auteur, avait étudié à fond le jeu de Dames; il y était très-fort et en connaissait parfaitement l'esprit. En résumé, on peut dire que c'est sur cet excellent traité du jeu de Dames à la Française qu'ont été calqués la plupart de ceux qui ont paru depuis.

Aux pages 203 à 209, 215 et 216, 221 à 230, 270 à 278, 303 à 314 et 372, Mallet s'occupe du jeu des Échecs en détail, qu'il reconnaît comme un jeu d'esprit, de science, de philosophie, jeu mathématique, ne tirant rien du hasard ; il enseigne la manière dont doit être placé l'échiquier, les matières dont il est formé ordinairement, en cite un surprenant et très-précieux d'ambre blanc et jaune, et donne des versions sur l'invention et l'inventeur du jeu d'Échecs, ajoute que les Turcs, les Indiens, les Tartares, les Grecs, les Arabes et tous les Orientaux y jouent aussi bien que les Allemands, les Espagnols et les Italiens ; parle de l'ouvrage de Selenus, duc de Brunswick, du village des Échecs (Volspergan) dans ce duché, de la manière d'y jouer de ses habitans ; compare le jeu de Dames à celui des Échecs, et après un grand nombre de raisonnemens donne la prééminence aux Dames, ne croit pas aux Espagnols et aux Portugais jouant à cheval en voyageant, ni aux singes joueurs d'Échecs cités par divers, rapporte l'opinion de Montaigne sur le jeu des Échecs, reconnait que les plus grands hommes et les plus célèbres capitaines se sont adonnés et divertis, à toutes les époques, aux Échecs.

Comme très-peu de personnes parviendront à voir ce livre rare, je crois nécessaire d'ajouter que la partie étrangère à notre sujet consiste en un développement d'un nouveau système assez bizarre d'orthographe de la langue française ; une définition générale du jeu, des observations sur la nécessité des jeux et des divertissemens réglés, honnêtes et modérés, des conseils de fuir les oisifs et les fainéans, et de travailler ; des règles et préceptes sur l'instruction des enfans, l'énumération des Ludus, Jocus et Lusus, trois sortes de jeux des Latins, sous lesquelles rentraient tous les divers jeux ou divertissemens créés et pratiqués par les anciens ; la citation de quantité de ceux usités dans divers tems et lieux ; des détails historiques sur la fondation de Carthage, de Rome ; sur Palémon, Vénus, Troie, Didon, les Feux sacrés, les Vestales ; enfin, l'histoire de Palamède et des particularités sur Iphigénie, Oreste, Pylade et Clytemnestre, toutes choses que l'on est surpris de trouver amalgamées dans un bon traité du jeu de Dames.

A la fin du volume sont placées deux estampes représentant le Damier de 64 cases, dont 32 sont numérotées d'une manière remarquable. De chaque côté la suite des nombres naturels d'1 à 16 est disposée en *Boustrophédon*, en commençant par la droite de chaque joueur. La première estampe offre le Damier partagé en deux moitiés, avec les cases alternativement blanches et noires, les numéros sur les blanches. La seconde estampe présente aussi la même division du Damier en deux moitiés ; mais les cases n'y sont que d'une couleur, et de chaque côté figurent 12 pions dessinés en autant de disques, les uns blancs au septentrion en bas, les autres noirs au midi en haut, portant la suite des 12 premiers nombres tracés en *Boustrophédon*. Les huit cases entre les deux jeux ne portent point de numéro. Les lettres V g D C sont chacune à un des 4 angles du Damier, tournées comme on les voit ici.

MANOURI (M.), marchand limonadier, place de l'Ecole, à Paris.
ESSAI *sur le Jeu de Dames à la Polonaise*.
Paris, Knapen, 1770, in-12 de 122 et 22, en tout 144 pages.

Les 122 premières pages renferment, après un avertissement de l'auteur sur le plan qu'il va suivre et l'aveu qu'il s'est approprié tout ce qu'il a trouvé dans l'Égide de Pallas (*Quercetano*) de relatif et d'applicable au Jeu de Dames à la Polonaise, un feuillet contenant sur le recto un Damier à la Polonaise numéroté de 1 à 50 sur les cases blanches. Cet essai qui est divisé en neuf chapitres sur l'introduction, les élémens du jeu de Dames, ses règles, des observations sur ces règles, des avantages que l'on peut y faire, de la remise, un recueil de coups brillans au nombre de dix-huit, des avis généraux aux joueurs, puis la conclusion.

Les 22 dernières donnent la table des matières, le privilége, et enfin une lettre sur le jeu de Dames, écrite par l'auteur à une dame Bon.... en lui envoyant son petit livre.

— LE JEU DE DAMES *à la Polonaise, ou Traité historique de ce jeu, sa marche, ses règles, leur explication et plusieurs observations relatives, avec un grand nombre de positions curieuses. Le tout suivi d'un fragment de poëme didactique sur ce jeu, composé il y a plusieurs années par un amateur.*
Paris, chez l'auteur, quai de l'Ecole, 1787, in-12 de 272 et 28, en tout 300 pages. Plus un errata de 4 pages.

Ce second et nouvel ouvrage, après le titre, un avis et la préface, est divisé en dix chapitres : sur l'origine, les principes et l'esprit du jeu de Dames à la Polonaise, les élémens du jeu, les règles; des observations particulières sur quelques règles, des explications suivies d'exemples, des avantages qui se font au jeu de Dames; de la remise, ce que c'est que, d'avoir le coup, de l'une pour une, et du tant pour tant; sur le coup de repos, les lunettes et les pièces en prise; de la Dame; ensuite résumé, avis, conclusion. Différentes positions dans lesquelles il a été fait des coups brillans et savamment combinés; plusieurs fins de parties. Puis l'*Art Polonois*, poëme didactique, lettre d'envoi et préface du poëme, sous une autre pagination. Enfin l'approbation, le privilége à perpétuité et son enregistrement.

On voit, par cette courte analyse, que ce n'est pas une seconde édition simplement augmentée, améliorée, que donne Manouri, mais un travail bien distinct et élaboré sous une autre inspiration. Effectivement pour son *Essai* de 1770, qui ne renferme que 50 coups proprement dits, une notation commençant par le bas du Damier et seulement cinq règles pour toutes celles du jeu, il prit pour guide *Quercetano;* tandis que pour celui-ci, dans lequel il donne 45 règles, 104 coups et une notation commençant au haut du Damier. Bien qu'il y reproduise plusieurs fragmens de son *Essai*, il entre pour chacun de ses sujets dans des éclaircissemens et des développemens tels que l'on y reconnait à chaque pas un tout autre dessein, puisé en partie dans celui de *Mallet*, regardé, et avec raison, par l'auteur, comme étant incontestablement supérieur à *Quercetano*.

Tous les coups renfermés dans ce traité sont numérotés de suite, depuis le premier qui se trouve page 80, jusqu'au cent quatrième et dernier, qui est page 271, ce qui est très-commode lorsqu'il est question d'en chercher pour tel ou tel cas.

Cet excellent traité élémentaire est le plus complet et le plus développé de tous ceux qui ont paru chez toutes les nations, soit avant lui, soit même jusqu'à ce jour, étant original sous presque tous les rapports. La plupart de ceux qui ont paru depuis sont en majeure partie puisés dans le sien. Nous le ferons voir par plusieurs des principaux, cette comparaison étant un travail trop immense pour en faire la recherche pour tous.

Il a donc été pour le jeu à la Polonaise, ce qu'a été *Mallet* pour celui à la Française, le guide et la source de tous les auteurs sur le jeu de Dames.

Manouri étant de première force pour le jeu de Dames, qu'il aimait beaucoup, n'a rien négligé pour donner à son livre toute la perfection que l'on y rencontre, tant pour les principes qui y sont aussi clairement expliqués, que pour les bonnes fins de parties et les coups vraiment surprenans (pour l'époque) qu'il y a insérés; car on ne peut se dissimuler que, depuis, la science de ce jeu ayant fait des progrès, les productions plus récentes font connaître de nouveaux coups découverts, dont quelques-uns lui seraient sans doute supérieurs.

Ainsi le souvenir de Manouri ne cessera jamais d'être cher aux véritables amateurs de ce beau jeu, quand bien même on aurait la certitude, comme l'a affirmé feu Badelle, qu'il aurait été aidé dans la rédaction de cet excellent travail, par le savant *Diderot* et les autres encyclopédistes.

Le poëme, composé vers 1751 ou 1752, divisé en trois chants, de 224, 216 et 28, en tout 468 vers, n'est pas terminé; l'on reconnait que l'auteur se proposait d'y donner suite, car son aussi facile que spirituelle et exacte description des qualités essentielles aux vrais joueurs de Dames, comme de son exposition, de ses règles et des particularités qui le concernent, ne se trouve pas finie.

Quelques personnes prétendent, et je serais assez disposé à les croire, que c'est à la verve du fameux académicien C. M. *de La Condamine*, que l'on doit cet intéressant fragment poétique sur notre jeu qu'il aimait autant qu'il y excellait.

Manouri, dans divers passages de son livre, parle du jeu d'Échecs, pages 9, 11, 19, 26, 41 et 50. Il ne pense pas, comme Mallet, que non-seulement l'origine du jeu de Dames à la Française a précédé celle du jeu d'Échecs, ou qu'on y jouait presque à la naissance du monde, ni même à lui donner la préférence sur celui des Échecs; mais il n'hésite pas à regarder le jeu de Dames comme un des plus intéressans et des plus dignes d'occuper le loisir des gens d'esprit, et en cela toute personne raisonnable sera d'accord avec lui.

Il fait ensuite aux pages 52 et 227, d'excellentes et très-judicieuses réflexions sur le jeu de Dames, qui peuvent s'appliquer parfaitement à celui des Echecs.

Il a paru à Paris, en 1850, une réimpression de ce second ouvrage de *Manouri*, dont M. H. Simon Dautreville a été l'éditeur. Elle forme un volume in-12 de 312 pages, assez bien imprimé. Elle est suivie des 40 premiers coups de Dufour, représentés chacun sur un Damier. Parmi ceux de Manouri, le n° 3 est défiguré au point d'être tout-à-fait méconnaissable. On s'est laissé tromper par un *errata* de l'édition originale, qui était *erroné*. Cette partie était nommée le *Coup Turc* dans l'Essai de 1770. Il en est à peu près ainsi du coup n° 101, décrit à contre-sens dans l'original: le nouvel éditeur n'a pas manqué d'y reproduire la même faute.

MANUSCRITS.

Que de choses il y aurait à dire sous cette rubrique ! Que de belles relations il y aurait à faire de nombreux manuscrits plus ou moins bien écrits, peints ou reliés qui existent sur le jeu de Dames, soit dans les bibliothèques publiques ou particulières d'amateurs, soit dans des librairies, attendant quelque fanatique pour les acheter.

Que de traits de déconvenue j'aurais à raconter de joueurs de Dames qui ont cru acquérir des trésors sur notre bel amusement, et ne possèdent effectivement que des copies brillantes, mais informes et très-incomplètes de nos plus médiocres écrivains sur la matière, ou même de tristes recueils des plus mauvais coups reproduits de nos grands maîtres, quoique sortis peut-être avec beaucoup de peine de la cervelle de fantasques et pauvres joueurs !

Après avoir fait l'aveu naïf que j'ai été moi-même plusieurs fois attrapé, je me bornerai à conseiller à tout amateur de notre beau jeu, d'être on ne peut plus circonspect dans pareilles acquisitions, qui leur seront toujours plus onéreuses que celles de plusieurs des excellens ouvrages que je viens de faire connaître et parmi lesquels ils pourront faire leur choix bien certain, puisqu'ils sauront d'avance ce qu'ils se procurent, ce qu'ils y trouveront.

L'on comprend toutefois que je n'entends pas prétendre qu'il n'y a point d'amateurs laborieux qui aient pu ou qui puissent s'occuper maintenant très-sérieusement des Dames, et qui ne préparent peut-être quelques travaux aussi solides qu'intéressans sur ce jeu instructif, qu'ils puissent même avoir et laisser en manuscrits par divers motifs particuliers.

La preuve sont ceux précieux restés trop long-tems en porte-feuille du célèbre joueur *Blonde*, de Huguenin et de Dufour, dont nous allons être gratifié par M. Poirson. Celui fort avancé que l'on m'a affirmé exister dans les cartons du savant académicien M. Largeteau, membre de l'Institut et un des plus forts joueurs de Dames actuels de Paris, que nous désirons vivement voir paraître ; et enfin un autre que l'on m'a aussi assuré être terminé et prêt à paraître d'un érudit Hollandais, qu'un de ses soi-disant amis m'a cité comme fort bon, sans vouloir me faire connaître ni son nom ni son adresse ; ce qui me rend la chose fort suspecte.

MICHELLERIE (E. de la), de Nantes,

A représenté dans une position intéressante deux vieux joueurs de Dames, en costume de notre époque, à figures sérieuses et réfléchies, assis devant une table et fesant très-attentivement la partie. *Charpentier*, de la même ville, les a reproduits dans une assez bonne lithographie, quoique très-simple. Elle est renfermée dans un double encadrement, fond blanc, qui a 19 centimètres de largeur sur 18 de hauteur, ou avec marges blanches comprises, 24 centimètres sur 26.

Au haut et en dehors on lit : LA CORBEILLE, galerie des mœurs n° 3, production littéraire à laquelle elle a sans doute servi d'ornement.

Au bas, entre le 1er et le 2e encadrement, cette lithographie porte pour souscription :

Soufflée la Dame ! .... ho ! ho ! ..... bon ! bon ! bon !

MONTERO (Petrus-Roder), Cordubens.

DEL JUEGO *de las Damas, vulgarmente el Marro.*

(*Le jeu de Dames* à la Française, *vulgairement appelé* Marro.)

Valence, Gab. de Ribas, 1590, in-4°.

N'ayant pu voir ce livre, il m'est impossible de parler de son contenu.

PAINTER (Wm),

A COMPANION *for the Draught player, containing thirty select games of Draughts, schewing the manner of moving the pieces to the best advantage, together with several critical situations to win games, and fine strokes, never before published ; being the result of the pratice and observations of some of the first players.*

(*Manuel du jeu de Dames, contenant un choix de trente Parties de Dames, montrant la manière de mouvoir les pièces avec le plus d'avantage,* suivi *de positions difficiles pour engager les parties, et de coups brillans non publiés jusqu'à présent; étant le résultat de la pratique et des observations des premiers joueurs.*)

Londres, 1787 ; in-8° de 20 pages.

Je crois que la simple traduction du titre analyse suffisamment et peut-être même avec trop d'éloges, le contenu de ce petit recueil élémentaire, du reste fort rare.

PALAMÈDE (Le) Revue *mensuelle des Échecs et autres jeux*, par Labourdonnais, et continué par M. St.-Amant.

Paris, 1836 à 1848, grand in-8°, neuf volumes.

Vol. II de 1837, p. 469 à 477, donne un article en 8 pages sur l'exposition et les règles du jeu de Dames.

Vol. III de 1839, p. 119 à 123, une lettre historique par un ancien amateur (Éverat), qui fait l'éloge du jeu de Dames, le compare à celui des Échecs, et prétend que Philidor a dit que l'un était aussi difficile à jouer que l'autre.

Vol. IV de 1842, p. 133 à 139, un article historique, par Marie Aycard, et l'exposition du coup nommé *Marchand* (à ce jeu), dont il donne la solution à la page 175.

Vol. IV de 1842, le même, p. 220 et suivantes, M. de Calonne, le spirituel et brillant contrôleur-général des finances de Louis XVI, grand amateur du jeu de Dames, particularités à ce sujet.

Vol. V, 1843, p. 375, Modification au jeu de Dames par M. Grégoire. Nouveau jeu de Dames, dit *Partie aux Anges;* idée de ce jeu ainsi modifié, augmenté d'une pièce pour chaque joueur, représentant un ange; sa description abrégée.

Vol. IX, 1847, page 549 à 568, Bibliographie *complète du jeu de Dames*, par Frédéric Alliey, première édition de celle-ci.

PAYNE (William), professeur de mathématiques.

An introduction *to the Game of Draughts, containing fifty select Games, together with many critical situations for Drawn Games, won Games, and fine strokes, The Whole designed for the instruction of young Players, in this innocent and delightful amusement.*

(*Introduction au jeu de Dames*, à la Française, *avec un choix de cinquante parties, de plusieurs situations difficiles à ce jeu, de parties et de beaux coups, à l'usage particulier et pour l'instruction des jeunes joueurs à cet innocent et délectable amusement.*)

Londres, imprimé aux dépens de l'auteur, 1756, in-12 de VIII et 68 pages, sur très-beau et bon papier collé, sur 4 colonnes entourées dans chaque page par un encadrement.

Dédié par l'auteur à l'honorable William Henry de Rochefort.

Les VIII renferment le titre, la dédicace et la préface dans laquelle il cite plusieurs forts joueurs de Dames.

Dans la première page l'on trouve une très-courte introduction, dans la 2e, un Damier de 64 cases numéroté de 1 à 32 sur les blanches. Ensuite de la page 3 à 53, il donne cinquante parties entières, puis de 55 à la fin, les positions de trente-huit Fins de parties ou Coups curieux, suivis de leurs solutions.

PETROFF, Conseiller-d'État de S. M. l'Empereur de Russie.

INTRODUCTION *pour apprendre à fond le jeu de Dames, ou l'art de gagner tout le monde aux Dames.*

St.-Pétersbourg, 1827, in-12, en langue russe.

Ce petit volume, après avoir traité savamment du jeu de Dames à la Française, s'occupe aussi de celui à la Polonaise.

Il ne porte pas le nom de son auteur, ni aucune indication pouvant le faire connaître; mais je sais bien positivement qu'il est dû à la plume de l'honorable M. Petroff, auteur d'un très-bon ouvrage sur le jeu d'Échecs, dont il est le plus fort joueur de Russie.

Il est également de première force au jeu de Dames.

PHILIDOR, de l'Académie de Paris, ou plutôt *Pseudo-Philidor.*

TRAITÉ *du jeu de Dames à la Polonaise.*

Amsterdam, chez Gaspard Heintzen, 1785, in-12 de VIII, 52 et 10, en tout 70 pages.

Les VIII comprennent les titres, un avertissement, un feuillet au recto ayant au verso un Damier numéroté. De la page 1 jusques et y compris la 52e, le Traité du jeu de Dames qui est suivi d'une lettre écrite à Madame ***, en lui envoyant ce travail; c'est exactement la même que celle qui se trouve dans le livre de Manouri, édition de 1770. Enfin le dernier feuillet se termine par la table des neuf chapitres qui divisent le traité et dont l'énumération donne presque une idée suffisante du contenu.

Le Ier, l'Introduction, p. 1; — le IIe, les Élémens du jeu, p. 5; — le IIIe, ses Règles, p. 10; — le IVe, des Observations sur ses règles, p. 13; — le Ve, des Avantages que l'on peut y faire, p. 16; — le VIe, de la Remise, p. 19; — le VIIe, Recueil de Coups brillans et Fins de parties intéressantes; — le VIIIe, des Avis généraux aux joueurs, p. 45; — et le IXe, la Conclusion, p. 51.

L'avertissement nous fait connaître que les principes, les élémens, les règles sont puisés en majeure partie dans *Quercetano*, bien entendu dans ce qui peut avoir trait au jeu de Dames à la Polonaise, et que les *vingt coups* composant le chapitre VII, sont extraits des principaux auteurs; et moi j'ajouterai presque tous de l'Essai de Manouri.

L'introduction est un petit aperçu historique sur l'origine et l'invention du jeu de Dames, bien incomplet, c'est-à-dire laissant presque tout à désirer, comme tout ce qui a été écrit à ce sujet jusqu'à ce jour.

Bien que cette petite compilation ait été faite avec assez de discernement, je ne pense pas que Philidor, si, ce qui est encore fort douteux pour moi, il a seulement permis qu'on lui donnât son nom, s'en soit nullement occupé; car lui aussi, joueur de Dames de première force, n'aurait pas manqué d'y insérer un certain nombre de coups dont il était l'auteur, et ne se serait pas borné au simple rôle de copiste.

POHLMAN (J. G.), auteur de divers ouvrages sur les jeux d'Echecs et de Dames.

THE POLISH GAME OF *Draughts, illustrated by a great variety of critical situations and Masterly Moves; Being a copious selection from the ingenious french treatise of M. Manouri together with considérable additions and improvements. — Second edition.*

(*Le jeu de Dames* à la Polonaise, *expliqué par une grande variété de coups critiques et de coups de maîtres, puisés dans la riche collection de l'ingénieux traité français de Manouri, enrichi d'importantes et réelles améliorations.*) —*Seconde édition.*

Londres, imprimé pour l'auteur, 1815, in-12 de XVI et 68, en tout 84 p.

Un Damier de 100 cases, numéroté de 1 à 50 sur les blanches, est en regard du titre.

Une préface historique et la table des matières garnissent les XVI pages.

Le traité commence par les règles, suivent les principes du jeu de Dames exposés dans 19 paragraphes, ou soit numéros, appuyés d'exemples expliquant ces mêmes règles et au nombre de 104, tenant de la page 6 à 65. Les trois derniers feuillets sont pleins de remarques formant une conclusion à ce travail.

— A Pratical Treatise *on the Game of Draughts, containing, 1° Moves of Games drawn, or equally well played; 2° Moves of critical situations, or Games won by superior skill; and 3° Tabular representations of the critical situations; to which are prefixed Rules, Principes and instructions, the whole deduced from the Best Autorities.*

(*Traité pratique sur le jeu de Dames* à la Française. *contenant, 1° des coups de ce jeu également bien joués de part et d'autre; 2° des Coups et situations critiques d'une force supérieure; et 3° des diagrammes donnant la représentation de la position de ces coups, suivis de règles, de principes et d'instructions des meilleurs autorités.*)

Londres, Baldevin, 1819, in-12 de 42 pages.

Orné en regard du titre d'un frontispice contenant six positions de Coups curieux sur autant de Damiers.

Une introduction expositive du jeu, les règles et principes, des remarques sur le jeu de Dames, quarante-deux parties; les solutions de soixante coups curieux ou Fins de parties, suivis d'autant de diagrammes ou Damiers figurant les positions de ces mêmes Coups, composent ce joli et très-bien imprimé petit volume.

Les Pions ou Dames sont figurés les uns en noir les autres en rouge sur les très-délicats petits Damiers.

POIRSON-PRUGNEAUX, de Commerci (Meuse), auteur de la *Nouvelle Notation pour les Parties ou les Coups d'Échecs*, quelle que soit la couleur des Pièces échues à chacun des deux joueurs, in-12, 1836, avec 16 pages lithographiées, et de l'*Introduction pratique au Jeu des Échecs*, in-12, 1849.

Encyclopédie *du jeu de Dames.*

Commerci, Ch. Cabasse, imprimeur-libraire, 1852, grand in-8°.

Ma Bibliographie du jeu de Dames est donnée ici comme une introduction indispensable à cette riche collection, puisqu'elle fait connaître la couleur des ouvrages dans lesquels elle a dû nécessairement puiser.

L'Encyclopédie commence naturellement de la page 1 à 19 par l'exposition complète de la nouvelle Notation technique et rationelle imaginée par M. Poirson, sous laquelle il fait paraître cet immense travail.

De la page 19 à 95 se trouve la partie fondamentale de ce bel édifice, le Traité complet du fameux Blonde, divisé en XIV chapitres, exposant: les élémens du jeu de Dames, ses règles; des conseils généraux pour y bien jouer et les différens avantages quon peut y faire; des débuts de parties; ce que c'est que des pions en prise; des parties entières; des fins de parties; ce qui concerne la Dame; la remise; la partie de 3 Dames contre une et de 4 et 3 contre 2; l'importance d'avoir le coup; plusieurs Coups de différentes forces propres à exercer les joueurs; l'utilité de la lecture des livres pour apprendre à jouer aux Dames; enfin, que l'on ne peut admettre qu'il y ait des hasards au jeu de Dames.

Dès 95 arrive la *Liste universelle des Coups de Dames*, tant publiés qu'inédits qui, précédés de diverses observations préliminaires et d'un tableau des noms de ceux qui en sont les auteurs, contient plus de 4000 Coups curieux ou Fins de parties. Cette liste est suivie du *Jeu* de tous les coups.

M. Poirson publie ensuite le Poëme didactique pris dans Manouri, la description en vers de Ferrand sur le jeu de Dames, le vocabulaire du même jeu, puis la Bibliographie du Trictrac, dans lequel les pièces se nomment Dames, par M. Alliey; enfin, la table de l'ouvrage.

Le simple exposé que je viens de faire ne peut donner qu'une bien faible idée de la masse de matériaux que l'on trouve réunis dans cette bonne Encyclopédie, qui sera ainsi le livre le plus complet qui ait jamais paru sur le jeu de Dames à la Polonaise, car il renferme bien nettement exposés tous les élémens et meilleurs principes, suivis de toutes les plus savantes parties entières qui ont été décrites jusqu'à ce jour sur ce jeu, et une immensité de Fins de parties, de problèmes ou soit Coups de Dames les plus intéressans de tous les auteurs décrits connus, et même de tous les principaux joueurs de notre époque; il ne laisse que peu de choses à rechercher dans les ouvrages anciens et modernes desquels M. Poirson a extrait, avec autant de persévérance que de discernement, tout ce qu'ils pouvaient présenter de mieux.

Son excellent livre devra donc être acquis avec empressement par tout vrai amateur de notre beau jeu, comme le plus précieux, et, nous le répétons, le plus complet, l'unique enfin dans son genre.

QUERCETANO (Don Diego Cavallero del).

L'Égide *de Pallas, ou théorie et pratique du jeu de Dames* (à la Française). Paris, Rebuffe, imprimeur-libraire, 1727, in-8° de XII, et 98, en tout 110 pages.

Sur le titre même est imprimé un Damier de 64 cases numéroté, de bas en haut, de 1 à 32 sur les cases blanches. Ce Damier, recouvert d'un triangle, est entouré de deux cercles autour desquels se distinguent parfaitement douze figures ou hiéroglyphes.

Suit la dédicace à maistre de Tour, fameux joueur de Dames.

Ce n'est que par la signature de cette dédicace par l'auteur que l'on apprend son nom; car il n'est pas porté sur le titre.

Après un discours préliminaire, en 6 pages, où il regarde Palamède comme l'inventeur du jeu de Dames, qu'il croit plus ancien que celui des Échecs, il soutient qu'il doit être appris, reconnait qu'il n'est beau qu'autant qu'il est bien joué et assez promptement; enfin, que c'est un jeu qui demande plus de pénétration qu'on ne le croit communément.

Vient ensuite le traité, divisé en un certain nombre de paragraphes, qui commence à la page 1, par la théorie du jeu de Dames, ses élémens, la description du jeu, du Damier, des Pions, de leur nombre, la manière de placer le Damier et les pions, de ce que l'on appelle Dames damées, fait des observations sur la Dame damée, traite de la case où il convient le mieux d'aller à Dame, donne les statuts et les règlemens du jeu de Dames, les lois à observer entre les joueurs, des avis importans touchant ce jeu, des conseils, une méthode secrète pour faire des Coups, une manière universelle pour bien jouer aux Dames, suivie d'excellens préceptes; mais les 48 premières pages sont farcies de soi-disant inductions, conséquences et comparaisons entièrement étrangères au jeu de Dames. Arrive enfin la pratique du jeu de Dames, consistant en 16 parties entières, de la page 49 à la page 82, puis 24 Coups de Dames ou Fins de parties qui terminent ce travail.

Quercetano parle du jeu d'Échecs aux pages 1 et 32; il donne la description de l'Échiquier, auquel il fait prendre le nom de Damier dès qu'il sert au jeu de Dames, étant composé du même nombre de cases, mais dont seulement 32, la moitié, servent aux Dames. Il ajoute qu'aux Dames comme aux Échecs, c'est la pure habileté qui décide du gain, et que l'on n'y perd jamais que par sa faute ou par son ignorance.

Twis parle d'une édition de ce livre qui aurait été imprimée à Paris en 1700; je n'en ai vu nulle part d'autre indication.

REUBEN-ROY, auteur de divers ouvrages sur les Échecs et autres.

A NEW GUIDE *to the Game of Draughts, embracing a variety of select Games, critical situations for Drawn Games, won Games, etc., etc., from the works of Payne and Sturges, revised, and newly arranged; with the addition of Polish Draugths.*

(*Nouveau Guide du jeu de Dames*, à la Française, *embrassant une variété de jeux choisis, de situations critiques et de Coups, etc., etc., d'après les ouvrages de* Payne *et de* Sturges, *revu et nouvellement arrangé, avec une addition sur le jeu de Dames à la Polonaise.*)

Londres, Henry Kent Causton, 1837, in-12 de 94 pages.

Après une introduction historique sur les traités existans sur le jeu de Dames, une exposition du jeu, ses règles, lois, il donne de la page 20 à celle 70, quinze parties avec de nombreuses variantes, puis douze Fins de parties suivies de leurs solutions; enfin, de la page 70 à la fin, en vingt-sept paragraphes ou numéros, l'exposition du jeu de Dames à la Polonaise, terminé par ses règles, des remarques sur cette manière de jouer aux Dames et divers Coups curieux ou Fins de parties avec l'explication de certains termes qui lui sont particuliers.

RICA (Don Paolo Cecina) y Fergel.

MEDULA *entropelica calculatoria que ensenna a jugar a las Damas con Espada, y Broquel. Divida en tres tratados.*

Madrid, Francisco-Xavier Garcia, año 1759, in-8° de XVI et 184, en tout 200 pages.

Les XVI contiennent le titre, la licence et l'errata; ensuite commence le livre: de la page 1 à 5, se trouve un prologue au lecteur sur tout le contenu de cet ouvrage; de 5 à 9, les lois et usages du jeu de Dames; à la 9ᵉ page on voit un Damier numéroté de 1 à 32 sur les cases blanches; de 10 à 142, est compris le premier traité, qui est divisé en 15 parties.

Le second, de 142 à 159, est partagé en huit parties, toutes avec de nombreuses variantes, dont plusieurs ayant même divers renvois.

Le troisième, de 159 à la fin, renferme 55 problèmes ou Fins de parties plus ou moins intéressantes.

Le tout sur le jeu de Dames à la Française.

SONZOGNO (Lorenzo).

Il Maestro di Giuochi *della Dama all' Italiana e alla Polacca, e degli Scacchi.*
Le Maître du jeu de Dames à l'Italienne et à la Polonaise et du jeu des Échecs.

Milan, imprimé par l'éditeur L. Sonzogno, 1832, in-24 de 122 pages.

De la page 1 à la page 45, il est traité du jeu de Dames simple ou à l'Italienne; de 45 à 63, du grand jeu de Dames, ou à la Polonaise; de 63 à la fin se trouve un exposé abrégé du jeu des Échecs.

C'est un bon petit ouvrage contenant simplement les descriptions et les principes élémentaires de ces jeux.

Sonzogno a tiré d'un auteur français ses 12 coups de Dames.

Ses n°s 1, 2, 3, 4, 5, 6, 7, 8, 9, 10, 11, 12,
sont les n°s 1, 9, 16, 179, 124, 2, 4, 180, 97, 127, 34, 99 de Commard.

Les cases du Damier à l'Italienne sont numérotées de bas en haut, d'1 à 32; celles du Damier à la Polonaise le sont d'1 à 50 de haut en bas.

STURGES (Joshua).

Guide *to the Game of Draugts, containing five hundred select games, together with one hundred and forty striking situations, exhibiting games drawn and won; by critical strokes, comprising almost every possible variety which the board can display and rendered plain and familiar to the learner, by clear arrangement, and explanatory directions, the whole designed to form the scientific and accomplished player in the pleasing but difficult game of Draugts.*

(*Le Guide du jeu de Dames*, à la Française, *contenant* 500 *Coups choisis, avec* 140 *positions difficiles, comprenant la plus grande variété de Coups possibles qui peuvent se présenter sur le damier, et rendus faciles et familiers aux commençans, par un arrangement clair et des explications, le tout fait pour former un joueur savant et accompli dans l'agréable mais difficile jeu de Dames.*)

Londres, 1800, in-4° de VI et 54, en tout 60 pages, suivi d'une longue liste de souscripteurs.

En regard du titre se trouve un beau frontispice représentant un joli Damier à la Française, numéroté sur les cases blanches, entouré d'un bel encadrement, au bas et dans l'intérieur duquel se lisent quatre vers anglais sur le jeu de Dames.

Après le titre, la dédicace à Georges, prince de *Wales*, signée par l'auteur, suit une préface. Le traité commence par sept règles du jeu, des remarques critiques et son exposition; suivent 54 parties entières, puis 140 Fins de parties ou Coups curieux.

Dans ce livre, comme dans ceux d'Anderson et de Drumond, nous ne pouvons trouver les 500 Coups choisis annoncés sur le titre, qu'en les cherchant, s'ils y sont, dans les 54 parties ou dans leurs variantes.

— CRITICAL SITUATIONS *in the Game of Draughts, containing one hundred and fifty in number, and dedicated to his Royal Highness the Prince of Wales.*
(*Situations critiques sur le jeu de Dames*, à la Française, *au nombre de cent cinquante, dédiées à S. A. R. le Prince de Galles.*)

Londres, Symonds, 1808, in-12 oblong de VIII, 150 et 18, en tout 184 pages non numérotées.

En regard du titre se trouve un Damier à la Française numéroté sur les cases blanches. Les pions, qui sont placés sur les mêmes cases, sont d'un côté noirs et de l'autre rouges.

Les VIII sont pour le titre, la dédicace et la préface.

Les 150 représentent un nombre pareil de diagrammes ou Damiers, dont un par page, figurant autant de positions diverses de Coups curieux. Les 18 sont pour leurs solutions.

THOLDEN (A.-F. von).

Die Kunst in Damen spiele meister zu verden durch 50 beyspielen erlaurt a. d. englisch.

(*L'Art de devenir maître au jeu de Dames, suivi de 50 problèmes avec explications, traduit de l'anglais.*)

Leipsig, Schaldebach, 1800, in-8° de 100 pages.

Ce Recueil d'exemples sur le jeu de Dames (à la Française) se divise en deux sections : la première contient 21 parties entières, dont 14 avec une ou plusieurs variantes. La seconde, 38 fins de parties; 8 apprenant comment une partie peut se gagner dans des positions difficiles; 10 faisant connaître comment on peut rendre un jeu indécis; les 20 autres, comment on peut habilement avoir le coup sur son adversaire.

TORQUEMADA (Anton).

El ingenio, o juego de Marco, *de Punto, o Damas.*

(*Le Génie du jeu de Barres, des Pointes, dit celui des Dames.*)

Valence, 1547, in-4°.

C'est un traité du jeu de Dames à la Française, du contenu duquel il m'est impossible de donner l'analyse, n'ayant pu le trouver ni le voir nulle part.

TWISS (Richard), Miscellanies, (Mélanges). Londres, 1805, 2 vol. in-8°.

Dans le vol. II, page 134 à 232, et 241, 242, il traite dans 50 feuillets du jeu de Dames.

Après avoir fait connaître les titres et parlé des ouvrages de Canalejas, Mallet, Painter, Payne, Quercetano et Sturges, sur le jeu de Dames à la Française, ainsi que de ceux de Blonde, Lallement et Manouri, sur le jeu de Dames à la Polonaise, Twiss donne les règles du jeu de Dames, les fait suivre de quelques explications, puis insère 45 beaux problèmes avec leurs situations et ensuite avec leurs exécutions.

Il copie en entier l'*Art polonais*, fragment du poëme didactique français, sur le jeu de Dames, qui termine le livre de Manouri, rapporte après quelques passages ou citations, extraits de Manouri et de Mallet, tels que les vers de J.-B. Rousseau, et quelques particularités sur J.-J. Rousseau.

Il mentionne un article assez insignifiant qui a été inséré dans le Spectateur hollandais, publié à Amsterdam, en 1755, qui parlait de deux joueurs de Dames, jouant dans un café de cette ville, dont un faisait avantage à l'autre au-dessus de ses forces, d'où le rédacteur tire diverses conséquences.

VAN-TENAC, auteur de diverses productions littéraires.

Traité du jeu de Dames. Paris, Royer, 1845, in-12 de 44 pages.

Ce petit traité, extrait de son Album des jeux, fait connaître les termes techniques qui sont employés au jeu de Dames, donne l'explication du Damier, expose les règles du jeu, les accompagne de quelques observations, soumet quelques problèmes, rapporte quelques parties modifiées et combinées; enfin termine par des observations générales sur ce jeu.

WAIDDER (S.).

Das schach spiel *in seinem ganzen um fanger.*

(*Le jeu d'Échecs considéré sous tous ses rapports, etc.*)

Vienne, 1837, 4 vol. in-8°.

Dans le troisième volume, de la page 1 à 141, se trouve un court et complet traité du jeu de Dames, considéré sous tous ses rapports.

Après une page historique et après avoir parlé de six ouvrages sur le jeu de Dames ou y ayant trait, il passe à sa théorie; il s'occupe dans treize paragraphes du jeu de Dames, du Damier, de sa disposition, de ses pièces, de leur marche, de celle des Dames, de l'activité et de la puissance des pions, de celles des Dames, de la manière d'aller, de parvenir à Dame, du but de ce jeu, comment il convient d'ouvrir son jeu, de le disposer ensuite et d'en ménager l'ordre, pour tâcher d'arriver à de bonnes Fins de parties. Dans dix-huit autres paragraphes, il donne les lois et les règles de ce jeu. Puis, par addition, il traite brièvement du jeu de Dames à la Polonaise, du jeu de Dames anglais, du jeu de Dames égyptien ou jeu de Dames-Échecs à quatre, de celui à jouer entre trois et entre un plus grand nombre de personnes.

Dans une seconde partie pratique, après quelques observations générales, il expose, dans quatre feuillets en tableaux de sept colonnes par chaque page, diverses parties entières. Enfin, il termine par vingt-quatre problèmes curieux ou Fins de parties intéressantes sur le jeu de Dames. Le tout extrait des principaux auteurs.

WALKER (Georges) auteur de grand nombre d'excellens ouvrages sur le jeu d'Échecs.

Sturges Guide *to the Game of Draughts, in wich the whole theory and pratice of that scientific recreation are clearly illustrated; including one hundred and fifty critical positions by **Joshua Sturges, new edition,** revised and improved.*

(*Guide de Sturges sur le jeu de Dames,* à la Française, *avec une théorie pratique de ce savant amusement, expliqué plus clairement, **renfermant** cent-cinquante positions ou Coups critiques **de Josué Sturges, nouvelle** édition revue et corrigée.*)

Londres, Scherwood, Gilbert, 1835, in-12 de VIII et 88 pages.

Un joli Damier en regard du titre, une préface historique sur ce qui a paru sur ce jeu, la préface originale de Sturges, suivie de la réimpression pure et simple des deux bons ouvrages de Sturges, reproduits en entiers et avec quelques petites notes, forment le contenu de ce beau petit volume très-bien imprimé.

WALLS (Lorenço), habitant de la ville d'Alicante, royaume de Valence.

LIBRO DEL JUEGO DE LAS DAMAS, *per otro nombre el maro de Punta, divido in tres tratados, etc...*

(*Livre sur le jeu de Dames*, à la Française, *autrement dit el maro de Punta, divisé en trois traités, etc...*)

Valence, chez Pierre Patricio, imprimé en l'an 1597, in-4° de II et 55 feuillets ou 110 pages, avec un Damier à la Française, de 64 cases sur le titre même.

Les deux sont pour le titre, un avis au lecteur et un sonnet d'un ami de l'auteur en 14 vers.

Suit le premier traité de la page 1 à 26, qui contient 27 Parties entières avec leurs variantes, qu'il affirme inédites jusqu'alors.

Le deuxième, de 26 à 36, renferme 11 parties avec les variantes pour jouer contre les livres composés par Pierre-Ruiz Montero, qui se jouent partout et qu'il dit qu'on pourra gagner facilement.

Le troisième, de 36 à 51, expose la manière de jouer Dame contre Dame, dans 22 parties enrichies de variantes.

Il joint aussi à la fin une partie que Ruiz Montero donne comme gagnée, et que cependant il soutient qu'on peut rendre positivement nulle.

La première page de ce livre ne contient qu'un grand Damier numéroté de 1 à 32 sur les cases blanches. Il se trouve deux autres pareils Damiers sur les feuillets 36 et 51, mais ne tenant que la moitié de ces pages.

L'on voit ainsi qu'il ne s'agit que du jeu de Dames à la Française; voir sur ce livre, excessivement rare, Antoine, Bibl. hisp. n°   tome II, p. 8.

ZIMMERMAN (Ferd.).

VOLLSTANDIGER CODEX, *der Damenbrett-spilkunst; oder: Theorie und Praxis aller bisher bekannten Damenbrett-spiel.*

(*Code complet du Damier et de la science du jeu de Dames, ou sa Théorie et Pratique, tout ce qui a paru sur ce jeu jusqu'à ce jour.*)

Coln (Cologne), Rommer Kirchen, 1821, grand in-16 oblong sur fort papier, de XII et 404 pages.

Après les XII, qui sont pour le titre, un avant-propos et la table des matières, ce code comprend trois grandes divisions principales.

La Ire, sur la partie allemande, de la page 1 à la page 45. Son exposition, sa description, ses règles, vingt Parties entières, toutes avec diverses variantes, et soixante-huit Fins de parties ou Coups curieux.

Cette partie allemande est ce que nous appelons le *jeu français*.

La IIe, de la page 45 à la page 313, sur le jeu de Dames à la Polonaise, donne sa démonstration, ses règles au nombre de 24, presque toutes expliquées par des exemples, ainsi que l'avantage d'avoir le trait, l'importance du premier coup, de la Dame, sa force, ses prérogatives, etc., etc.; des ouvertures de parties, trois Parties entières, 611 Fins de parties ou Coups de Dames, extraits des principaux auteurs sans les désigner, la partie anglaise, la partie remise et celle *à qui perd gagne*.

La IIIe, de la page 313 à la fin, traite du jeu de Dames Égyptien, démontré par deux Parties entières, le jeu de Dames Échecs, aussi avec deux parties entières, puis du jeu de Dames à trois; enfin d'un autre jeu de Dames composé, qui se joue sur un Damier de 16 cases dans un sens sur 8 de l'autre, et exige 48 pions.

Bien que ce soit une bonne et volumineuse compilation extraite des meilleurs auteurs des diverses nations, l'on comprend facilement que le titre est par trop avantageux, quand il dit contenir tout ce qui a paru jusqu'à ce jour.

Cette Bibliographie me dispense d'insister à ce sujet.

FIN.

NOUVELLE NOTATION

LA SEULE TECHNIQUE

POUR LE JEU DE DAMES

A LA POLONAISE

(par L. Poirson-Prugneaux)

> « Un moyen qu'on emploiera partout avec succès,
> » c'est de mettre dans nos méditations de la clarté,
> » de la précision et de l'ordre. De la clarté ; parce que
> » *plus les signes sont clairs, plus nous avons conscience*
> » *des idées qu'ils signifient, et moins, par conséquent,*
> » *elles nous échappent* ; de la précision, afin que l'at-
> » tention moins partagée, se fixe avec moins d'effort ;
> » de l'ordre, afin qu'une première idée plus connue,
> » plus familière, prépare notre attention pour celle
> » qui doit suivre. »
>
> CONDILLAC, *Art de penser*, page 72, an VI-1798.

ENCYCLOPÉDIE DU JEU DE DAMES

Une situation quelconque du Jeu de Dames peut prendre quatre faces diverses, quoique identiques.

Joli Coup gagné par Mad. [illegible]

NOUVEAU DAMIER SANS CASES.

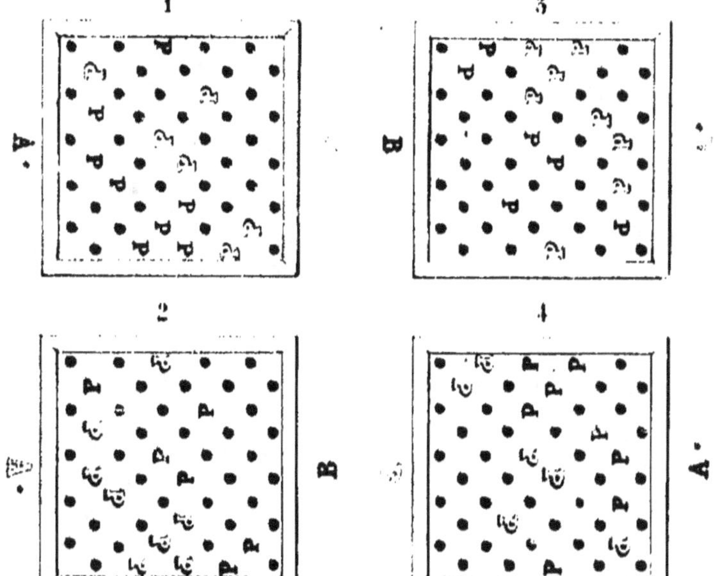

PARTIE DE TROIS D CONTRE UNE, Pages 59 et 60.

1re ENCEINTE.

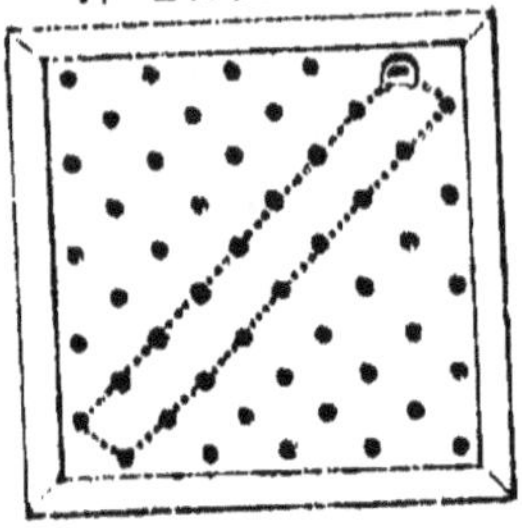

2e ENCEINTE.

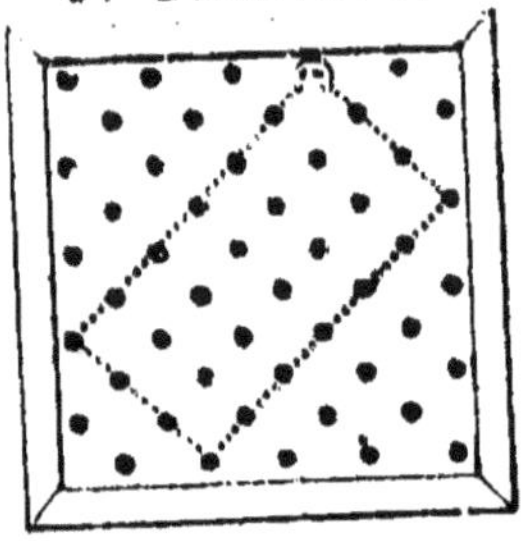

3me ENCEINTE.

4me ENCEINTE

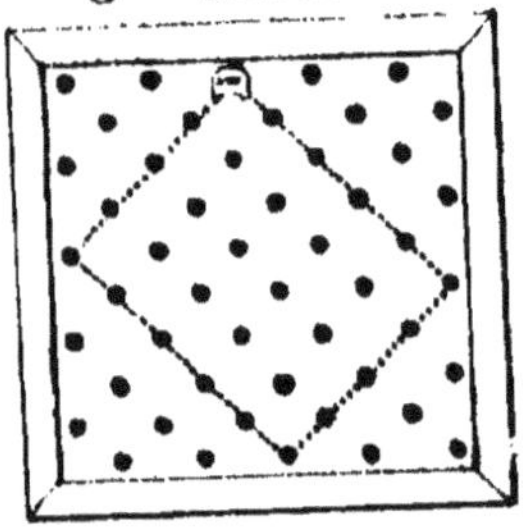

5me ENCEINTE.

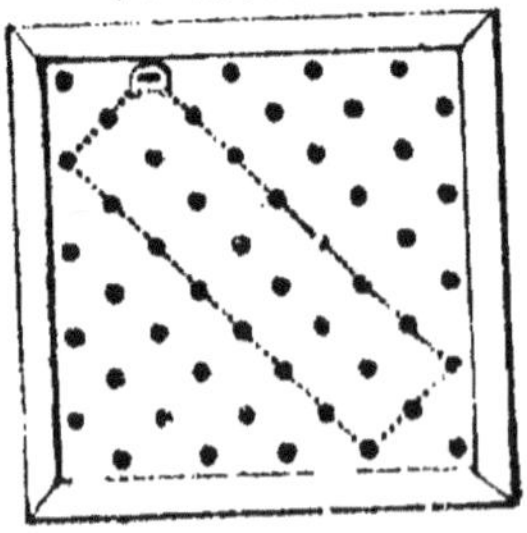

6me ENCEINTE.

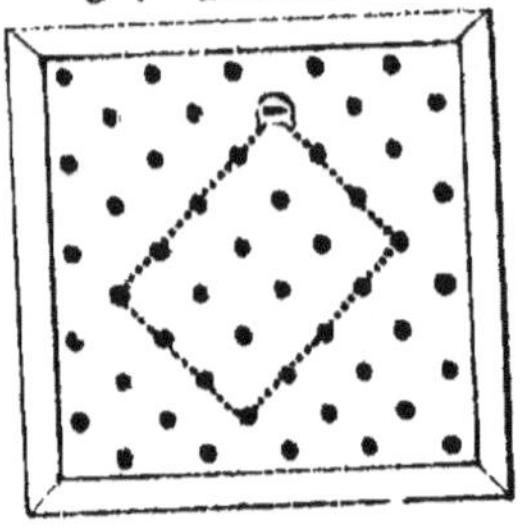

7me ENCEINTE.

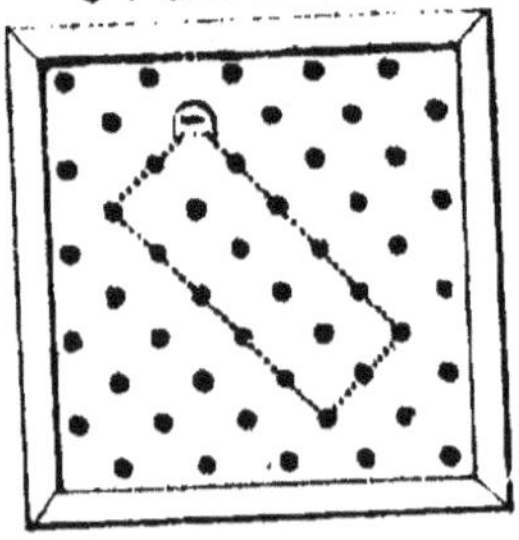

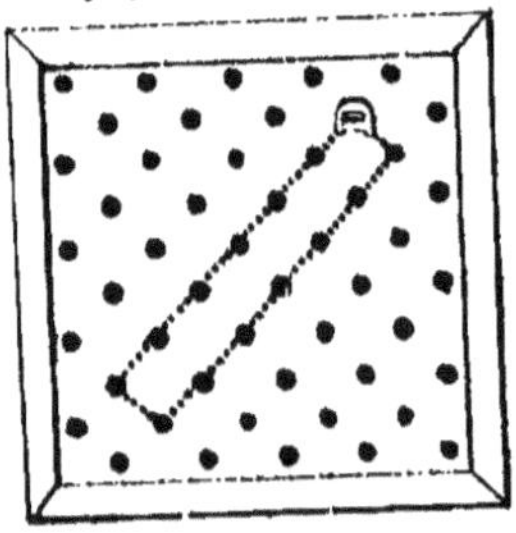

5e COUP – 1re POSITION fig. 6.

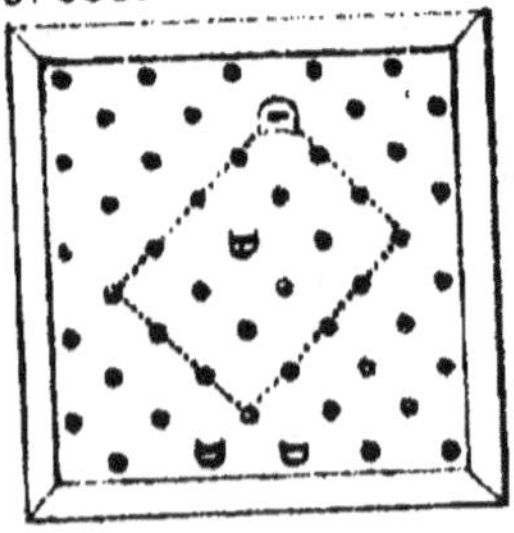

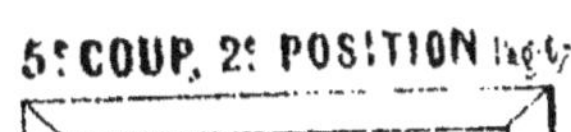

5e COUP, 2e POSITION Pag. 67

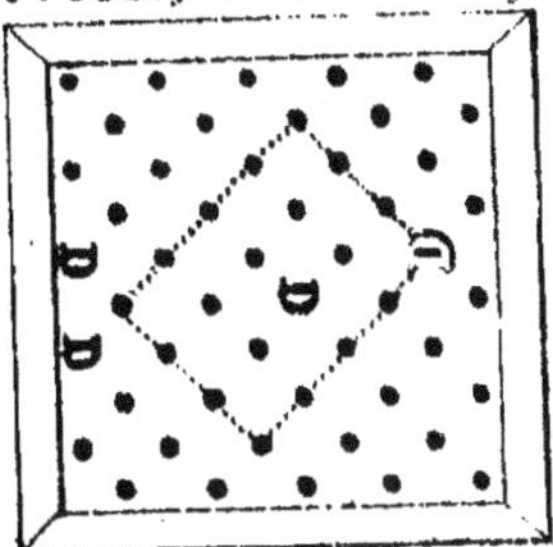

5e COUP, 3e POSITION Pag. 67

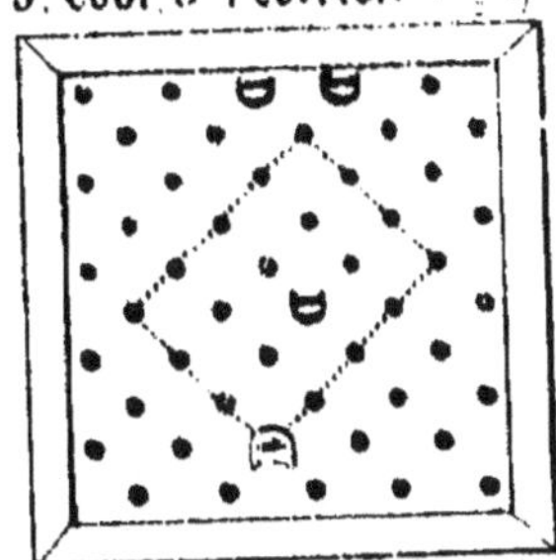

5e COUP, 4e POSITION, Pag. 67

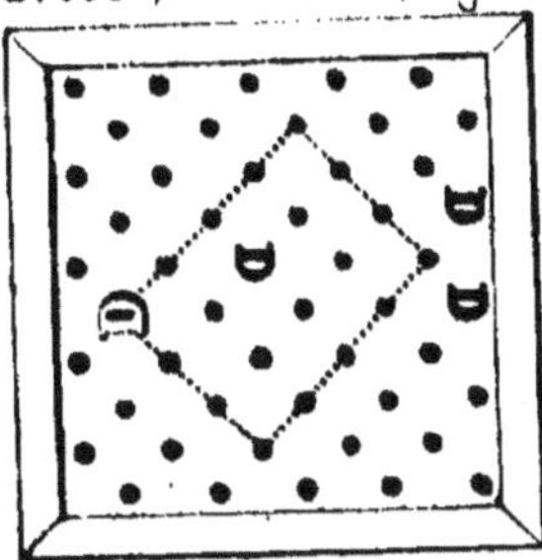

6e COUP, 1re POSITION, Pag. 68

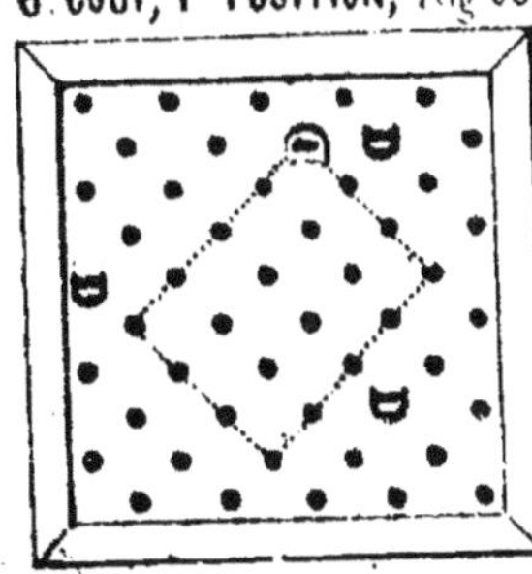

6e COUP, 2e POSITION Pag. 68

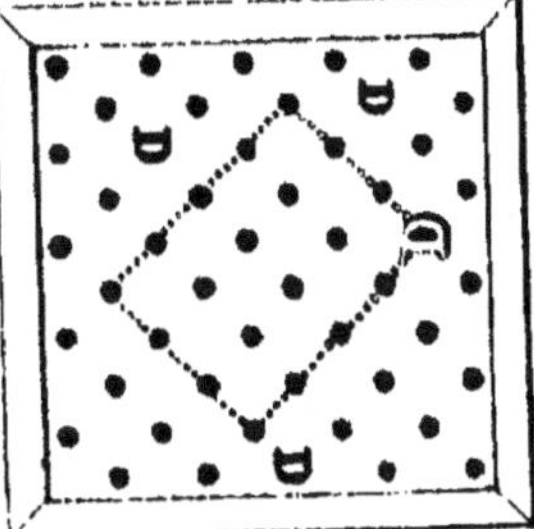

6e COUP, 3e POSITION Pag. 68

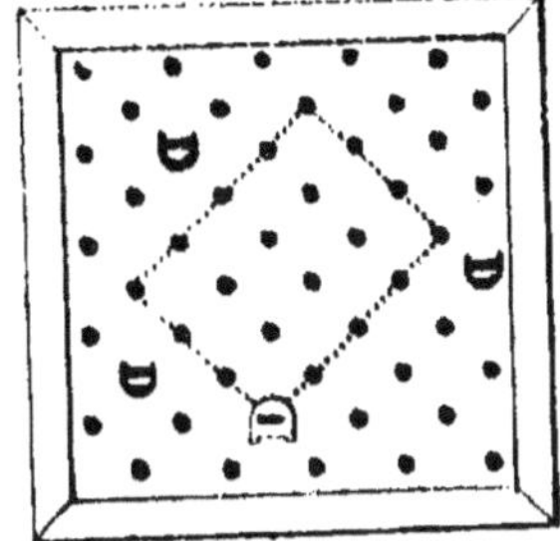

6e COUP, 4e POSITION, Pag. 68

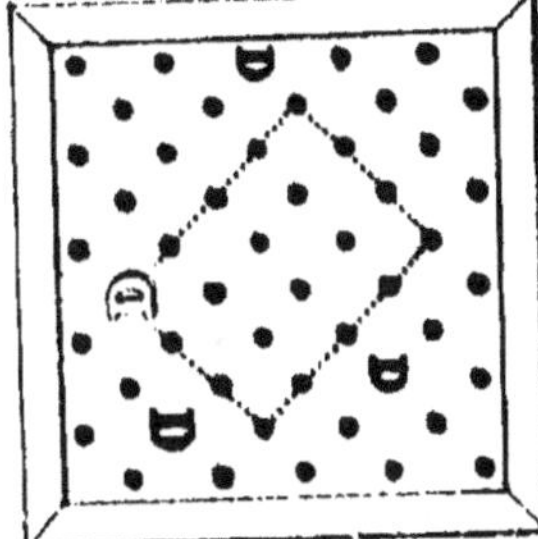

8e COUP, 1re POSITION, Pag. 69

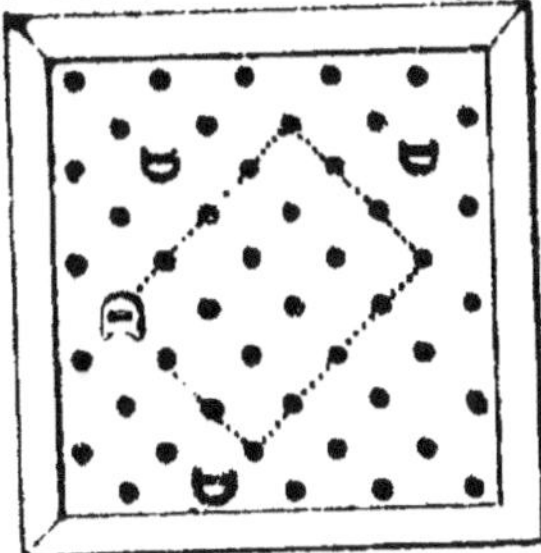

8e COUP, 2e POSITION. P. 69

8e COUP 3e POSITION P. 69

8e COUP, 4e POSITION. P. 69

14e COUP, 1re et 2e POS.ons P. 71

14e COUP, 3e et 4e POS.ons P. 71

15e COUP, 1re et 2e POS.ons P. 71

15e COUP, 3e et 4e POS.ons P. 71

COUP de HUGUENIN à METZ. P. 78 et 79

Lith. de V. Janson rue Dauphine 18. Paris.

NOUVELLE NOTATION

POUR LES DAMES

A LA POLONAISE.

Il est à propos d'examiner d'abord comment il faut poser le Damier dans les dessins qui le représentent.

Le Damier du Jeu à la Polonaise est de figure carrée et contient 100 cases réparties en dix lignes ou rangs, où on les voit alternativement *blanches* et *noires*. C'est un échiquier augmenté de deux bandes de cases qui lui en donnent 36 de plus qu'au jeu des échecs.

L'échiquier n'a ni haut ni bas; il n'a point de bord supérieur ni inférieur. Par cette raison, le célèbre Anonyme de Modène, dans le frontispice de ses *Observations pratiques* si estimées, lui donne sa situation naturelle, en plaçant les côtés des deux joueurs à droite et à gauche des témoins de leur combat.

Il en est de même du Damier, qui n'est qu'un échiquier avec accroissement. La position de chacun des joueurs est la même que celle de son adversaire, sans qu'aucun d'eux puisse prétendre à la prééminence. Le bon sens exige, par conséquent, que le dessin conserve l'idée de l'égalité qui subsiste entre l'un et l'autre.

Voici donc sous quel aspect je le figurerai constamment.

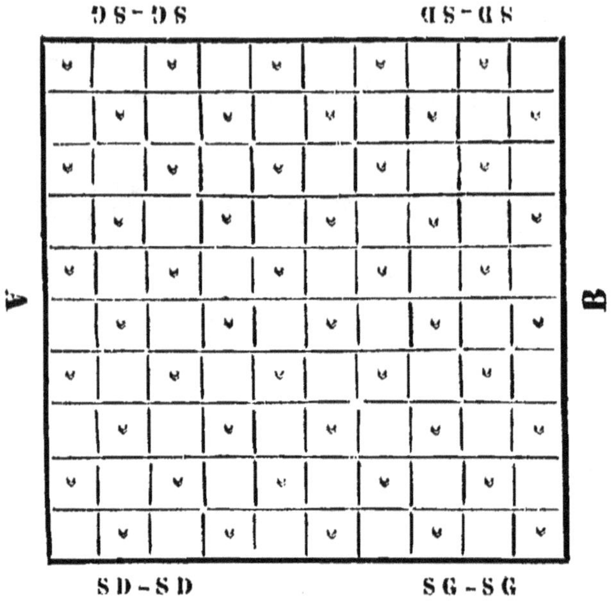

S G - S G   S D - S D

A   B

S D - S D   S G - S G

Les lettres A et B montrent les deux côtés du Damier en face desquels sont assis les deux antagonistes. Par les lettres S D - S D j'ai voulu indiquer les Spectateurs qui se trouvent à la droite, et par les lettres S G - S G ceux qui se trouvent à la gauche du joueur A, ainsi que, de l'autre côté j'ai marqué par les mêmes lettres S D - S D., S G - S G les Spectateurs voisins du joueur B.

Les signes » placés sur la moitié des cases indiquent celles sur lesquelles manœuvrent les Pièces du jeu. Ces signes ne particularisent pas les couleurs ; ils appartiennent à la Noire ou à la Blanche indistinctement, selon le libre arbitre du lecteur.

Avant que d'exposer mon *Système de Notation* il ne sera peut-être pas inutile de passer en revue l'historique de la matière, afin de mettre sous les yeux des amateurs les points de comparaison propres à déterminer leur jugement.

Notation de Mallet.

C'est à Mallet qu'est dû le premier traité du Jeu de Dames, imprimé à Paris en 1668 (*). Ce jeu était celui qu'on nomme à la Française et qui est

(*) Voir son article dans la *Bibliographie* de M. Alliey, page 17 ci-dessus.

encore en usage aujourd'hui en divers pays. Il se pratique sur le Damier de 64 Cases. **Mallet** eut la sagacité de diviser par moitié ce Damier entre les deux joueurs et de marquer des mêmes chiffres, d' 1 à 16 de chaque côté, leurs Cases qui forment ainsi deux champs de manœuvres égaux, dans lesquels chacun possède autant de postes que son adversaire. Voici la figure de son échiquier numéroté. (1)

NOIRES. — MIDI.

A | | | | | | | B

»	1	»	2	»	3	»	4
8	»	7	»	6	»	5	»
»	9	»	10	»	11	»	12
16	»	15	»	14	»	13	»
»	13	»	14	»	15	»	16
12	»	11	»	10	»	9	»
»	5	»	6	»	7	»	8
4	»	3	»	2	»	1	»

D | | | | | | | C

BLANCHES. — SEPTENTRION.

Notation de Quercetano.

L'idée de **Mallet** fut ignorée de **Quercetano** (2) qui numérota les cases de bas en haut, en suivant la suite naturelle des nombres de la 1re à la 32e, comme il suit :

JOUEUR.

»	29	»	30	»	31	»	32
25	»	26	»	27	»	28	»
»	21	»	22	»	23	»	24
17	»	18	»	19	»	20	»
»	13	»	14	»	15	»	16
9	»	10	»	11	»	12	»
»	5	»	6	»	7	»	8
1	»	2	»	3	»	4	»

JOUEUR.

(1) Le lecteur aura compris que sur les Dames des p. 5, 6, 7, 9, les guillemets » marquent les Cases Noires.
(2) Voir la *Bibliographie* page 23 ci-dessus.

Le partage si naturel du Damier en deux terrains d'égale dimension, a totalement disparu.

Première Notation de Manoury.

L'*Essai* de Manoury, imprimé en 1770, et calqué sur l'ouvrage de Quercetano (1), ne pouvait manquer d'adopter une Notation analogue à celle de l'*Égide de Pallas*. L'*Essai* publia donc pour frontispice un Damier de dessin assez informe, dont on a ici la représentation. Les n^os des Cases y sont de bas en haut.

A

1	•	11	•	21	•	31	•	41	•
•	6	•	16	•	26	•	36	•	46
2	•	12	•	22	•	32	•	42	•
•	7	•	17	•	27	•	37	•	47
3	•	13	•	23	•	33	•	43	•
•	8	•	18	•	28	•	38	•	48
4	•	14	•	24	•	34	•	44	•
•	9	•	19	•	29	•	39	•	49
5	•	15	•	25	•	35	•	45	•
•	10	•	20	•	30	•	40	•	50

B

On voit qu'il s'agit du grand Jeu de Dames *à la Polonaise* qui compte en tout 100 Cases, dont la moitié reçoit les Pièces. Ces dernières Cases portent les numéros d' 1 à 50.

Deuxième Notation de Manoury.

Dix-sept ans après, en 1787, parut le *Traité* (2) beaucoup plus étendu que l'*Essai*. Manoury dit que pour le faire il prit pour guide Mallet, dont il avait reconnu la supériorité sur *Quercetano*.

---

(1) Voir son article dans la *Bibliographie* page 19 ci-dessus.

(2) Voir la *Bibliographie* page 19 ci-dessus.

Le frontispice est un Damier chiffré comme il suit :

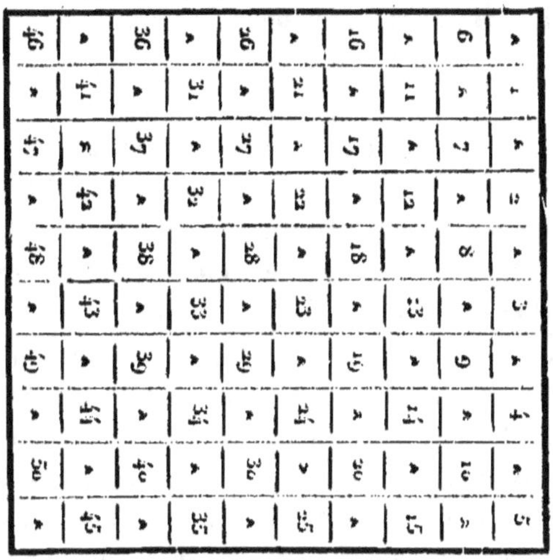

PREMIER JOUEUR. / SECOND JOUEUR.

46	»	36	»	26	»	16	»	6	»
»	41	»	31	»	21	»	11	»	1
47	»	37	»	27	»	17	»	7	»
»	42	»	32	»	22	»	12	»	2
48	»	38	»	28	»	18	»	8	»
»	43	»	33	»	23	»	13	»	3
49	»	39	»	29	»	19	»	9	»
»	44	»	34	»	24	»	14	»	4
50	»	40	»	30	»	20	»	10	»
»	45	»	35	»	25	»	15	»	5

Il est à remarquer que le numérotage des Cases commence au bord supérieur du Damier. A la page XIII-XIV de la préface, Manoury s'applaudit de ce changement, par caprice qu'aucune bonne raison ne justifie ; car cette manière n'a réellement rien de mieux que la précédente. Il est égal de mettre les mêmes numéros en haut ou en bas, à droite ou à gauche. Cela n'opère pas dans le jeu la moindre amélioration. L'indication des Cases n'y gagne réellement rien en clarté ni en facilité. Lorsqu'on veut compter, peu importe comment on s'y prend et par quelle extrémité l'on commence : tout procédé revient au même et le choix en est indifférent. A quelques égards la notation antérieure me paraîtrait préférable, en cela que, du moins, la description des mouvemens de Pièces, du côté du joueur qui a le trait, y annonce un progrès ascendant marqué par ses chiffres ; tandis que par la Notation du *Traité*, ce progrès semble réservé au second joueur, et que la marche du premier, si l'on considère ses chiffres à leur tour, y est rétrograde en apparence. C'est un véritable inconvénient.

Avec l'un et l'autre procédés on est dans l'obligation d'avoir, outre le Damier sur lequel la partie se joue, un autre Damier chiffré qui aide à mettre en place, dans les Cases du premier, les Pions ou les Dames dont la situation est indiquée.

L'on conviendra que c'est une sujétion gênante et fastidieuse.

Au moyen de la *Notation technique* on est préservé de cet écueil : le Damier numéroté devient tout-à-fait inutile.

Les deux Notations employées par *Manouri* ont entièrement oublié la division naturelle du Damier entre les deux acteurs du jeu, mentionnée par *Mallet*. Elles n'eussent pas dû la négliger.

Il serait difficile de déterminer au juste les rapports que ces deux Notations pourraient avoir directement ou indirectement avec le Jeu de Dames. L'usage qu'on en fait est souvent imparfait, incomplet, et laisse beaucoup à désirer. On n'y formule ni la prise des Pièces, ni l'arrivée des Pions à Dame, ni l'issue des Parties, etc. Si donc tous nos auteurs s'en sont servis, c'est qu'on n'en avait point une meilleure à leur proposer.

Je suis convaincu que ma *Notation technique* l'emporte sur tous les autres systèmes, dont elle remplit toutes les lacunes, et que sa pratique ne contribuerait pas peu à répandre et à populariser le *Jeu de Dames*, trop ignoré, quoique si ingénieux. Si l'on place au premier rang le jeu d'Échecs, on ne pourrait sans injustice refuser le second au Jeu de Dames, dont les combinaisons innombrables et brillantes mériteront d'être admirées dans tous les âges comme un des chefs-d'œuvre de l'imagination des hommes.

NOTATION TECHNIQUE.

La figure du Damier est, comme je l'ai dit, un carré parfait subdivisé en 100 petits carrés ou petites Cases de deux couleurs, qui se communiquent entre elles par leurs angles, en sorte qu'il y en a 50 semblables de chaque couleur, réparties en 10 lignes de 5 chacune. Ces Cases sont les unes Blanches et les autres Noires.

Il n'y a que 50 Cases qui reçoivent les Pions et Pièces des deux joueurs. En commençant la partie, chacun d'eux place 20 Pions Blancs ou Noirs sur le Damier, en quatre rangées ou lignes horizontales. De là il suit qu'il existe entre les Cases occupées par les Pions, deux rangées de Cases vacantes, sur lesquelles se font les premiers mouvemens du jeu.

Les Français et les Etrangers diffèrent dans la coutume de placer les Pions et les Dames. Les premiers, et principalement les Parisiens, les mettent sur les Cases Blanches; les étrangers, et même les français d'un grand nombre de provinces, les mettent sur les Cases Noires; mais tous sont d'accord pour avoir la grande diagonale ou la grande ligne soit blanche, soit noire, à la gauche des deux joueurs.

DAMIER AVEC LES PIÈCES SUR LES CASES BLANCHES.

PREMIER JOUEUR.

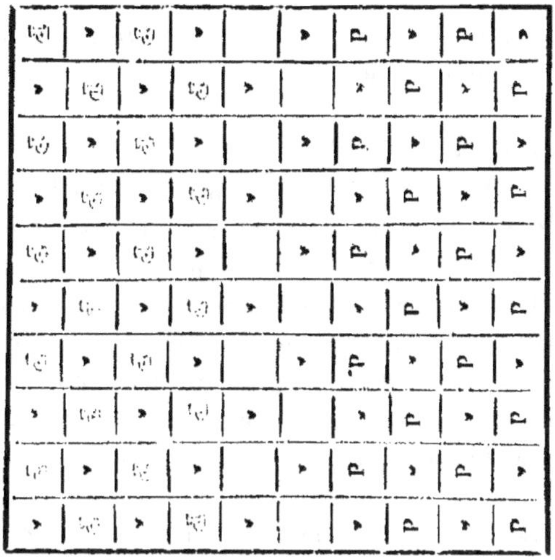

SECOND JOUEUR.

Si les auteurs se sont déclarés pour les Cases Blanches, c'est vraisemblablement parce qu'elles leur auront paru plus commodes pour y tracer des chiffres. A mon avis cette considération n'était point déterminante ; elle n'était que secondaire et non fondamentale, et il fallait la faire céder à la meilleure constitution du *Jeu de Dames*.

DAMIER AVEC LES PIÈCES SUR LES CASES NOIRES.

PREMIER JOUEUR.

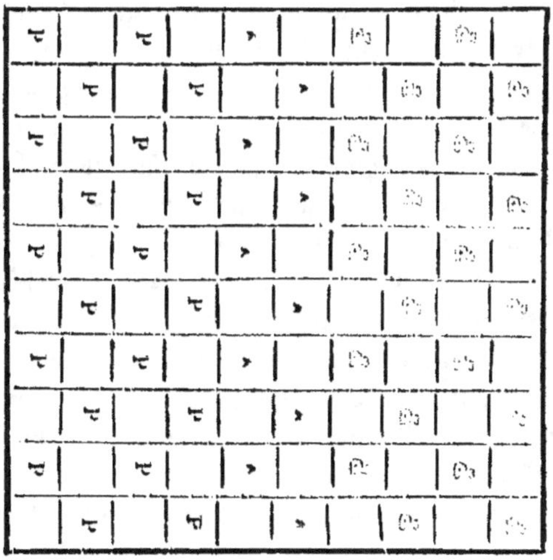

SECOND JOUEUR.

« Il importe peu, dit Mallet, qu'on place les Dames sur les Cases blanches » ou sur les noires. » Cela est vrai ; le jeu n'en reste pas moins le même. Seulement il est nécessaire comme je l'ai déjà exprimé, que les joueurs aient, chacun à sa gauche, la première Case de la grande diagonale ou grande ligne. Telle est la position normale du Damier.

Quant à la couleur des Cases sur lesquelles se mettront les Pions, il faut, je pense, la laisser au libre choix des joueurs. Chacun suivra son goût à cet égard. Les partisans des Cases blanches pourront alléguer l'ancienneté de l'usage parisien. Les partisans des Cases noires, de leur côté, pourront observer qu'ils ont pour eux l'exemple immémorial des nations étrangères ; qu'en fesant occuper les Cases blanches on a le Damier moins net à la vue, puisqu'il est alors plus bariolé, plus chargé de couleurs ; qu'enfin en tournant le Damier exactement comme l'Échiquier, l'on conserve mieux entre le jeu de Dames et celui des Echecs leur air de parenté.

A mon avis les joueurs feront bien de s'accoutumer à prendre tour à tour indistinctement, tantôt les Cases noires tantôt les blanches. L'essentiel est de ne point contracter d'habitudes qui puissent devenir gênantes pour l'un ou pour l'autre des deux acteurs.

Ceci m'engage à parler d'une autre coutume introduite assez légèrement par le *Traité* de Manouri depuis 1787, et qui a été suivie par tous les auteurs : c'est, à l'instar de Mallet, de désigner par *les Blancs* le joueur qui a le trait et gagne la partie, et par *les Noirs* celui qui la perd.

Le législateur des *Dames polonaises* avait été mieux inspiré dans son *Essai* de 1770, où la lettre A indique le joueur qui a le trait et qui gagne, la lettre B son adversaire. Ainsi fait le hollandais Van Embden. De cette manière l'on conserve la liberté de faire le choix de la couleur des Pièces et de la varier à sa volonté ; au lieu qu'en dénotant les *Blanches* comme devant vaincre, on donne à croire qu'il y a plus de facilité de bien disposer son jeu lorsqu'on a les Pièces de cette couleur ; fausse idée qu'il importe de combattre et de ne pas laisser s'enraciner.

La couleur des Pièces est une circonstance éventuelle qui doit rester indifférente. Il est bon d'en changer alternativement à chaque partie, afin de ne pas se faire une coutume de préférer l'une à l'autre.

La vaillance du guerrier ne dépend pas de son uniforme ; quel que soit celui dont il se couvre, il n'en cherche ni plus ni moins l'occasion de se mesurer avec l'ennemi.

Cependant la politesse veut qu'on cède au beau sexe les Pièces Noires. C'est (je passerai sous silence le motif de se plier à une innocente coquetterie) pour lui ménager sans doute l'avantage de mieux apercevoir la situation des Pièces Blanches de l'adversaire.

Cela posé, la *Notation* ne doit point faire acception de la couleur des Cases occupées par chacun des joueurs, ni de la couleur de leurs Pièces respectives; car ni la conduite ni l'issue du jeu n'en dépendent en aucune manière.

Puisque le Damier compte 10 rangées de Cases de 5 chacune, chaque joueur en aura donc la moitié ou cinq rangées sur son terrain.

Alors, rien de plus simple que de distribuer, comme je fais, les Cases d'un côté du Damier, de la gauche à la droite du premier joueur, de cette manière :

1re Case, 2e Case, 3e Case, 4e Case, 5e Case de la 1re ligne.
1re —, 2e —, 3e —, 4e —, 5e — de la 2e ligne.
1re —, 2e —, 3e —, 4e —, 5e — de la 3e ligne.
1re —, 2e —, 3e —, 4e —, 5e — de la 4e ligne.
1re —, 2e —, 3e —, 4e —, 5e — de la 5e ligne.

Puis j'opère la même répartition des Cases de l'autre côté du Damier, en allant de la droite à la gauche du second joueur.

Il arrive de là que les Cases d'un joueur sont numérotées dans un ordre opposé à celles de son adversaire.

Je représente donc les numéros des Cases dans leur ordre, par les cinq chiffres 1 2 3 4 5, et je marque par un petit chiffre placé à droite et un peu plus haut, le rang de la ligne du Damier à laquelle elles appartiennent.

J'y ajoute une apostrophe ' pour marquer la ligne adverse.

Je crois inutile de dénoter par le chiffre 1 les Cases de la première ligne. Ainsi 1 2 3 4 5, sans autre indication, représentent les 5 Cases de la 1re ligne.

1 2 3 4 5 indiquent donc les Cases de la 1re ligne.
1 2 3 4^4 ———— les 4 premières Cases de la 4e ligne.
1 3^5 ———— la 1re et la 3e Cases de la 5e ligne.
3 $4^{3'}$ ———— la 3e et la 4e Cases de la 3e ligne adverse.
1 2 3 4 5' ———— les Cases de la 1re ligne adverse.

Le Damier qui suit rendra ceci très-évident.

5 4 3 2

PREMIER JOUEUR.

1		1		1		5		5	
	1		1		5		5		5
2		2		2		4		4	
	2		2		4		4		4
3		3		3		3		3	
	3		3		3		3		3
4		4		4		2		2	
	4		4		2		2		2
5		5		5		1		1	
	5		5		1		1		1

SECOND JOUEUR.

2 3 4 5

Après avoir fixé la *Notation des Cases du Damier,* je dirai un mot de celle des Pions et des Dames, les seules Pièces qui soient employées au jeu.

Autrefois on donnait le nom de *Dames* aux Pions, et les Pions arrivés à Dame prenaient le nom de *Dames damées.* L'usage a perfectionné ces dénominations en appelant Pions les 20 disques dont chaque joueur se sert au commencement de la partie, et en réservant le simple nom de Dames aux Pions qui, par la suite du jeu, arrivent sur la première ligne du joueur adverse. Alors on les recouvre chacun d'un second Pion, ce qui s'appelle Damer.

Mallet appelle *Dames couronnées* les Pions qui sont sur les Cases de la première ligne de chaque joueur, parce qu'elles portaient jadis une petite couronne sur le plan supérieur de leur disque. Il appelle ces Dames couronnées *maîtresses Dames*, parce qu'elles marchent au soutien de celles qui les ont précédées. Mais ces dénominations et la couronne sont hors d'usage aujourd'hui.

Dans sa marche le Pion ne fait qu'un pas, *à droite* ou *à gauche* de la Case qu'il occupe. Il ne rétrograde pas, à moins que ce ne soit pour prendre une Pièce à l'adversaire.

La *Notation* désigne le Pion par l'initiale P, ou plus souvent et plus simplement encore par le chiffre de la Case où il pose. Sa marche y sera suffisamment indiquée par la lettre g mise *à la gauche* de son chiffre lorsque le mouvement aura lieu de *droite à gauche*. Le chiffre dénoté sans lettre indiquera par lui-même le mouvement de *gauche à droite*.

La Dame a la prérogative, tout en suivant sa ligne oblique de Cases, de s'arrêter où elle veut, sur une case qu'elle choisit, en avant ou en arrière. Par là son pouvoir est immense, et dans la plupart des Parties, le joueur qui fait une Dame les gagne infailliblement.

Dans la Notation la Dame se marque par l'initiale D plus grande que le P du Pion, à la droite du chiffre de la Case. Son mouvement sera indiqué par la désignation de la Case à laquelle elle devra s'arrêter. Si plusieurs Dames pouvaient s'y rendre, il faudrait, pour ôter toute équivoque, exprimer le signe de la Case de départ de la Dame à jouer. Cela n'arrive que très-rarement.

Ainsi les chiffres 1 2 3 4 5 signifient les Cases de chaque ligne ou rangée de Cases et par extension les Pions ; les petits chiffres ^{2}, ^{3}, ^{4}, ^{5}, $^{5'}$, $^{4'}$, $^{3'}$, $^{2'}$ et $^{1'}$ placés à droite et un peu plus haut, comme les exposans des algébristes, signifient les rangs ou lignes des Cases tant sur le terrain du joueur que sur celui de son adverse ; les initiales P et D les Pions et les Dames. Les deux points : marquent la prise des Pièces de l'adversaire comme au jeu des Échecs. Le signe = D, interprété *devient Dame*, s'applique exclusivement au Pion qui arrive à Dame.

Ce sont au plus 8 ou 9 signes indiquant, sans lacune et avec clarté, toutes les positions, tous les événemens et tous les résultats du Jeu de Dames, comme la suite le prouvera.

CONSÉQUENCES DE CETTE CONFIGURATION.

Il a été remarqué que des 100 cases du Damier, la moitié seulement reçoit les Pièces du Jeu. On nommera si on veut *Cases à occuper* celles sur lesquelles on joue, et *Cases vacantes* celles qui restent toujours vides.

Il existe donc dans le *champ de manœuvre* de chacun des joueurs, cinq lignes ou files horizontales de Cases commençant à *sa gauche*, et aboutissant à *sa droite*.

J'appellerai ligne ou file SAILLANTE celle dont la première Case à occuper touche immédiatement le bord du Damier, et ligne ou file RENTRANTE celle dont la première Case à occuper en a une autre vacante entre elle et le bord à gauche du Damier.

Les files SAILLANTES portent les numéros impairs 1, 3, 5 ; les files RENTRANTES les numéros pairs 2, 4.

On appelle *Coins* les Cases qui touchent le bord du Damier.

Dans toutes les lignes il se trouve un *Coin*. C'est la première Case des SAILLANTES et la 5e des RENTRANTES.

Un pion placé sur un Coin quelconque ne peut en sortir que d'une manière, *à droite* si c'est sur une file *saillante*, *à gauche* si c'est sur une file *rentrante*.

Sur toute autre Case le pion peut aller *à droite* ou *à gauche* indifféremment suivant le choix du joueur.

En général un P sera mieux placé sur une Case d'où il a la faculté de sortir de deux manières, que dans un Coin où souvent il est enfermé.

Observons ce qui résulte de la disposition des Cases par rapport aux mouvemens des Pions.

Lorsqu'un P arrive sur une Case de la première ligne adverse, il devient D. Le plus souvent cette circonstance importante décide le gain de la Partie.

S'il y parvient pas à pas, on peut calculer d'avance combien il faut qu'il en franchisse pour arriver à ce but.

Ceux de la 4e ligne en ont 6
—— de la 3e ——— 7
—— de la 2e ——— 8
—— de la 1re ——— 9

Car, de la 1re ligne des Pions, la route à suivre pour atteindre la 1re ligne adverse, comprend toujours 9 postes à occuper successivement, et ainsi des autres.

Si le P placé sur la 1re Case de la première ligne conserve toujours la même direction jusqu'à ce qu'il gagne la 1re ligne adverse, il y sera Damé à la 1re place. Il aura suivi sans détour la ligne oblique la plus longue du Damier, c'est-à-dire la grande diagonale ou grande ligne, en occupant l'une après l'autre la 1re Case de la 2e ligne, la 2e Case de la 3e ligne, la 2e de la 4e ligne, la 3e de la 5e ligne, puis la 3e de la 5e ligne adverse, la 2e de la 4e ligne adverse, la 2e de la 3e ligne adverse, la 1re de la 2e ligne adverse, enfin la 1re de la 1re ligne adverse.

La *Notation technique* représente ces mouvemens de cette manière :

1er pas.	2e pas.	3e pas.	4e pas.	5e pas.	6e pas.	7e pas.	8e pas.	9e pas.
1,	1^{2},	2^{3},	3^{4},	3^{5},	$3^{5'}$	$2^{4'}$	$2^{3'}$,	$1^{2'}$ = D 1'

La marche *à droite* n'a pas besoin d'indication.

Le P s'est avancé de ligne en ligne, et a fait 9 pas en 9 mouvemens.

Si le même P change de direction à chaque pas en allant alternativement de *droite* à *gauche*, voici quelle sera la Notation :

1,	2,	3,	4,	5,	6,	7,	8,	9
1,	1^{2}g,	1^{3},	1^{4}g,	1^{5},	5^{6}g,	5^{7},	5^{8}g,	5^{9}, = D 5^{1}

Son trajet a de même été de 9 pas en 9 mouvemens.

Pion en jeu : 5e de la 1re ligne.

Il a deux voies pour sortir de sa Case, 1° *à droite* par la 5e de la 2e ligne ; 2° *à gauche* par la 4e.

1° Si son premier pas est *à droite*, et qu'il marche ensuite sans détour vers l'extrémité adverse en tournant *à gauche*, il aboutira par 8 autres pas sur la 5e case de la 1re ligne adverse, où il sera Damé.

2° Si son premier pas est *à gauche*, il suivra la même direction pour arriver en 7 autres pas à la 5e Case de la 2e ligne adverse, d'où ensuite il tournera *à droite* pour faire le 8e pas, en se Damant sur la 5e Case de la 1re ligne adverse.

Des deux manières il parcourra les 9 cases comprises entre la 5e de la 1re ligne et la 5e de la 2e ligne adverse, ou les 9 Cases qui vont de la 5e de la 2e ligne à la 5e de la 1re ligne adverse. Les deux files obliques de 9 Cases chacune, les plus longues du Damier après la grande diagonale, s'appellent le *Trictrac ;* il est à la droite de chacun des joueurs.

Pions en jeu : 2e, 3e, 4e de la 1re ligne.

Ces trois P ont chacun deux voies à suivre pour sortir de leurs Cases, et arriver à la ligne suivante par la *gauche* ou par la *droite*.

Il en est de même de toutes les Cases qui ne touchent pas le bord de *gauche* ou de *droite* du Damier ; elles ont toutes la faculté de choisir, dans leur mouvement, la Case *gauche* ou la Case *droite* de la ligne horizontale suivante.

Supposé que les 2e, 3e, 4e P de la 1re ligne veuillent, par un seul détour, quand ils ont atteint un des bords du Damier, aller sur la 1re ligne adverse, où ils se Dameront, voici quel sera leur trajet respectif.

Par la *gauche*,

Le 2e P fera successivement 2 pas jusqu'à la 1re Case de la 3e ligne, puis 7 pas à droite par lesquels il aboutira sur la 2e de la 1re ligne adverse pour y être Damé.

Le 3e P, par 4 pas successifs, viendra sur la 1re Case de la 5e ligne ; de là prenant la *droite*, il arrivera par 5 autres pas à la 3e Case de la 1re ligne adverse, où il sera Damé.

Le 4e P, en fesant successivement 6 pas, gagnera la 5e Case de la 4e ligne adverse ; puis se détournant à *droite*, il parviendra par 3 autres pas à la 4e Case de la 1re ligne adverse, où il deviendra D.

Par la *droite*,

Le 2e P fera d'abord 7 pas jusqu'à la 1re Case de la 3e ligne adverse, puis se détournant vers la *gauche*, il en fera 2 autres jusqu'à la 2e Case de la 1re ligne adverse, où il sera Damé.

Le 3e P, après avoir parcouru un à un 5 pas jusqu'à la 1re Case de la 5e ligne adverse, arrivera par un détour à *gauche* de 4 pas successifs, à la 3e Case de la 1re ligne adverse, sur laquelle il se Damera.

Le 4e P, ayant d'abord franchi successivement 3 pas qui le portent à la 5e Case de la 4e ligne, se détournera vers la *gauche*, et en 6 pas faits l'un après l'autre, il viendra Damer sur la 4e Case de la 1re ligne.

Telle est la marche des P isolés. Ceux de la 1re ligne vont occuper *les Cases de mêmes numéros* sur la 1re ligne adverse, et ils y deviennent Dames, après avoir parcouru chacun 9 pas soit *à gauche* soit *à droite*, soit directement soit en fesant un seul détour à la rencontre des bords du Damier.

Avec la moindre réflexion il est facile de se représenter de quel mouvement tout P est susceptible, dans tous les sens, sur l'échiquier de 100 cases.

Pour ne rien omettre, j'ajouterai encore quelques mots sur deux espèces de lignes de Cases symétriquement disposées qu'on peut considérer dans la contexture du Damier.

J'ai expliqué ce qu'on entend par le *Trictrac*, formé de 2 lignes parallèles de 9 cases chacune, tombant perpendiculairement sur la grande diagonale, et qui unissent par leurs extrémités les deux rangs de cases où vont se Damer les P des joueurs. A droite et à gauche du Trictrac sont de chaque côté, 4 autres lignes qui lui sont parallèles, la première de 7 cases, la 2e de 5, la 3e de 3, la 4e d'1 Case.

Il en résulte que la première moitié du *Trictrac* ajoutée aux 7, 5, 3 et 1 Cases en-deçà des 4 parallèles, se monte à 25 Cases, et que la deuxième moitié du *Trictrac* ajoutée aux 7, 5, 3 et 1 Cases des 4 parallèles au-delà, fait aussi 25 Cases. Total, les 50 Cases de l'Echiquier à occuper.

De chaque côté de la *Grande diagonale* ou *Grande ligne* où il y a 10 Cases, on voit *à gauche* 4 lignes parallèles de 8, 6, 4, 2 Cases, et *à droite* de même 4 autres lignes parallèles de 8, 6, 4, 2 Cases. Ces parallèles contiennent ensemble 20 Cases qui en font 40 environnant les 10 de la *Grande ligne*. En tout les 50 Cases à occuper sur l'Echiquier.

Par la suite la théorie ne manquera pas de s'emparer de ces arrangemens divers, que j'expose ici pour la première fois, et qui produiront peut-être d'utiles pratiques.

Damier unicolore a la Polonaise, avec les Pions rangés en bataille.

Puisqu'à propos de la *Notation technique* j'ai été conduit à l'examen de la composition du Damier et à la manière de le placer, je vais parler d'un Damier unicolore dont le modèle se trouve page 581 du 1er vol. du Livre de Metz.

De là résulte la suppression des Cases noires.

« Rien, dit l'auteur, de plus facile ni de moins long à faire. Onze traits de » plume parallèles dans un sens et dix dans l'autre suffisent pour le former » de pied en cap, et l'on ne perd pas son tems à noircir 50 cases inutiles. »

Voici ce modèle, auquel je n'ai fait qu'un changement, celui de désigner les Pions par des initiales, au lieu de les figurer par de petits cercles à bords minces pour les Blancs, et par des anneaux de même grandeur, mais à bords plus larges pour les Noirs.

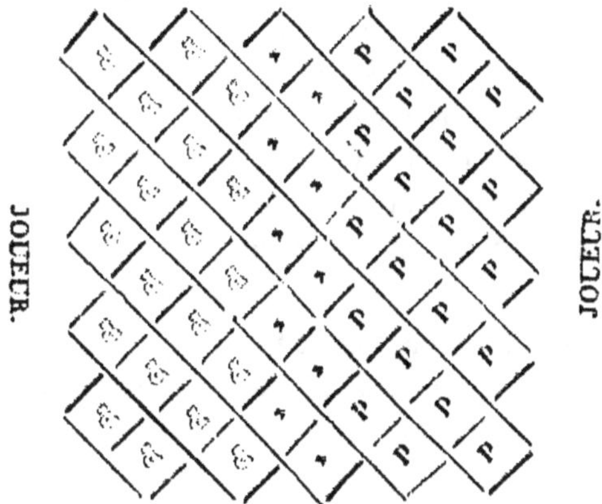

Remarquez que les mouvemens des P et des D se fait sur ce Damier par le côté des Cases, au lieu de s'exécuter par l'angle ; comme sur le Damier ordinaire. C'est à mon avis une altération essentielle qui peut-être doit suffire pour empêcher de l'admettre.

Nouveau Damier sans Cases.

J'en ai imaginé un autre encore plus simple, puisque le Damier *n'a plus de Cases ni noires ni blanches* : il est réduit à sa « charpente » pour me servir de l'expression du Livre de Metz. L'analyse y est poussée jusqu'à son extrême limite, sans rien ôter à la netteté ni à la clarté du dessin.

JOUEUR.

JOUEUR.

Je le représente ici avec les P rangés sur les quatre premières lignes de chaque côté.

JOUEUR. JOUEUR.

La manière de tracer ce Damier ne présente pas la moindre difficulté. Si des amateurs se rencontrent et que voulant jouer une partie, ils manquent du Damier ordinaire, l'un d'eux peut prendre un carré de papier et y marquer à vue d'œil cinq points en ligne droite. Il en fera une seconde ligne au-dessous, ayant soin de les espacer carrément ; puis de même une troisième, puis une quatrième, enfin une cinquième.

Voilà les cinq lignes *saillantes* ponctuées.

Cela fait, il marquera, toujours à vue d'œil, quatre autres lignes semblables de cinq points l'une, en plaçant quatre de ces points au centre de chaque petit carré, comme pour fixer le milieu de sa diagonale, et le cinquième à leur suite sur le même alignement, à égale distance. Enfin il achèvera le Damier par une autre dernière ligne de cinq points, tracés symétriquement et un peu sur la droite de la cinquième ligne saillante.

Voilà aussi les cinq lignes *rentrantes* ponctuées, qui termineront un Damier aussi convenable que s'il était divisé en Cases. L'opération durera moins de tems que je n'en ai mis à la décrire.

J'ai fait faire, pour mon usage, par un ébéniste, un Damier de cette forme, qui me sert habituellement à dessiner et à vérifier les coups de Dames dont j'ai besoin. J'ai aussi fait tourner exprès un assortiment de 40 petits Pions proportionnés à ce Damier réduit que je trouve fort commode.

TRAITÉ COMPLET
DU
JEU DE DAMES
A LA POLONAISE

OUVRAGE DANS LEQUEL ON A RÉUNI PLUSIEURS PARTIES ENTIÈRES
TOUT CE QUI REGARDE LES DÉBUTS
ET FINS DE PARTIE
LES PRINCIPALES POSITIONS QUE L'ON PEUT PRENDRE
LA MANIÈRE DE CALCULER LE COUP
ET DE LE GAGNER LORSQU'ON NE L'A PAS
ET PLUSIEURS CENTAINES DE COUPS
TROUVÉS PAR L'AUTEUR DANS LA LONGUE PRATIQUE QU'IL A FAITE DE CE JEU

Par **BLONDE** NATURALISTE
CONNU SOUS LE NOM
DU
MARCHAND DE CURE-DENTS

Ce Jeu présente en tout l'image de la guerre.
L'ART POLONOIS, poëme dans MANOURI.

AUTRES ÉPIGRAPHES CHOISIES PAR BLONDE.

En vain sur un Damier jour et nuit appliqué
On cherche des grands coups le dessein compliqué,....
Si l'on ne sent du ciel l'influence secrète
On reste loin du but et l'on rampe en mazette. (Chant I.)
. . . .
Qu'une sage conduite, une marche assurée
Du pays de Dames vous obtienne l'entrée,
Que vos pions serrés, avec ordre conduits,
L'un par l'autre au besoin se trouvent reproduits. (Chant II.)
. . . .

L'ART POLONOIS, poëme didactique dans MANOURY.

« Le Traité qui suit est attendu depuis long-tems : le libraire GUILLAUME, » éditeur de COMMARD, l'annonçait en 1823. La réputation méritée de BLONDE » est faite pour inspirer la confiance en son ouvrage, et les Amateurs y » trouveront une foule de pratiques et d'idées neuves qu'on chercherait vainement dans MANOURY. Le titre portait l'annonce de plus de 200 coups de Dames: » cela prouve que l'auteur l'avait écrit depuis bien des années ; car ses manuscrits en renferment un beaucoup plus grand nombre que je comprendrai, » sans en omettre aucun, dans la liste générale de ceux qui existent. »

P. P

Ce Traité se divise en 14 chapitres dont suit le détail.

CHAPITRE I.

Des élémens du Jeu de Dames, et des différentes manières de varier cette Partie.

CHAPITRE II.

Des règles du Jeu de Dames, et des différentes observations sur ces règles.

CHAPITRE III.

Conseils généraux pour bien jouer, et des différens avantages qu'on peut faire à ce Jeu.

CHAPITRE IV.

Des débuts de Partie, des positions principales qu'on peut prendre et des fautes qu'on doit éviter.

CHAPITRE V.

Des Pions en prise, et du danger qu'il y a souvent de les poursuivre.

CHAPITRE VI.

Des Parties entières.

CHAPITRE VII.

Des fins de Partie.

CHAPITRE VIII.

De la Dame, des différentes manières de la conduire et de la conserver.

CHAPITRE IX.

De la remise.

CHAPITRE X.

De la Partie de trois Dames contre une et de quatre et cinq Dames contre deux.

CHAPITRE XI.

Du coup, des différentes manières de le calculer, et de ce qu'il faut faire pour le gagner lorsqu'on ne l'a pas.

CHAPITRE XII.

Plusieurs coups de différentes forces propres à exercer les Joueurs de Dames.

CHAPITRE XIII.

Si la lecture des livres peut apprendre à jouer aux Dames, et de la meilleure manière d'écrire les Parties entières.

CHAPITRE XIV.

Si on peut admettre qu'il y ait des hasards au Jeu de Dames.

AVERTISSEMENT.

En publiant ce Traité du Jeu de Dames, je n'ai pas entendu y comprendre la solution de toutes les difficultés auxquelles pourrait donner lieu la pratique de ce Jeu ; mais seulement donner aux Amateurs connaissance des principes qui peuvent conduire à bien jouer. En conséquence, j'ai réuni ici ce qui peut former un bon joueur, en donnant d'abord les débuts de Partie d'où dépend presque toujours la perte ou le gain. Dans ce chapitre, j'ai indiqué les principales positions qu'on peut prendre ou qu'on doit éviter. J'ai ensuite donné des Parties entières et des fins de Parties qui se présentent fréquemment, afin d'accoutumer les Joueurs à voir d'un coup d'œil lorsqu'une Partie peut être gagnée, ou lorsqu'on doit l'abandonner comme remise.

Le nombre des coups qui sont réunis à la fin de ce volume (ceux de Blonde), n'est pas aussi grand qu'on aurait pu le croire d'après la réputation de l'auteur de cet ouvrage ; mais ces coups ont l'avantage d'être tous du même maître, et d'avoir été exécutés en jouant ; ce qui est bien plus propre à former des élèves que s'il y avait des coups composés, qui, quoique possibles à la rigueur, présentent des positions si recherchées et si bizarres, qu'on pourrait jouer toute sa vie sans rencontrer une pareille série de traits.

Pour la notation de ces coups (a) j'ai cru devoir suivre une méthode un

---

(a) « Ce passage donne à connaître que Blonde se proposait de publier les coups dont il parle en » les dessinant sur des *Diagrammes ou petits Damiers*, à la marge desquels il eût placé l'exécution. » Mais la présente impression est faite dans un tout autre système, qui rend inutiles les réflexions » de l'auteur. Cependant je les conserve par respect pour la mémoire de Blonde. D'ailleurs on adopte » ici l'usage de ne donner, dans la solution des coups, que les traits du premier Joueur : puisque » *ceux de l'adversaire deviennent forcés*, comme Blonde le dit ci-dessus.

» En ne décrivant que les mouvemens du premier Joueur cet auteur a introduit dans l'usage de » noter les coups de Dames une amélioration essentielle, qui réduira désormais les détails à ceux qui » sont indispensables et qui supprimera tout le reste. Dès 1836-38, époque où je ne savais rien de » l'existence du *Traité de Blonde*, je publiai la Nouvelle Notation *pour les élèves* : je terminai » les 16 pages de lithographie jointes à cet opuscule par la description faite, dans le même esprit, » du Jeu d'un coup de Blonde qui vient le premier dans le *Recueil de Dufour*. Aujourd'hui je me » félicite de m'être rencontré avec lui, et d'avoir d'avance adopté son idée qui ne peut avoir que » d'heureux résultats à l'avenir. » P. P

peu différente de celle qu'on donne dans les divers ouvrages publiés jusqu'à ce jour. En effet, tous les Joueurs ont été à portée d'observer qu'à ce jeu, dès le moment que l'exécution d'un coup est commencée, *tous les coups de l'adversaire deviennent forcés.* Alors il m'a semblé qu'il n'était pas très-essentiel de les écrire. De cette manière, la notation de ces coups se trouvant singulièrement simplifiée, il a été possible de les écrire en marge, ce qui dispense de faire un volume séparé pour l'exécution des coups. Je sais qu'on pourra objecter que si l'exécution se trouvait écrite à côté du coup, les amateurs ne prendraient peut-être pas la peine de l'étudier aussi long-tems; mais à cela il est aisé de répondre qu'il n'y a pas nécessité de se servir de l'exécution écrite en marge, et que, dans les cas où on voudrait recourir à l'exécution écrite, il sera encore plus commode de la trouver sous la main que de recourir à un volume séparé. (1)

Il reste encore un mot à dire sur la manière dont j'ai présenté les figures des Damiers qui donnent le dessin des différens coups. Le livre imprimé à Metz a numéroté toutes les Cases de ses Damiers depuis 1 jusqu'à 50, et cette méthode est peut-être préférable à toutes les autres; en ce qu'elle évite beaucoup d'erreurs qui peuvent avoir lieu dans la position et dans l'exécution des coups; mais elle multiplie les frais et augmente le travail des imprimeurs. Les livres de M. *Dufour* et de M. *Éverat* n'ont pas cru devoir s'en servir, attendu que tous les coups de ces différens ouvrages doivent être lus sur des Damiers numérotés, et alors les numéros du dessin deviennent inutiles. Il est vrai que la méthode du *Livre de Metz* a cet avantage qu'on peut lire les coups sur le livre même, et sans avoir besoin d'un Damier numéroté qui souvent n'est pas à votre portée. Si le Public pense qu'elle soit préférable, elle pourra être employée dans une 2e édition. (2)

---

(1) « La formation d'une liste unique des Coups de Dames renfermés dans ce volume, exclut toute » possibilité d'en mettre l'exécution en marge. A son tour l'exécution formera une autre liste à part » qui suivra immédiatement la première, sous la même série de numéros. Je ne vois à cela aucune » sorte d'inconvéniens. » P. P

(2) « La note (1) précédente s'applique aussi à ce dernier paragraphe. »

CHAPITRE PREMIER.

DES ÉLÉMENS DU JEU DE DAMES ET DES DIFFÉRENTES MANIÈRES DE VARIER CETTE PARTIE.

Il y a très-peu de choses à dire sur ce chapitre. Les élémens du Jeu de Dames *à la Polonaise* se bornent à fixer 1° le nombre des joueurs, 2° la véritable position du Damier, 3° les différentes manières dont on pourrait s'y prendre pour varier ce jeu.

Le nombre des joueurs est de deux seulement.

Dans le *Livre de Metz* publié en 1802, on avait proposé un Jeu de Dames à trois personnes ; mais cette innovation n'a pas été goûtée. Il serait même possible de faire un Jeu de Dames à quatre personnes associées ; mais il parait qu'on songe moins, en ce moment, à multiplier les combinaisons et par conséquent à augmenter les difficultés qu'à donner les moyens de bien apprendre le Jeu connu qu'il est si difficile et si rare de bien jouer.

Le Damier doit être placé entre les joueurs, de manière que chacun d'eux ait la *Ligne Polonaise* à sa gauche et le *Trictrac* à sa droite. (*)

« L'éditeur fera remarquer ici que la *Notation technique* a sur le numé-
» rotage une supériorité manifeste. Elle exprime réciproquement pour chacun
» des deux Jeux, les mêmes situations, les mêmes mouvemens par les mêmes
» signes. Ainsi les deux Cases du Trictrac étaient désignées par 50 et 45 d'un
» côté, et par 1 et 6 de l'autre, tandis qu'elles le sont par 5 et 5* pour
» tous deux. » P. P

Lorsqu'on change de couleur et qu'après avoir joué sur les Cases Blanches on veut jouer sur les Noires, ce changement nécessite aussi un changement dans la position du Damier. Autrement la *Ligne Polonaise* ne se trouverait plus *à gauche*, ni le *Trictrac à droite* de chaque joueur.

Les commençans ne paraissent faire aucune attention à cette règle qui tient cependant essentiellement aux élémens du jeu. On trouve même quelquefois des joueurs médiocres qui soutiennent que l'observation de cette règle n'est pas très-essentielle. Mais il est aisé de voir que si on la négligeait, elle entrainerait de très-fâcheuses conséquences. En effet, il y a dans le Jeu

(*) On appelle Trictrac par rapport au Premier Joueur, les Cases 5 et 5* de son côté, et pour le Second Joueur, les Cases 5 et 5* aussi de son côté.

de Dames *à la Polonaise*, comme nous aurons occasion de le faire voir par la suite, des positions essentielles qu'on cherche à prendre dès le commencement de la Partie et qui souvent déterminent sa décision. Deux de ces situations qu'on appelle 1° la *position d'enchaînement*, 2° la *position du marchand de bois* se prennent *à gauche* de chaque joueur. Une 3e situation qu'on appelle *la position des trèfles*, se prend *à droite* de chaque joueur.

Il faut donc en commençant, diriger son attaque de manière à prendre quelqu'une de ces situations. Mais l'attaque que vous feriez *à droite* si on jouait sur les Cases blanches, devra être faite *à gauche* si vous jouez sur les Cases noires, et si vous perdez cela de vue, vous ne prendrez que des positions fausses qui peuvent entraîner la perte de la Partie.

Le *Jeu de Dames à la Polonaise* n'est qu'une extension du *Jeu de Dames à la Française* qui est bien plus ancien. On peut voir sur l'origine de ce *Jeu de Dames à la Française*, les auteurs qui en ont traité spécialement, comme l'Égide de Pallas de *Quercetano*, le *Traité de Mallet*, professeur de mathématiques des pages, et le Livre de Manouri. Il parait que ce n'est qu'au commencement du dernier siècle qu'on a imaginé d'ajouter un rang de Cases au *Damier Français*, ce qui a singulièrement augmenté les ressources et les combinaisons de ce Jeu, puisqu'on trouve si peu de Joueurs en état de le bien jouer. (1)

L'augmentation qui fut faite au Damier pour l'établissement de ce nouveau Jeu, n'était pas bornée à une rangée. Déjà le *Livre de Metz* a indiqué le *Damier de 72 Cases* formé avec une rangée de plus que le *Damier Polonais*, et il est aisé de voir qu'on peut étendre cette augmentation à l'infini, comme on en a la preuve dans les exemples qui sont à la suite de ce chapitre.

A chaque augmentation qu'on fait au Damier, le nombre des Cases sur lesquelles on joue change, ainsi que le nombre des Pions. En général, pour avoir le nombre des Cases sur lesquelles on joue, il faut multiplier par lui-même le nombre des Cases blanches et noires d'une rangée et prendre la moitié du produit. Pour avoir le nombre des Pions il faut retrancher une rangée, et le nombre des Pions de chaque joueur est la moitié de ce dernier nombre. (2) On trouvera de cette manière que, dans le Damier où la rangée

(1) « Plus loin, le *Dictionnaire du Jeu de Dames* où sera mentionné Manoury, contiendra le » passage dans lequel ce joueur célèbre expose ce qu'il sait sur l'origine de ce Jeu. » P. P

(2) Si on appelle p. le nombre des Cases blanches ou noires d'une rangée quelconque, le nombre des Cases sur lesquelles on joue sera égal à $2p^2$. Le nombre des Cases sur lesquelles les pions doivent être rangés sera égal à $2p^2 - 2p$. et le nombre des pions de chaque joueur sera égal à $\frac{2p^2 - 2p}{2}$. (*Note donnée par un Amateur.*)

est de 6 Cases, les Pions de chaque joueur sont au nombre de 30; dans celui où la rangée serait de 7 Cases, ce nombre serait de 42; de 56 si la rangée était de 8 Cases, etc.

On a encore cherché à varier le Jeu de Dames d'une infinité de manières. Ainsi on a fait des Damiers unicolores (2) comme on peut le voir dans le *Livre de Metz*. On a inventé des Parties à l'*Égyptienne*, à la *Babylonienne ;* mais toutes ces nouvelles Parties proposées ont trouvé peu d'amateurs.

On jouait autrefois la Partie diagonale, et on joue encore la Partie de *qui perd gagne*, qui est susceptible d'un très-grand nombre de combinaisons; mais il parait que la majorité des joueurs s'est fixée à la Partie ordinaire, et que la difficulté de la bien jouer a fait abandonner les autres. C'est la seule dont il sera question dans ce traité.

CHAPITRE II.

RÈGLES DU JEU DE DAMES.

1°.

Le *Jeu de Dames Polonaises* se joue à deux personnes. Chaque joueur joue alternativement. Entre joueurs d'égale force on tire au sort celui qui jouera le premier, pour la première Partie seulement : dans les autres Parties chacun joue le premier tour à tour. Celui qui reçoit avantage joue toujours le premier.

2°.

Le Pion marche toujours en avant *à droite* ou *à gauche* du blanc au blanc ou du noir au noir, en ne fesant qu'un pas à la fois, dans sa marche ordinaire. Mais quand il a à prendre, il fait 2, 4, 6 pas et même davantage. Il peut même alors prendre en arrière, ce qui n'avait pas lieu dans le *Jeu de Dames à la Française*.

« BLONDE laisse aux Joueurs la faculté de prendre indifféremment les Cases » *blanches* ou les Cases *noires*, et c'est avec raison. » P. P

3°.

On est forcé de jouer le Pion qu'on a touché. L'axiome *Pièce touchée*,

---

(1) Voyez ci-dessus, page 17. P. P

Pièce jouée, est de rigueur et a toujours été suivi pour le Jeu de Dames *à la Française :* il a lieu de même aux *Échecs* « et au *Trictrac*. »

4°.

On peut jouer où l'on veut le Pion qu'on a touché quand on ne l'a pas quitté. (*)

5°.

Quelquefois on touche des Pions pour les remettre sur leurs Cases, sans avoir intention de les jouer. Alors il faut en prévenir. L'usage est de dire : *j'adoube*, vieux mot qui veut dire *j'arrange, je mets en ordre*, sans quoi un Joueur rigoriste pourrait vous faire jouer un des Pions touchés, à son choix, si toutefois il était jouable.

6°.

Lorsque le Pion d'un des Joueurs a un Pion de l'adversaire devant lui, et que derrière ce Pion ennemi il y a une Case vide, le premier Pion saute sur le 2e, l'enlève et se met à la Case vide qui est au-delà.

7°.

La même marche se continue s'il y a plusieurs Pions de l'adversaire entre chacun desquels il y ait une Case vide. Le Pion victorieux continue de sauter par-dessus chacun de ces Pions tant que cela est possible. Il s'arrête à la dernière Case vide, puis enlève tous les Pions ennemis par-dessus lesquels il a passé.

8°.

Les Pions qu'un Joueur prend ne doivent point s'enlever à mesure qu'on fait un coup ; avant de rien ôter de dessus le Damier, il faut que le coup soit terminé et que le Pion vainqueur soit fixé sur la dernière Case où il doit s'arrêter.

9°.

Le Pion ou la Dame qui prend, peut à volonté passer ou repasser sur la même Case, pourvu que cette Case soit vide. Mais lorsque la Case est

---

(*) Ceci donne lieu quelquefois à des contestations. Il arrive, par exemple, qu'un Joueur hésite, ne voyant pas un coup qui lui est tendu. Dans ce cas, il avance un Pion sur une Case qui doit donner lieu à ce coup. Son adversaire pressé n'attend pas qu'il ait quitté son Pion ; il joue précipitamment, et son adversaire averti, retire son Pion et le joue sur une autre Case si cela se peut. Il n'y a rien à dire à cela.

occupée, on ne peut pas passer deux fois sur la même Case par la raison bien simple qu'une même Pièce ne peut être prise deux fois. (*)

10°.

Lorsqu'un Joueur fait un coup par la suite duquel il a plusieurs Pions à prendre, si en les enlevant de dessus le Damier il en laisse quelqu'un par mégarde, il ne peut plus le reprendre que du consentement de l'adversaire. Il peut même être soufflé pour n'avoir pas pris tout ce qu'il pouvait prendre.

11°.

On souffle en enlevant de dessus le Damier, le Pion qui devait prendre. On est le maître de souffler ou de ne pas souffler, suivant qu'on croit en tirer un parti plus ou moins avantageux.

12°.

Puisqu'un Joueur est le maître de souffler ou de ne pas souffler, il s'en suit qu'il peut forcer son adversaire de prendre, et celui qui refuserait de prendre aurait perdu la Partie.

13°.

Le Joueur qui a touché un Pion dans le cas d'être soufflé, ne peut plus forcer son adversaire à prendre. Il est censé avoir opté, et lui-même est forcé de souffler.

14°.

Si un Joueur ayant à prendre, touche par erreur un autre Pion que celui qui doit prendre, son adversaire peut souffler le Pion qui devait prendre et le forcer de jouer le Pion touché. Il en est de même si, ayant à prendre de plusieurs côtés, il touche un autre Pion que celui qui aurait dû prendre du bon côté.

(*) Cette règle bien entendue peut donner lieu à de très-beaux coups. Voyez les deux exemples suivans.

PREMIER EXEMPLE.

1er J. Pions 1 5^{4}

2e J. Pions 1 2 3^{1}, 3 4 5^{5}

Le P 5^{4} prend 6 P, passe 2 fois sur la Case 2^{5} qui se trouve vide, et s'arrête sur 1^{3}.

2e EXEMPLE.

1er J. D 2, P 1^{2}, 2^{4}

2e J. P 3^{2}, 2^{3}, 23^{4}, 4^{6}

La D prend 4 P et s'arrête sur la Case 3^{5} parce qu'elle ne peut pas passer une seconde fois sur la Case 4^{6} qui est occupée et sur laquelle elle a déjà passé. « Alors le P 2^{6} la prend ainsi que » les 2 P 2^{6} et 1^{2} et s'arrête en Damant sur 1^{1}. »

15°.

Celui qui a joué son coup ne peut plus souffler ; mais si les choses restent dans le même état, il peut souffler au 2e ou au 3e coup, etc., ou forcer l'adversaire de prendre selon qu'il le trouvera plus ou moins avantageux, et qu'il sera en tour de jouer.

16°.

Un coup n'est réputé joué que quand on a placé et quitté le Pion que l'on a en dessein de jouer.

17°.

On peut être soufflé toutes les fois qu'on ne prend pas toutes les Pièces qui sont en prise. S'il y a plusieurs manières de prendre le même nombre de Pièces, on a le choix. (*)

18°.

Un Pion devient Dame Damée lorsqu'il arrive sur une des 5 Cases qui forment l'extrémité du Damier qui lui est opposée.

19°.

Un Pion qui ne ferait que passer sur une des Cases qui donnent le droit de Damer ne deviendrait pas Dame pour cela. Il faut, pour être Damé, que ce Pion reste sur une des Cases par suite d'un coup qui se termine là.

(*) Les forts Joueurs ne sont pas encore unanimes sur cette règle. Manoury prétend que l'on doit prendre non-seulement du côté plus nombreux, mais encore du côté plus fort, et il regarde comme le côté plus fort celui où, à nombre égal de Pièces, il y a plus de Dames Damées. Cette opinion n'est pas généralement approuvée. En effet, il ne serait pas difficile de trouver des exemples de coups où il serait plus utile de prendre 1 ou 2 Pions qu'une ou 2 Dames Damées. En conséquence, nous avons adopté la règle donnée par Everat dans son manuel du *Jeu de Dames*.

« Si Manoury a professé son opinion, il ne l'a pas fait légèrement ni sans l'avoir bien pesée. Déjà » dans son *Essai* il avait manifesté le désir de la voir adoptée par les Amateurs, et lorsqu'il publia » son *Traité*, il la proclama hardiment, décidément, en s'appuyant sur l'autorité imposante de » son excellent guide, Mallet, dont voici le texte formel :

« 4e Maxime. On prendra nécessairement le P ou la Dame qu'on a à prendre ; autrement on a » perdu la Partie. »

« . . Mais si on avait un Pion à prendre d'un côté, et que d'un autre côté on eût une Dame » Damée à prendre, il faudrait de nécessité prendre la Dame Damée et non pas le Pion. »

« 5e Maxime. Il faut non-seulement prendre du côté du plus, mais aussi du côté du plus fort. »

« Rien n'est plus clair. Everat et quelques autres, nonobstant les égards qu'ils devaient à Manoury, » ont eu la fantaisie de contrevenir à cette règle de bon sens ; Blonde s'est prononcé, sans doute » par politesse, en leur faveur ; mais la raison est pour Manoury et Mallet, suivis par le *Livre de* » *Metz*. La règle parisienne est repoussée par toutes les nations, et celle de Mallet et Manoury » est universellement adoptée. Je partage l'avis de tout le monde. » P. P

20°.

La Dame Damée peut aller d'un bout d'une ligne à l'autre lorsque le passage est libre. Elle peut, comme on l'a déjà dit, passer et repasser plusieurs fois sur une même Case vide, et faire le tour du Damier dans tous les sens.

21°.

Lorsqu'à la fin d'une Partie un Joueur reste avec une Dame dans la ligne du milieu et que l'autre Joueur n'a que trois Dames, la Partie doit être remise. (*)

22°.

Si le Joueur qui n'a qu'une Dame n'a pas la ligne du milieu, son adversaire peut exiger qu'il joue 20 coups et même 25 coups dans le cas où il donnerait la remise : le Joueur qui ferait avantage ne peut pas lui-même se dispenser de jouer les 20 coups prescrits.

23°.

Les 20 ou 25 coups sont de rigueur, et on ne peut, sous aucun prétexte, forcer d'en jouer 21 ou 26.

24°.

Le nombre des coups est complet lorsque chaque Joueur en a joué 20 ou 25.

25°.

Le Joueur qui reste avec une Dame contre 3 Pions peut offrir à son adversaire de Damer ses 3 Pions dans l'état où ils sont pour commencer tout de suite à compter, et si son offre n'est pas acceptée, il peut quitter la Partie comme remise.

26°.

Lorsqu'un Joueur fait une fausse marche, il dépend de son adversaire de laisser la Pièce mal jouée sur la Case où elle se trouve ou de faire rejouer en règle.

(*) Il y a cependant encore quelques coups possibles pour gagner celui dont la Dame tient la ligne du milieu. Mais ces coups sont si faciles à éviter que ce serait prolonger inutilement le jeu que de faire jouer cette fin de Partie. D'ailleurs, puisqu'on limite les coups lorsque le Joueur n'a pas la ligne du milieu, à plus forte raison devrait-on les limiter lorsqu'il tient cette ligne, puisqu'il est dans un port assuré où il est impossible de le forcer.

27°.

Si on joue par erreur un Pion qui n'est pas jouable, ou un Pion de son adversaire, les choses doivent être rétablies dans l'ordre, et aucun des Joueurs ne peut profiter d'une pareille distraction.

28°.

Si un Joueur donne à son adversaire $\frac{1}{2}$, $\frac{1}{3}$, $\frac{1}{4}$ de la remise ou du Pion, il est forcé de jouer 2, 3 ou 4 Parties pour que les conventions soient observées, et que le Joueur plus faible profite de tout son avantage.

29°.

Qui quitte la Partie la perd: c'est la règle de tous les jeux, à moins qu'il n'y ait convention contraire ou que les 2 Joueurs ne soient d'accord de cela.

30°.

Quand une Partie est intéressée, on doit mettre au Jeu à chaque Partie, et de même quand on parie.

31°.

Dans le cas d'une Partie intéressée, un spectateur qui donne avis à l'un des Joueurs, même indirectement, est condamné à payer pour le perdant et pour ceux qui pariaient pour lui, si toutefois le Joueur a profité de l'avis.

32°.

Que la Partie soit ou non intéressée, il n'est pas permis aux spectateurs de parler soit sur un coup soit même après ce coup, à moins qu'ils ne soient interpellés. Ils ne peuvent pas même avertir de fausses marches.

33°.

Toutes les contestations qui pourraient s'élever à ce Jeu, seront décidées d'après les règles précédentes. Dans le cas où la contestation porterait sur un fait, les spectateurs qui ne parieront pas seront priés de s'expliquer et les Joueurs seront tenus de s'en rapporter à leur décision.

34°.

Les Joueurs de *Dames à la Polonaise* ne doivent jamais perdre de vue que s'il faut de la rigueur à ce Jeu, il faut aussi de la bonne foi. C'est un Jeu d'honneur dans lequel tout doit être honnête. Il ne faut pas aller plus loin que la règle entre gens qui jouent noblement et franchement. Si la règle est d'un côté, la conscience est de l'autre : il faut faire en sorte qu'elles soient toujours d'accord.

CHAPITRE III.

CONSEILS GÉNÉRAUX POUR BIEN JOUER AUX DAMES, ET DES DIFFÉRENS AVANTAGES QU'ON PEUT FAIRE A CE JEU.

Il y a, comme on sait, différens degrés de force à ce Jeu. Les Joueurs de première force doivent jouer but à but avec tous les Joueurs, comme les bons musiciens doivent jouer à livre ouvert toute sorte de musique. Ceux de seconde force reçoivent le demi-Pion ou la demi-Remise. Ceux de troisième reçoivent le Pion ou la Remise. Ceux de quatrième reçoivent l'un et l'autre. Passé ces quatre degrés de force, on est plus ou moins faible; mais on ne distingue plus les degrés.

« Il n'est point de degré du médiocre au pire. »
(BOILEAU.)

On distingue parmi les forts Joueurs différens genres de jeu. Les uns se distinguent par un jeu solide et de position, les autres par un jeu brillant et fertile en coups. Ces derniers font plus d'impression sur les spectateurs et ordinairement ils ont le jeu moins lent que les autres; néanmoins, dans le cas d'une Partie intéressée, il y aurait plutôt à parier pour les premiers.

En général on peut dire que c'est un défaut de jouer trop lentement à ce Jeu. Les très-forts Joueurs sont à peine excusables d'en contracter la mauvaise habitude; à plus forte raison les faibles, qui finissent souvent par faire des fautes pour avoir rêvé trop long-tems. Il ne faut pas perdre de vue qu'un Jeu ne demande pas autant de contention d'esprit qu'une occupation sérieuse, et il ne faut pas que la trop grande envie de gagner

« D'un divertissement nous fasse une fatigue. »

Cependant il y a un autre excès à éviter. Ceux qui jouent trop vite ne peuvent manquer de faire de nombreuses fautes qui ôtent à ce Jeu tout son mérite, puisqu'il est connu comme le Jeu de l'attention et de la réflexion.

Il y a des Joueurs qui jouent très-promptement, par vivacité naturelle et par légèreté d'esprit. Il en est d'autres qui adoptent cette manière de jouer par spéculation, parce qu'ayant plus de pratique que ceux avec qui ils jouent, ils peuvent plus facilement qu'eux jouer très-vite sans faire de grosses fautes. De cette manière il est rare qu'ils aillent seulement au 15e coup sans que leur adversaire ait commis quelque méprise essentielle qui leur fait gagner la Partie. C'est là une sorte de petite supercherie qui n'est pas dans le Jeu. Il en est de même de certains Joueurs qui ne manquent jamais, au commencement de la Partie, d'élever quelque contestation qui, soutenue avec plus ou moins de chaleur, fait souvent perdre au Joueur adversaire le degré de sang-froid sans lequel on ne joue jamais bien à ce Jeu-là. Nous ne craignons pas de dire qu'on doit éviter de faire la Partie de tels Joueurs, parce qu'ils emploient des moyens entièrement étrangers à la science du Jeu.

Parmi les forts Joueurs, les uns jouent de préférence ce qu'on appelle la position, et les autres se distinguent par des coups profondément combinés. C'est une question de savoir quel est celui de ces deux Jeux qui est préférable. Notre opinion est qu'un Jeu supérieur doit réunir les deux méthodes. Il ne faut pas sans doute qu'un bon Joueur interrompe ses combinaisons pour courir après des coups que l'adversaire évite souvent sans les voir ; mais il faut qu'il sache reconnaître ces coups lorsqu'ils se présentent et qu'il ne manque pas de les faire, parce que c'est ordinairement cela qui décide les Parties.

Les avantages que les Joueurs de Dames se font entr'eux sont de différentes espèces. Ordinairement ils consistent en un certain nombre de Pions dont on gratifie le plus faible, tantôt un Pion, tantôt deux et rarement trois, parce qu'alors les forces étant trop disproportionnées, il ne peut plus y avoir beaucoup de plaisir ni pour l'un ni pour l'autre Joueur. On donne aussi la *Remise* ou bien la moitié, le tiers de la *Remise*, etc.

Lorsqu'il n'y a pas une grande différence entre les forces des deux Joueurs, on pourrait également faire avantage en jouant deux ou trois contre un. Mais nous ne conseillerions jamais aux faibles Joueurs de faire une pareille Partie, parce que nous la croirions entièrement à leur désavantage.

Quelquefois, pour varier ce Jeu, on joue ce qu'on appelle une Partie combinée, dans laquelle chaque Joueur donne et reçoit alternativement une Dame pour deux Pions. Ces Parties sortent alors de la classe ordinaire, et ont chacune leurs finesses particulières.

La Partie combinée qu'il nous paraîtrait le plus convenable d'adopter, serait celle où deux Joueurs à peu près d'égale force se donneraient alternativement la *Remise*. Ce serait un moyen d'éviter le grand nombre de Parties remises qui ont toujours lieu et qui prolongent quelquefois très-désagréablement un jeu commencé. Par le moyen de cette Partie combinée, il n'y en aurait point, et il nous semble que cette manière de jouer serait infiniment préférable. Cependant nous ne prétendons point ici décider cette question, et nous nous en rapportons à cet égard aux forts Joueurs connus, dont le suffrage seul peut prononcer sur une pareille proposition.

CHAPITRE IV.

DES DÉBUTS DE PARTIE, DES POSITIONS PRINCIPALES QU'ON PEUT PRENDRE ET DES FAUTES QU'ON DOIT ÉVITER.

Le sort d'une Partie de Dames dépend presque toujours de la manière dont on débute. Il y a plusieurs marches connues qui font perdre quelques Pions dans le commencement, on en verra un exemple dans les 1ers nos des Parties entières. Il y a même une manière de jouer de laquelle il peut résulter que les deux Joueurs s'enferment avec leurs 20 Pions. On en verra l'exemple dans le no 4 des Débuts de Parties entières. Dans ce cas il est évident que celui qui a eu le trait doit perdre la Partie. Il serait impossible de détailler ici tous les debuts de Partie qui peuvent avoir des suitesf unestes pour les Joueurs.

Les combinaisons de ce Jeu sont trop nombreuses pour qu'on pût réunir ces mauvaises positions même dans un volume assez fort.

Il suffira de montrer ici les fautes principales qu'il est essentiel d'éviter.

» Interrompons ici le texte de Blonde pour y insérer quelques considérations qui ne seront point inutiles dans ce chapitre. »

« Inductions. »

« Il existe 9 manières de jouer de chaque côté le premier coup de la » Partie. En effet, des cinq Pions placés sur la 4e ligne, le 1er, le 2e, le 3e » et le 4e peuvent s'avancer à droite ou à gauche sur la 5e ligne, le 5e Pion » à l'extrémité forme le Coin ou la Case saillante, qui ne peut sortir de là » que par la *gauche*.

» Il est à observer que tout Pion d'une ligne paire (2, 4) qui passe par » la *gauche* dans une ligne impaire, y aura une Case de même numéro » que dans celle qu'il vient de quitter. S'il y arrive par la *droite*, il aura » une Case ayant un numéro plus fort d' 1 que celui de la Case qu'il avait » dans la précédente.

» Tout Pion d'une *ligne impaire* (1, 3, 5) arrivant par la *droite* sur la » ligne suivante, y occupe une Case de même no que celle qu'il vient d'aban» donner; et, y venant par la *gauche*, il y occupe une Case ayant un no » diminué d' 1 sur celle qu'il a quittée dans la ligne précédente.

» Lorsqu'un P vient prendre son poste de sa 5e ligne sur la 5e ligne adverse, » comme les Cases de celle-ci sont dans un ordre inverse, le 1er passe par

» sa *droite* à la 5^(b), le 2e va par la *droite* à la 4^(b), et par la *gauche* à la 5^(b), » le 3e par sa *droite* à la 3^(b), et par sa *gauche* 4^(b), le 4e par sa *droite* 2^(b), » et par sa *gauche* 3^(b), enfin le 5e par sa *droite* 1^(b), et par la *gauche* 2^(b).

» Ces notions sont à remarquer. »

Du Coup de Mazette.

La faute la plus préjudiciable qu'on puisse commettre dans le début d'une Partie, est ce qu'on appelle le *Coup de Mazette*, qui a lieu au 3e coup, et entraîne la perte de 2 Pions, et par conséquent celle de la Partie entre Joueurs d'égale force. Il fait le pendant de ce qu'on appelle aux Échecs l'*Échec du Berger*, qui fait perdre la Partie au 4e coup.

« Il est utile d'observer les circonstances dans lesquelles le *Coup de Mazette* » se déclare. C'est au Joueur qui a le trait qu'il est funeste.

» Il suit de ce qui a été dit plus haut, des 9 manières de jouer le 1er coup » de la Partie, que chaque Pion susceptible de deux mouvemens, se porte » *à gauche* sur la 5e ligne de Cases, au n^o qu'il avait, et *à droite* au n^o » suivant.

« Pour donner lieu au *Coup de Mazette*, deux conditions sont nécessaires.

« 1° Il faut, au 1er trait, que le premier Joueur aille occuper la 3e Case » de sa 5e ligne, soit par le 2e Pion de sa 4e ligne poussé *à droite*, soit par » le 3e poussé *à gauche*. Le 2e Joueur avance alors le 3e Pion de sa 4e » ligne *à droite* ou *à gauche* pour attaquer le Pion adverse.

» 2° Il faut, au 2e trait, que le 1er Joueur veuille défendre son Pion attaqué par le 2e de sa 3e ligne poussé *à droite*, ou par le 4e poussé *à gauche*. » Alors le 2e Joueur fond avec son Pion d'attaque sur la troupe ennemie. »

De là le coup dont il s'agit reçoit 2 positions diverses. (*)

(*) « Blonde a dessiné ainsi les deux faces de ce début. La Situation est après le 2e trait du » 1er Joueur. Ces deux figures sont prises du *Livre de Metz* n°s 59 et 58.

» Mais il m'a semblé que, pour plus d'intelligence, il était convenable de remonter, dans le » texte, au 1er trait. »

« Au 3e trait le 1er *Joueur* pourrait retarder d'un tems la prise des trois Pions par un échange ;

PREMIÈRE POSITION.

AV.

	1er J.	2d J.
1	2^{4}	3^{4} g
2	2^{8}	3^{6} g
3	4^{4} : P 3^{6} p. l. m.	4^{4} g
4	3^{8} : P 4^{6}	2^{4} : 3 P 1^{5}
5	Ce qu'il veut.	5^{8} : P 4^{6}
		a gagné 2 P.

SECONDE POSITION.

AV.

	1er J.	2d J.
1	3^{4} g	3^{4}
2	4^{8} g	4^{6}
3	1^{4} : P 4^{6} p. l. m.	2^{4}
4	3^{5} : P 2^{4}	4^{4} : 3 P 5^{5}
5	5^{4} : P 2^{5}	1^{4} : P 4^{5}
6	3^{2}	2^{5} : P 3^{5}
7	Si 4^{8} g	3^{3}
8	3^{4} : P 2^{5}	3^{8}
9	2^{4} : P 3^{5}	3^{4} : 2 P 1^{4}
		a gagné 2 P.

Si ce coup ne se présentait que de ces deux manières, il serait facile de l'éviter ; mais il se varie et se ramifie de mille façons différentes, ce qui fait que beaucoup de Joueurs finissent par s'y laisser prendre.

« Blonde offre les trois combinaisons suivantes comme suite du *Coup de* » *Mazette.* »

Voici, dit-il, trois nouvelles manières de faire ce coup.

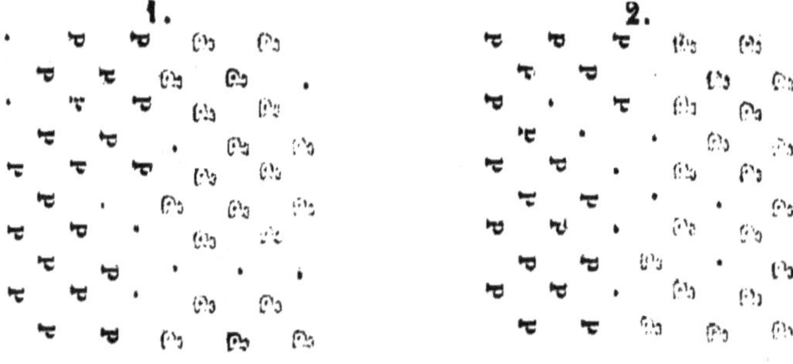

« Il est évident que le premier » *Joueur* en donnant successi- » vement 3^{6} g, 1^{8}, puis 4^{4}g, fi- » nira par gagner 2 P adverses. »

« Blonde fait jouer ici 5^{4} g, » puis 2^{6} g, d'où la prise de 3 » P, puis d'1. Mais le gain est » seulement d'1 P. »

» mais en appauvrissant les deux Jeux d'un Pion de chaque côté il ne s'en suivrait aucun avantage » pour lui. J'ai donc trouvé préférable de le faire jouer *pour le mieux* (p. l. m.) P. P

1re Manière. 2e Manière.

3.

« Il est certain que le premier Joueur, en fesant prendre 4^b, puis 2^4, reprend 3 P, puis 1 P, » puis P, et en a gagné 2. »

« A la suite, Blonde donne encore ces quatre divers coups analogues » au *Coup de Mazette*.

4.

Nᴄ.

1 3^b g 3^4 : P 2^{4t}
2 2^4 : P 5^{4t} 5^4 : P 2^{4t}
3 4^4 1^b : P 4^{4t}
4 5^4 : 4 P 5^{4t}
gagne 3 P.

5.

Nᴄ.

1 2^b g
2 1^4 : P 4^{4t}
3 3^4 : P 4^{4t}
ou 4^4
4 5^4 : 4 P 5^{4t}
gagne 2 P.

6.

7.

JEU.

1 3^5 g
2 2^4 : P $5^{5,1}$
3 $1^{5,1}$
4 5^3 : 4 P $5^{4,1}$
gagne P.

JEU.

1 3^5 g
2 2^4 : P $5^{5,1}$
3 4^4
4 5^8 : 4 P $5^{4,1}$
gagne 2 P.

8.

JEU.

1 4^4
2 2^5 g
3 2^4 3^6 2^1 = D
gagne 2 P et l'avantage d'avoir 1 D.

9.

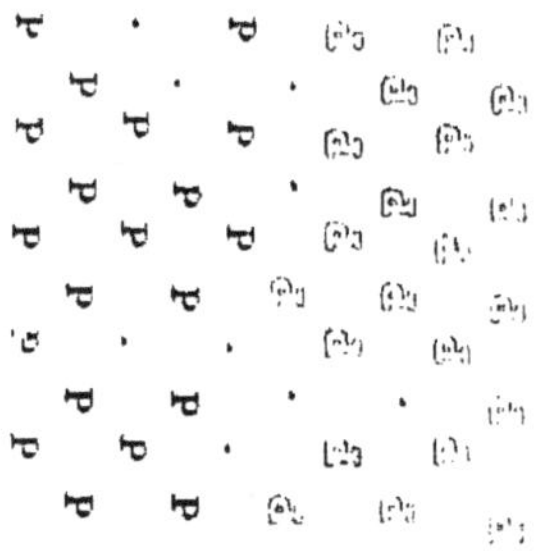

JEU.

1 4^4
2 5^3 : P 4^5
3 2^5
4 2^4 : 5 P $1^{8,1}$
gagne 3 P.

10.

JEU.

1 2^5
2 2^4 : P $5^{5,1}$
3 4^4 : P $3^{5,1}$
4 1 : P 2^5
5 5^8 g
6 4^7 g
7 5^6 : 3 P 2^1 = D gagnera quoiqu'il ait un P de moins.

Il faut connaître ces coups-là et d'autres que l'usage apprend facilement, afin de les éviter, ou de les faire et d'en profiter, si l'occasion se présente.

La principale attention qu'on doit avoir en débutant, après avoir évité les coups pernicieux dont on vient de parler, est de prendre les positions avantageuses qui se présentent, ou d'empêcher votre adversaire de les prendre contre vous ; ces positions sont en très-grand nombre, et l'usage seul et l'exemple des bons Joueurs peuvent les apprendre complètement ; mais il en est trois principales qui se montrent assez fréquemment pour qu'il soit honteux de les ignorer.

La première est appelée, parmi les Joueurs de Dames, la *Position du Marchand de Bois*. L'opinion est que ce nom vient d'un charpentier qui jouait assez bien à ce jeu-là et qui prenait souvent cette position ; ce qui a suffi pour faire passer cette dénomination entre les Joueurs qui ne sont pas en général fort recherchés pour leurs nomenclatures ni fort scrupuleux sur leurs origines. Cette position, dont Blonde donne les trois exemples dessinés ci-dessous, n'est point décisive ; mais elle entraîne souvent la perte d'un Pion pour le second Joueur, lorsque l'attaque est savamment dirigée.

POSITION DITE DU MARCHAND DE BOIS.

1.

1er Degré. — 17 contre 17.

2.

2e Degré. — 13 contre 13.

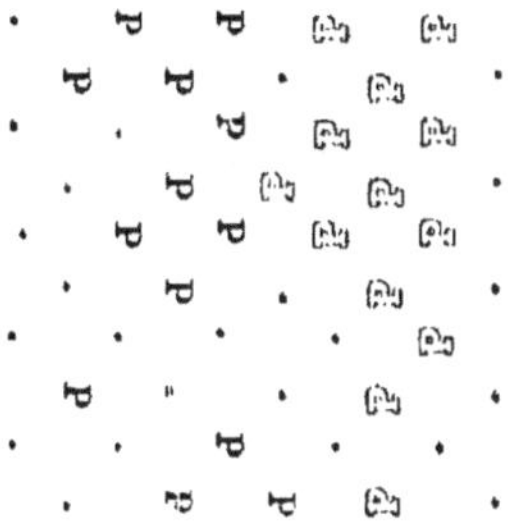

3.

3e Degré. — 9 contre 9.

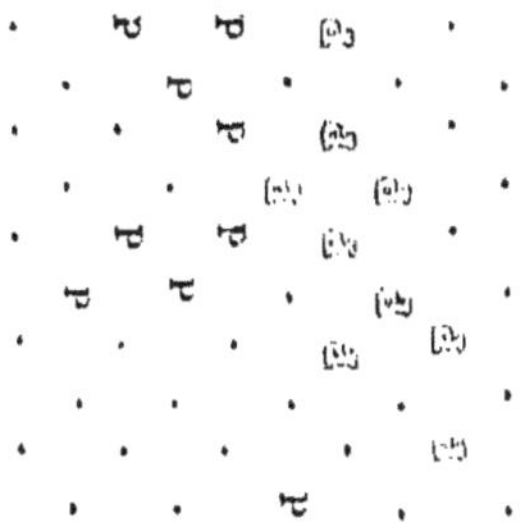

JEU.

1 1^{51}g 1^{2}g

2 3^{2}

3 1^{5}

4 3^{5} : 2 P 3^{2}

5 3^{3} g

6 3^{4} : 3 P 2^{1} = D

» Ce coup est le 10e de la petite
» mais jolie collection publiée en
» l'an VI-1798. »

La seconde est appelée la *Position d'Enchaînement ;* elle donne lieu à plusieurs avantages, tant en faveur de celui qui attaque que de celui qui la défend. Il y a des Joueurs qui prennent volontiers le parti de la défendre ; le plus grand nombre l'évite ; ce qui est toujours possible. Cette position est ainsi représentée par Blonde, en trois dessins.

POSITION D'ENCHAINEMENT.

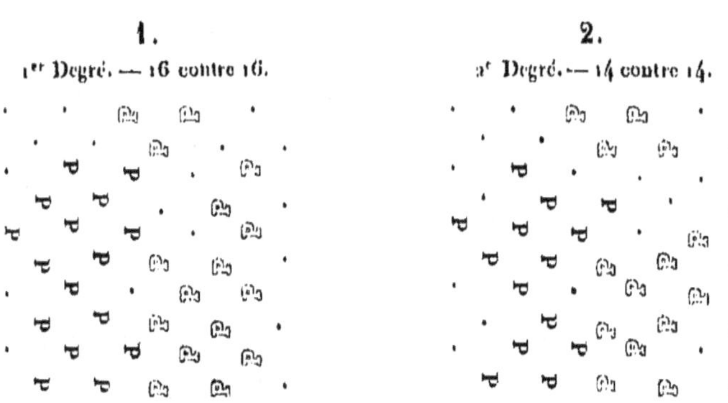

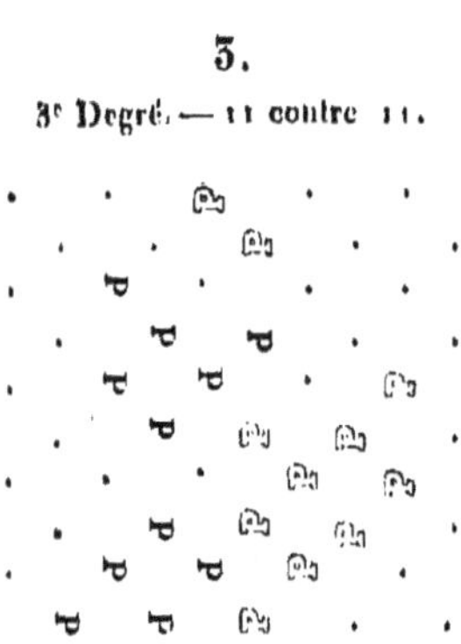

La 3e Position est appelée la *Position des Trèfles*, et ce nom vient sans doute de ce qu'elle consiste à tenir enchaînés avec 3 Pions un nombre plus ou moins grand de Pions ennemis ; mais alors il vaudrait peut-être mieux l'appeler la *Position des Trois*.

Elle est représentée par Blonde d'abord en 3 dessins. Il a même étendu le nombre des cas où cette position peut se présenter, dans les 3 dessins suivans.

POSITION DES TRÈFLES.

1er Degré. — 13 contre 13.

2e Degré. — 12 contre 12.

3e Degré. — 11 contre 11.

Exemple où la Position peut avoir lieu.

Autre exemple où la Position peut avoir lieu.

Autre exemple où la Position peut avoir lieu.

« Dans un des manuscrits de BLONDE se sont trouvés les deux Jeux suivans, dont il a décrit la situation sans la dessiner. »

PREMIÈRE MANIÈRE DE JOUER LA POSITION DES TRÈFLES.

13 contre 13.

1 J. 23, 13^2, 124^3, 2345^4, $14^{5'}$
2 J. 135, 15^2, 124^3, 125^4, 2^6, $1^{5'}$

JEU.

1	$4^{5'}$		10	$2^{4'}$ g	1^4
2	4^4 g		11	$3^{5'}$	3
3	4^3 : P 5^5	5^2 g	12	$2^{2'}$: P $1^{4'}$	3^2 g
4	3^2 g	5^4 g	13	3^3	$4^{5'}$: P $3^{3'}$
5	1^3	5 g	14	$1^{4'}$: P 4^5	$3^{3'}$ g
6	1^4	5^3	15	3 : P 4^3	3^3
7	3^4 g	2^4	16	4^5 : P $3^{3'}$	1^3
8	5^5 : P $2^{4'}$	4^2 g	17	$1^{5'}$: P	1^2 : 2 P 3^2
9	5^5 g	3^5 g	18	4^3	etc.
				a gagné 2 P	

SECONDE MANIÈRE DE JOUER LA POSITION DES TRÈFLES.

11 contre 11.

1 J. 4, 3^2, 1345^3, 15^4, 12^5, $1^{5'}$
2 J. 3, 1245^2, 24^3, 124^4, 2^5

JEU.

1	5^3 g	1^2 g	13	3^5 : P 4^5	2^5 : P $3^{4'}$
2	4^4	2^2	14	2^5 g	$3^{4'}$
3	3^3 g	3^3	15	5^5 g	$3^{3'}$: 2 P 5^4
4	3^2 g	3^4 g	16	$2^{5'}$: 2 P $4^{5'}$	5 g
5	2^5 g	3	17	$4^{5'}$	1^4
6	4 g	3^2 g	18	$4^{4'}$	4^2
7	1^4	3^5 g	19	$3^{4'}$	5^4 g
8	4^3 g	4^2	20	1^5 : P $4^{4'}$	5^3 : P 4^5
9	$5^{5'}$ g	3^3	21	$4^{3'}$	2^5
10	$5^{4'}$: P $4^{2'}$	4^3 : P 5	22	$3^{2'}$ g = D $4'$	$4^{5'}$
11	3^4 g	4^4 g	23	$3^{3'}$	2^3 : P 3
12	3^5 : P $4^{4'}$	$4^{5'}$	24	D $2^{5'}$	etc.

CHAPITRE V.

DES PIONS EN PRISE, ET DU DANGER QU'IL Y A SOUVENT DE LES POURSUIVRE.

Toute la science des Joueurs de Dames consiste à profiter des tems pour disposer son jeu, soit pour l'attaque, soit pour la défense à tous les jeux possibles. C'est un grand avantage que de pouvoir jouer deux ou plusieurs coups de suite. Au billard on fait une partie d'après laquelle un Joueur fait un avantage très-fort à un autre Joueur de sa force, à condition qu'il pourra jouer deux coups de suite à chaque fois, et il en serait de même à bien d'autres jeux.

D'après cela, chaque fois qu'on attaque un Pion, on ne doit pas perdre de vue qu'on donne par ce moyen un avantage à l'adversaire, qui, en abandonnant son Pion, gagne un tems et a la facilité de jouer deux coups de suite; circonstance dont il peut profiter pour disposer un coup qui n'existait pas auparavant.

Il faut dire la même chose d'une attaque qu'on fait quelquefois, et qui aboutit à un coup de deux pour deux. L'adversaire, en vous laissant prendre, gagne nécessairement un tems, puisque, par le résultat de cette attaque, vous prenez le premier et le dernier.

Quelquefois au lieu d'un Pion, on en attaque deux, trois et même quatre. Alors on attaque avec plus d'assurance, dans l'idée où l'on est que le Joueur adverse ne vous laissera pas prendre tant de Pions. Cependant il se trouve des cas où un Joueur fait le sacrifice de plusieurs Pions pour disposer un coup qui le rend maître d'une position victorieuse, ou qui le fait passer à Dame. On doit donc regarder avec le plus grand soin toutes les fois qu'on attaque un ou plusieurs Pions de l'adversaire.

Ces principes sont évidens, et les exemples qu'on pourrait joindre ici ne pourraient servir à éclaircir une matière qui par elle-même n'a rien d'obscur et de problématique. On trouvera, dans plusieurs des coups qui seront disposés à la suite de cet ouvrage, un grand nombre de cas où le gain de la Partie résulte d'un Pion attaqué mal à propos par l'adversaire. D'ailleurs, Manoury a donné à l'appui de cette théorie, plusieurs coups que tous les amateurs ont consultés.

Il est donc très-essentiel, avant d'attaquer un ou plusieurs Pions de l'adversaire, d'examiner avec la plus grande attention les suites que peut avoir une pareille attaque, parce que les Pions en prise sont presque toujours un appât présenté pour faire donner dans le piége, surtout lorsqu'on joue contre quelqu'un qui connait un peu le jeu, et qui sait, par conséquent, que la perte d'un Pion entraine presque toujours la perte de la Partie.

D'après de pareilles réflexions, il y a des Joueurs faibles qui, persuadés qu'on ne leur offre ainsi des Pions en prise que pour les faire donner dans quelque faute capitale, s'abstiennent d'attaquer sans voir le coup qui leur est tendu. C'est ce que nous ne conseillerons à personne, parce que, de deux choses l'une, ou le coup est bon et est la suite d'une absence de la personne contre laquelle on joue. Alors ce serait une grande duperie de n'en pas profiter. Ou bien le coup qui est tendu est trop caché pour que vous ayiez pu l'apercevoir, et dans ce cas, il vaut mieux y donner et perdre la Partie, parce que ce sera le véritable moyen de connaître ce coup et de le retenir, pour l'éviter une autre fois.

Employez donc toute votre prudence à démêler le coup qui vous est tendu, lorsqu'on vous offre un ou plusieurs Pions en prise. Après avoir fait toutes les combinnisons dont votre jeu est susceptible, si vous n'apercevez pas ce coup, attaquez hardiment, dussiez-vous perdre la Partie. Par là vous apprendrez les coups et deviendrez capable de les tendre à votre tour.

CHAPITRE VI.

DES PARTIES ENTIÈRES.

Ce chapitre consiste en plusieurs Parties entières. Les quatre premières ne sont pas continuées, il est vrai, jusqu'au dernier coup; trois se terminent au moment où un des Joueurs perd un Pion forcé, dans la supposition qu'entre Joueurs d'égale force, la perte d'un Pion doit entrainer la perte de la Partie.

La 4e de ces Parties finit au 27e coup, et elle consiste à enfermer les 20 Pions de l'adversaire. On peut la considérer comme une Partie de pure curiosité qui ne peut se présenter en jouant que lorsque les deux Joueurs sont d'accord et veulent courir les chances de ce coup, qui est une espèce de tour de force.

Ces 4 Parties ont été données par des amateurs.

« Elles sont suivies de 3 autres Débuts qui se sont trouvés dans les ma-» nuscrits de BLONDE.

Trois des Parties entières qui viennent après, ont été données par Blonde. Ensuite il y en a deux qui sont extraites du Livre de Metz, « puis deux » tirées de l'italien SONZOGNO, enfin la dernière est du hollandais VAN EMBDEN. » Il est vraisemblable que BLONDE avait l'intention de la publier, puisqu'elle » était dans ses manuscrits.

PREMIER DÉBUT DE PARTIE

DANS LEQUEL LE JOUEUR QUI A LE TRAIT PERD UN P AU 14ᵉ COUP.

1	1^{4} g	4^{4} g
2	2^{3} g	5^{3} g
3	1^{2}	5^{2} g
4	2 g	5
5	2^{4} g	1^{4} g
6	2^{5}	1^{5}
7	1^{2}	1^{2} g
8	1	1
9	4^{4} g	2^{4}
10	5^{3} g	2^{3}
11	4^{2}	1^{2}
12	5 g	2 g
	etc.	etc.

« Disposition du Jeu après le 12ᵉ Coup.

» 34, 12345^{2}, 12345^{3}, 12345^{4}, 124^{5}

» 34, 12345^{2}, 12345^{3}, 12345^{4}, 134^{5}

DEUXIÈME DÉBUT DE PARTIE

DANS LEQUEL LE JOUEUR QUI A LE TRAIT PERD UN P AU 11ᵉ COUP.

1	5^{4} g	1^{4} g
2	5^{5}	1^{5}
3	4^{2}	1^{4}
4	5 g	2^{5} g
5	1^{4} g	1^{2}
6	3^{4} g	3^{4} g
7	3^{5}	1
8	2^{2}	1^{2} g
9	2	2 g
	etc.	etc.

« Disposition du Jeu après le 9ᵉ Coup.

» 134, 12345^{2}, 12345^{3}, 2345^{4}, 135^{5}

» 345, 12345^{2}, 12345^{3}, 1245^{4}, 123^{5}

TROISIÈME DÉBUT DE PARTIE

DANS LEQUEL LE JOUEUR QUI COMMENCE PERD UN P AU 21ᵉ COUP. (Ce Début a eu lieu en jouant.)

1	1^{4} g	1^{4} g
2	2^{3} g	1^{5}
3	1^{4}	1^{2} g
4	4^{4} g	2^{4}
5	1^{2}	3^{5} : P $4^{4'}$
6	5^{3} : P 4^{5}	2^{3}
7	1	2^{4}
8	4^{2}	3^{5} : P $4^{4'}$
9	5^{3} : P 4^{5}	1^{4}
10	4^{6} : P $1^{4'}$	1^{3} : P 2^{5}
11	5 g	1
12	3^{4} g	1^{2} g
13	4^{3} g	2^{2} g
14	1^{3}	2
15	1^{2} g	1^{5}
16	5^{2} g	2^{5}
17	3^{4} : 2 P $1^{3'}$	4^{4}
18	1^{5} : P $4^{4'}$	5^{3} : 2 P $3^{4'}$
19	3^{3} : P 4^{6}	3^{4}
20	2^{5} : P $3^{4'}$	4^{3} : 3 P $5^{2'}$
	etc.	etc.

« Disposition du Jeu après le 20ᵉ Coup.

» 234, 234^{2}, 12^{3}, 125^{4}, $1^{3'}$

» 345, 2345^{2}, 23^{3}, 5^{4}, $1^{3'}$ $5^{2'}$

Le 1ᵉʳ J. est forcé de sacrifier 4^{2}.

QUATRIÈME DÉBUT DE PARTIE

DANS LEQUEL LE SECOND JOUEUR A SES 20 P ENFERMÉS AU 22e COUP.

Ce Début a pour objet de faire voir comment les deux Joueurs pourraient s'enfermer avec leurs 20 P. Cette position est très-facile à éviter : elle ne peut avoir lieu que dans le cas où les Joueurs s'y prêtent pour la singularité du fait. Lorsqu'on veut courir les chances de cette Partie, il est aisé de reconnaître que celui dont les P sont les plus avancés doit nécessairement gagner, ayant plus de coups à jouer que l'autre.

1	3^4 g	3^4 g
2	4^3 g	4^3 g
3	4^2 g	4^2 g
4	5 g	5 g
5	4^4	1^4
6	5^3 g	1^3
7	5^5	1^2 g
8	4^4	4^4
9	1^4	5^3 g
10	2^3 g	3^5 g
11	1^2	3^4 g
12	4^2	5^5
13	4^3	4^4
14	4	4^5
15	2^5	5^2 g
16	1^4	4^2 g
17	1^3	4^3 g
18	1	4
19	1^2 g	4^2 g (a)
20	2 g	1
21	4^2 g	Enfermé.

(a) La Partie du 1er J. restant la même, si le Second avait joué au 19e coup 3^2 *à droite*, et au 20e 3 *à droite*, il aurait pu pousser au 21e 1 *à droite*, et le 1er aurait lui-même perdu. Il est vrai que le 1er aurait pu éviter ce coup en jouant 3^2 et 4^3, et avancer ensuite au 22e 3 *à droite*; le 2^{d} aurait tout de même perdu, mais un coup plus tard.

« Disposition du Jeu après le 21e coup marqué ci-dessus.

» 3, 1235^2, 12345^3, 12345^4, 235^5, 14^5 qui vient de jouer.

» 23, 123^2, 12345^3, 12345^4, 235^5, 14^5 qui ne peut jouer.

CINQUIÈME DÉBUT DE PARTIE.

	1er J.	2^{d} J.
1	5^4 g	5^4 g
2	5^5	5^5
3	5^3	5^3
4	5^2 g	5^2 g
5	5	5
6	4^4	4^4
7	5^3 g	5^3 g
8	4^2	4^2
9	4	4
10	1^4	1^4
11	1^3	1^3
12	1^2 g	1^2 g
13	1	1
14	4^4 g	4^4 g
15	4^3	4^3
16	3^2	3^2
17	3	3 (*)

Le 1er J. ayant le coup contre lui, perdra la Partie.

(*) « Si BLONDE avait voulu démontrer les » avantages de la *Notation technique* sur celle » qu'il suit, il n'aurait pu mieux faire que de » choisir cet exemple et les deux suivans. Dans » celui-ci jusqu'au 17e trait les deux joueurs ont » constamment fait les mêmes mouvemens : une » bonne Notation doit donc les indiquer par les » mêmes signes.

» Voici l'ancienne Notation.

»	1	35—30	16—21
»	2	30—25	21—26
»	3	40—35	11—16
»	4	45—40	6—11
»	5	50—45	1— 6
»	6	34—30	17—21
»	7	40—34	11—17
»	8	44—40	7—11
»	9	49—44	2— 7
»	10	31—27	20—24
»	11	36—31	15—20
»	12	41—36	10—15
»	13	46—41	5—10
»	14	34—29	17—22
»	15	39—34	12—17
»	16	43—39	8—12
»	17	48—43	3— 8

BLONDE.

SIXIÈME DÉBUT DE PARTIE.

	1er J.	2d J.
1	4^4	4^4
2	5^5	5^5
3	5^4 g	5^4 g
4	5^3	5^3
5	5^2 g	5^2 g
6	5	5
7	5^3 g	5^3 g
8	4^2	4^2
9	4	4
10	1^4	1^4
11	1^3	1^3
12	1^2 g	1^2 g
13	1	1
14	3^4 g	3^4 g (*)
15	3^3	4^3 g
16	2^2	3^2
17	2	3

(*) « Jusqu'au 14e trait du 2d Joueur les deux » adversaires ont exécuté les mêmes mouvemens, » mais au 15e, le 2d Joueur s'écarte de la marche » du 1er.

« Au 17e coup le 1er Joueur a l'avantage. »

SEPTIÈME DÉBUT DE PARTIE.

	1er J.	2d J.
1	1^4 g	1^4 g
2	1^3	1^3
3	1^2 g	1^2 g
4	1	1
5	5^4 g	5^4 g
6	5^3	5^3
7	4^2	4^2
8	5 g	5 g
9	1^4	1^4
10	2^3 g	2^3 g
11	1^2	1^2
12	2 g	2 g
13	3^4 g	3^4 g
14	4^3 g	4^3 g
15	4^2 g	4^2 g
16	4	4
17	2^5	3^4 : P $2^{5'}$
18	1^4 : P $4^{5'}$	$4^{5'}$
19	2^5 g	3^4 : P $2^{5'}$
20	1^4 : P $4^{5'}$	2^5
21	3^4 : P $2^{5'}$	1^4 : P $4^{5'}$
22	4^5 g	2^5 g
23	2^4 : P $2^{5'}$	1^4 : P $4^{5'}$
24	2^4 g	5^5 : P 2^4
25	3^5 : P 2^5	3^5 : 2 P 5^5
26	4^4 : 3 P 1^4 ═ D	perdu.

» Des deux côtés les mouvemens sont les mêmes » jusqu'au 16e trait inclusivement ; au 20e, au » 21e, au 22e et au 23e, le 2d J. de son côté » répète ceux qui ont été faits par le 1er J. au » 17e, au 18e, au 19e et au 20e. Ensuite vient » la catastrophe. »

PREMIÈRE PARTIE ENTIÈRE DE BLONDE.

1	2^4	3^4	
2	2^3	4^3 g	
3	1^2	4^2 g	
4	4^4 g	1^4	
5	4^5 : P $1^{4'}$	1^3 : P 2^5	(a)
6	2^4 g	1^2 g	(b)
7	2^3	1^3	
8	1	1	
9	1^2	1^2 g	
10	5^5 g	1^4 g	
11	5^2 g	5 g	
12	5	2^5 g	
13	2 g	2^2 g	
14	4^4 g	2	
15	5^3 g	2^5 g	
16	5^4 : P $2^{5'}$	2^4 : P $5^{5'}$	
17	4^2	$5^{5'}$ g	
18	4	2^5	(c)
19	4^5 g	3^4 : P $4^{5'}$	
20	4^4 : 2 P $2^{5'}$	1^4	
21	2^5 : P $3^{4'}$	4^5 : P 3^5	(d)
22	3^5 : 2 P 5^5	$5^{4'}$: P 2^5	
23	2^4	2^2 : P 1^4	(e)
24	2^3	4^2 g	
25	1^2	4^3 g	
26	1^4	4^4	
27	3^3 g	5^5	
28	2^2 g	3^3 g	
29	2^5	3^4 : P $2^{5'}$	
30	1^4 : P $4^{5'}$	5^3 g	
31	$4^{5'}$: P $5^{3'}$	5^4 : P 4^2	
32	1^2	3^2 g	

33	1^4	5^2 g
34	5^3 g	4^2 g
35	4^4 g	4 g
36	4^2	5^5
37	3^5 g	1^5
38	5^3	1^4 g
39	4^5 : P $1^{4'}$	1^5 : P 2^3
40	5^4 : P $2^{5'}$	2^4 : P $5^{5'}$
41	2^4	1^3
42	5^2 g	2^3
43	4^3	$5^{5'}$: P $4^{3'}$
44	3^2 : P 4^4	4^3 g
45	$4^{5'}$ g	3^2
46	$4^{4'}$: P 3^2	3^3 : P 4
47	2^5	3^4 : P $2^{5'}$
48	3^3 g	$2^{5'}$: 2 P $4^{5'}$
49	4^4 : 3 P $1^{5'}$	4 g
50	3^5	3^2 g
51	$1^{5'}$ g	3 g
52	5^3 g	5^4 g (f)
53	4^4 g	5^5 g
54	4^3	$2^{5'}$
55	$3^{5'}$	$1^{4'}$: P $2^{2'}$
56	$2^{4'}$: P $3^{2'}$	$2^{2'}$ == D$^{2'}$
57	$1^{4'}$	D 1^4
58	$1^{3'}$: D $2^{5'}$	$1^{5'}$ g
59	3 g	$1^{4'}$
60	2^2 g	2^2 g perdu.

(a) Jusqu'ici ce n'est qu'un Début de Partie ordinaire, et l'*une pour une* faite par le 2d J. n'était nullement nécessaire.

(b) Ici commence un *double enchaînement* dont le 1er J. prend la position. Il faut, autant qu'on le peut, éviter ces *enchaînemens*, surtout *quand on joue avec plus fort que soi.*

(c) Le 2d J. est forcé de jouer ce P, sans quoi il perdrait 2 P ou la Partie.

(d) Le 2d J., au lieu de 4^3 : P 3^3, aurait pu 3^3 : P 4^5; mais il aurait de même perdu un P le coup d'après.

(e) Le P que le 2d J. perd ici est la suite de la position qu'il a laissé prendre, et dès ce moment son adversaire a gagné la Partie.

(f) Ce coup serait mal joué si le 2d J. pouvait faire autrement; mais il est évident qu'il n'en a pas d'autre, et il perd la Partie dans 4 ou 5 traits.

2e PARTIE ENTIÈRE DE BLONDE.

1	1^4 g.	4^4 g
2	2^3 g	5^3 g
3	4^4 g	2^4
4	1^2	3^5 : P $4^{4'}$
5	5^3 : P 4^5	2^3
6	1	1^2
7	4^2	1
8	5 g	2^4
9	2^4	3^3 : P $2^{4'}$
10	4^3 : P 5^3	1^4
11	5^3 : P $2^{4'}$	2^3 : 2 P $2^{4'}$
12	2^3 : P 3^3	5^2 g
13	1^2	5
14	4^2 g	2^2 g
15	5^3 g	3^3 g
16	2^3	2^4
17	3^5 : P $2^{4'}$	2^3 : P 3^5
18	2^4	3^5 : P $2^{4'}$
19	3^3 : P 2^5	3^2 g (*)
20	2^2	1^2
21	4	2^3
22	4^2	2
23	2	3
24	2^2 g	1^5
25	4^4	1^4 g
26	5^5 g	2^4 : P $5^{5'}$
27	5^4 : P $2^{5'}$	5^4 g (a)
28	2^5 : P $5^{4'}$	3^4
29	3^4	3^3 : P $4^{4'}$
30	4^3 : P 5^5	1^5 : P $4^{4'}$
31	5^3 : P 4^5	2^2 g
32	2^3	4^3 g
33	2^4 g	3^3 g
34	$2^{5'}$: P $3^{3'}$	3^2 : P 2^4
35	3^3	2^3 g
36	3^2 g	4 g
37	2^3 g	3^2
38	5^2 g	2^4 g
39	3^5 g	1^4 g
40	4^5 : P $1^{4'}$	1^5 : P 2^5
41	2^4 g	2^3
42	5^3 g	2^4
43	3	3^5
44	3^2	$3^{5'}$
45	2^3 : P 3^5	3^4 g
46	3^4	3^5
47	3^3 g	$3^{5'}$: P $2^{5'}$

48	1^{4} : P 2^{2}	4^{2} g
49	2^{2} g	4^{4} g
50	$5^{5'}$	4^{5} : P 5^{5}
51	$5^{4'}$: 2 P $3^{4'}$	5^{5} g
52	1^{5}	4^{2}
53	2^{3}	$3^{5'}$: P $2^{3'}$
54	1^{4} : P 2^{2}	4^{4}
55	1^{5} : P 4^{4}	5^{3} : 2 P 3^{3}
56	4^{5} g	5^{2} g
57	$3^{5'}$	3^{3} : P 2^{5}
58	2^{2} g	5^{3} g
59	2^{3}	4^{4}
	etc.	etc.

Perdu depuis long-tems.

(*) C'est au 19e coup du 2d J. que commence la *Position dite du Marchand de Bois.* Cette Position n'est pas toujours décisive ; mais quand elle ne cause pas la perte de la Partie, elle entraîne ordinairement celle d'un P. Il y a différentes manières de la prendre et différentes manières de s'en défendre, comme on le verra dans trois exemples à la suite des Parties entières, et qui présentent cette *Position du Marchand de Bois* dans trois divers degrés.

« Situation au 19e trait du 2d J. »

1er J. 234, 235^{2}, 14^{3}, 1345^{4}. 12^{5}
2d J. 234, 145^{2}, 1345^{3}, 345^{4}, 4^{5}

(a) Au 27e coup le 2d J. perd un P forcé par suite de la *Position du Marchand de Bois*, prise par le 1er J. et mal défendue par son adversaire. « Celui-ci sacrifie ce P afin d'empêcher son rival » d'aller immédiatement à D. »

« Situation au 27e trait du 1er J. »

1er J. 3, 35^{2}, 12345^{3}, 13^{4}, 12^{5}, $2^{5'}$
2d J. 4, 2345^{2}, 345^{3}, 345^{4}, 14^{5}

3e PARTIE ENTIÈRE DE BLONDE.

1	2^{4}	3^{4} g
2	3^{3} g (1)	4^{3} g
3	3^{2} g	4^{2} g
4	1^{4}	5 g
5	1^{3}	1^{4}
6	4 g	2^{3} g
7	1^{2} g	1^{2}
8	1	2 g
9	4^{4} g (2)	3^{5} : P $4^{4'}$
10	4^{3} : P 5^{5}	1^{4} g
11	4^{2} g	1^{5} : P $4^{4'}$
12	5^{3} : 2 P $1^{4'}$	1^{3} : P 2^{5}
13	4^{3}	3^{4}
14	2^{5} : P $3^{4'}$	4^{5} : P 3^{5}
15	1^{4}	4^{2} g
16	1^{3}	4^{3} g
17	1^{2} g	4^{4} g
18	3^{5} : P $4^{4'}$	5^{3} : P 4^{5}
19	1^{4} g (3)	4^{5} : P $1^{4'}$
20	1^{3} : P 2^{5}	1^{2} g
21	4^{4}	1
22	5^{5}	1^{3}
23	5 g	1^{2} g
24	4^{2} g	4
25	2 g	3^{2}
26	1^{2} g	2^{5}
27	3^{4} : P $2^{5'}$	1^{4} : P $4^{5'}$
28	2^{3} g	4^{2}
29	4^{3} g	2^{3} g
30	3^{4} : P $2^{5'}$	1^{4} : P $4^{5'}$
31	3^{2}	1^{5}
32	$1^{5'}$: P $2^{3'}$	2^{4} : P 1^{2}
33	5^{2} g (4)	1^{2} g
34	4^{3}	4^{3}
35	2^{5} g	5^{4} : P $2^{5'}$
36	2^{4} : 2 P $4^{3'}$	3^{4} : P 4^{2}
37	2^{2} g	4^{2} g
38	2^{5}	3^{5} (5)
39	2^{4} : P $3^{5'}$	$4^{5'}$: P 3^{4}
40	1^{4}	5^{3} g (6)
41	2^{5} g	3
42	4^{4} g	5^{2} g
43	$5^{5'}$ g	2^{2} g
44	$5^{4'}$: P $4^{2'}$	4^{5} : P 5
45	5^{3} g	2^{3} g
46	1^{3}	3^{5} g
47	1^{4}	5 g
48	3^{3}	4^{4} g
49	3 (7)	4^{5} : P $1^{4'}$
50	1^{5} : P 2^{3}	1^{4} g
51	3^{2}	2^{4} g (8)
52	4^{5} : P $1^{4'}$	1^{5} : P 2^{5}
53	4^{4} g	3^{4}
54	4^{5} : P $1^{4'}$	1^{5} : P 2^{3}
55	5^{4} g	3^{2} g
56	4^{3}	4^{2} g
57	4^{4} g	4^{3}

58	5^5	3^3 g (9)
59	2^5	4^4
60	2^4	4^5
61	$1^{5'}$ g	2^5 : P 1^5
62	4^5 g	2^4 g
63	$3^{5'}$ g	$2^{5'}$
64	$3^{4'}$ g	$1^{4'}$ g
65	$4^{5'}$ g	$2^{5'}$
66	$4^{2'}$ g = D $^{5'}$	2^5 (10)
67	D : P 5^2	$1^{2'}$ g = D $2'$ (11)

(1) Si le 1er J. avait joué 2^5, il aurait donné le *Coup de Mazette* qui décide de la Partie, puisqu'il y a 2 P perdus.

(2) Cette *une pour une* n'est faite que pour ne pas trop engager la position. On aurait pu jouer toute autre chose sans inconvénient.

(3) Ce *tant pour tant* (synonime d'*une pour une*) était nécessaire pour éviter l'*enchaînement*.

(4) Ce P est joué pour arranger, engager la position, et pour pouvoir jouer après 4^5, ce qui rend la situation du 2d J. plus difficile.

(5) C'est ici l'occasion de se dégager de la mauvaise position dont nous venons de parler.

(6) Si au lieu de jouer 5^5 g, le 2d J. eût poussé 4^5, il aurait perdu un P et le 1er J. aurait été à D.

(7) Remarquez que ce n'est qu'à l'extrémité que les deux Joueurs ont déplacé le P du milieu de la première Ligne. C'est le Pion fondamental « la clef de voûte » du Jeu. On l'appelle le P *savant*. « Manouri le nomme P *de ressource*. »

(8) Si le 2d J. eût poussé 2^4 *à droite* au lieu de 2^4 g, il aurait perdu un P.

(9) Si au lieu de 3^5 g on eût poussé 4^4 *à droite*, le P 4^5 du 1er J. aurait été attaqué par le P 2^5 du 2d J. et aurait été forcé. La Partie du 1er J. aurait été en danger.

(10) Si le 2d J. avait été à D sur le coup, la D aurait été prise ainsi que le P. Cependant la Partie aurait encore été remise.

(11) Le dernier manuscrit de Blonde annonce ce renvoi, mais ne contient pas la remarque. L'autre manuscrit dit : $1^{2'}$ = D *perdu forcément*.

4e PARTIE ENTIÈRE.

PREMIÈRE DU LIVRE DE METZ. (a)

1	2^4	1^4 g
2	2^5	2^5 g
3	1^2	1^2
4	1^4	4^4
5	2^5 g	5^5
6	2^2 g	2 g
7	2	1^4
8	3^5 g	2^5 g
9	3^4 g	1^2
10	4^4	1^5 : P $4^{4'}$
11	4^5 : P 5^5	1^4 g
12	4^2 g	$1^{5'}$: P $4^{4'}$
13	5^5 : 2 P $1^{4'}$	2^3 : P 1^5
14	5^4 g	1^5 : P $4^{4'}$
15	4^5 : P 5^5	3^4 g
16	5^2 g	1^5
17	5^5	4^5 g
18	3^2	4^2 g
19	4^5 g	1^4
20	4 g	1
21	5	1^2 g
22	5^2 g	1^5
23	5^5	4
24	$1^{5'}$: P $2^{5'}$	2^2 : P 1^4
25	5^5 g	1^4 g
26	3^4	2^5 : P, $3^{4'}$
27	3^5 : P 4^5	4^5
28	1	4^4 : P $3^{5'}$
29	4^4 g	3^5 : P $4^{4'}$
30	2^4 : 2 P $2^{5'}$	3^2
31	4^5 : P 5^5	1^5 : P $4^{4'}$
32	2^5	3^4 : P $2^{5'}$
33	1^4 : P $4^{5'}$	3 g
34	$2^{5'}$: P $3'$ = D	4^5
35	D : P $5^{5'}$	1^5 : D + P $3^{5'}$
36	1^5	4^2 g
37	1^4	4^5 g
38	1^2 g	5^5 g
39	2^5	3^4 : P $2^{5'}$
40	2^5	$3^{5'}$: P $2^{5'}$
41	2^2 : 3 P $5^{5'}$	5^2 : P 4^4
42	3^5	4^4 g
43	3^2	$4^{4'}$: P $3^{2'}$
44	3 : P 4^5	5^4 g
45	4^5	5^5 g

46	4^{4} g	3^{3}
47	4^{5}	$2^{5'}$
48	1^{5} : P 2^{5}	2^{5} : P $1^{4'}$
49	$2^{5'}$	$1^{4'}$ g
50	$1^{4'}$ g	$2^{5'}$
51	$2^{5'}$ g	$1^{2'}$ g = D $2'$
52	$2^{2'}$ = D $2'$	D : P 1^{5}
53	D : P 1^{3}	

Partie nulle, chacun restant avec une D et un P.

(a) C'est une Partie ordinaire dans laquelle il n'y aura point de position décisive, ni de ces coups qui entraînent souvent la perte de la Partie. Elle se termine par une remise, comme il arrive toujours entre joueurs d'égale force, lorsqu'il n'y a pas eu quelque faute essentielle. La difficulté est de jouer jusqu'au 53e coup sans faire aucune faute, ou sans avoir aucune distraction ; c'est ce dont ne peuvent pas toujours répondre les joueurs même les plus forts.

5e PARTIE ENTIÈRE.

2e DU LIVRE DE METZ.

1	4^{4}	1^{4} g
2	5^{3} g	2^{3} g
3	5^{2} g	1^{2}
4	5	1
5	3^{4} g	1^{4}
6	4^{3} g	1^{3}
7	4^{2} g	3^{4} g
8	4	4^{3} g
9	1^{4}	4^{2} g
10	2^{3} g	4
11	1^{2}	1^{2} g
12	2 g	2 g
13	1^{4} g	2^{5} (a)
14	3^{4} : P $2^{5'}$	1^{4} : P $4^{5'}$
15	4^{3} g	4^{4} g (b)
16	3^{4} : P $2^{5'}$	4^{5} : P $3^{4'}$
17	3^{3} : P 4^{5}	5^{3} g
18	2^{3} g	4^{2}
19	2^{2} g	4^{4}
20	1^{5} : P $4^{4'}$	5^{3} : P 4^{5}
21	3^{2} g	2^{3} g *
22	3 g **	
	ou 1^{4} g	4^{5} : 3 P $3^{4'}$
23	4^{5} : P 3^{1}	1^{4} : P $4^{5'}$
24	2^{4}	$3'$: 2 P $3^{2'}$
25	4^{4} : 3 P $1'$ = D	1^{5} : P $4^{4'}$
26	3 : 2 P 5^{5}	4^{3}
27	D 2^{5}	2^{2} g
28	D : P $1'$	3^{4} g
29	D : 2 P $5^{3'}$	5^{2} : D 4^{4}
30	5^{5} g	5^{4} g
31	5^{4} g	3 g
32	5^{3}	5 g
33	4^{2} g	4^{2} g
34	4^{3} g	4^{3} g
35	1^{2}	5^{5} g
36	1^{3}	$2^{5'}$: P $1^{3'}$
37	1	$1^{3'}$: P $2'$ = D
38	5^{5}	D : 2 P 1^{4}
39	$1^{5'}$: D + 3 P $3^{5'}$	4^{4} g
40	1^{5}	1^{3}
41	5^{4} g	3^{3}

Le 2d a perdu. Néanmoins la Partie sera continuée jusqu'à la fin pour l'instruction des commençans.

42	$3^{5'}$: P $4^{3'}$	4^{5} g
43	5^{2} g	$3^{5'}$ g
44	5^{3} g	$3^{4'}$
45	2^{3}	$3^{3'}$: 2 P 5^{4}
46	$4^{3'}$	5^{4} g
47	$3^{2'}$ = D $3'$	5^{5} g
48	D : P $1^{5'}$	$2^{5'}$ g
49	D $1^{4'}$	$2^{4'}$
50	D 2	et perdu.
» ou	D 2^{3}	2^{3} : D $3'$ = D
» 51	5^{5}	D : P $5^{5'}$
» 52	$1^{5'}$: D	

(a) Disposition du Jeu après le 13e trait du 1er J.

13, 12345^{2}, 12345^{3}, 2345^{4}, 1235^{5}

3^{5}, 12345^{2}, 12345^{3}, 12345^{4}, 123^{5}

Le 2e joue 2^{5} ou 4^{4}.

En jouant 2^{5} le 2d fait une faute qui fait perdre P. Cette perte eût été évitée ainsi :

13		4^{4}
14	1^{5} : P $4^{4'}$	5^{3} : 2 P $1^{4'}$
15	1^{3} : P 2^{5} ce qui aurait fait 2 pour 2.	

(b) Disposition du Jeu après le 15e trait du 1er J.

13, 12345^{2} 1235^{3}, 2345^{4} 1235^{5}

35, $12345^{2'}$ 12345^{3}, 2345^{4}, 13^{5}, $4^{5'}$

Le 2e joue 4^{4} g ou 2^{3} g

Le P $4^{5'}$ est perdu, forcé. Si le 2d eût joué pour le sauver 2^{3} g, il aurait perdu du coup ; car

15		2^{3} g

16	3^{4} : P $2^{5'}$	1^{4} : P $4^{6'}$
17	2^{6}	3^{4} : P $2^{6'}$
18	2^{4} : P $5^{6'}$	5^{4} : P $2^{6'}$
19	2^{3} g	3^{6} : P $2^{4'}$
20	4^{4} : 3 P 1^{4} = D	1^{6} : P $4^{1'}$
21	1^{4} : P $4^{5'}$	4^{6} : P $3^{5'}$
22	3^{4} : P 2^{6}	à volonté.
23	D : P 2^{4}	à volonté.
24	5^{3} : P 4^{6}	

Le 1er a gagné D + 2 P.

(c) Disposition du Jeu avant le 21e coup.
13, 1345^{2}, 125^{3}, 1245^{4}, $245^{5'}$ $2^{6'}$
35, 1335^{2}, 1234^{3}, 235^{4}, 134^{5}

Le 1er joue 3 g ou 1^{4} g au 22e coup. Ce dernier trait est une faute qui fait perdre la Partie par un joli coup. Voir ci-dessus.

Le 1er J. pourrait également gagner ainsi :

** 22	3 g	1^{2}
23	1^{4} g	4^{5} : P $1^{5'}$
24	1^{3} : P 2^{6}	4^{3}
25	4^{2} g	5^{2} g
26	4^{3} g	5
27	1^{5}	4^{4} : P $1^{6'}$
28	2^{6}	3^{4} : P $2^{6'}$
29	4^{6} : P $3^{4'}$	1^{4} : P $4^{5'}$
30	3^{4} : P $2^{6'}$	3^{3} : P 4^{4}
31	$2^{6'}$: 2 P 2^{1} = D	3^{2} g
32	D : P $3^{4'}$	4^{5} : D $3'$
33	2^{4} : P $5^{5'}$	1^{5} : P $4'$
34	5^{6} g	2^{3} g
35	2^{3}	1^{4} : P $4^{5'}$
36	4^{4} : P $3^{5'}$	3 g
37	5^{4} g	1^{5} : P 4^{4}
38	5^{3} : P 4^{5}	2^{2} g
39	4^{6}	5^{4} g
40	3^{5}	4^{4} g
41	2^{2}	4^{5}
42	3^{4} g	5^{5}
43	2^{4} : P $5^{5'}$	1^{5} : P 4^{4}
44	3^{3} g	4^{4} g
45	3^{5} : P $4^{4'}$	5^{5} : P 4^{5}
46	3^{6} g dans la lunette.	4^{5}
47	3^{6} : 2 P $1^{4'}$	2^{5} : P $3^{5'}$
48	1^{6} g	$3^{5'}$ g
49	2^{5} g	$3^{2'}$ g = D $4'$
50	$2^{2'}$ g = D $3'$	D $2^{5'}$
51	5^{2} g	5^{2} g
52	5^{3}	5^{3}
53	1^{2} g	D $3^{2'}$
54	$2^{5'}$ g	D $2^{5'}$
55	5^{4} g	D $4'$ (d)
56	$2^{6'}$ g *	1^{3} (e)

* Maladresse qui annule la Partie.

57	D : P $1^{5'}$	D $5^{4'}$
58	Si à volonté	$5^{6'}$: 2 P
		Partie nulle.

(e) Autrement

56	Si 5^{5} g	D $4^{2'}$
57	$2^{4'}$ g	D 4^{5}
58	$3^{3'}$	D : P 2
59	1^{3}	D : P $1^{3'}$
60	1	D : 2 P 1^{4}
61	D 4^{4} : D $1^{5'}$	5^{4} g (f)
62	D 3^{2}	5^{6}
63	D 3	1^{3}
64	D 2^{2}	1^{4} g
65	D 3	1^{5}
66	D : P $1^{5'}$	$1^{5'}$ g
67	D $2^{3'}$	$1^{4'}$
68	D 1 ou L P	$1^{3'}$ g
69	D : P	Perdu.

(d) Disposition du Jeu au 55e Coup.
1, 1^{3}, 5^{5}, $2^{4'}$, $D^{3'}$
1^{3}, 5^{4}, $D^{4'}$

(f) Commencement de la marche qu'il faut suivre pour pouvoir, avec une Dame seule, arrêter deux Pions qui sont, l'un d'un côté de la ligne *polonaise*, l'autre de l'autre.

6e PARTIE ENTIÈRE TIRÉE DE SONZOGNO.

Celui qui a le trait la perd.

1	2^{4}	1^{4} g
2	3^{3} g	2^{3} g
3	2^{2}	1^{2}
4	3 g	1
5	1^{4}	4^{4}
6	1^{5}	4^{5}
7	1^{2} g	2^{4}
8	3^{5} : P $2^{4'}$	2^{3} : P 3^{3}
9	3^{4} g	2^{2} g
10	3^{5} : P $5^{4'}$	2^{5} : P 3^{5}
11	2^{5}	3^{4} : P $2^{5'}$
12	3^{4} : P $5^{5'}$	5^{4} : P $2^{5'}$
13	1^{4} : P $4^{5'}$	3^{5} g
14	4^{4} : P $5^{5'}$	1^{5}
15	5^{4} : P $2^{5'}$	1^{4} : 3 P [illegible]

16	2 g	3^{8}
17	4^{3} g	5^{3} g
18	2^{8}	4^{4}
19	3^{4} g	2
20	2^{2} g	3^{4}
21	3^{5} : P $4^{4'}$	4^{2}
22	4^{2} g	5^{3} : P 4^{8}
23	5 g	5^{2} g
24	5^{3} g	2^{2}
25	5^{2} g	3^{8}
26	4^{5} g	5^{8}
27	2^{4}	4^{3}
28	4^{2} g	$2^{5'}$ g
29	3^{5} : P 2^{5}	4^{8} : 2 P $2^{2'}$
30	1^{2}	$2^{2'}$: P $1^{4'}$
31	1^{3} : P 2^{3}	5^{5} : 2 P 3^{5}
32	3^{2} g	3^{2} g
33	4 g	4^{4} g
34	1	$1^{5'}$ g
35	1^{2} g	3^{5}
36	1^{8} : P 2^{5}	4^{5} : P $1^{4'}$
37	3^{4} : P $4^{5'}$	3^{4} : P $2^{6'}$
38	3^{8}	$1^{4'}$
39	3^{4} g	$1^{3'}$ g
40	3^{4}	$1^{2'}$ = D 1^{2}
41	3^{3}	D 2^{8}
42	4^{4}	1^{3}
43	4^{5}	3 g
44	5^{3}	3^{3} g
45	5^{5}	2^{4} g
46	4^{4}	2^{2}
47	5^{5} : 2 P $3^{2'}$	4 : P 3^{3}
48	3^{4} g	D : P 1^{1}
49	$1^{5'}$: 2 P 1^{1} = D	$2^{5'}$ g
50	D : P 2^{3}	D : D + P 4^{4} et gagne.

« 7e PARTIE ENTIÈRE TIRÉE DE SONZOGNO.

Le J. qui a le trait la gagne.

1	2^{4}	1^{4} g
2	2^{5}	5^{4} g
3	1^{4} g	5^{3}
4	1^{2}	5^{2} g
5	3^{5}	2^{4} : P $3^{5'}$ (*)
6	3^{4} : P $4^{5'}$	3^{4} : P $2^{5'}$
7	1	5
8	4^{3} g	2^{3}
9	3^{4} g	2^{4} g
10	3^{2}	1^{5}
11	3	3^{8} g
12	3^{5}	2^{4} : P $3^{5'}$
13	2^{4} : P $3^{5'}$	1^{2} g
14	$3^{5'}$	2^{5} : P 3^{3}
15	2^{3}	4^{3} g
16	3^{8}	$2^{5'}$: 2 P $4^{5'}$
17	4^{4} : 3 P 5^{1} = D	1^{4}
18	D 4^{4}	2^{8}
19	5^{4} g (a)	2^{5} : P $5^{4'}$
20	4^{8} g	2^{4} g
21	3^{4} (b)	2^{5} : P $3^{4'}$
22	D 5^{1}	2^{2} g
23	3^{2}	$3^{4'}$
24	2^{2} : P 3^{4}	4
25	D : 2 P $1^{2'}$	1 : D 2^{3}
26	1^{3}	2^{3} g
27	2 g	3 g
28	1^{8}	3^{2} g
29	5^{8} g	3^{3}
30	5^{2} g	2^{2}
31	4^{4} g	2
32	1^{2} g	3^{3} g
33	4^{5}	1^{4} : 2 P $3^{5'}$
34	2^{5}	$3^{5'}$: P $2^{6'}$
35	1^{4} : 3 P 2^{1} = D	2^{4} g
36	5^{3} g	2^{5} g
37	4^{4} g	1^{3}
38	4^{5}	$5^{5'}$: P 4^{3}
39	4^{2} : P 3^{4}	1^{5}
40	5	1^{4} g
41	D $1^{2'}$	5^{5} g
42	4^{3}	$5^{5'}$: P 2^{4}
43	D : 3 P 3^{1}	5^{8}
44	D : P $5^{5'}$	5^{4} : D $2^{5'}$
45	4	1^{5}
46	5^{2} g	5^{2} g
47	3^{4} g	5^{8} g
48	3^{6}	$2^{6'}$ g
49	$3^{5'}$	$2^{4'}$ g
50	$2^{4'}$	$3^{5'}$
51	$2^{3'}$	$2^{2'}$ = D 2^{4}
52	$1^{2'}$ g = D 2^{1}	D $3^{3'}$
53	D 1^{3}	D $2^{5'}$ (c)
54	4^{2} g	$5^{4'}$: 2 P $3^{3'}$
55	D : tout 5^{4}	

(*) En prenant du P 3^{4} il pourrait être contraint

par trois échanges forcés à perdre ses deux P $5^3 + 5^6$.

(a) Pour sauver la D.

(b) Pour sauver la D.

(c) Si D 5^4, il eût sauvé D et esquivé sa défaite.

8e PARTIE ENTIÈRE EXTRAITE DE VAN EMBDEN.

1	3^4 g	3^4 g
2	4^5 g	4^5 g
3	4^2 g	4^2 g
4	5 g	5 g
5	1^4	4^4
6	2^8 g	5^5
7	1^2	1^4
8	4^4	2^1 g
9	5^5	1^2
10	3^5	3^4 : P $2^{5'}$
11	1^4 : P $4^{5'}$	4^5
12	1^5	4^4
13	1^4	3^2
14	3^4	2^5 : P $3^{4'}$
15	3^3 : 2 P $3^{4'}$	4^3 : P 3^5
16	2^2	4^2 g
17	2	4^5
18	1	1^4
19	5^3 g	4 g
20	1^2 g	3^2
21	1^5	4^3 g
22	4^4	2^5 g
23	$1^{5'}$: P $2^{3'}$	2^2 : P 1^4
24	3^3	2
25	2^2	1^4 g
26	4^2	$1^{5'}$: P $4^{4'}$
27	5^5 : 2 P $1^{4'}$	1^5 : P 2^5
28	4	1
29	4^2	1^2 g
30	4^3	2^5
31	3^4 : P $2^{5'}$	2^4 : 2 P $4^{3'}$
32	3^5 : 2 P $3^{2'}$	4^4 : P $3^{5'}$
33	2^4 : 2 P $4^{3'}$	5^5 : 2 P $1^{2'}$
34	3^2 : P 4^4	$1^{5'}$: P $2^{5'}$
35	$3^{2'}$ g = D 4^1	5^5 g
36	$4^{3'}$: P $5^{5'}$	5^4 : P $2^{3'}$
37	3 g	$2^{3'}$: P 3^1 = D
38	D $5^{4'}$	D : P $^{5'}$
39	D : 2 P 1	D $4^{3'}$
40	D $2^{4'}$	5^2 g
41	D 2^3	D 3^1
42	D 3^5	5^3
43	D $4^{5'}$	2^2 g
44	D 3^5	2^3 g
45	D $4^{4'}$	1^4
46	D 5	D $1^{3'}$
47	D 4^2	5^4 g
48	5^3 g	D 3^1
49	5^4 g	2^3 : P $5^{4'}$
50	5^2 g	D : P 1^5
51	D 5	$5^{4'}$: P 4^2
52	D : 2 P 1^5	Partie remise.

« J'exhorte les commençans à ne pas se lasser de jouer avec attention les Parties de ce chapitre. Chaque » Joueur devra les répéter d'abord chacune deux fois en changeant la couleur de ses Pions et en pre- » nant le trait, puis en le cédant deux fois de suite à son adversaire qui changera de même ses P alter- » nativement de couleur. Ces exercices produiront le meilleur effet et ne manqueront pas de hâter les » progrès des Joueurs. » P. P

CHAPITRE VII.

PLUSIEURS FINS DE PARTIES.

Ce chapitre, de même que le suivant, donnent lieu d'observer que les discours sont ici moins nécessaires que les exemples. En effet, quel est le but d'un bon Joueur dans une fin de Partie? C'est de voir promptement s'il est possible de la gagner, et quelle est la marche la plus sûre pour y parvenir. Or, il est évident que pour arriver là, les plus beaux discours en apprendraient toujours moins que des exemples bien choisis, et c'est à quoi on s'est principalement attaché dans cet ouvrage.

« Blonde avait réuni dans ce chapitre divers exemples de positions qui se

» sont présentées à la fin de différentes Parties jouées par d'habiles Joueurs.
» Il n'a pas pris l'engagement de faire toutes les observations auxquelles
» pourrait donner lieu chacune de ces positions finales : il laisse ces remarques
» à faire à chacun des Joueurs qui voudront profiter de cet ouvrage, en observant que ce ne sont pas les commençans qui doivent se hasarder à
» juger ces positions, mais bien les Joueurs qui ont déjà fait quelques progrès
» et qui ont eu l'avantage de vaincre les premières difficultés. Il s'est borné
» à quelques observations sur des positions qui tiennent plus particulièrement à la science des tems et à la manière de jouer le Pion.

» Il n'a examiné qu'un petit nombre de situations. Je renvoie les exemples
» aux coups nombreux qui forment la Liste générale imprimée à la suite de
» ce Traité ; ces coups procureront aux Joueurs l'occasion de faire eux-mêmes leurs propres remarques et les habitueront à la pratique de tout
» observer. » P. P

Les amateurs éclairés, dit Blonde, y suppléeront par leurs réflexions et les autres ne nous entendraient pas.

« Blonde a mentionné 56 exemples dans ce chapitre ; il en attribue 22
» à Éverat, 9 à Dufour et 5 au *Livre de Metz*. Ils feront partie de la *Liste*
» *générale des Coups de Dames*, et je n'oublierai pas de les y faire remarquer. » P. P

CHAPITRE VIII.

DE LA DAME.

La Dame est une pièce si puissante et si forte, que de sa conservation ou de sa perte dépend presque toujours le gain ou la perte de la Partie. Aussi les Joueurs de Dames tendent-ils constamment ou à faire une Dame ou à la conserver lorsqu'elle est faite. Il est impossible de donner des règles pour aller à Dame ; c'est ordinairement le but de tous les coups qu'on entreprend. Le plus grand nombre de ceux qu'on trouvera réunis dans cet ouvrage se terminera par le passage à Dame. On en trouvera même un qui a lieu quoique les deux Joueurs aient encore leurs 20 Pions et que le second Joueur n'ait pas encore dédamé.

Mais si on ne peut pas donner de principes certains pour conduire un Joueur à Dame, on peut au moins lui donner des conseils qui contribueront à lui faire conserver celle qu'il aurait déjà faite.

Lorsque l'occasion se présente d'aller à Dame, il faut d'abord examiner le coup pour voir si la Dame ne peut pas être prise immédiatement, ou bien si la position qu'elle doit occuper ne donne pas lieu à quelque coup qui pourrait devenir funeste au Jeu où elle se trouve. Ensuite on doit s'empresser de l'ôter de celui de l'adversaire et de la cacher dans le sien de manière qu'elle ne puisse pas être prise sans être payée ce qu'elle vaut, et l'usage entre Joueurs de Dames est d'estimer une Dame deux Pions. Il est des positions sans doute où elle devrait être estimée davantage; mais en général on l'estime à ce taux, et lorsqu'un coup ne coûte que deux Pions pour aller à Dame, on le regarde comme n'étant pas trop cher, et de même lorsqu'on trouve l'occasion de prendre une Dame pour deux Pions, il ne faut pas la manquer.

Il faut observer que plus il y a de Pions dans le Jeu de votre adversaire, plus la Dame est exposée; par conséquent, il ne faut pas différer de la cacher derrière une rangée de Pions. Quelquefois même il est bon de la couvrir d'un double ou triple rempart, parce que lorsqu'elle n'est couverte que par un Pion, l'adversaire dans ses attaques parvient à la découvrir et à la prendre. Ce qui fait qu'on prend tant de précautions pour conserver une Dame, c'est que d'elle dépend ordinairement le sort de la Partie. En effet, les coups sont bien plus variés et plus étendus lorsqu'ils sont faits par une Dame. Il n'est pas rare de voir une Dame prendre 8, 9 et 10 Pions, et si on cherchait tous les Pions qu'il est possible de prendre avec une Dame, on trouverait un résultat presque incroyable de 17, 18 et même 19 Pions. On peut voir l'exemple de ces trois cas à la fin des coups que l'auteur du Livre de Metz a recueillis dans sa 3e partie.

Le résumé de ce chapitre est que les Joueurs doivent diriger tous leurs efforts pour pénétrer jusqu'à Dame, après s'être assurés pourtant que leur Dame ne sera pas prise sur le coup, ou qu'elle ne donnera pas lieu à diriger, contre le Jeu auquel elle appartient, quelque coup subséquent qui lui occasionerait la perte de la Partie ou un désavantage quelconque. Lorsqu'on a fait une Dame, il faut veiller avec soin à sa conservation. Enfin, lorsqu'on veut se servir d'une Dame pour faire un coup, il faut bien calculer les chances de ce coup, parce que, comme la marche de la Dame est très-étendue, il pourrait arriver ou qu'on fût dans le cas d'être soufflé pour n'avoir pas examiné toutes les Cases où elle peut passer, ou que s'il y avait à prendre plus de Pions qu'on n'avait pensé d'abord, la Dame ne se trouvât prise, ou qu'elle n'exposât, par une marche imprévue, à des suites funestes qui pourraient avoir pour résultat la perte de la Partie.

CHAPITRE IX.

DE LA REMISE.

La remise est un des grands défauts de ce Jeu, attendu que le plus grand nombre des Parties sont remises entre Joueurs d'égale force.

On trouve quelquefois des amateurs qui examinent sérieusement la question de savoir si c'est celui qui joue le premier qui doit gagner la Partie, ou s'il doit au contraire perdre comme ayant toujours un coup de moins à jouer que son adversaire. Je ne crains pas de dire que cette question est purement oiseuse et qu'elle suppose peu de connaissance du jeu. Dans ceux qui s'en occupent sérieusement, entre Joueurs d'égale force, toutes les Parties doivent être remises, et elles le sont en effet, à moins que l'un des Joueurs ne fasse une faute. Il faut même que cette faute soit assez grave; car si elle n'aboutissait qu'à la perte d'un Pion, il serait encore très-possible que la Partie fût remise. Il n'y a qu'un seul cas où celui qui joue le premier doive perdre la Partie : c'est celui où les deux Joueurs suivraient de concert une marche pour s'enfermer (j'en ai mis un exemple au chapitre IV qui traite des débuts de Partie); mais cette position est toujours très-facile à éviter, et ce n'est, pour ainsi dire, que par une espèce de convention entre les deux Joueurs qu'elle pourrait avoir lieu.

Du reste, le Jeu de Dames à la Polonaise n'est pas le seul où la remise produise un désagrément difficile à éviter : le jeu d'Échecs, tant vanté par les amateurs, est sujet au même inconvénient. Il y a même dans ce jeu des fins de parties longues et ennuyeuses qu'on est forcé de terminer par la remise.

Une Partie de Dames ne peut être gagnée que par une ou plusieurs fautes de l'un des Joueurs. Celui qui se bornerait purement à un jeu défensif, serait assuré de parvenir à remettre la Partie s'il se garantissait jusqu'à la fin de ces fautes grossières qui font perdre des Pions ou qui laissent prendre des positions redoutables.

Il est vrai qu'à nombre égal de Pions, celui qui a le coup semble devoir gagner. Cette proposition est indubitable lorsque le nombre des Pions n'est pas considérable et lorsque ces Pions éloignés les uns des autres ne peuvent pas se lier pour se porter un secours mutuel ; mais aussitôt que les Pions peuvent se rapprocher et se lier, il est rare qu'en fesant le sacrifice d'un ou deux Pions, un des Joueurs ne puisse passer à Dame, et alors si le premier Joueur ne reste pas avec quatre Pions, la Partie est censée remise, à moins qu'il ne conserve trois Dames et n'ait la ligne du milieu, auquel cas il peut forcer son adversaire de jouer vingt coups. Mais beaucoup de Joueurs ont renoncé à jouer et à faire jouer cette Partie, ce qui dépend des conventions.

Il est bien étonnant que deux Joueurs assez forts ne puissent soutenir leur attention pendant la durée d'une Partie de Dames qui ne va guère au-delà de 60 coups. Cependant on en trouve bien peu qui puissent se flatter de jouer ces 60 coups sans faire quelques fautes. Parmi les amateurs de ce Jeu, on trouve des savans, des hommes de lettres, des hommes du monde qui ont du bon sens, de la prudence, de la conduite, et qui pourtant ne peuvent pas répondre de leur attention soutenue pendant la durée d'une Partie.

Du reste à ce Jeu, comme à une foule d'autres occupations des hommes, les facultés sont journalières. J'ai entendu un des plus forts Joueurs de Paris, Mardochée, affirmer qu'il y avait des jours où il jouait d'un Pion plus fort que dans d'autres. Le malheur qu'on éprouve en cela, c'est de n'être pas prévenu par quelque avis certain des journées malheureuses : on les éviterait au Jeu de Dames comme dans beaucoup d'entreprises plus sérieuses qu'on se garderait de faire dans ces momens peu favorables.

CHAPITRE X.

PARTIE DE TROIS DAMES CONTRE UNE LORSQUE LES PREMIÈRES ONT LA LIGNE DU MILIEU. (*)

Lorsqu'un Joueur est parvenu vers la fin d'une Partie à n'avoir plus qu'une Dame contre trois, la Partie doit être remise ; car si la Dame unique a la ligne du milieu, les trois Dames ne pourraient la prendre que par un seul coup qui est si facile à voir et à éviter, qu'on ne pourrait y donner que par une de ces fautes grossières, sur lesquelles un bon Joueur ne doit jamais compter. Ainsi, quelqu'avantage que les trois puissent faire, elles

(*) On a joint à ce chapitre les Parties de 4 et 5 Dames contre deux, ainsi que la Partie de 2 Dames et 1 Pion contre 2 Pions et une Dame, la Dame seule ayant la ligne *polonaise* et un Pion engagé. BLONDE.

ne peuvent jamais forcer la Dame unique de jouer cette Partie : ce qui suppose cependant que l'adversaire n'a qu'une Dame. Car s'il avait un Pion il devrait, pour sa propre sûreté, s'en débarrasser sans délai. Ce Pion, loin de lui être utile, pourrait le faire perdre en certains cas. Par exemple, supposé cette disposition : 1^3, 1 D $2^{5'}$

1^3, D $1'$

Le 2^d J. ayant négligé de donner son P 1^3, le premier joue $1^{5'}$ g. « et par là » le P adverse se trouve engagé. « Le P 1^3 du 1er ira sans obstacle à Dame » et la D nouvelle viendra s'établir à 5^4. Alors » le 2^d perdra la Partie ou il sera forcé de quitter la ligne du milieu, et quand le 1er s'en sera emparé, il pourra forcer le 2^d de jouer un nombre de coups déterminé, ce que le 2^d aurait pu éviter en fesant le sacrifice de son P. [« Je crois que Blonde » s'est trompé ici. Le 2^d J. ne pourrait tenter de fuir du milieu sans être pris » immédiatement par la D $2^{5'}$ qui reculerait sur l'autre. »] Il en est de même de la position suivante : D 5^4, D 4 $5^{4'}$

D 5

Le 2^d J. perdra la Partie dès que le 1er aura engagé le P adverse en jouant $5^{4'}$.

J'ai dit que le 1er J. pouvait forcer le 2^d à jouer un nombre de coups déterminé lorsqu'il avait 3 Dames contre une et la ligne du milieu. L'usage est de jouer cette Partie quinze coups de part et d'autre ; mais il est évident que ce nombre de coups est insuffisant, puisqu'il y a seize coups différens déjà connus pour gagner cette Partie, suivant les différentes marches que peut suivre la Dame unique, et plusieurs de ces coups étant susceptibles encore d'un grand nombre de variations, comme je l'indique dans le cours de ce chapitre, il s'ensuit qu'il y a plus de cent manières différentes pour prendre la Dame seule, ce qui demande un plus grand nombre de coups que celui que l'usage accorde. Manoury a pensé qu'il fallait fixer à 20 le nombre des coups d'obligation, et à 25 lorsqu'on donne la remise. Je crois son avis bien fondé et j'invite les forts Joueurs à fixer entr'eux les règles sur ce point.

Entrons maintenant dans le détail des coups qu'on peut mettre en œuvre pour gagner la Partie de *trois Dames* contre *une*.

Il faut d'abord se fixer sur les différens circuits dans lesquels on pourra tenir bloquée la Dame unique, lorsqu'elle n'a pas la ligne du milieu. Voyez les figures lithographiées de ce chapitre qui donnent les dessins des sept principales enceintes où on enferme la Dame seule sans qu'elle puisse s'échapper. Chacune de ces enceintes donne lieu à des coups différens.

« Fesons-les connaitre séparément. Toutes forment un parallélogramme » rectangle ou carré long.

» 1re Enceinte. Elle est limitée par le carré long nommé le Trictrac. » Les deux grands côtés sont chacun de 9 Cases, de 5 à $5^{8'}$ et de 5^{8} à 5'. » Les deux petits côtés n'en ont que 2 chacun, 5 et 5', 5' et $5^{8'}$. Elle » renferme 18 Cases. Dans le dessin, la D unique est à 5^{8}.

» 2e Enceinte. Son carré long a ses deux grands côtés parallèles à ceux » du Trictrac, l'un allant de 4 à $5^{4'}$, l'autre de 5^{4} à 4', et ses deux petits » côtés de 4 à 5^{4}, et de $5^{4'}$ à 4'. Il y a également 18 Cases. Dans le » dessin D 5^{4}.

» 3e Enceinte. Ici le carré long a deux grands côtés dirigés de 3 à $1^{5'}$ et » d' 1^{5} à 3'; des deux petits côtés l'un va de 3 à 1^{5}, l'autre d' $1^{5'}$ à 3'. » Il y a 18 Cases. Dans le dessin D $1^{5'}$.

» 4e Enceinte. Le carré long a ses deux grands côtés de 2 à $1^{3'}$ et de 1^{3} » à 2'; il a ses deux petits côtés de 2 à 1^{3} et de $1^{3'}$ à 2'. Il y a 18 Cases. » Dans le dessin D $1^{3'}$.

» 5e Enceinte. Les deux grands côtés du carré long vont de 3^{2} à $5^{5'}$ » et de $5^{5'}$ à $3^{2'}$. Les deux petits côtés de 3^{2} à 5^{5} et de $5^{5'}$ à $3^{2'}$. Il y a 14 » Cases. Dans le dessin D 5^{5}.

» 6e Enceinte. Les deux grands côtés du carré long sont dirigés de 2^{2} à » $1^{4'}$ et de 1^{4} à $2^{2'}$, les deux petits de 2^{2} à 1^{4} et d' $1^{4'}$ à $2^{2'}$. Il y a 14 Cases. » Dans le dessin D $1^{4'}$.

» 7e Enceinte. Les deux grands côtés du carré long vont de 4^{2} à 5^{3}, et » de $5^{3'}$ à $4^{2'}$. Il y a 14 Cases. Dans le dessin D 5^{4}.

» A chacune de ces 7 Enceintes répondent un ou 2 Coups qui peuvent se » tendre de quatre manières. Ce sont des Coups qu'il faut examiner sous » leurs quatre aspects.

» Premier Coup dans la première enceinte.

» 1re Position. D^{a} 5^{4}, D^{b} $3^{6'}$, D^{c} 5'

D 4^{4}

» Sans que le Coup cesse d'exister

» la D^{a} peut se placer à 4 — 5^{3} — 5^{4}

» la D^{b} à 5^{2} — 4^{4} — 4^{5} — $5^{5'}$ — $5^{4'}$ — $4^{2'}$

» la D^{c} à 4^{4}

» la D unique à 5' — 5^{3} — 4^{4} — 5^{4} — $5^{4'}$ — $4^{3'}$

» Il y a par conséquent 10 manières différentes de poser le coup.

Ce coup est bien connu, et il est rare qu'un Joueur d'une certaine force puisse y donner. BLONDE.

» N. B. Les Cases écrites à la suite l'une de l'autre sont celles où chacune » des D indiquées pourrait être mise indifféremment.

» Le tiret — marque l'alternative des Cases. Dans la Notation il doit être » lu *ou*, *ou bien*.

» Il en sera de même dans les autres positions.

» 2e Position. D^a 5, D^b 3^5, D^c $5^{4'}$
D 4^3

» Sans que le Coup cesse d'exister
» la D^a peut occuper 5
» la D^b 4^2—4^3—3^4—3^5—$4^{5'}$—$5^{3'}$—$5^{2'}$
» la D^c $5^{4'}$—$4'$

» la D unique 4^3—3^5—$4^{5'}$—$4^{4'}$—$5^{3'}$—$5^{2'}$

» Cela fait aussi 10 manières différentes de poser le coup.

» Mêmes observations que pour la position précédente.

» 3e Position. D^a 5^4, D^b $3^{5'}$, D^c $5'$
D $4^{3'}$

» Sans que le Coup cesse d'exister
» la D^a peut être placée à 4—5^4
» la D^b à 5^2—5^3—4^5—$3^{5'}$—$3^{4'}$—$4^{3'}$—$4^{2'}$
» la D^c à $5'$

» la D unique à 5^2—5^3—4^4—4^5—$3^{4'}$—$4^{3'}$

» De là résultent 10 manières différentes de poser le coup.

» Mêmes observations qu'auparavant.

» 4e Position. D^a 4, D^b 3^5, D^c $5^{2'}$
D 4^4

» Sans que le Coup cesse d'exister
» la D^a peut être sur 4—5^4
» la D^b sur 5—5^2—3^4—3^5—$4^{5'}$—$4^{4'}$—$5^{3'}$
» la D^c sur $5^{2'}$

» la D unique sur 5—4^2—4^3—3^4—$4^{5'}$—$4^{4'}$

Par conséquent il y a 10 manières différentes de poser le coup.

Mêmes observations que précédemment.

» SECOND COUP dans la 2de ENCEINTE.

» 1re Position. D^a 3, D^b 4, D^c 5^{4}

D 5^{4}

» Sans que le Coup cesse d'exister

» la D^a peut se placer à 5—4^{2}—4^{3}—3^{4}—3^{5}—$4^{5'}$—$4^{4'}$—$5^{3'}$

» la D^b à 4^{4}

» la D^c à 5^{4}

» la D unique à 4—5^{4}—5^{5}—$2^{5'}$—$2^{4'}$

» Il y a donc 10 manières différentes de poser le coup.

» Les observations qui se trouvent à la suite de la première position, » page 61, s'appliquent également à celle-ci.

2de Position. D^a 4, D^b 4^{3}, D^c 4^{5}

D 4

» Sans que le Coup cesse d'exister

» la D^a peut se mettre sur 4

» la D^b sur 4^{3}

» la D^c sur 5^{2}—5^{3}—4^{4}—4^{5}—$5^{5'}$—$5^{4'}$—$4^{3'}$—$5'$

» la D unique sur 4 —5^{2}—5^{3}—2^{4}—5^{4}

» Il y a par conséquent 10 manières différentes de poser le coup.

» Toujours mêmes observations que ci-dessus.

» 3e Position. D^a 3, D^b 4, D^c $5^{4'}$

D $5^{4'}$

» Sans que le Coup cesse d'exister

» la D^a peut être mise à 5^{2}—4^{4}—4^{5}—$3^{5'}$—$3^{4'}$—$4^{3'}$—$4^{2'}$—$5'$

» la D^b à $4^{4'}$

» la D^c à $5^{4'}$

» la D unique à 2^{4}—2^{5}— $3^{5'}$—$5^{4'}$—$4'$

» Il y a donc 10 manières de poser le coup.

» Mêmes observations que précédemment.

4e Position. D^a $4^{5'}$, D^b $4^{3'}$, D^c $4'$

D $4'$

» Sans que le Coup cesse d'exister

» la D^a peut être mise à 5—4^{3}—3^{4}—3^{5}—$4^{5'}$—$4^{4'}$—$5^{?'}$

» la D^b à $4^{3'}$—$3'$

» la D^c à $4'$

» la D unique à $2^{4'}$—$3^{4'}$—$3^{3'}$—$3^{2'}$—$4'$

» Ce sont 10 manières de poser le coup.

» Observations comme précédemment.

» Troisième Coup dans la 3e enceinte.

» 1re Position. D^a 1, D^b 2, D^c $3^{5'}$
D $1^{5'}$

» Sans que le Coup cesse d'exister
» la D^a peut se placer à $1^{5'}$
» la D^b à 3^4—3^5—$2^{5'}$—$3^{3'}$—$4'$
» la D^c à 1—1^2—2^4—3^5—$3^{4'}$—$3^{5'}$—$1^{2'}$—$1'$

» la D unique à $1^{5'}$

» Voilà 14 manières de poser le coup.

» Mêmes observations que précédemment.

» 2e Position. D^a 3, D^b 3^3, D^c 3^5
D 3

» Sans que le Coup cesse d'exister
» la D^a peut se mettre à 3
» la D^b à 3^3
» la D^c à 1—1^2—2^3—2^4—3^5—$3^{5'}$—$2^{4'}$—$1^{2'}$—$1'$

» la D unique à 3

» Partant 11 manières de poser le coup.

» Mêmes observations qu'auparavant.

» 3e Position. D^a 1, D^b 2, D^c 3^5
D 1^5

» Sans que le Coup cesse d'exister
» la D^a peut être à 1^5
» la D^b à 1^3—1^4—2^5—$4^{5'}$—$3^{4'}$—$3^{3'}$—$2'$—4—3^3—2^4—$3^{5'}$—$3^{4'}$
» la D^c à 3^5—$3^{5'}$—$2^{4'}$—3^4

» la D unique à 1^5

» Ainsi 17 manières de poser le Coup.

» Mêmes observations que ci-devant.

» 4e Position. D^a $3^{5'}$, D^b $3^{3'}$, D^c $3'$
D $3'$

» Sans que le Coup cesse d'exister
» la D^a peut être à 2^4—3^5—4^5
» la D^b à 1^3—1^4—$4^{5'}$—$3^{4'}$—$3^{3'}$—$2^{2'}$—$2'$
» la D^c à $3'$

» la D unique à $3'$

» Cela fait 9 manières de poser le coup.
» Encore mêmes observations.

» QUATRIÈME COUP dans la 3e ENCEINTE.

» 1re Position. D^a $2^{3'}$, D^b 1, D^c $2^{2'}$
D 1^5

» Sans que le Coup cesse d'exister
» la D^a peut se placer à 1—1^2—2^4—3^5—$3^{5'}$—$2^{4'}$—$2^{3'}$
» la D^b à $1^{2'}$
» la D^c à $2^{2'}$

» la D unique à $1^{5'}$—$2^{3'}$

» Voilà sept manières différentes de poser le coup.
» Mêmes observations que plus haut.

» 2e Position. D^a 1^2, D^b 2^3, D^c 1^4
D 3

» Sans que le Coup cesse d'exister
» la D^a peut être sur 1^2
» la D^b sur 2^3—3^4—3^5—$3^{5'}$—$2^{4'}$—$1^{2'}$—$1'$
» la D^c sur 1^4

» la D unique sur 3—1^4

» 7 manières différentes de poser le coup.
» Mêmes observations qu'auparavant.

3e Position. D^a 1, D^b 2^2, D^c 2^3
D 1^5

» Cette disposition est dessinée dans le livre de Metz n° 383, et dans la
» Collection DUFOUR n° 499. Ici on l'attribue à LAMONTAGNE.

» Sans que le Coup cesse d'exister
» la D^a peut se mettre à $1'$
» la D^b à 2^2
» la D^c à 2^3—2^4—3^5—$3^{5'}$—$2^{4'}$—$2^{2'}$—$1'$

» la D unique à 2^{1} — 1^{6}

» 7 manières de poser le coup.

» Observations comme précédemment.

4e Position. D^{a} $1^{4'}$, D^{b} $2^{3'}$, D^{c} $1^{5'}$

D $3'$

» Sans que le coup cesse d'exister

» la D^{a} peut être placée à $1^{4'}$

» la D^{b} à 1 — 1^{3} — 2^{4} — 5^{5} — $3^{5'}$ — $2^{4'}$

» la D^{c} à $1^{5'}$

» la D unique à $1^{4'}$ — $3'$

» 7 différentes manières de poser le coup.

» Toujours mêmes observations.

» Ce 4e Coup est extrêmement remarquable. Il est, dit Blonde, le plus » compliqué et le plus savant. Si la Partie devait se gagner en quinze traits, » comme il n'a son effet qu'au sixième, le Joueur qui la tenterait au 9e ne » l'atteindrait pas, puisqu'au 15e terminé la Partie ne serait pas encore » gagnée. Par cette réflexion il est clair qu'il convient de fixer à vingt, suivant » la règle de Manouri, le nombre des Coups à jouer dans la Partie de trois » Dames contre une.

» Autre observation de Blonde. Ce Coup, dit-il, est donné par Dufour » comme trouvé par Lamontagne. Cependant le livre de Dufour n'a paru qu'en » 1808, et le même Coup se trouve imprimé avec tous ses développemens » dans le livre publié à Metz en 1802. Au reste il serait possible que l'auteur » de cet ouvrage eût eu connaissance de ce Coup, et qu'il l'eût imprimé sans » en indiquer l'origine, puisqu'il y a compris tous les Coups de Manouri » sans faire aucune mention de la source où il les avait puisés.

» J'ajouterai ici quelques lignes sur cette circonstance. La plupart des 406 » Coups contenus dans le livre de Metz sont tirés de la collection curieuse » préparée par Huguenin dont je possède quatre beaux manuscrits. Un seul » manuscrit renferme la presque totalité des Coups de Manouri en les indi- » quant *par le nom de leur auteur ;* les trois autres n'en mentionnent aucun, » et le superbe Coup dont il s'agit est décrit dans un choix formé par Hu- » guenin sous le n° 307. Il en a ainsi rapporté le Jeu, savoir :

1	D 2^{3} à $2^{4'}$	Si D 2^{2}	
2	D 1^{2} 1^{6}	Si 1^{5}	

3	D 2^{2}	3	Si	1^{4}
4	D 1^{8}	2	Si	3
5	D 2^{2}	1^{5}	Si	2^{2}
6	D 1^{7}	1^{3}	Perdu (« en 1 ou 2 traits. »)	

» La solution d'HUGUENIN est peut-être la meilleure défense.

» Ce dernier, dit le Livre de Metz en parlant de son n° 583, surpasse » tellement tous les autres Coups par sa profondeur, la multitude de ses » combinaisons et la difficulté de l'éviter, que si l'on pouvait en trouver » encore deux ou trois de la même force, la Partie d'une D contre 5 pourrait » bien être regardée comme perdue forcée. »

» Qui a trouvé ce Coup? qui l'a inventé? faut-il en croire DUFOUR? BLONDE, » on l'a vu, élève des doutes à cet égard. LAMONTAGNE était un excellent » joueur; HUGUENIN a mis ce Coup dans ses manuscrits, ouvrage de longue » haleine, bien avant l'impression de DUFOUR. Il n'est plus désormais possible » de décider la question. Les joueurs feront bien d'attacher les noms d'HU- » GUENIN et de LAMONTAGNE à une des plus belles découvertes qui se trouvent » dans le Jeu de Dames. »

Le même Livre de Metz, à la suite de 21 solutions du n° 583, ajoute : « Ce coup, le plus beau qui soit connu pour prendre une D avec 5, pré- » sente plus de 40 combinaisons différentes pour y parvenir; mais l'on s'est » borné à rapporter ici celles qui vont le plus directement au but. (*)

(*) Lorsqu'avant d'avoir en ma possession le *Traité de Blonde*, mon projet était seulement de publier le résumé des *Manuscrits d'Huguenin de Metz*, je fis une étude particulière de cet admirable Coup de Dames. Tout en conservant le fond, il me vint en pensée de recueillir la série des variétés qui peuvent se trouver dans la situation des Pièces dont il se compose. La publication de mon travail ne sera peut-être pas regardée comme inutile par MM. les Amateurs, à qui je voudrais offrir par là quelque moyen d'instruction.

SITUATION. (1re Position de BLONDE.)

D^{a} $2^{5'}$, D^{b} $1^{2'}$, D^{c} $2^{7'}$

D $1^{6'}$

En supposant 1° D^{b} $1^{2'}$, D^{c} $2^{2'}$

D $1^{6'}$

la D^{a}, pour se placer à 2^{4} peut venir des 13 Cases suivantes :

1—4—1^{2}—3^{2}—2^{5}—3^{5}—$3^{8'}$—$5^{5'}$—$2^{6'}$—$5^{6'}$—$2^{8'}$

2° D^{a} 2^{4}, D^{b} $1^{2'}$

D $1^{6'}$

la D^{c}, pour se placer à $2^{2'}$, peut venir des 11 Cases suivantes :

1^{3}—1^{4}—2^{5}—$1^{5'}$—$4^{5'}$—$1^{6'}$—$3^{6'}$—$2^{3'}$—$3^{3'}$—$2^{1'}$—$3^{1'}$

» 5e Coup dans la 5e ENCEINTE.

» 1re Position. $D^a\ 5^4$, $D^b\ 3^5$, $D^c\ 1^{5'}$

$D\ 5^5$

» La D unique n'est pas retirée jusqu'aux coins ou Cases saillantes.

» BLONDE n'a point indiqué de variations, probablement parce qu'il en » a trouvé un trop grand nombre.

» 2e Position. $D^a\ 5$, $D^b\ 4$, $D^c\ 3^{5'}$

$D\ 3'$

» BLONDE n'a indiqué aucune variation.

» 3e Position. $D^a\ 1^5$, $D^b\ 3^{5'}$, $D^c\ 5^{4'}$

$D\ 5^{5'}$

» BLONDE n'a marqué aucune variation.

» 4e Position. $D^a\ 3^5$, $D^b\ 3'$, $D^c\ 4'$

$D\ 3^{5'}$

» BLONDE n'a point marqué de variation.

3° $D^a\ 2^4$, $D^c\ 2^{2'}$

la D^b, pour arriver à $1^{2'}$, peut venir des 7 Cases suivantes :

3^5—$3^{5'}$—$2^{4'}$—$1^{3'}$—$2^{3'}$—$1'$—$2'$

AUTRE SITUATION. (3e Position de BLONDE.)

$D^a\ 1^2$, $D^b\ 2^2$, $D^c\ 2^3$

$D\ 1^5$

En supposant 1° $D^a\ 1^2$, $D^b\ 2^2$,

$D\ 5$

la 3e D^c, pour se placer à $2^{4'}$, peut venir des 13 Cases suivantes :

2^3—2^4—3^5—$3^{5'}$—$2^{3'}$—$4^{2'}$—$1'$—5^4—5^5—$2^{5'}$—$3^{3'}$—$3^{2'}$—$1'$

2° $D^a\ 1^2$, $D^c\ 2^{4'}$

D^5

D^b, pour se placer à 2^2, peut venir des 11 Cases suivantes :

2—3—2^3—1^4—1^5—3^3—3^4—4^5—$2^{5'}$—$1^{4'}$—$1^{3'}$

3° $D^b\ 2^2$, $D^c\ 2^{4'}$

$D\ 5$

D^a, pour se placer à 1^2, peut venir des 7 Cases suivantes :

1—2—1^3—2^3—2^4—3^5—$3^{5'}$

Les 2e et 4e Positions du 4e Coup décrites par BLONDE, donneraient lieu à des arrangemens analogues. Il en résulte que chacune en aurait 31, ce qui fait déjà un total de 124 manières de poser le Coup. Qu'on juge, d'après cela, de l'immensité des dispositions et des mouvemens produits par le Jeu de Dames, et de ses ressources.

Si le 4e Coup est si riche de combinaisons, c'est évidemment qu'il est situé dans la 3e des enceintes inventées par BLONDE. Cette enceinte embrasse 30 Cases. La première n'en a que 16, la 2e 28, la 4e 24, la 5e 20, la 6e 18, la 7e 14. P. P

» 6e Coup dans la 5e ENCEINTE.

» Ici comme au Coup précédent, la D unique évite d'aller jusqu'au fond » des lignes.

» 1re Position. D^{a} 3, D^{b} 2^{35}, D^{c} 5^{3}

D 5^{4}

» Sans que le Coup cesse d'exister

» la D^{a} peut être à 3

» la D^{b} à 2^{55}

» la D^{c} à 4^{2}—4

» la D unique à 3^{2}—4^{3}

» Il peut varier ainsi que les Positions suivantes d'un grand nombre de » manières : BLONDE ne dit pas de combien. »

» 2de Position. D^{a} 2^{3}, D^{b} 1^{5}, D^{c} 5^{3}

D 3^{2}

» BLONDE indique seulement pour variations

» de la D^{a} 1^{4}

» de la D^{c} 4^{2}—5^{4}

» Mais il en existe plusieurs autres.

» 3e Position. D^{a} 4^{2}, D^{b} 2^{4}, D^{c} 3^{5}

D 5^{5}

» BLONDE indique seulement pour variations

» de la D^{a} 4—5^{3}

» de la D^{b} 2^{2}

» Mais il y en a d'autres.

» 4^{e} Position. D^{a} 5^{3}, D^{b} 1^{5}, D^{c} 2^{5}

D 3^{2}

» BLONDE n'indique que ces variations :

» pour la D^{a} 4^{2}—5^{4}

» pour la D^{c} 2^{3}

» Il en est plusieurs autres.

» 7e Coup dans la 4e ENCEINTE.

» 1re Position. D^{a} 1^{2}, D^{b} 1^{4}, D^{c} 2^{5}

D 1^{4}

» BLONDE n'a point indiqué d'autre variation que D^{a} 2

» 2e Position. D^{a} 1^{2}, D^{b} 2^{4}, D^{c} 2^{4}

D 2^{2}

» Blonde indique pour toute variation $D^a\ 1^3$

» 3e Position. $D^a\ 2^3$, $D^b\ 1^4$, $D^c\ 1^{a'}$

D 1^4

» Blonde pour variation n'en marque point d'autre que $D^c\ 2'$

4e Position. $D^a\ 2^a$, $D^b\ 2^3$, $D^c\ 1^{a'}$

D 2^a

» Blonde n'indique point d'autre variation que $D^c\ 1^{3'}$

» 8e Coup dans la 5e enceinte.

» C'est le même que le 6e précédent.

» 1re Position. $D^a\ 2^3$, $D^b\ 5^4$, $D^c\ 4^{a'}$

D $5^{a'}$

» Blonde pour variations marque seulement $D^a\ 2^a$—1^4—1^5

» 2e Position. $D^a\ 2^3$, $D^b\ 5^3$, $D^c\ 4'$

D 3^5

» Blonde ne marque d'autres variations que $D^a\ 5$—2^a—1^4

» 3e Position. $D^a\ 4^a$, $D^b\ 5^{4'}$, $D^c\ 2^{3'}$

D 5^a

» Blonde pour variations n'en indique point que $D^c\ 1^{5'}$—$1^{4'}$—$2^{a'}$

» 4e Position. $D^a\ 4$, $D^b\ 2^{3'}$, $D^c\ 5^{3'}$

D $5^{5'}$

» Blonde en variations indique seulement $D^b\ 1^{4'}$—$2^{a'}$—$3'$

9e Coup dans la 2e enceinte.

» 1re Position. $D^a\ 4^4$, $D^b\ 2^5$, $D^c\ 3^5$

D 5^4

» Pour toute variation Blonde marque $D^b\ 5^a$—5^3—2^4—$5^{5'}$

» 2e Position. $D^a\ 4^3$, $D^b\ 3^{5'}$, $D^c\ 3^{3'}$

D 4

» Pour toute variation Blonde marque $D^c\ 5^5$—$2^{5'}$—$2^{4'}$—$3^{5'}$

» 3e Position. $D^a\ 2^{5'}$, $D^b\ 3^{5'}$, $D^c\ 4^{5'}$

D $5^{4'}$

» Pour toutes variations Blonde marque $D^a\ 5^5$,—$2^{4'}$—$3^{3'}$—$3^{a'}$

» 4e Position. $D^a\ 5^3$, $D^b\ 3^5$, $D^c\ 4^{3'}$

D $4'$

» Pour toutes variations Blonde marque seulement $D^a\ 5^a$—2^4—2^5—$5^{5'}$

» 10e Coup dans la 4e Enceinte.

» 1re et 2e Positions. $D^a\ 1^a$, $D^b\ 2^3$, $D^c\ 2^4$

D $2'$

» Pour seule variante Blonde indique D unique 2

» 3e et 4e Positions. $D^a\ 2^{4'}$, $D^b\ 2^{3'}$, $D^c\ 1^{3'}$

D $2'$

» Pour variante Blonde indique D unique $1^{3'}$

» 11e Coup (hors d'enceinte).

» 1re Position. $D^a\ 1^3$, $D^b\ 2^3$, $D^c\ 1^{3'}$

D $1^{5'}$

» Selon Blonde la D unique peut compter 11 variations,
» Savoir : 3—4—5—3^2—4^2—5^2—4^3—5^3—4^4—5^4—5^5 outre la Case qu'elle
» occupe. »

» 2e Position. $D^a\ 2$, $D^b\ 2^3$, $D^c\ 1^{3'}$

D $3'$

» Blonde assigne à la D unique 11 variations outre la Case qu'elle occupe, ce sont 1^5—$5^{5'}$ - $4^{4'}$—$5^{4'}$—$4^{3'}$—$5^{3'}$—$3^{2'}$—$4^{2'}$—$5^{2'}$—$4'$- $5'$

» 12e Coup dans la 3e enceinte.

1re et 2e Positions. $D^a\ 2$, $D^b\ 2^3$, $D^c\ 2^5$

D 3

» Blonde pour seule variation donne D unique à 1^5

» 3e et 4e Positions. $D^a\ 2^{5'}$, $D^b\ 2^{3'}$, $D^c\ 2'$

D $3'$

» Blonde pour seule variation indique D unique à $1^{5'}$

» 13e Coup dans la 2e enceinte.

» 1re Position. $D^a\ 3^3$, $D^b\ 3^5$, $D^c\ 3^{4'}$

D $4'$

» Blonde indique pour seules variations D^c à 1^4—$4^{5'}$—$3^{3'}$—$2^{5'}$

» 2e Position. $D^a\ 3^3$, $D^b\ 3^5$, $D^c\ 3^{4'}$

D 5^4

» Blonde passe les variations sous silence.

» 3e Position. $D^a\ 3^4$, $D^b\ 5^{5'}$, $D^c\ 3^{3'}$

D 4

» Blonde passe sous silence les variations.

» 4e Position. $D^a\ 3^4$, $D^b\ 3^{5'}$, $D^c\ 3^{3'}$

D $5^{4'}$

» Blonde ne dit rien des variations.

» 14e Coup dans la 2e ENCEINTE.

» 1re et 2e Positions. D^a 2^4, D^b 3^5, D^c $3^{6'}$

D 5^4

» BLONDE pour toute variation indique D unique à 4'.

» 3e et 4e Positions. D^a 3^5, D^b $3^{5'}$, D^c $2^{4'}$

D 4

» BLONDE pour variation indique D unique à $5^{4'}$.

» 15e Coup dans la 3e ENCEINTE.

» 1re et 2e Positions. D^a 2^3, D^b 2^4, D^c 3^5

D $1^{6'}$

» BLONDE ne donne qu'une variation : D unique à 3'

» 3e et 4e Positions. D^a $3^{5'}$, D^b $2^{4'}$, D^c $2^{3'}$

D 3

» BLONDE ne donne que cette variation : D unique à 1^5

» 16e Coup dans la 7e ENCEINTE.

1re Position. D^a 5', D^b 2^4, D^c $3^{6'}$

D 5^3

» BLONDE n'indique point de variation.

» 2e Position. D^a 5 , D^b 3^6, D^c 2^4

D 4'

» BLONDE n'indique point de variation.

» Ici se terminait le manuscrit primitif de BLONDE ; mais un autre manuscrit ajoute quelques Coups à ceux qui viennent d'être décrits. Je vais les examiner.

» Il rapporte d'abord tous les Coups précédens jusqu'au 16e ; mais il n'en donne que la première position, hors dans le 1er, le 6e, le 10e et le 16e où il a fait choix de la seconde.

» Il n'y indique point de variation.

17e Coup.

D^a 4 , D^b $1^{6'}$, D^c $3^{4'}$

D 3'

18e Coup.

D^a 4 , D^b 5', D^c $3^{6'}$

D 5'

19e Coup.

D^a 5, D^b 1^3, D^c $5^{5'}$

D 1^4

20e Coup.

D^a 4, D^b 5, D^c 3^5

D 4^2

21e Coup.

D^a 4^3, D^b 5^3, D^c $5^{5'}$

D 4

» Ici aucune des 5 D offensives n'est placée sur la grande diagonale ou » ligne *polonaise*.

22e Coup.

D^a 4^4, D^b 5^4, D^c $3^{5'}$

D 4^4

23e Coup.

D^a 5^2, D^b 5^4, D^c $3^{5'}$

D 5^3

24e Coup.

» C'est le même que le 10e, 3e et 4e positions. Voir page 70.

25e Coup.

D^a 1^2, D^b 2^3, D^c 1^4

D 1^4

» Blonde indique pour variation de la D unique 5. (Voir le 4e coup, 2e » position).

» Ce coup est la variation du 4e, 2e position, page 64.

26e Coup.

D^a $1^{4'}$, D^b $2^{3'}$, D^c $1^{2'}$

D $1^{4'}$

» Blonde indique pour variation de la D unique 5'. (Voir le 4e coup, » 4e position).

» Ce coup est la variation du 4e, 4e position, page 65.

27e Coup.

D^a 4^3, D^b 5^3, D^c 2^4

D 4

28ᵉ Coup.

$D^a\ 2^{4'}$, $D^b\ 4^{3'}$, $D^c\ 5^{3'}$
$D\ 4'$

» Autre Position du 27ᵉ Coup.

29ᵉ Coup.

$D^a\ 4^{2}$, $D^b\ 4^{4}$, $D^c\ 2^{4'}$
$D\ 5^{4}$

» Autre Position du 27ᵉ Coup.

30ᵉ Coup.

$D^a\ 2^{4}$, $D^b\ 4^{4'}$, $D^c\ 4^{2'}$
$D\ 5^{4'}$

» Autre Position du 27ᵉ Coup.

31ᵉ Coup.

$D^a\ 1^{2}$, $D^b\ 2^{2}$, $D^c\ 2^{3}$
$D\ 2^{2}$

» Blonde donne cette variation à la D unique 1^{5}
» Ce coup est une variation du 4ᵉ coup, 3ᵉ position.

32ᵉ Coup.

$D^a\ 2^{3'}$, $D^b\ 1^{2'}$, $D^c\ 2^{2'}$
$D\ 2^{2'}$

» Blonde pour variation indique la D unique à $1^{5'}$
» Ce coup est une variation du 4ᵉ coup, 1ʳᵉ position.

33ᵉ Coup.

$D^a\ 3^{5}$, $D^b\ 3^{5'}$, $D^c\ 2^{4'}$
$D\ 5^{4'}$

» Blonde pour variation marque D unique 4
» C'est la variation du 15ᵉ Coup. Voir page 71.

34ᵉ Coup.

$D^a\ 2^{4'}$, $D^b\ 2^{3'}$, $D^c\ 1^{2'}$
$D\ 1^{3'}$

» C'est la variation du 10ᵉ coup. Voir page 70.

35ᵉ Coup.

$D^a\ 5$, $D^b\ 4^{2}$, $D^c\ 2^{4'}$
$D\ 4^{2}$

36e Coup.

$D^a\ 5^2$, $D^b\ 5^5$, $D^c\ 2^4$

$D\ 5^3$

» Autre Position du 35e Coup.

37e Coup.

$D^a\ 2^{4'}$, $D^b\ 5^{3'}$, $D^c\ 5^{2'}$

$D\ 5^{3'}$

» Autre Position du 35e Coup.

38e Coup.

$D^a\ 2^4$, $D^b\ 4^{2'}$, $D^c\ 5^1$

$D\ 4^{2'}$

» Autre Position du 35e Coup.

39e Coup.

$D^a\ 2^4$, $D^b\ 3^5$, $D^c\ 3^{5'}$

$D\ 4^1$

» C'est la variation du 14e coup, 1re et 2e positions. Voir page 71.

40e Coup.

$D^a\ 1^2$, $D^b\ 2^3$, $D^c\ 2^4$

D 2

» Blonde pour variation de la D unique, marque 2^3.

» C'est la variation du 10e coup, 1re et 2e positions, voir page 69.

» Le manuscrit de Blonde dont il est parlé ci-dessus, page 71, s'arrête » au no 40 inclusivement, même y compris plusieurs feuillets volans et » détachés.

» Je trouve dans un autre recueil, où Blonde a copié le livre de *Maillet* » (voir la *Bibliographie* de M. Alliey, page 15 plus haut) 12 dessins portés » sur les Cases noires, représentant huit variations du 4e coup et quatre » du 7e. Des huit variations du 4e, comme il y en a quatre déjà men- » tionnées aux 1re, 2e, 3e et 4e positions, je ne veux pas les répéter. Je » citerai seulement les 4 suivantes :

41e Coup. — Variation du 4e, 1re Position.

$D^a\ 2^{3'}$, $D^b\ 1^{2'}$, $D^c\ 2^{2'}$

$D\ 2^{2'}$

42e Coup. — Variation du 4e, 2e Position.

$D^a\ 1^2$, $D^b\ 2^3$, $D^c\ 1^4$

$D\ 1^4$

43e Coup. — Variation du 4e, 3e Position.

D^a^ 1^2^, D^b^ 2^2^, D^c^ 2^3^

D 2^2^

44e Coup. — Variation du 4e, 4e Position.

D^a^ 1^4^, D^b^ 2^3^, D^c^ 1^3^

D 1^4^

» Les 4 variations du 7e Coup sont les mêmes que les 1re, 2e, 3e et 4e » Positions, telles qu'elles sont notées précédemment, sans la moindre » différence. Ainsi je ne les rapporterai pas.

» Dans un 4e manuscrit sont dessinées les quatre Positions du 3e Coup, » et de même les quatre Positions du 4e, qui sont décrites plus haut. » On y trouve de plus les Coups suivans :

45e Coup. — 2e ENCEINTE.

D^a^ 3^4^, D^b^ 4^4^, D^c^ 5^4^

D 5^4^

46e Coup.

D^a^ 4, D^b^ 4^3^, D^c^ 4^5^

D 4

47e Coup.

D^a^ 3^4^, D^b^ 4^4^, D^c^ 5^4^

D 5^4^

48e Coup.

D^a^ 4^5^, D^b^ 4^3^, D^c^ 4^2^

D 4^2^

49e Coup. — 3^e^ ENCEINTE.

D^a^ 3, D^b^ 4, D^c^ 3^5^

D 3^2^

50^e^ Coup.

D^a^ 1^5^, D^b^ 3^5^, D^c^ 5^5^

D 5^5^

51^e^ Coup.

D^a^ 5^4^, D^b^ 3^5^, D^c^ 1^5^

D 5^5^

52^e Coup.

$D^a\ 3^{5'}$, $D^b\ 3'$, $D^c\ 4'$

$D\ 3^{2'}$

53^e Coup. — 3^e enceinte.

Variation du 6^e Coup, 4^e Position.

$D^a\ 2^3$, $D^b\ 3^4$, $D^c\ 4^{1'}$

$D\ 3^{2'}$

» 3 dessins figurent la 1re, la 2^e et la 3^e Positions qu'il est inutile de » reproduire.

54^e Coup. — 2^e enceinte. — 2^e Position du 14^e Coup.

$D^a\ 3^5$, $D^b\ 3^{6'}$, $D^c\ 2^{4'}$

$D\ 5^{4'}$

55^e Coup. — 3^e Position du 14^e Coup.

$D^a\ 2^4$, $D^b\ 3^5$, $D^c\ 3^{6'}$

$D\ 4'$

56e Coup. — 3e enceinte. — 2e Position du 15e Coup.

$D^a\ 2^3$, $D^b\ 2^4$, $D^c\ 3^5$

$D\ 3'$

57e Coup. — 3e Position du 15e Coup.

$D^a\ 3^{5'}$, $D^b\ 2^{4'}$, $D^c\ 2^{3'}$

$D\ 1^6$

» Enfin un 5e manuscrit contient les dessins des combinaisons qui vont » être décrites ci-dessous.

58e Coup.

$D^a\ 5^2$, $D^b\ 1^5$, $D^c\ 1^{2'}$

$D\ 2^2$

59e Coup.

$D^a\ 5^5$, $D^b\ 5^{4'}$, $D^c\ 2^{3'}$

$D\ 3'$

60e Coup.

$D^a\ 5^3$, $D^b\ 5^4$, $D^c\ 3^5$

$D\ 5^4$

61e Coup.

$D^a\ 5^5$, $D^b\ 1^{5'}$, $D^c\ 1^{4'}$

$D\ 1^{5'}$

62e Coup.

$D^a\ 3^{5'}$, $D^b\ 4^{5'}$, $D^c\ 3^{4'}$

$D\ 1^3$

63e Coup.

$D^a\ 3^{5'}$, $D^b\ 3^{4'}$, $D^c\ 5^{4'}$

$D\ 5^2$

64e Coup.

$D^a\ 4^2$, $D^b\ 3^{5'}$, $D^c\ 5^{2'}$

$D\ 5^4$

65e Coup.

$D^a\ 4^2$, $D^b\ 3^5$, $D^c\ 5^{2'}$

$D\ 4^{5'}$

66e Coup.

$D^a\ 5^3$, $D^b\ 3^{5'}$, $D^c\ 5'$

$D\ 3^{4'}$

67e Coup.

$D^a\ 5^2$, $D^b\ 3^{5'}$, $D^c\ 4^{2'}$

$D\ 3^{4'}$

68e Coup.

$D^a\ 1^2$, $D^b\ 4^5$, $D^c\ 3'$

$D\ 1^{4'}$

69e Coup.

$D^a\ 5^3$, $D^b\ 3^{5'}$, $D^c\ 5'$

$D\ 4^5$

70e Coup.

$D^a\ 5^2$, $D^b\ 3^5$, $D^c\ 4^{2'}$

$D\ 4'$

71e Coup.

$D^a\ 2^3$, $D^b\ 3^3$, $D^c\ 1^4$

$D\ 1^6$

72e Coup.

$D^a\ 1^{4'}$, $D^b\ 2^{3'}$, $D^c\ 3^{3'}$

$D\ 3'$

73^e Coup.

D^{a} 4^{2}, D^{b} 3^{5}, D^{c} 5^{25}

D 5^{4}

74e Coup.

D^{a} 2^{3}, D^{b} 3^{3}, D^{c} 1^{4}

D 3

75e Coup.

D^{a} 5^{2}, D^{b} 3^{6}, D^{c} 4^{25}

D 4'

76e Coup.

D^{a} 5, D^{b} 3^{5}', D^{c} 5^{3}'

D 4'

77e Coup.

D^{a} 1^{6}, D^{b} 3^{6}, D^{c} 1^{3}'

D 2'

78e Coup.

D^{a} 2, D^{b} 3^{6}, D^{c} 3'

D 1^{4}'

» Quoique j'aie numéroté les Coups qui précèdent jusqu'au chiffre 78, » il n'en est pas moins vrai qu'il existe réellement 114 combinaisons tirées » des manuscrits de Blonde, en comptant chacune des Positions qu'il a in- » diquées à quelques-unes des Parties.

» J'ai donc exactement exposé le détail de ce qui se trouve consigné » dans son ouvrage sur cet objet, sans rien omettre ; ainsi tout son travail » est intact.

» Afin d'offrir un ensemble complet, je crois qu'il est à propos d'ajouter » aux nombreux Coups de Blonde

» 1° Celui qu'on doit à Huguenin, de Metz, omis mal-à-propos par le » Traité de l'an X-1802,

» 2° Les 12 Coups du *Livre de Metz* où sont ceux de Manoury,

« 3° Les 12 Parties de 3 D contre une, publiées par le hollandais Van » Embden.

» Coup d'Huguenin, de Metz.

» 1re Position. D^{a} 4^{2}, D^{b} 3^{3}, D^{c} 3^{6}

D 4

» 28 variations : $D^c\ 2^2$—2^3—3^3—1^4—2^4—3^4—1^5—2^5—3^5—4^5—$1^{5'}$—$3^{5'}$
—$4^{5'}$—$5^{5'}$—$1^{4'}$—$2^{4'}$—$3^{4'}$—$4^{4'}$—$5^{4'}$—$2^{3'}$—$4^{3'}$—$5^{3'}$—$2^{2'}$
—$4^{2'}$—$5^{2'}$—$3'$—$4'$—$5'$

» On voit qu'il n'est pas indispensable que la D^c occupe la *grande dia-*
» *gonale* ou *ligne polonaise*.

» 2e Position. $D^a\ 4^2$, $D^b\ 5^3$, $D^c\ 5^5$
$D\ 5^4$

» On compte de même 28 variations.

» 3e Position. $D^a\ 3^{5'}$, $D^b\ 5^{3'}$, $D^c\ 4^{4'}$
$D\ 4'$

» Il y a aussi 28 variations.

» 4e Position. $D^a\ 3^{5'}$, $D^b\ 5^{3'}$, $D^c\ 4^{4'}$
$D\ 5^{4'}$

» On a toujours 28 variations.

» Il est à regretter que Blonde n'ait pas connu ce Coup dont il aurait
» su relever le mérite, ne fût-ce que pour la multiplicité de ses nuances.

» Si les éditeurs du Livre de Metz l'ont exclu de leur collection, c'est
» une preuve qu'ils n'ont quelquefois consulté dans leurs choix que le hasard
» ou le caprice. P. P

Les 12 Coups du *Livre de Metz*.

		Les 3 Dames.	La D unique.
1	n° 372 (Manoury 8)	$D^a\ 1^4$, $D^b\ 2^5$, $D^c\ 5^{4'}$	$D\ 1'$
2	n° 373 (M. 9)	$D^a\ 1$, $D^b\ 2^3$, $D^c\ 2^5$	$D\ 5^3$
3	n° 374 (M. 10)	$D^a\ 2^3$, $D^b\ 2^5$, $D^c\ 2^{4'}$	$D\ 5^3$
4	n° 375 (M. 11)	$D^a\ 1^5$, $D^b\ 3^5$, $D^c\ 3^{4'}$	$D\ 1^4$
5	n° 376 (M. 12)	$D^a\ 1^3$, $D^b\ 2^3$, $D^c\ 1^{2'}$	$D\ 4^{5'}$
6	n° 377 (M. 13)	$D^a\ 1^2$, $D^b\ 2^3$, $D^c\ 2^4$	$D\ 1^3$
7	n° 378 (M. 14)	$D^a\ 4$, $D^b\ 3^{5'}$, $D^c\ 5'$	$D\ 4^4$
8	n° 379 (M. 15)	$D^a\ 5^4$, $D^b\ 3^5$, $D^c\ 2^{2'}$	$D\ 5^5$
9	n° 380 (M. 16)	$D^a\ 2^3$, $D^b\ 5^4$, $D^c\ 4^{2'}$	$D\ 3^{2'}$
10	n° 381 (Huguenin)	$D^a\ 4^4$, $D^b\ 2^5$, $D^c\ 3^5$	$D\ 5^4$
11	n° 382	$D^a\ 2^5$, $D^b\ 3^5$, $D^c\ 4^{3'}$	$D\ 1^5$
11 bis	n° 406 même coup	$D^a\ 2^4$, $D^b\ 3^{4'}$, $D^c\ 4^{4'}$	$D\ 5^{4'}$
12	n° 383 (Duf. 499, Blonde 4e coup)	$D^a\ 1^2$, $D^b\ 2^2$, $D^c\ 2^3$	$D\ 1^5$

Les 2 Coups de Dufour.

1	n° 377 (Spencer le Hollandais, dans Dufour, Blonde 7e coup.)	$D^a\ 2^3$, $D^b\ 1^4$, $D^c\ 1^{2'}$	$D\ 1^4$

2	n° 499 (Lamontagne dans Dufour.)	Voir le 12e coup du *Livre de Metz* et les réflexions de Blonde, page 65 ci-dessus.

Les 12 Coups du Hollandais Van Embden.

	Les 3 Dames.	La D unique.
1	$\mathit{D}^{a}\ 2^{4'}$, $\mathit{D}^{b}\ 2^{3'}$, $\mathit{D}^{c}\ 1^{a'}$	$\mathrm{D}\ 2'$

» C'est le même que le 10e Coup, 5e Position, page 70.

2	$\mathrm{D}^{a}\ 4$, $\mathrm{D}^{b}\ 2^{a}$, $\mathrm{D}^{c}\ 3^{4'}$	$\mathrm{D}\ 3^{a}$
3	$\mathrm{D}^{a}\ 2$, $\mathrm{D}^{b}\ 5^{6'}$, $\mathrm{D}^{c}\ 1^{3'}$	$\mathrm{D}\ 2^{a}$
4	$\mathrm{D}^{a}\ 5$, $\mathit{D}^{b}\ 3^{5}$, $\mathrm{D}^{c}\ 5^{6}$	$\mathrm{D}\ 4^{a}$
5	$\mathrm{D}^{a}\ 4$, $\mathrm{D}^{b}\ 5$, $\mathrm{D}^{c}\ 4'$	$\mathrm{D}\ 4'$
6	$\mathrm{D}^{a}\ 4^{3}$, $\mathrm{D}^{b}\ 5^{3}$, $\mathrm{D}^{c}\ 5^{5'}$	$\mathrm{D}\ 4$
7	$\mathrm{D}^{a}\ 1^{a}$, $\mathit{D}^{b}\ 2^{3'}$, $\mathrm{D}^{c}\ 2^{a'}$	$\mathrm{D}\ 2^{a'}$
8	$\mathrm{D}^{a}\ 5$, $\mathrm{D}^{b}\ 4'$, $\mathrm{D}^{c}\ 5^{4}$	$\mathrm{D}\ 4^{a}$
9	$\mathrm{D}^{a}\ 1^{a}$, $\mathrm{D}^{b}\ 2^{a}$, $\mathit{D}^{c}\ 2^{3}$	$\mathrm{D}\ 2^{a}$
10	$\mathrm{D}^{a}\ 2^{3}$, $\mathrm{D}^{b}\ 1^{4}$, $\mathrm{D}^{c}\ 2'$	$\mathrm{D}\ 1^{4}$
11	$\mathrm{D}^{a}\ 5^{3}$, $\mathrm{D}^{b}\ 5^{4}$, $\mathrm{D}^{c}\ 5'$	$\mathrm{D}\ 5^{3}$
12	$\mathrm{D}^{a}\ 5^{a}$, $\mathrm{D}^{b}\ 5^{3}$, $\mathrm{D}^{c}\ 5^{4}$	$\mathrm{D}\ 5^{3}$

» Parmi ces 12 Coups il n'y en a que 4 dans lesquels les 3 D en aient » de placées sur la grande ligne. Cette circonstance n'est donc pas indispen- » sable au succès de la partie. Au reste, Van Embden est un bon esprit; ses » Coups sont vraiment distingués. Blonde en avait pris la note, dans l'inten- » tion de s'en servir sans doute. (Les *D* marqués en italique signifient les Dames sur la » grande ligne.)

» En résumé, le nombre des Coups de 3 D contre une décrits dans ceux » de Blonde, d'Huguenin, du *Livre de Metz*, de Dufour et de Van Embden se » monte à 144. Si on y joignait toutes les phases on aurait peut-être plus » de 1000 combinaisons. Ainsi cette Partie de 3 D contre 1 D a beaucoup » d'importance et mérite l'attention particulière des amateurs. »

Partie de 4 Dames contre 2 Dames.

Lorsque le 1er Joueur reste avec 4 Dames contre 2, la Partie doit être remise. Cependant il y a quelques coups connus qui peuvent procurer le gain de la Partie, et vraisemblablement on ne les a pas encore tous trouvés. On donne ici quatre exemples pris dans les livres de Manoury, de Metz et de Dufour, qui font voir, dit Blonde, comment les 2 D peuvent être prises par les 4, dans ces 4 positions :

1. $\mathrm{D}\ 2$, $\mathrm{D}\ 5^{a'}$, $\mathrm{D}\ 2'$, $\mathrm{D}\ 3'$

$\mathrm{D}\ 1$, $\mathrm{D}\ 1^{3'}$

II. D 5, D 5, D 4^{4}, D $4'$
D 5^{4}, D $5^{4'}$

III. D 5^{5}, D $1^{5'}$, D $5^{5'}$, D $2^{4'}$
D $1^{5'}$, D $5'$

IV. D 1, D 3, D 2^{3}, D $1^{3'}$
D 1^{5}, D $1^{5'}$

Partie de 5 Dames contre 2 Dames.

Lorsque le 1er Joueur reste avec 5 Dames contre 2, sans avoir la ligne du milieu, la Partie est gagnée forcée comme on peut le voir dans l'exemple premier qui suit; et s'il a la *ligne polonaise*, la Partie est encore mieux gagnée, comme on peut le voir dans l'exemple II. Cependant, le 2^d^ Joueur peut encore se défendre quelque tems en prenant les deux positions indiquées n° III et n° IV.

Mais à la longue le 1er le forcera à faire *une pour une* et gagnera, puisqu'il restera avec 4 D contre 1.

I. D $5'$, D 1^{3}, D 4^{4}, D $2'$, D $3'$
D 1, D $1'$

II. D 1, D 2, D 1^{3}, D 5^{3}, D 2^{5}
D 5, D $5'$

III. D 1, D 2, D 1^{3}, D 5^{3}, D 2^{5}
D $4''$, D $5'$

IV. D 1, D 2, D 1^{3}, D 5^{3}, D 2^{5}
D 5, D $4'$

» J'ajouterai ici 2 Positions données par Van Embden.

I. D 1, D 2, D 1^{3}, D 5^{3}, D 2^{5}
D 5, D $5'$

II. D 5, D 1^{3}, D 5^{4}, D 1^{5}, D $1^{5'}$
D $1'$, D 1

» On remarquera la conformité du 1er Coup avec ceux donnés par
» Blonde et qui sont ci-dessus.

» Blonde rappelle ici qu'il seroit à propos de dire quelque chose de la » Partie de 2 D et 1 P contre 2 P et 1 D. Sa note seule mise au bas de » la page en offre un exemple que le Livre de Metz a pris dans Manoury. (a)

» Blonde y relève avec la sagacité qui l'accompagne toujours, une faute » échappée au grand maître du Jeu de Dames.

» N. B. Il n'entre pas dans mon plan d'exposer dans ce chapitre les » Jeux des Coups qui y sont rapportés ; ils sont réservés pour la Liste » générale. » P. P

(a) Lorsque le 2^d Joueur a un pion engagé, comme on le voit dans la position décrite ci-dessous, cette Partie est remise forcée ; mais elle est très-difficile à défendre, et la preuve de la grande difficulté se tire de ce que Manoury la fait mal jouer ; et le Livre de Metz qui a copié tous les coups de Manoury, copie également la faute faite par lui, sans la moindre observation.

Voici la manière dont Manoury fait jouer cette Partie. (Voyez le n° 33 du Traité, *exécution pour la Remise.*)

D 4, D 2^{51}, 1^{41}
5^2, 1^3, D 1^1

1	D 5^4	5^2 g
2	D 5^3	5^3
3	D 5^1	D 1
4	D 5^3	D 1^1
5	D 5^4	5^4 g
6	D 4^2	5^5 g
7	D 3^4	2^{51}
8	D 3^3	1^{41}
9	D 3^4	D 2^4
» 10	D : D 3^{31}	1^3 : P 2^5
» 11	D : D 1^{31}	1^{31} g
» 12	D 2^{41}	Perd le coup suivant. (*)

Le 2^d Joueur, en jouant au 9e coup D 2^4, fait une faute très-grande qui lui fera perdre la Partie infailliblement si le 1er au 11e coup, au lieu de prendre de 3^3 à 5^4, prend de 3^4 à 1^3, car alors il joue au 12e coup 3^3 à 2^{41}, et le 2^d a perdu. La faute que celui-ci a faite en jouant au 9e coup D 2^4, est d'autant plus grave que la Partie était remise pour lui en allant continuellement de D 1^1 à 1 et d' 1 à 1^1, dès le moment que le Pion a été conduit sur 1^3. Blonde.

(*) « Pour plus de clarté, j'ai ajouté les trois derniers coups conformément à la note de notre » auteur. » P. P

CHAPITRE XI.

DU COUP, DES DIFFÉRENTES MANIÈRES DE LE CALCULER, ET DE CE QU'IL FAUT FAIRE POUR LE GAGNER LORSQU'ON NE L'A PAS.

« Sur ce sujet Blonde n'a laissé que le titre qui précède. N'y a-t-il pas » lieu de croire que sa vénération pour Manoury (*) l'aura porté à se con- » tenter de ce que renferme le Traité de celui-ci? Quoiqu'il en soit, j'en » ai extrait, de l'avis du savant Bibliographe M. Alliey, le morceau qui suit, » en y joignant ce que rapporte aussi le Livre *de Metz*. » P. P

» Avoir le Coup, c'est avoir son jeu disposé de manière que l'on ait toujours à jouer sans perte, et qu'au contraire le Joueur adverse ne puisse jouer qu'en perdant un Pion, ou deux, ou même la Partie. Par conséquent, *gagner le Coup*, c'est par un évènement quelconque, comme en fesant *une* pour *une*, ou *deux* pour *deux*, ou avançant un Pion à propos, ou même en le perdant, se mettre dans le premier cas, et mettre son adversaire dans le second. Cela s'appelle *avoir le Coup*, *gagner le Coup*, parce que chacun des deux Joueurs étant obligé de jouer le sien alternativement, celui qui le peut, a son coup à jouer, celui qui ne le peut n'a pas de coup à jouer : donc celui qui le peut a le coup sur celui qui ne le peut. C'est pour les commençans que je m'explique si longuement.

» Dans le commencement d'une Partie où tous les Pions, ou presque tous sont sur le Damier, on ne voit pas si facilement si l'on a le Coup, à cause des différentes façons dont les Pions peuvent être joués, et de leur nombre. Le Joueur faible qui n'a pas soin de se dégager par quelque *une* pour *une* perd plutôt le Coup qu'un bon Joueur, parce que jouant machinalement et n'ayant pas d'ailleurs la vue nette, il est comme offusqué par le nombre des Pions, et parce que tant qu'il voit des Cases vides il va sans réflexion, et se trouve enfermé sans, pour ainsi dire, s'en apercevoir.

» Mais à la fin d'une Partie, qu'il n'y a plus que quelques Pions de part et d'autre sur le Damier, il est plus aisé à un Joueur de voir s'il a le Coup

(*) Manoury « a dit tout ce qu'il était possible de dire sur les règles générales de ce jeu. » Blonde, *Coups brillans*, an VI 1797-1798.

sur son adversaire. Pour le voir et s'en assurer il faut intérieurement jouer les deux jeux Pion à Pion, et retenir à qui ce sera à jouer le dernier. Si le dernier à jouer ne peut le faire sans être en prise, certainement c'est lui qui perd le Coup. Les grands Joueurs voient cela d'un coup d'œil et ne se trompent guères ; les Joueurs médiocres sont fort long-tems dans leur examen et se trompent souvent. Je vais leur indiquer le moyen assez prompt et que je crois sûr, de voir si un Pion a le Coup sur l'autre.

» Il s'agit de compter les Cases libres (ou vides si l'on veut) qui se trouvent entre les deux Pions, et qui sont le chemin pour arriver de l'un à l'autre, sans comprendre dans le compte celles où ils sont posés. Quand ces Cases seront en nombre pair, ce sera toujours le Joueur à qui ce sera à jouer qui aura le Coup, et quand les Cases seront en nombre impair, le Coup appartiendra au second Joueur.

» Quoique les Pions marchent à droite et à gauche, il suffit de compter d'un côté, parce que, de quelque côté que l'on compte, le nombre sera toujours le même. Mais il faut que le Joueur qui doit gagner le Coup ait l'attention de le jouer toujours à sa main droite, quand son adversaire jouera le sien à sa main gauche, et *vice versâ*.

» Cette espèce de secret ne peut pas avoir lieu pour les Pions qui seront vis-à-vis l'un de l'autre dans les grandes lignes, comme celle du milieu, du trictrac et quelques autres, parce que dans ces positions-là, les Pions ont assez de champ pour s'éviter.

» Si l'on veut faire l'expérience du moyen que je viens de proposer, il n'y a qu'à prendre deux Pions de couleur différente, mettre l'un sur la Case 5 et l'autre sur la Case 5' (c'est le plus grand éloignement où ils peuvent être) et compter comme je l'ai dit, à droite ou à gauche, les Cases qui conduisent le plus directement d'un Pion à l'autre ; on en trouvera huit : comme c'est un nombre pair, et que c'est au premier à jouer, c'est lui qui aura le Coup ; il l'aurait également si le nombre était impair et que ce fût à son adversaire à jouer. On en aura la preuve en jouant alternativement chaque Pion et en observant par celui qui fera cet essai, de jouer le premier à sa main droite et le second à la main gauche de celui qui serait son adversaire, s'il en avait un.

» Au surplus, le meilleur de tous les secrets c'est le coup d'œil de l'habitude et de l'esprit du Jeu. Le moyen machinal que j'offre ici aux commençans n'est que pour leur donner une idée plus nette du Coup ;

je leur conseille de s'accoutumer insensiblement à compter sans secours, rien n'étant si important que de s'assurer du Coup.

» En effet, c'est le Coup qui décide de toutes les Parties, puisqu'il sert à prendre ou à enfermer les Pions de son adversaire. Les Coups les plus brillans, ceux qui font gagner le plus de Pions, ne servent qu'à faire perdre la Partie, s'ils font perdre le Coup. Aussi toutes les fois qu'un bon Joueur combine un Coup compliqué, il a grand soin d'examiner s'il aura le Coup ensuite, et c'est presque toujours à l'avantage du Coup qu'il se procure, qui fait le mérite et l'utilité de son grand Coup.

N° 41. 1re Position, dans laquelle c'est d'avoir le Coup que la Partie est gagnée.

2, 4^{3}, $1^{3'}$, $1^{''}$
24, $2^{•}$, 3^{4}, $3^{6'}$

Jeu.

1	$1^{''}$ = D	$3^{6'}$ g
2	4^{3} : P 3^{5}	3^{4} g
3	3^{5} : P $2^{4'}$	$2^{•}$ g
4	$2^{4'}$: P $1^{''}$	4 g
5	2	$3^{•}$ g
6	$2^{•}$ g	3^{3}
7	2^{3} g	3^{4}
8	1^{4} g	4^{5}

» Le 1er ne peut plus jouer sans perdre, parce que le 2d J. a le Coup.

» La combinaison qu'a faite le 2d Joueur est sans doute fort belle, mais elle ne l'est que parce qu'il a calculé jusqu'au bout pour s'assurer que son P 4 aurait le Coup sur le P adverse 2. Sans cela, et malgré l'art avec lequel il est parvenu à enfermer la Dame adverse et les deux Pions voisins, non-seulement il n'aurait rien fait de bien, mais encore il se serait fait beaucoup de mal, puisqu'il aurait perdu lui-même la Partie.

» Je conviens que si le Joueur qui avait le trait, au premier Coup de la position n'avait pas été à Dame, le beau Coup de l'autre Joueur n'aurait pas eu lieu; mais c'est ce qui arrive à tous les Coups qu'on n'a pas prévus. Il est certain que si on les voyait il n'y en aurait point, parce que tout Coup vu est un Coup paré. Ici la faute du 1er Joueur aurait été celle de bien d'autres à sa place, même forts. Rien n'annonçait du danger à aller à Dame, et la beauté de la position ne paraissait exiger ni calcul, ni précaution.

» Cette faute est une leçon utile pour ceux que l'apparence séduit et qu'un beau Jeu aveugle ; elle prouve la nécessité de ne jouer ses Pions qu'après avoir examiné la suite, surtout à la fin d'une Partie, et surtout lorsqu'il est question d'aller à Dame.

» Au surplus, cette position confirme le secret que je viens de donner aux commençans pour savoir quand on a le Coup. Du Pion 4 au Pion adverse 2, il y a huit Cases, nombre pair, et on a vu dans l'exécution que le 1er Joueur a toujours joué à la main opposée à celle à laquelle son adversaire jouait.

» N° 42, 2e Position, dans laquelle c'est d'avoir le Coup que la Partie est gagnée.

D 4^{3}, 45^{4}, D $5^{2'}$
1^{3}, 2^{5}, D $2^{4'}$

Jeu.

1	D 3^{2}	D : D
2	4^{4} g	2^{5} : P $3^{4'}$
3	D : P 4^{2}	D : D $5^{3'}$
4	5^{4} : D $4^{2'}$	1^{3}
5	4^{2} g	1^{4} d ou g
6	4^{3} a le Coup.	Le P adverse ne peut jouer sans perdre.

» Je n'ai d'autres remarques à faire sur cette position que celles que j'ai faites sur la précédente.

» Je ferai seulement observer, relativement au moyen que j'ai donné pour compter facilement, que cette position en est une seconde preuve. Du Pion 4^{2} au Pion adverse 1^{3}, il y a cinq Cases qui font un nombre impair, et le Pion 4^{2} a le Coup sur son adversaire, parce que c'est à celui-ci à jouer.

N° 43, 3e Position, dans laquelle c'est d'avoir le Coup que la Partie est gagnée.

D 4, $2^{5'}$, $1^{4'}$
1^{3}, $1^{2'}$

Jeu.

1	D 2^{4}	$1^{2'}$ g=D
2	D $1^{2'}$	1^{3} : D 2
3	1^{4}	D : P 1^{4}

4	$1^{3'}$: D $2^{5'}$	2 g
5	$2^{5'}$	$1'$ g
6	$1^{4'}$ g a le Coup.	Le P adverse ne peut jouer sans perdre.

» Je fais encore remarquer ici qu'au 4e Coup il y a trois Cases du Pion $2^{5'}$ au Pion adverse 2, que c'est un nombre impair, que c'est à l'adversaire à jouer le premier, et que par ces deux raisons, c'est le Pion $2^{5'}$ qui a le Coup.

» Mais par quel moyen se procure-t-on le Coup? Ah! voilà ce qu'on ne peut pas enseigner; voilà la vraie science du Jeu de Dames, et je ne crains pas de dire, l'unique! Il faut un examen réfléchi à chaque position des suites du Pion qu'on va jouer de part et d'autre; en un mot, il faut du talent. Souvent une simple *une* pour *une* suffit pour avoir le Coup ou pour l'ôter à son adversaire. »

MANOURI, CHAPITRE VII.

» DU COUP. — Ce mot a trois acceptions : 1° *jouer son Coup*, c'est jouer à son tour; 2° *faire un Coup*, c'est jouer plusieurs Coups de suite, tellement combinés entr'eux qu'il en résulte un avantage pour le Joueur qui l'a fait : tels sont, par exemple, les Coups d'une collection; 3° *avoir le Coup*, c'est avoir son Jeu disposé de manière que l'on ait toujours à jouer sans perte, et qu'au contraire le Joueur adverse ne puisse jouer qu'en perdant un Pion ou deux, ou même la Partie. Ainsi, *gagner le Coup*, c'est se mettre dans le premier cas, et mettre son adversaire dans le second.

» Il est difficile au commencement d'une Partie de voir si l'on a le Coup; mais pour s'en assurer lorsqu'il ne reste plus que quelques Pions de part et d'autre, il suffit de jouer intérieurement les deux jeux Pion à Pion, et celui qui pourra jouer le dernier sans perte, aura le Coup.

» Avant de donner les moyens de savoir si un Pion a le Coup sur son adversaire, il faut observer que ni l'un ni l'autre ne peut l'avoir lorsque leur distance horizontale est assez grande pour qu'ils puissent éviter de se rencontrer, en allant tous deux vers Dame, et qu'ils peuvent toujours s'éviter lorsqu'il y a plus de trois colonnes de distance horizontale entre eux, excepté néanmoins le seul cas où le Pion qui aurait à jouer serait sur l'une des extrémités de la ligne du milieu, car alors un Pion sur la Case 2e aura le Coup sur le Pion adverse de la Case 1, quoiqu'il se trouve cinq colonnes de distance horizontale entre eux, non compris celles sur lesquelles ils sont placés.

» Voici un moyen donné par Manoury : comptez les Cases vides qui séparent les deux Pions et conduisent de l'un à l'autre, sans y comprendre celles sur lesquelles ils sont posés ; si elles sont en nombre pair, c'est celui qui est en tour de jouer qui a le Coup, et si elles sont en nombre impair, c'est son adversaire qui l'aura.

» Voici un autre moyen aussi sûr et plus prompt : quand deux Pions sont placés sur deux colonnes immédiatement voisines ou séparées par un nombre pair de colonnes, c'est celui qui est en tour de jouer qui a le Coup, et au contraire c'est son adversaire quand ils sont placés sur la même colonne ou sur des Cases séparées par un nombre impair de colonnes.

» Il est à observer que celui qui a le Coup, doit, pour le conserver, chercher toujours à se rapprocher de son adversaire et à se mettre le premier sur la même colonne que lui, et une fois qu'il y est, il n'en doit plus sortir, c'est-à-dire que chaque fois que cet adversaire change de colonne en jouant, il doit en changer aussi pour se mettre constamment sur la même colonne que lui, jusqu'à ce qu'il l'ait mis dans l'impossibilité de jouer sans se mettre en prise. Par exemple, soit un Pion adverse sur la Case 5, et son opposé sur 4 ; si c'est à ce dernier Pion à jouer, il aura le Coup, parce qu'il est sur une colonne immédiatement voisine à celle du Pion 5', et qu'en jouant *à gauche* il est le premier à se mettre sur la même colonne que son adversaire, en sorte que de quelque côté que celui-ci joue, le Pion opposé se maintiendra toujours dans la même colonne que lui jusqu'au dernier Coup.

Jeu.

1	4 g	5
2	5^2 g	5^2
3	5^3 g	4^3 g
4	2^4	

» Le Pion adverse ne peut plus jouer sans se mettre en prise.

» Ces moyens ne sont pas à dédaigner, car rien n'est si important que de s'assurer du Coup, puisque c'est lui qui décide ordinairement du gain des Parties. Aussi, lorsque l'on combine des Coups compliqués, faut-il avoir grand soin d'examiner si l'on aura le Coup ensuite, puisque c'est presque toujours en cela que consiste leur principal mérite, et qu'en fesant perdre le Coup ils peuvent faire perdre la Partie. »

Livre de Metz.

CHAPITRE XII.

PLUSIEURS COUPS DE DIFFÉRENTES FORCES, PROPRES A EXERCER LES JOUEURS DE DAMES.

« Il n'y a rien de rédigé par BLONDE pour le texte de ce chapitre ; seu-
» lement il avait rassemblé et dessiné 205 Coups divers, qui entreront dans
» la *Liste universelle* de ceux mentionnés et décrits dans les Traités existans.
» J'y ai remarqué quelques petites notes qui annoncent le projet de les partager
» en série ; mais rien ne m'a paru assez clair pour établir la véritable in-
» tention de l'auteur, et il serait inutile de s'en occuper : vu l'état des choses,
» il n'en résulterait pour les amateurs ni plaisir ni instruction. P. P

AVIS AU LECTEUR.

» Sur les chapitres XIII et XIV BLONDE n'a rien laissé de plus que les
» titres. M. ALLIEY, auteur de la *Bibliographie complète du Jeu de Dames*,
» qui sert de préface à ce présent volume, a bien voulu, à ma prière,
» remplir la lacune. Le public éclairé jugera qu'il s'est parfaitement acquitté
» de cette tâche. Personne ne pouvait mieux que lui suppléer BLONDE, et
» le mérite de son travail ne laisse rien à désirer. »

CHAPITRE XIII (par M. ALLIEY.)

SI LA LECTURE DES LIVRES PEUT APPRENDRE A JOUER AUX DAMES.

Suivant l'opinion commune le Jeu de Dames, comme celui des Échecs, ne peut s'apprendre dans les livres, et sans doute ne peut-il s'apprendre, généralement parlant, dans les livres seuls.

Mais que l'étude des meilleurs ouvrages ne soit d'aucune utilité aux commençans, c'est une idée complètement absurde. Par quelle raison les résultats de la pensée des autres seraient-ils moins avantageux pour le Jeu de Dames que pour tout le reste? Lorsque l'on commence à étudier les mathématiques, ou toute autre chose, les livres élémentaires sont donnés comme seuls moyens de progrès. Croit-on que les principes et les finesses de ce Jeu arriveront spontanément dans notre esprit? quelque pénétré que l'on soit de son intelligence ou de son génie, l'on ne peut avoir cette prétention.

Dira-t-on que ceux qui étudient le jeu par les livres affaiblissent le brillant de l'imagination? que leurs esprits errent sur le Damier et pour s'être accoutumés à manier leurs Pions à discrétion pour trouver le meilleur coup, ils sont sujets à oublier, quand ils sont réellement en présence d'un adversaire? qu'ils ne font pas un cours de philosophie expérimentale comme quand ils jouent seuls?

Certainement si quelqu'un apprend par cœur une suite de combinaisons, et n'apporte pas d'autres fonds dans le commerce, il gagnera difficilement le plus faible Joueur qui tirera toutes ses ressources de lui-même; ni les livres ni les leçons ne feront d'un tel sot un homme habile.

Le jeu de tous, même des plus forts, provient tant d'une expérience pratique plus ou moins continue, que d'une étude théorique plus ou moins approfondie ou bien dirigée; et il n'est pas douteux que ceux qui ont appris le Jeu par une pratique constante, sont en général plus aptes à parvenir au premier rang: leurs idées sont plus sûres, leurs facultés de calcul plus vigoureuses que celles que l'on acquiert par l'étude des livres.

Cela ne veut pas dire qu'il soit possible de se passer des livres spéciaux traitant de ce Jeu. L'amateur le plus zélé, soit par sa position sociale, soit par ses occupations ou même le lieu où il résidera, n'aura pas toujours d'adversaires avec lesquels il puisse se mesurer; il remplacera très-utilement ce vide par les livres, l'examen des théories des écrivains qui ont traité de ce Jeu et encore par celle des problèmes des premiers maîtres.

Il est certain qu'avec d'égales capacités et d'égales circonstances de pratique actuelle de deux Joueurs qui acquerront les premières notions du Jeu de Dames, celui qui s'exercera tout seul et avec soin d'après les livres, pourra en très-peu de tems faire avantage à l'autre et le battre.

Il n'y a point de livre qui puisse apprendre seul le Jeu de Dames comme on doit le savoir pour le bien jouer; celui qui n'aura pas en lui l'aptitude, le germe de l'art, l'habitude prise de jeunesse, la pratique fréquente bornée à un seul objet, la mémoire machinale des combinaisons fortifiée par l'exercice et sans doute avec cela une disposition naturelle et particulière que nous appellerons *Esprit du jeu*. *Esprit du jeu* se résume en *justesse* pour juger sainement, *facilité* pour se décider promptement, *étendue* pour embrasser à la fois les différentes parties d'un coup compliqué, *sagesse* pour ne pas sacrifier le solide au brillant, et surtout *netteté* et *précision* pour ne rien confondre; en un mot *esprit de combinaison du moment* qui embrasse d'un coup d'œil et comme d'une manière vague, mais cependant sûre, un grand nombre de cas dont quelques-uns peuvent lui échapper sans inconvénient, parce qu'il est moins assujetti à des règles qu'il ne l'est à une espèce d'instinct perfectionné par l'habitude.

Un livre ne peut que mettre sur la voie et montrer le but; c'est à la nature d'y faire arriver. Le plus sûr moyen de devenir habile à ce jeu, comme à celui des Échecs, et le meilleur profit que l'on puisse tirer des ouvrages qui en traitent, c'est d'en comparer les réflexions avec la conduite des forts Joueurs, de tâcher de pénétrer leurs idées, de suivre leurs combinaisons, de prévoir l'effet que doit produire telle ou telle position, et enfin d'essayer de découvrir au moins les raisons de leurs premiers coups. En poursuivant cette marche avec persévérance, on arrivera infailliblement au but.

Ce n'est pas que ces coups doivent se trouver absolument tels qu'ils sont décrits; mais ils peuvent se rencontrer à peu près, et ils donnent des idées qui conduiront, avec un peu d'intelligence, à en faire d'autres dans l'occasion.

Le premier soin de celui qui voudra sérieusement étudier le Jeu de Dames et y devenir d'une certaine force, sera donc de se former une petite bibliothèque sur ce jeu. Ce qui ne sera pas d'une grande dépense, puisque un petit nombre, cinq ou six suffisent: Manouri, Blonde, Lallement (*le Livre de Metz*), Dufour, Éverat et Poirson. (*) Les analyses que j'ai données de tous dans ma Bibliographie, fesant complètement et exactement connaître leur contenu, chacun pourra facilement étendre son choix quand il le voudra.

Dans cette petite bibliothèque de livres sur le Jeu de Dames, il aura une ressource perpétuelle pour les mauvais tems, un inépuisable amusement, un exercice sans fin pour ses facultés intellectuelles, pour les organes du cerveau qui, pour se maintenir en santé, ont besoin d'exercice comme nos jambes et nos bras. F. A.

(*) « Si M. Alliey avait eu connaissance de mon travail complet, il eût été convaincu que » l'*Encyclopédie du Jeu de Dames* rend inutile l'acquisition des livres originaux imprimés par » le soin des auteurs, puisqu'elle les renferme tous. Désormais, ces traités ne seront plus que » des curiosités typographiques. » P. P

CHAPITRE XIV (par M. Alliey.)

SI L'ON PEUT ADMETTRE QU'IL Y AIT DES HASARDS AU JEU DE DAMES.

Le Jeu de Dames, ainsi que le Jeu d'Échecs, est la lutte de deux peuples, l'un blanc et l'autre noir, qui se battent dans un champ d'où *l'aveugle fortune* ainsi que la *routine* sont exilées, et où la prudence, le calcul, l'adresse, la ruse et l'art seuls l'emportent. C'est un amusement qui se refuse aux calculs de la cupidité, qui fixe l'attention sans la trop fatiguer, excite l'émulation et dispose l'esprit à la justesse des aperçus, de même qu'il l'exerce à une plus grande sagacité.

Il est impossible à ces jeux que le plus faible vainque le plus fort. Les vicissitudes du *bonheur* et du *malheur* n'y ayant pas lieu comme dans une guerre entre deux potentats ; car les motifs de ces jeux sont évidens, et l'on sait positivement que l'homme d'esprit y gagne par des marches bien combinées et sagement calculées et qu'il n'a aucune raison étrangère à craindre.

Le Joueur de Dames, comme celui des Échecs, étant lui-même le maître de sa fortune, ne peut pas se plaindre de sa destinée. Ces Jeux se distinguent de tous les autres en ce que le *hasard* n'y entre pour rien et qu'il n'y est point question de ce qu'on appelle *chances;* tout s'y trouve ainsi indépendant des cas fortuits, des forces et de l'adresse physique. Ils sont donc plus une émulation de l'esprit et un simulacre de la guerre, qu'un combat mécanique et subordonné aux caprices du *sort*. La *fortune* n'y a que faire. Ensuite celui qui gagne ne peut pas dire *qui aurait cru cela ?* ni se nommer heureux, ni le perdant malheureux ; mais, au contraire, le vainqueur adroit, sage et prudent, et le vaincu ignorant, négligeant ou moins perspicace.

Le sort du Joueur est dans ses mains ou plutôt dans sa tête. Il a la satisfaction de ne devoir qu'à lui son succès. La victoire est la suite de son adresse et non pas du *hasard*. Le don d'intelligence n'appartient pas à tous, et c'est sur ce don, non sur son esprit, que l'on doit se consulter avant de s'y appliquer.

Celui qui perd, perd par sa faute. S'il manquait de connaissance il n'avait qu'à en acquérir par la réflexion et l'exercice, par le raisonnement et une application soutenue pour arriver à un certain degré d'intelligence pour le bien jouer, qui ne peut se donner. Mais ce qui dépend de chacun, c'est de se pénétrer de certaines règles, de certaines méthodes qui enseignent à jouer ces deux Jeux avec art et par conséquent avec esprit.

Le Joueur attentif gagne du moins une règle à chaque Partie qu'il vient de perdre. On voit donc que l'amour-propre des Joueurs en fait tous les frais, que tout y dépend de l'esprit, de la volonté et de la capacité de celui qui y joue, qui ne peut perdre sa Partie que par manque d'attention ou de conception, ou par la supériorité de son adversaire; qu'il ne pourra donc en vouloir qu'à lui-même, si c'est par sa propre inadvertance, ou encore par mauvaise disposition passagère qu'il perd; car, quoique affranchis du *hasard*, ces Jeux ne laissent pas d'être journaliers. Comme ils dépendent de la vue, de la présence d'esprit et de la netteté des idées, il n'est pas étonnant que la plus légère distraction, une préoccupation quelconque, de peine, de souci, ou même de plaisir ou d'intempérance, occasione la perte de la Partie au plus fort Joueur et le fasse, pour ainsi dire, baisser de plusieurs degrés de force. Mais aussi les jours qu'il est entièrement à lui, rien ne lui échappe, tout lui est présent. Qu'il s'abstienne donc de ces jeux lorsqu'il sent qu'il ne jouit pas de la plénitude de ses facultés !...

Ainsi le vieillard débile, mais appliqué et calme, pourra vaincre l'homme vigoureux mais inattentif ou fougueux; il ne sera redevable de la victoire qu'à la bonne conduite de son Jeu; et le vaincu n'attestera pas la mauvaise fortune comme complice de sa défaite.

Les Joueurs de force égale s'exercent donc avec une grande chaleur, puisqu'une absence d'esprit accidentelle peut seule déterminer le sort de la Partie.

Madame de Sévigné écrivait à Madame de Grignan en 1680 :

« Le Jeu d'Échecs (et nous pouvons dire aussi le Jeu de Dames) est le » plus beau et le plus raisonnable de tous les jeux; le *hasard* n'y a point » part : on se blâme et l'on se remercie; on a son bonheur dans sa tête; » cette prévoyance, cette pénétration, cette prudence, cette justesse à se » défendre, cette habileté pour attaquer, le bon succès de sa conduite, » tout cela charme et donne une vraie satisfaction intérieure. »

Ajoutons : Les maux ordinaires qui suivent communément la plupart des jeux n'entrent pas dans ceux de Dames et d'Échecs : le *hasard* n'en dérange point les combinaisons ; le desir du gain, première divinité des joueurs, n'y fait pas de victimes. Le prétexte banal d'ajouter quelqu'intérêt au jeu serait déplacé. Certainement ceux d'Échecs et de Dames sont assez intéressans par eux-mêmes, et l'on voudrait souvent perdre quelques pièces d'argent pour gagner la Partie. Ainsi, si par extraordinaire on pouvait, dans certains cas particuliers et extrêmement rares, y jouer quelque chose, ceci ne serait toujours que l'accessoire et jamais le principal, car les Echecs et les Dames sont les seuls Jeux peut-être où l'on ne joue ordinairement rien, et dans lesquels cependant ceux qui s'y livrent prennent autant de plaisir et d'intérêt que s'ils s'y disputaient les plus grands enjeux.

Ces deux Jeux sont donc les seuls qui conviennent aux vrais philosophes, aux esprits profonds, aux ames désintéressées, comme la récréation la plus innocente par elle-même, puisqu'elle est presque toujours sans aiguillon sordide, l'intérêt naturel du jeu l'emportant d'ailleurs même alors sur l'intérêt étranger qu'on voudrait y joindre.

Les Échecs et les Dames sont les seuls Jeux en un mot où l'on ne puisse admettre qu'il y ait des *hasards*.

FIN DU TRAITÉ DE BLONDE.

« N. B. Tout ce qui a été écrit par Blonde sur le *Jeu de Dames* est » compris dans le *Traité* qui précède, si bien complété par M. Alley. On y » trouve exactement exposées les doctrines de ce grand maitre et les décou- » vertes précieuses dont il enrichit le Jeu qu'il pratiqua toute sa vie avec » tant de supériorité. Désormais les commençans auront en lui le meilleur » guide s'ils étudient attentivement ce qu'il a développé sur le *Coup de Ma-* » *zette* et ses analogues, sur la *Position dite du Marchand de Bois*, *celle* » *d'Enchaînement* et *celle des Trèfles*. Ses *Parties entières* sont très-instruc- » tives. Rien de plus ingénieux que sa manière de diviser le Damier en 7 » *Enceintes* pour expliquer la *Partie de trois Dames contre une* dont il a » eu raison de multiplier les exemples.

» Le reste de son travail consiste en une collection nombreuse de *Coups* » *de Dames* et *Fins de Parties*, qui entreront dans la *Liste universelle* des » Coups destinés à former un des sujets les plus intéressans de ce volume. »

P. P

LISTE UNIVERSELLE

DES

COUPS DE DAMES

TANT PUBLIÉS QU'INÉDITS

CLASSÉS

PAR UNE NOUVELLE MÉTHODE

DANS

L'ORDRE LE PLUS NATUREL

La *Liste universelle des Coups* aura deux sections.

La première, sous le titre de Disposition, indiquera la situation des Pièces de chacun des deux Joueurs.

La seconde, sous le titre de Jeu, marquera les mouvemens des Pièces du Joueur A qui a le trait. Dans la plupart des cas, ceux du Joueur B sont des conséquences forcées du Jeu du premier et n'ont pas besoin d'être désignés. Quand il sera nécessaire, ce qui n'arrivera que rarement, on les fera connaitre.

OBSERVATIONS PRÉLIMINAIRES.

Les Coups de Dames offrent aux Amateurs le plus grand intérêt. Non-seulement ils portent le cachet d'habileté qu'ambitionnent tous les adeptes ; mais leur exécution est une source d'agrémens et de charmes qui divertissent et amusent au souverain degré. Si l'attaque régulièrement conduite se termine par une jolie rafle, rien n'égale la satisfaction dont jouit alors le vainqueur. A cet égard il semble qu'ils l'emportent en quelque sorte sur le *Mat des Échecs*, qui s'effectue rarement, parce que le joueur qui doit le subir, abandonne le plus souvent la Partie sans l'attendre ; tandis que le Coup de Dames la termine avec tout l'éclat qui embellit le triomphe. Un bon accueil est donc toujours réservé à tous les recueils de Coups de Dames qui se publient.

Ces Coups sont désormais tellement nombreux qu'au lieu de se servir de phrases comme ont fait les anciens auteurs, il y a indispensablement nécessité de les décrire par une Notation abréviative.

Dès que, dans la désignation des Cases du Damier, j'ai jugé à propos de substituer à l'usage incomplet et insuffisant des 50 premiers numéros de la série naturelle des nombres, l'emploi de ma *Nouvelle Notation technique*, plus simple, plus clair et plus favorable à la description des évènemens du Jeu, j'ai eu à m'acquitter d'une tâche immense. Il a fallu tout changer et tout modifier. Il n'a pas suffi de rassembler les matériaux publiés par nos divers écrivains, je leur ai donné une autre disposition, une autre forme, afin de les mettre à la portée de tous les esprits.

C'est surtout au sujet des Coups de Dames que l'utilité de mon travail se fait reconnaître. On a vu, au frontispice de cette publication, l'exemple d'une situation identique présentée sous quatre faces distinctes, dont le Jeu n'a pourtant qu'une même notation. Il en est de même de tout Coup, de toute position de Dames. Il est indifférent d'attribuer à chacun des deux Joueurs la couleur Blanche ou la couleur Noire ; mais l'Attaque comme la Défense doit ranger régulièrement ses Pièces respectives sur les Cases et les lignes qui lui sont assignées.

Je vais exposer succinctement ma manière de procéder.

Pour mettre en tout de l'ordre et de la méthode je rappellerai qu'à l'instar de P. Mallet, je partage le Damier en deux champs de manœuvre distincts, embrassant l'un et l'autre cinq lignes de Cases dans chacune desquelles il en existe cinq. D'un côté sont les cinq lignes contenant les 25 Cases de l'Attaque A, de l'autre les 5 lignes contenant les 25 Cases de la Défense B. Voir le surplus des détails pages de 11 à 16 ci-dessus.

En France le premier auteur qui décrivit des Coups de Dames à la Polonaise fut Manoury, *Essai* 1770, *Traité* 1787. Il fut suivi par Blonde, *Coups brillans* etc., an VI (1797-1798). Mais l'emploi des Diagrammes ou Petits Damiers offrant les dessins des Coups, date seulement du *Livre de Metz* par Badelle, Huguenin et Lallement, an X 1801. On l'a continué dans la publication de Dufour 1807-1808, Éverat 1811, Commart 1823, Grégoire 1848. Les manuscrits de Blonde en sont remplis. Ceux d'Huguenin et le livre de Van Embden n'ont que le *Damier chiffré*, sans aucun autre dessin.

Mais des collections aussi nombreuses que celle à laquelle je travaille excluent absolument les diagrammes. D'abord pour rendre les dessins complets, il faudrait les quadrupler ; car ils n'offrent que le quart des faces de chaque coup. Et pourquoi supprimer les trois autres ? Ainsi 4,000 Coups exigeraient 16,000 dessins. Quand même on en mettrait 8 à la page, il y aurait 2,000 pages d'impression ou 125 feuilles par exemplaire ; ce serait trois forts volumes. A combien reviendraient les frais ? Cela est donc impraticable.

Par cette raison je me suis vu forcé de représenter les Coups par des chiffres.

Mais comment convient-il de les classer ? faudrait-il réimprimer les traités littéralement tels qu'ils sont dans les auteurs ? Ce serait une bizarrerie : chacun a eu sa manière, et dans un ouvrage encyclopédique il est bon d'établir une sorte d'unité.

Vaut-il mieux les ranger eu égard au nombre de pièces qui les composent? Les auteurs connus n'ont pas tous suivi cette méthode, ni distingué ceux où n'entrent que des Pions d'avec ceux où il y a des Pions et des Dames. Cette séparation n'a pas une grande utilité. D'ailleurs dans la plupart des cas, il se trouve qu'à la fin de la Partie on est arrivé à Dame. Peu importe donc qu'il existe ou non des Dames en commençant. Cela n'est qu'accidentel.

Chez les écrivains l'usage de publier les Coups sans étiquette a prévalu avec raison. Ainsi ont fait DUFOUR, EVERAT et tout nouvellement M. GRÉGOIRE dans son intéressant *Manuel théorique et pratique du Jeu de Dames*—1848.

Cependant il est bon d'adopter un certain arrangement méthodique dans les compilations; cela donne de la facilité pour les recherches. Il m'a semblé qu'on peut disposer les Coups dans ce que je nomme leur ordre naturel. C'est un des manuscrits d'HUGUENIN de Metz qui m'en a suggéré l'idée. (*)

(*) Je nomme ici HUGUENIN, et qui est donc ce HUGUENIN et qu'a-t-il fait?

Les recherches les plus constantes et les plus multipliées à Metz, ont été stériles : je n'ai pu réussir à savoir comment ce personnage y a passé sa vie, quelles y étaient ses occupations, et l'époque de son décès. Seulement un de ses homonymes, frère d'un professeur du même nom, m'a écrit que l'amateur du Jeu de Dames n'était pas de sa famille, et qu'il avait eu des fils qui s'étaient distingués dans la carrière militaire. Son genre de talent, la calligraphie, l'aura maintenu dans quelque emploi de bureau modeste et subalterne.

Mais je puis établir authentiquement les titres d'HUGUENIN à l'estime des partisans du Jeu de Dames, en leur donnant connaissance de ses travaux. Il en a laissé de précieux témoignages en quatre manuscrits qui sont entre mes mains : la *Bibliographie* de M. ALLIEY, article LALLEMENT, (page 15 ci-dessus) explique comment j'en ai été gratifié par les héritiers de défunt le recteur BADELLE, qui les tenait de l'amitié d'HUGUENIN. J'en vais donner une notice succincte; et elle ne manquera pas, je crois, d'intérêt.

Le plus ancien de ces manuscrits est un in-8° relié en veau brun. En tête du volume et à la suite du titre : COUPS DE MANOURY, il s'y en trouve 69. Chacun porte une indication ou étiquette des Pièces qui le composent, ordinairement en 2 lignes B et N. L'exécution vient ensuite. Cela est écrit sur le *recto* des feuillets. Au *verso* Huguenin a mis par-ci par-là quelques notes dans lesquelles il juge des coups en peu de mots. Par exemple : *Coup d'une rare beauté. Très-beau Coup forcé de deux manières. Fort bon. Très-beau Coup*, etc., etc. Je n'ai pas cru devoir conserver ces notes. Le volume, depuis le titre COUPS D'H...... : 46. mis au 72e feuillet, n'en renferme plus que 45; le 81e feuillet a été lacéré. Le dernier Coup est annoncé comme *fait à plaisir*, *en* 1766. J'en reparlerai. A la fin du volume, HUGUENIN a donné la description du *Jeu du Baguenaudier* et un problème d'arithmétique sur la *Manière de deviner l'heure à laquelle quelqu'un doit se lever ou se coucher*.

Le second manuscrit est aussi un in-8°. Je le regarde comme ayant suivi le précédent. Il renferme 533 Coups, tous recueillis par HUGUENIN. Ces Coups sont rangés eu égard au nombre de Pions ou de Dames dont ils sont formés, à commencer par 2 P de chaque côté; ils sont sans numéro. On voit ici combien HUGUENIN avait étendu son travail, puisque sa collection au lieu de 46 Coups atteint au-delà de 500. Le volume est particulièrement soigné : il est relié en maroquin vert, doré sur tranche, dentelle et dos enjolivé sans inscription.

Un troisième manuscrit de format in-16, relié en parchemin, contient 320 Coups d'élite. Chacun d'eux est renfermé en 2 ou plusieurs lignes indiquant séparément les Pièces du B et celles du N, lignes réunies par une accolade à la pointe de laquelle est placé le n° de la Partie. A leur suite est portée l'exécution, article par article, en 2 colonnes dont l'une pour le B et l'autre pour le N. J'y remarque une Partie, n° 269, où HUGUENIN n'a noté que le côté du B, ce qui aurait pu lui inspirer l'idée conçue par BLONDE de faire de même toutes les fois que le second joueur n'a qu'une manière de se défendre. Je considère ce manuscrit comme étant postérieur au précédent,

Je me dispenserai de répéter ici ce qui se trouve exposé à la page 11. Il n'y a pas la moindre difficulté à en faire l'application dans toutes les circonstances.

---

puisqu'HUGUENIN les a triés dans un plus grand nombre. Il est présumable que l'auteur avait fait plusieurs copies de cette liste ; car il existe une table des Coups, petit in-8°, intitulée : *Fins de Partie de Dames les plus dignes de l'attention des Amateurs*, par le Cte HESNEGUE, anagramme d'HUGUENIN. Cette table n'est ni du même format ni du même papier que l'in-16, et elle s'arrête au n° 268. La page blanche qui la termine n'aurait pas suffi pour la continuer jusqu'à 320. A chaque n° compris dans cette table l'auteur donne, le plus souvent en se servant d'initiales, son jugement sur le mérite des Parties. Par exemple : P pour Pion, T B pour Très-bien, T S Très-savant, E Enferme, C^qué Compliqué, T J Très-joli, T F Très-fort, Très-fin, F A P Fait à plaisir, etc. Je n'ai point reconnu l'utilité de conserver ces notes. Il est vraisemblable que la copie à laquelle appartient cette table aura servi aux éditeurs du *Livre de Metz*.

Enfin le 4e manuscrit, le plus moderne suivant toute apparence, et évidemment le plus remarquable, est un cahier petit in-4° ayant pour titre ESSAI *sur les Dames polonaises, par* NUISEVLU, autre anagramme d'HUGUENIN. Au verso il est écrit en très-beaux caractères :

EXPLICATIONS.

Chaque accolade contient les Pions Blancs et Noirs, représentés par les Numéros des Cases du Damier ci-joint. (Il s'agit d'un dessin fort bien fait placé à la fin du cahier).

Les signes qui précèdent quelques positions indiquent des Coups plus ou moins savans ;

SAVOIR :

Coups de seconde force.

Coups de première force.

I'R id. avec une nuance de plus.

Coups de 3e force ou de commençans.

C'est là tout ce qu'HUGUENIN a mis de texte dans ses manuscrits. Je n'ai pas cru qu'il fût à propos d'annexer à ses Coups les signes qui les précèdent, parce que leur classement ne pourrait subsister tel que l'auteur l'avait fait ; mais j'ai voulu faire connaître ce que je considère comme une preuve de sa sagacité, quoique sa manière de voir ne soit plus applicable aux *Coups de Dames*.

J'ignore si HUGUENIN avait décrit l'exécution de ces *fins de Partie* qui sont au nombre de 580 : c'eût été la matière d'un autre cahier que n'avait point BABELL.

Comme l'auteur avait affecté un titre déterminé à ce dernier manuscrit, il y a lieu de croire qu'il avait formé le dessein d'en publier le contenu. Il y avait disposé les Coups en leur assignant un ordre dépendant de la première Case qu'ils occupaient sur le Damier conformément à la Nota-

On a déjà vu, pages 42, 45, 49, 51, 52, et de la page 60 à la page 82, un grand nombre d'exemples où la *Notation technique* est employée à dépeindre clairement différentes situations des Pièces. D'après cela je puis montrer quelle marche j'ai suivie dans la description des Coups.

Pour les Pièces appartenant à l'Attaque A, je commence aux Cases de la première Ligne, que je ne quitte pas avant d'avoir désigné les P ou D qui les occupent. De là je passe à la 2e Ligne, puis à la 3e et successivement à la 4e, à la 5e, puis à la 5' adverse, après à la 4', à la 3', à la 2', enfin à la 1'. Le chiffre 1 est omis dans la désignation des Cases de la 1re Ligne et de la 1re Ligne adverse.

Pour les Pièces appartenant à la Défense B, je procède exactement de la même manière. Je remplis d'abord les Cases de sa 1re Ligne, et successivement celles de sa 2e, de sa 3e, de sa 4e, de sa 5e, puis de la 5', de la 4', de la 3', de la 2', et finalement de la 1' en supprimant le chiffre 1 comme inutile dans la description de sa 1re Ligne et de la 1re Ligne adverse.

De là j'arrive à classer tous les Coups en les distribuant d'après leur composition à l'égard des Pièces de l'attaque, marquée en tête de sa colonne par la lettre A.

Je commence la *Liste universelle* par les Coups dont les Pièces sont sur les 5 Cases de la 1re Ligne, 1, 2, 3, 4, 5. Ils sont suivis de ceux qui les ont sur les 1, 2, 3, 4; ceux-ci des Coups qui les ont sur 1, 2, 3; ceux-ci des Coups qui commencent par les 1, 2; ceux-ci des Coups qui n'occupent que la 1.

---

tion du *Traité de* Manouri. Ainsi la première Partie commençait à la Case 8, la seconde à la Case 10, les quatre suivantes à la Case 11, après venaient 11 Parties commençant au n° 12, 15 Parties au n° 13 et ainsi de suite jusqu'au n° 37. Là se termine une première série de Coups tour-à-tour interrompue et reprise par intervalles en fragmens divers. Une seconde série dont la première Case commence au n° 2, va graduellement finir au n° 32. L'auteur avait fait cette addition à sa première suite pour classer de nouvelles Parties de la même manière. Il est étonnant qu'ayant saisi une fort bonne idée, il ne l'ait pas conduite à la conséquence de coordonner d'une manière analogue les autres Pièces de chaque situation, et d'arriver ainsi à un système régulier de classement. La faute en est sans doute à la notation dont il se servit et qu'il ne soupçonnait pas d'être défectueuse.

Dans tout le cahier Hoguenin s'est dispensé de marquer d'un B la Partie du Blanc et d'une N la Partie du Noir. S'il avait eu connaissance de l'*Essai de* Manouri on peut penser qu'il en aurait suivi l'exemple en marquant de la lettre A les Pièces du Joueur qui a le trait, et de la lettre B celles du Joueur opposé; ce qui serait mieux qu'affecter une couleur à chacun.

Si on relève les 4 manuscrits d'Hoguenin on trouvera que 1477 Coups y sont décrits; mais sur ce nombre il faut en défalquer 720 pour doubles emplois, de sorte qu'en réalité il n'en reste que 757.

Ensuite viennent les Coups commençant par 2, 3, 4, 5, suivis de 2, 3, 4, puis de 2, 3, enfin de 2.

Après cela je passe graduellement à 3, 4, 5, à 3, 4, à 3 et je continue en traitant 4, 5; 4, enfin 5.

La première Ligne épuisée, j'entame la 2e, que je parcours pareillement. A la droite du chiffre marquant la dernière Case occupée dans la Ligne, j'écris à droite et un peu plus haut, comme cela se pratique en algèbre pour les exposans, le chiffre ^{2} qui indique que les Cases désignées appartiennent à la 2de Ligne.

Le chiffre ^{3} indique les Cases de la 3e Ligne, ^{4} celles de la 4e, ^{5} de la 5e, $^{5'}$ de la 5e adverse, $^{4'}$ de la 4e adverse, $^{3'}$ de la 3e adverse, $^{2'}$ de la 2de adverse., ' de la première Ligne adverse.

Par ce moyen, les Coups ont un arrangement analogue *à célui des mots dans un dictionnaire*. Un coup d'œil sur les pages imprimées suffira pour éclaircir ce que mon exposé aurait encore de vague et d'incertain.

On peut juger tout d'abord du bon effet que produit ce classement. Par exemple le no 1 représente la disposition du Jeu avant de commencer la Partie, et les nos suivans désignent le *Coup de Mazette*, où se trouve le premier avantage qu'il est possible d'obtenir en débutant (2 Pions), etc.

Ainsi j'ai évidemment suivi la marche la plus naturelle.

Je n'ai rien à observer sur la Partie de la Défense; elle a reçu exactement de semblables signes, ordonnés dans le même système. Je l'indique par la lettre B en tête de sa colonne.

Telle est la première section de la *Liste universelle*.

Examinons la seconde, où est le Jeu, c'est-à-dire, l'exécution des Coups.

Le no 1 a pour solution toutes les Parties entières. Le chapitre VI en renferme assez pour servir d'exemples.

Déjà j'ai observé que, dans presque tous les cas, il suffit d'indiquer les mouvemens qui se font du côté de l'attaque A; ceux du côté de la Défense B en dépendent tellement qu'ils n'ont qu'une façon d'y répondre et *sont forcés*. Il devient donc inutile de les décrire. Voir ci-dessus ce que dit Blonde à ce sujet, pages 22 et 23.

Dans les rares circonstances où cela deviendra nécessaire, les mouvemens d'A occuperont la première ligne, et ceux de B la seconde.

La *Notation technique* indique nettement la place des Pièces, soit Pions soit Dames; il lui reste à marquer comment elles en sortent.

Cela se fait aisément.

Le Pion sortant de sa place, indiqué par le chiffre de sa Case, va *à droite* s'il ne porte point de signe, et *à gauche* s'il a près de lui la lettre g.

Le mouvement de la D est indiqué par le chiffre de la Case où elle se pose. Mais si plusieurs D aboutissent au même point, il est indispensable de désigner alors celle qui se meut par le chiffre de la Case de départ, et en même tems celle où elle se pose.

Lorsqu'un P ou bien une D fera une prise de P ou de D, cela se marquera par deux points : mis à sa droite. On indiquera en outre quelles Pièces on enlèvera, et on en désignera le nombre.

Dans une multitude de Coups j'ai cru devoir pousser le Jeu jusqu'à désigner la prise de Pièces qui les caractérise. S'arrêter auparavant a toujours été à mes yeux une véritable lacune qu'il convenait de faire disparaître. Les amateurs ne me désapprouveront pas. Cette mention de Pièces prises est, selon moi, préférable à l'usage d'étiqueter les Coups.

J'essaierai aussi, par une nouvelle méthode, de numéroter les traits joués, ce qui jusqu'alors n'avait été pratiqué que dans le Traité de Manoury.

Après ces observations je me permettrai d'ouvrir mon sentiment sur le caractère qui distingue en général les Coups divers de nos grands maîtres.

Manoury en a donné une centaine qui sont tous fort jolis. Il déclare qu'ils ont été faits en jouant, mérite qui les recommande à l'estime des amateurs.

Huguenin en avait fourni au *Livre de Metz*, dont il était collaborateur, plus de 250 qu'il tira de sa collection, dans laquelle j'en ai compté jusqu'à 757. Ainsi, outre ceux-là j'en publie au-delà de 500 qui sont inédits. Il n'a donné le Jeu que d'environ 367 : j'ai complété le reste, à peu près 590. Généralement tous les Coups d'Huguenin ne présentent pas de très-grandes difficultés. Par là ils me paraissent fort utiles. C'est par eux, par ceux de Manoury, et par ceux du *Livre de Metz* simultanément, que je conseillerais volontiers aux débutans de commencer l'étude des *Fins de Partie de Dames*. Ce sont les combinaisons les plus élémentaires et les plus à leur portée.

Everat en a fait imprimer une intéressante collection de 465 sur laquelle M. Alliey s'explique avec sagacité en lui rendant justice. Voyez ci-dessus sa *Bibliographie* pages 9, 10 et 11. Les commençans pourraient passer à cette collection en sortant de celle de Manoury, d'Huguenin et du *Livre de Metz*.

Auparavant avait été publié le *Recueil de Dufour* : il contient plus de 600 Coups de Dames. Voyez la *Bibliographie* de M. Alliey ci-dessus, page 7 et suivantes. Il s'y trouve des coups transcendans qu'Everat juge trop forts pour être compris par les débutans et même par les Joueurs de capacité ordinaire. On ferait donc bien de ne les étudier qu'en dernier lieu.

Il en est de même des 200 Coups de COMMARD, où il y en a tant d'admirables. SONZOGNO y a choisi les 12 qu'il produit pour exemple « de la force » à laquelle on peut arriver à ce jeu, force, dit-il, qui outre-passe presque » la conception humaine. »

Les Coups de BLONDE (*) sont dignes d'attention. Ils mériteraient tous qu'on y mît cette inscription : *beau*, *admirable*, *ingénieux*. Il y en a de toutes les forces, ce qui en rendra l'étude bien utile. On peut voir au chapitre VII du Traité ce qu'il dit des 56 fins de Partie qu'il y a citées, et au chapitre XII qu'il y en avait inséré 205, qu'il dit avoir été faites en jouant. Comme il y en a ajouté un fort grand nombre depuis, cette particularité ne s'est vraisemblablement pas rencontrée dans toutes. Mais elles n'en ont pas moins infiniment de prix.

Tout récemment M. GRÉGOIRE, maître de première force, qui a eu le plaisir de jouer aux Dames avec BLONDE, LAMONTAGNE et autres gens du plus grand mérite, a publié son *Nouveau Manuel théorique et pratique du Jeu de Dames à la Polonaise* (1848) accompagné de 206 Coups dessinés et lithographiés sur 17 cartons. C'est une production charmante. Les 30 premiers numéros sont des *Parties élémentaires*, et, jusqu'au n° 192, ils sont suivis d'autres Parties, où l'on rencontre de grandes difficultés. Les 12 derniers offrent,

---

(*) Grace à M. ALLAIN, j'ai en ma possession tous les ouvrages de BLONDE sur le *Jeu de Dames*. Ils consistent en 43 manuscrits. Outre *le Traité de* MANOURY (1787) fesant un cahier, et le *Livre de Metz* aussi un cahier, BLONDE a copié, retourné dans tous les sens, le *Recueil de Dufour* qu'il a réparti en 20 différens cahiers avec le *Manuel d'*ÉVERAT. La copie de MALLAT en occupe deux autres. VAN-EMBDEN forme le 25e et la *Table du Livre de Metz* le 26e. Il en reste donc 17 contenant le travail qui lui est propre. Tout cela se compose d'une multitude de *Diagrammes* représentant plus de 4000 *Coups de Dames*, presque tous avec l'indication en marge du Jeu des Blancs, à qui le plus souvent est le trait. Si on en défalque ce qui appartient aux divers auteurs de Traités et de Collections, il restera environ 1700 dessins tracés par BLONDE. Mais après cela il y aura également à diminuer les répétitions, les doubles-emplois qui sont inévitables dans le cours d'un travail prodigieux dont l'auteur s'est occupé durant bien des années, à différentes reprises, et pour ainsi dire à bâtons rompus. Mon classement les fera disparaître et réduira de beaucoup les *Coups de Blonde*, qui néanmoins constitueront long-temps la collection la plus considérable et la plus précieuse « *due au même maître* ».

BLONDE n'avait pu suivre ni ordre ni méthode dans l'arrangement de ses Coups, et son Recueil les donne sans plan et au hasard. Il est à présumer qu'il les aurait en définitive assujétis à plus de régularité quand il en serait venu à mettre au jour les intéressans résultats de ses constantes études sur le jeu qu'il entendait si parfaitement ; mais il n'a laissé aucune note sur ses projets, en sorte qu'on en est réduit à d'insuffisantes et inutiles conjectures à cet égard.

pour la première fois, la Partie de *Qui perd gagne*. Les 205e et 206e Coups nommés *les Contraires* et dessinés sur l'étiquette du manuel, sont réellement prodigieux. Les 30 Coups faciles seraient convenablement étudiés avec ceux d'*Huguenin;* mais on ferait bien de réserver le surplus pour le *bouquet*.

M. Alliey m'a procuré seulement une quarantaine de Coups qui feront regretter qu'ils ne soient pas en plus grand nombre. Ils seront goûtés des amateurs.

COMPLÉMENT DE LA NOTATION TECHNIQUE.

Le *Jeu des Coups* nécessite l'usage de plusieurs signes accessoires pour marquer, dans la Notation, les résultats des mouvemens exécutés.

J'ai dit, page 15, que les Pions se portent *de gauche à droite*, ou *de droite à gauche;* que cette évolution est indiquée par la lettre g dans le premier cas, et qu'elle n'a aucun signe dans le second. Lorsqu'un P prend des Pièces, les P ou D qu'il enlève du Jeu se marquent à la droite des deux points : dénotant la prise.

Exemple. 5² : 5 P + 3 D 1¹ = D

doit se lire ainsi : *le P de la 5e Case de la 2de ligne* prend 5 *P* et 3 *D*, s'arrête *à la 1re Case de la 1re ligne adverse*, *et* devient D.

Autre Exemple. 3 : P 2³

Lisez : *le P de la 3e Case de la 1re ligne* prend *un P et* s'arrête *à la 2e Case de la 3e ligne*.

C'est en dire suffisamment.

Déjà depuis long-tems les imprimeurs ont supprimé le caractère &. qui était la dernière lettre de l'alphabet. Je m'en serais volontiers servi ; mais vu que c'est impossible, je le remplace par le signe + que les mathématiciens prononcent *plus* et que je fais lire *et*, comme on vient de le voir.

N. B. Le mouvement des P *à droite* et *à gauche* s'entend toujours du Joueur A qui a le trait, quand même le P serait placé sur une des lignes adverses. Si on indique une manœuvre du Joueur B, la lettre g marque alors la *gauche* de ce Joueur et l'absence de signe *sa droite*. Cela se conçoit.

La lettre j mise à la suite d'un Coup signifie que l'auteur le donne comme ayant été fait *en jouant*.

Les chiffres qui suivront les signatures sont les nos des Coups dans les Recueils existans. Les nos des Coups de Blonde et d'Huguenin seront mis dans l'ordre naturel des nombres, puisqu'ils n'ont pas encore été imprimés tous.

AUTEURS DES COUPS DE DAMES.

NOMS.	SIGNATURES.
Alliey,	A
Blonde, Tous les Coups qui n'ont point de signature appartiennent à Blonde. Ceux de sa publication de l'an XI sont marqués d'un astérisque *	
Commard,	C
Dufour,	D
Everat,	E
Grégoire,	G
Hennequin,	HN
Huguenin,	H
Manouri, (*Essai*)	M *
Idem (*Traité*)	M
Livre de Metz	MZ
Palamède. (Les auteurs marqués par leurs initiales à la suite du P)	P
Van Embden	VE

Il est à propos de faire connaître les auteurs qui sont désignés dans les collections.

Dans Blonde,	Commard,	B C
»	Dufour,	B D
»	Everat,	B E
»	La Montagne,	B LM
»	Manouri,	B M
»	*Livre de* Metz,	B MZ
Dans Dufour,	Aubri,	D A
»	* Bertrand,	D B
»	Blonde,	D BL
»	Bonneau,	D BO
»	Boutillier,	D BT
»	Boyer,	D BY
»	Chalon,	D C
»	Chevallier,	D CH
»	Clérambault,	D CL
»	Combet,	D CO
»	Commard,	D CR
»	C......,	D C...
»	Dalpuget,	D D
»	Dardennes,	D DA
»	Dessi,	D DE
»	Douines,	D DO
»	Everat,	D E
»	Fontaine,	D F
Dans Dufour, (suite)	Godiot,	D G
»	Hardanpont,	D H
»	Harvant,	D HV
»	Le Hollandais, voyez Spencer.	
»	Inconnu,	D I
»	Lacluf,	D L
»	Lacour,	D LA
»	Lagrenée,	D LG
»	Lamontagne,	D LM
»	Lande,	D LN
»	Léger,	D LR
»	Lemaitre,	D LT
»	Manouri,	D M
»	Marchant,	D MA
»	Mardoché,	D MD
»	Un Patre *de l'Aveyron*,	D P
»	Philidor,	D PH
»	Rebours,	D R
»	R....,	D R...
»	Spencer dit le Hollandais,	D SH
»	Thévenot,	D T
»	T....,	D T...
»	Villenavoie,	D V
»	Wolff l'aîné,	D W
»	Wolff le jeune,	D Wje
Dans Everat	Blonde,	E B
»	Commard,	E C
»	Desnaudières,	E D
»	La Montagne,	E LM
»	Spencer le Hollandais,	E SH
Dans Grégoire,	Blonde,	G B
»	Chalon,	G C
»	Commard,	G CR
»	Dufour,	G D
»	Hardanpont,	G H
»	Harvant,	G HV
»	La Montagne,	G LM
»	Lande,	G LN
»	Philidor,	G PH
»	Simon (Ch.)	G S(Ch)
»	Spencer dit le Hollandais,	G SH

Dans Commard,	M. Fouteneau,	C F
Dufour inédit,		D*
Dans Dufour inédit,	Aubri,	D*A
»	Bertrand,	D*B
»	Blonde,	D*BL
»	Bonneau,	D*BO
»	Boutillier,	D*BT
»	Boyer,	D*BY
»	Chalons,	D*C
»	Chevallier,	D*CH
»	Clérambault,	D*CL
»	Combet,	D*CO
»	Commard,	D*CR
»	Corbigny,	D*CB
»	Dalfuzet,	D*D
»	Dardennes,	D*DA
»	Dessi,	D*DE
»	Douines,	D*DO
»	Everat,	D*E
»	Fontaine,	D*F
»	Goujot,	D*G
»	Hardanfont,	D*H
»	Harvant,	D*HV
»	Le Hollandais,	D*SH
»	Inconnu,	D*I
»	Laclef,	D*L
»	Lacour,	D*LA
»	Lagrenée,	D*LG
»	Lamontagne,	D*LM
»	Lanoé,	D*LN
»	Léger,	D*LR
Dans Dufour inédit,	Lemaitre,	D*LT
»	Manoury,	D*M
»	Marchant,	D*MA
»	Mardochée,	D*MD
»	Philidor,	D*PH
»	Ribours,	D*R
»	Rotrou,	D*RO
»	Spencer voyez Le Hollandais.	
»	Thévenot,	D*T
»	T....,	D*T...
»	Villesavoie	D*V
»	Wolff l'aîné,	D*W
»	Wolff le jeune,	D*W je
Dans M. Grégoire,	Everat,	G E
M. Grosdemange,		A. G.
M. Lacroix,	M. Eug***	LC. Eug***
»	M. Grégoire, j	LC. G. j.
M. Largeteau,		L.
Dans M. Largeteau,	Anonyme,	L. A
»	M. Etienne,	L. E
»	M. Hennequin,	L. H
»	M. Séguin,	L. S
Livre de Metz (hors série),		M*
M. Patot-Vence,		P V
Dans M. Patot-Vence,	M. Etienne,	PV*E
»	M. Louis de Marseille,	PV*L.
M. Van-Tenac,		V T
Dans M. Van-Tenac,	M. Hennequin,	VT H

Après l'initiale de M. Grégoire G., les lettres Q. P. G. signifient *Partie à Qui Perd Gagne.*

LISTE UNIVERSELLE

DES

COUPS DE DAMES

1° DISPOSITION

	Joueur A	Joueur B
1.	12345,12345^{2},12345^{3},12345^{4}	12345,12345^{2},12345^{3},12345^{4} Mz 1.
2.	12345,12345^{2},12345^{3},1245^{4},3^{5}	12345,12345^{2},1345^{3},12345^{4},3^{5} C. de Morelle. Ms 68.
3.	12345,12345^{2},12345^{3},1245^{4},4^{5}	12345,12345^{2},1235^{3},12345^{4},3^{5} C. de Morelle. Ms 69.
4.	12345,12345^{2},1235^{3},235^{4},234^{5}	12345,12345^{2},1345^{3},1234^{4},2^{5},1$^{5'}$ 1.
5.	12345,12345^{2},1345^{3},1245^{4},14^{5}	12345,12345^{2},135^{3},12345^{4},13^{5} 2.
6.	12345,12345^{2},1345^{3},1345^{4},12^{5}	12345,12345^{2},145^{3},12345^{4},12^{5} 3.
7.	12345,12345^{2},2345^{3},124^{4},12^{5}	345,1234^{2},2345^{3},12345^{4},23^{5},4$^{5'}$ D° 1.
8.	12345,12345^{2},235^{3},2345^{4},123^{5}	12345,12345^{2},135^{3},12345^{4},13^{5} 4.
9.	12345,12345^{2},4^{3},1^{4},3^{5},4$^{5'}$	3,1^{2},1235^{3},34^{4},125^{5},5$^{5'}$,34$^{4'}$ 5.
10.	12345,1235^{2},1235^{3},25^{4},2^{5},1$^{5'}$	235,12345^{2},123^{3},234^{4},3^{5},1$^{5'}$, 6.
11.	12345,1235^{2},1345^{3},12345^{4},2^{5},1$^{5'}$	12345,12345^{2},235^{3},12345^{4},35^{5} 7.
12.	12345,1235^{2},13^{3},5^{4},2^{5},5$^{5'}$	34,123^{2},24^{3},134^{4},13^{5},14$^{4'}$ 8.
13.	12345,1235^{2},2^{3},1^{4},12^{5},5$^{4'}$	1,234^{2},3^{3},134^{4},24^{5},5$^{5'}$,4$^{4'}$,45$^{3'}$ 9.
14.	12345,1245^{2},235^{3},2^{4},1234^{5}	145,12345^{2},14^{3},1345^{4},12^{5} 10. A 1.
15.	12345,1245^{2},24^{3},3^{4},34^{5},24$^{5'}$	135^{2},12345^{3},124^{4},5^{5},15$^{5'}$,5$^{4'}$,1$^{3'}$ 11.
16.	12345,1^{2},5^{3},4^{4},14^{5}	234^{3},5^{4},4^{5},2$^{5'}$,2$^{4'}$,12$^{3'}$,5$^{2'}$ 12. Ch. XII 202.
17.	12345,2345^{2},12345^{3},245^{4},123^{5}	1345,12345^{2},2345^{3},1235^{4},13^{5},4$^{5'}$ 13.
18.	12345,2345^{2},124^{3},24^{4},4^{5},15$^{5'}$,5$^{4'}$	2345,D1234^{2},2345^{3},34^{4},15$^{5'}$ D° 2.
19.	12345,234^{2},14^{3},1345^{4},12^{5},1$^{5'}$	134,2345^{2},12345^{3},345^{4},34^{5} 14. P^{on} du M^{d} de bois.
20.	12345,245^{2},1345^{3},1234^{4},134^{5}	135,1235^{2},245^{3},12345^{4},124^{5} 15.
21.	12345,24^{2},12345^{3},35^{4},13^{5}	2345^{3},234^{4},245^{5},4$^{5'}$ 16. G 201. Q P G.
22.	12345,25^{2},1345^{3},1234^{4},134^{5}	35,1235^{2},245^{3},12345^{4},124^{5} D° 3.
23.	12345,345^{2},25^{3},124^{4},2^{5},1$^{5'}$	12,123^{2},135^{3},245^{4},1$^{5'}$,35$^{4'}$,1$^{3'}$ 17.
24.	12345,345^{2},3^{3},125^{4},23^{5},5$^{4'}$	12,1234^{2},45^{3},134^{4},2^{5},45$^{5'}$,1$^{3'}$ 18.
25.	12345,35^{2},125^{3},45^{4},5^{5},15$^{5'}$,5$^{4'}$	123,12345^{2},24^{3},24^{4},34^{5},14$^{5'}$ 19.
26.	D12345,3^{2},124^{3},3^{4},25^{5},1$^{5'}$,1$^{4'}$,1$^{3'}$,D1$^{2'}$	24D5.5^{2},34D5^{3},5^{4},345^{3},235^{4},35^{5},4$^{4'}$,5$^{2'}$ 20.
27.	D12345,3^{2},124^{3},3^{4},25^{5},1$^{5'}$,1$^{4'}$,1$^{3'}$	24D5,15^{2},345^{3},35^{4},35^{5},4$^{4'}$,5$^{2'}$ 21.
28.	D12345,3^{2},124^{3},3^{4},25^{5},1$^{5'}$,1$^{4'}$,1$^{3'}$	24D5,5^{2},3D45^{3},235^{4},3D5^{5},D4$^{4'}$,5$^{2'}$ VE 96.
29.	12345,45^{2},234^{3},1235^{4},13^{5}	5,345^{2},1234^{3},234^{4},123^{5},45$^{5'}$ PV°
30.	12345,45^{2},34^{3},34^{4},4^{5},15$^{5'}$,5$^{4'}$,1$^{3'}$	2,1234^{2},3^{3},123^{4},234^{5},3$^{5'}$,5$^{4'}$,15$^{3'}$ 22. DB V 79.

31. $12345,45^{2},3^{3},234^{4},25^{5},4^{6'},1^{7'}$ — $2,2345^{2},134^{3},235^{4},3^{5},1^{6'},1^{8'}$, DMD 431.
32. $12345,4^{2}.345^{3},34^{4}.2^{5},5^{6'},5^{4'}$ — $1234^{2},24^{3},1234^{4},1^{5},5^{6'},5^{4'},5^{2'}$ 23. A 2.
33. $12345.4^{4},4^{5}.3^{6'},23^{4'},3^{3'},1^{2'}$ — $34^{5},45^{2},45^{3},5^{4},2^{5'},2^{4'},23^{3'},25^{2'}$ 24.
34. $12345.4^{4}.5^{5},3^{6'},23^{4'},23^{3'},1^{2'}$ — $345,45^{2},D45^{3},5^{4},2^{5'},2^{4'},D23^{3'},D25^{2'}$ VE 84.
35. $12345,4^{4},5^{5},3^{5'},23^{4'},23^{3'},1^{2'}$ — $345,45^{2},45^{3},5^{4},2^{5'},2^{4'},23^{3'},25^{2'}$ 25.
36. $1234.1245^{2},1^{3},1^{4},1^{5},2^{6'},5^{4'},5^{3'}$ — $4,2345^{2},3^{3},234^{4},4^{5},5^{6'},35^{4'},4^{3'}$ 26.
37. $1234,12^{2},23^{3},235^{4},5^{5},12^{6'},2^{3'}$ — $1235,345^{2},15^{3},345^{4},35^{5},12^{6'}$ DCj 216 M 67 Mz 51
38. $1234,135^{2},5^{3},15^{4},2^{5},1^{3'}$ — $13,34^{3},25^{4},35^{5},3^{6'},1^{3'},D5'$ PV*.
39. $1234,13^{2},235^{3},23^{5},24^{6'}$ — $4,12345^{2},134^{3},15^{4},1^{5},1^{6'},1^{3'}$ D DA 432.
40. $1234,145^{2},1245^{3},45^{4},2^{6},15^{6'}$ — $5,1234^{3},3^{4},23^{5},3^{5'},3^{4'},3^{3'}$ G 200. QPG.
41. $1234,14^{2},245^{3},34^{4},345^{5}$ — $123^{2},245^{3},1345^{4},14^{5},12^{6'},1^{3'}$ 27.
42. $1234,14^{2},2^{3},3^{4}.134^{5},23^{5'},3^{4'}$ — $5,12345^{2},124^{3},145^{4},5^{5},1^{3'}$ E 175.
43. $1234,234^{2},3^{3},235^{4},4^{5},2^{6'}$ — $2.1^{2},1234^{3}.3^{4},4^{5},5^{6'},1^{4'},1^{3'},5^{2'}$ B 4. C 53.
44. $1234,235^{2},135^{3},25^{4},15^{5},1^{6'},45^{4'}$ — $235,12345^{2},123^{3},23^{4},3^{5},4^{6'}$ M* 32. Coup de Clinquant. M 36. Mz 6. A 3.

45. $1234,23^{2},235^{3},25^{4},2^{6'},D1'$ — $23\ D5^{2},34^{3},34^{4},3^{5},4^{6'},4^{4'},1^{3'},45^{2'}$ 28. DHV 223.
46. $1234,245^{2},15^{3},245^{4},24^{5},1^{6'}$ — $3,1234^{2},24^{3}.1345^{4},24^{5},1^{6'},1^{4'}$ D à F 243.
47. $1234,24^{2},3^{3}.2^{4},23^{5},4^{5'},3^{4'},3^{3'},2^{2'}$ — $2,D5^{3},14^{4},1D5^{6'},15^{4'},15^{3'}$ VE 89.
48. $1234,2^{2}\ 234^{3}.125^{4},25^{5},1^{6'}$ — $3,12345^{2},14^{3},24^{4},23^{5},13^{5'},1^{3'}$ C 131. B 5.
49. $1234,345^{2},234^{3},23^{4},34^{6'}$ — $12345^{2},124^{3},25^{4},25^{5},5^{5'},1^{3'}$ D* 4.
50. $1234.34^{2},135^{3},245^{4},1^{6'}$ — $25^{2},1234^{3},125^{4},245^{5},2^{6'}$ C 165. B 5.
51. $1234,34^{2},235^{3},4^{4},45^{5},1^{4'},1^{3'}$ — $3,2^{2},2345^{3},3^{4}.1345^{5},2^{6'},3^{4'}$ C 137.
52. $1234,45^{2},235^{3},23^{4},5^{6'}$ — $1234^{2},134^{3},135^{4},2^{5},5^{5'},1^{3'}$ DLG 430.
53. $1234,4^{2},234^{3},124^{4}.23^{5},1^{5'},4^{4'}$ — $124.123^{2},234^{3},25^{4},3^{5},5^{2'}$ C 151.
54. $1234,4^{2},4^{3},234^{4},145^{6'},5^{3'}$ — $D35,14^{3},23^{5},5^{6'},1^{4'},1^{3'},5^{2'}$ DLM 163.
55. $1234\ 4^{3},1^{4}\ 235^{5},12^{6'},125^{4'},2^{3'}$ — $1234,14^{2},15^{3},5^{5},5^{4'},1^{3'}\ D5^{2'}$ D* CR 5.
56. $1234,5^{3},34^{4},12^{5},45^{5'},1^{4'}$ — $345.2^{2},1345^{3}.3^{4},1^{3'},5^{2'}$ C 119.
57. $1235,124^{2},234^{3},1^{4},2^{5}\ 23^{6'},2^{4'}$ — $1,1234^{2},134^{3},145^{4},1^{5},1^{6'},1^{3'},5^{2'}$ E 221.
58. $1235,124^{2},23^{3},23^{4}.35^{5},3^{6'}$ — $2D3.245^{2},12^{3},45^{4},145^{5}\ 1^{3'}$ D* BL. 6.
59. $1235,14^{2},125^{3},4^{4},14^{5},2^{5'},5^{3'},D5'$ — $124.1235^{2},1^{3},14^{4},14^{5},3^{5'},25^{4'}.3^{3'},D4'$ D 23.
60. $1235.2345^{2},34^{3},2^{4},345^{5}.2^{6'}$ — $34.2^{2},1345^{3},245^{4},15^{5},12^{6'},5^{4'}$ D PH 322.
61. $1235,24^{2},245^{3}.3^{4},34^{5},5^{4'}$ — $35,123^{2},4^{3},1234^{4}.24^{5},5^{6'},1^{3'}$ 29.
62. $1235,2^{2},25^{3},24^{4},24^{5},12^{5'},1^{4'}$ — $23,145^{2},134^{3},345^{4}.5^{5},1^{5'},1^{3'},5^{2'}$ DE 489.
63. $1235,345^{2},35^{3},125^{4},2^{5},1^{6'}$ — $4,123^{2},14^{3},235^{4},34^{5},4^{5'}.4^{4'},1^{3'}$ 30.
64. $1235,35^{2},134^{3},123^{4},235^{5},14^{6'}$ — $2,12345^{2},1235^{3}.2345^{4},235^{5}$ D. LM 282.
65. $1235,35^{2},35^{3},245^{4},235^{5},1^{6'},1^{4'}$ — $123,2^{2},1235^{3},2345^{4},3^{5},1^{5'},1^{3'}$ D* 7.
66. $1235,3^{2},134^{3},234^{4},34^{5},24^{6'}$ — $124,12345^{2},35^{3},245^{4},15^{5},1^{6'}$ D* à LM. 8.
67. $1235,4^{2},23^{3},2^{4},24^{5},4^{6'},2^{4'},2^{3'}$ — $135,25^{2},14^{3},15^{4},1^{5},1^{6'},5^{2'}$ DV 392.
68. $1235,5^{2},14^{3},34^{4},45^{5},25^{5'},4^{4'}$ — $5.1235^{2},34^{3},235^{4},2^{5'},2^{4'},4^{2'}$ C 31.
69. $1235,5^{2},15^{3},345^{4},25^{5}$ — $1,123^{2}.135^{4},134^{5},1^{6'}$ 31 A'.
70. $1235,5^{2},15^{3},45^{4},25^{5},2^{6'},5^{3'}$ — $23,235^{2},24^{3},3^{4},134^{5},13^{5'},3^{3'}$ D* à M 9.
71. $1235,5^{2},25^{3},2345^{4},3^{5},1^{6'},5^{3'}$ — $24,1235^{2},123^{3}.23^{4},23^{5},1^{6'}$ D* HV 10.
72. $1235,5^{2},25^{3},34^{4},25^{5}$ — $13,123^{2},135^{4},134^{5},1^{6'}$ DLN 433.
73. $1235,5^{2},345^{3},245^{4},235^{5},1^{6'}$ — $123,2^{2},12345^{3},235^{4},23^{5},1^{6'}$ 32.
74. $1235,5^{2},345^{3},245^{4},235^{5},1^{6'}$ — $123,2^{2},1235^{3},2345^{4},23^{5},1^{6'}$ M 44. Mz 53.
75. $1235,4^{3},14^{4},1^{5},13^{6'},2^{4'}$ — $24,234^{2},1^{3},4^{5},3^{6'},2D5'$ DLG 2.
76. $123,12345^{2},35^{3},5^{4},35^{5},5^{6'},45^{4'}$ — $135,12345^{2},34^{3},12^{4},2^{5},14^{5},1^{3'}$ 33. B 5.
77. $123,1235^{2},134^{3},234^{4},2^{6'}$ — $4,123^{2},135^{3},2345^{4},15^{5},1^{6'}$ D CO 378.
78. $123,12345^{2},234^{3},23^{4}.4^{5},3^{7'},1^{4'}$ — $12D3,245^{2},1^{3},45^{4},45^{5},1^{3'}$ D BL. 117. 34 Ch. XII 189

79. 123,1245^{2},235^{3},2^{4},1234^{5} 134,1234^{2},14^{3},1345^{4},12^{5} D* à BT 11.
80. D123,1^{2},45^{3},2345^{4},4$^{5'}$ D5,123^{2},D135^{3},23^{4},25^{5},1$^{5'}$ D LM 624.
81. 1D23,1^{2},3^{4},45$^{5'}$,345$^{6'}$ 3,235^{2},23^{3},D15$^{5'}$,5$^{3'}$ 35.
82. D1D2D3,D1^{2},D5$^{6'}$,D5$^{2'}$,D3D4D5' D1,D2,D1^{3},D1^{5},D1$^{6'}$,D5$^{6'}$,D5$^{2'}$,D4D5' 36
83. 123,2345^{2},14^{3},34^{4},5^{5},125$^{5'}$,4$^{6'}$ 25,123^{2},34^{3},23D5^{4},2$^{5'}$,25$^{6'}$ D CR 232.
84. 123,2D3^{2},34^{3},35^{5},45$^{6'}$,1$^{4'}$ 23,234D5^{2},34^{3},4$^{6'}$,1$^{4'}$,1$^{8'}$ D W 446.
85. 123,245^{2},245^{3},14^{4},4^{5},2$^{6'}$ 123^{2},13^{3},234^{4},14^{5},23$^{6'}$,1$^{3'}$ 37.
86. 123,245^{2},45^{3},14^{4},5$^{5'}$,45$^{4'}$ 5,12345^{2},2^{3},12^{4},134^{5},34$^{5'}$ 38.
87. 123,25^{2},23^{3},14^{4},15^{5},2$^{6'}$ 1,4^{2},13^{3},1D35^{4},4^{5} 4$^{3'}$ 39.
88. 123,2^{2},1234^{3},25^{4},23$^{5'}$ 5,235^{2},134^{3},15^{4},5^{5},12$^{5'}$ D* j 12.
89. 123,1^{2},3^{3},5^{4},4$^{6'}$,3$^{4'}$ 4$^{3'}$ 35,12^{2},1^{4},1^{5},1$^{5'}$,1$^{4'}$,1D4$^{3'}$ E 207.
90. 12D3,345^{2},25$^{5'}$,13$^{4'}$ D1,23^{2},2^{3},D5^{4},235$^{6'}$,25$^{6'}$ E LM 433.
91. 123,345^{2},5^{4},1^{5},15$^{5'}$,D5$^{2'}$ 1,D3D4^{3},5^{4},3^{5},2$^{5'}$,2$^{4'}$,1$^{8'}$ VE 45.
92. 123,3D4^{2},134^{3},3^{4},3$^{5'}$ 12,D4^{3},D1D3^{4},2D45^{6},2D3D5$^{6'}$,2$^{4'}$,D2$^{3'}$,D2$^{2'}$ VE35
93. 123,3D4^{2},134^{3},3^{4},3$^{6'}$ 12,4^{3},13^{4},245^{5},235$^{6'}$,2$^{4'}$,2$^{8'}$,2$^{2'}$ 40.
94. 1D23,34^{2},34^{3},345^{6},3$^{5'}$,3$^{4'}$ 5,123^{2},2^{8},124^{4},5^{5},2$^{6'}$,D1$^{3'}$,12$^{5'}$ 41.
95. 123,34^{2},45^{3},34^{4},4^{5},15$^{5'}$,4$^{6'}$ 5,123^{2},134^{3},3D5^{4},5$^{6'}$,2$^{4'}$ 42.
96. 123,3^{2},123^{3},1^{4},235^{5},1$^{5'}$ D23^{2},24^{3},2345^{4},35^{6},14$^{5'}$ D LA 113.
97. 123,3^{2},345^{3},245^{4},14^{5},235$^{5'}$,2$^{6'}$ 5,12345^{2},4^{3},345^{4},15^{6},235$^{5'}$,1$^{8'}$ 43.
98. 123,45^{2},15^{3},45^{4},25^{5},2$^{5'}$ 23,23^{2},4^{3},3^{4},134^{5},13$^{5'}$,3$^{3'}$ 44.
99. 123,45^{2},2^{3},14^{4},5^{5},12$^{5'}$,1$^{4'}$,1$^{3'}$ 2,1234^{2},25^{3},5^{4},45^{6},2$^{6'}$,3$^{4'}$,1$^{3'}$ 45.
100. 123,5^{2},1345^{3},1245^{4},235^{5},1$^{5'}$ 123,2^{2},1235^{3},2345^{4},23^{5},1$^{5'}$ D* I 13.
101. 123,5^{2},135^{3},145^{4},2^{5},5$^{6'}$ 12345^{2},2^{3},123^{4},23^{5},34$^{5'}$ 46.
102. 123,5^{2},135^{3},34^{5},2$^{6'}$ 1,234^{2},13^{3},134^{4},2$^{5'}$ M 45. Mz 27.
103. 123,5^{2},245^{3},4^{4},15^{5},1$^{5'}$,15$^{4'}$ 12,1234^{2},23^{3},2^{4},3$^{5'}$,1$^{3'}$,3$^{2'}$ 47. C 115.
104. 1D23,14^{3},1^{4},4^{5},5$^{5'}$,D15$^{6'}$ 4,D1D23^{2},D2^{3},2^{4},14^{5},D2$^{5'}$,25$^{4'}$,5$^{3'}$ 48. VE 15.
105. 123,1^{3} 1$^{5'}$,D4$^{8'}$ VE 1.
106. D123,2345^{5},14^{4},45^{6} D4,35^{3},123^{4},1345^{5},2$^{5'}$,1$^{3'}$ D C 143.
107. 123,2345^{3},5^{4},35^{5},4$^{5'}$ 13,1234^{2},2^{4},5^{5} 14$^{5'}$,1$^{8'}$ D* 14.
108. D123,23^{3},3^{5},34$^{5'}$,3$^{6'}$,4$^{3'}$ D3,5^{2},D125^{3},1^{4},25^{5},4$^{6'}$ D LM 584.
109. 123,25^{3},5^{4},3^{5},1$^{5'}$,5$^{6'}$,12$^{3'}$ 1234,34^{2},4^{3},4^{4},D4$^{5'}$,1$^{3'}$ VE 21.
110. 123,35^{3},245^{4},4^{5},2$^{6'}$,5$^{3'}$ 24,1235^{2},1^{3},1^{5},1$^{5'}$,1$^{4'}$,1$^{3'}$ PV*
111. 123,35^{3},345^{5},24$^{5'}$,12$^{4'}$ 12,123^{2},135^{5},34^{4},1$^{5'}$ (n. 66 à la suite de Commerd) BL.
112. 123,35^{4},34^{5},23$^{5'}$ 13,3^{2},1345^{3},2$^{5'}$,1$^{3'}$ E 249.
113. 123,3^{4},12^{5},5$^{6'}$ 15^{2},1^{3},234^{4},1$^{8'}$,5$^{2'}$ D* j 15.
114. 1245,124^{2},2^{3},2^{4},D134^{5},23$^{5'}$,1$^{6'}$ D13,123^{2},1345^{3},4^{4},D15^{6},5$^{6'}$,D1$^{3'}$ D HV 287.
115. 1245,D12^{2},34^{3},34^{4},35^{5},5$^{6'}$ 1345,5^{2},234^{3},234^{4},235^{5},2$^{5'}$,1$^{6'}$ D* HV 16.
116. 1245,135^{2},12^{4},234^{5},3$^{5'}$,2$^{6'}$ 1,1234^{2},125^{3},45^{4},15$^{5'}$,5$^{6'}$,1$^{3'}$ D* LM 17.
117. 1245,1^{2},35^{3},234^{4},4^{5},3$^{5'}$,4$^{6'}$,35$^{3'}$ 4,145^{2},2^{3},15^{4},2^{5},D15$^{5'}$,1$^{3'}$ 49.
118. 1245,2^{2},124^{3},4^{5},2$^{5'}$,5$^{6'}$ 1235^{2},34^{3},235^{4},15$^{5'}$,5$^{6'}$ D* à H 18.
119. 1245,2^{2},34^{3},34^{4},35^{5},5$^{6'}$ 34,5^{2},234^{3},234^{4},25^{5},2$^{5'}$,1$^{4'}$ D HV 166.
120. 1245,2^{2},34^{3},34^{4},45^{5},4$^{5'}$,34$^{6'}$ 3,12345^{2},25^{4},1^{5},1$^{5'}$,1$^{4'}$,15$^{3'}$,5$^{2'}$ D E 618.
121. 1245,34^{2},1234^{3},14^{4},2^{5},15$^{5'}$ 12,12345^{2},24^{3},234^{4},3^{5},13$^{6'}$ C 159.
122. 1245,34^{2},1234^{3},24^{4} 5,1235^{2},45^{3},134,345^{5},134$^{6'}$,5$^{4'}$ D LN 145.
123. 1245,3^{2},12^{3},234^{4},2^{5},5$^{5'}$ 123^{2},4^{3},1345^{4},15$^{6'}$,5$^{3'}$ 50.
124. 1245,45^{2},235^{3},25^{4},3^{5},4$^{6'}$,35$^{3'}$ 24,1345^{2},1^{3},1245^{4},2^{5},45$^{5'}$,1$^{3'}$ 51.
125. 124,1234^{2},24^{3},23^{4},3^{5},34$^{5'}$,4$^{6'}$ 24,1234^{2},134^{3},1^{4},5^{5},15$^{5'}$,1$^{4'}$,1$^{3'}$ C 122.
126. 124,123^{2},23^{3},12^{4},3^{5},1$^{6'}$ 3,1234^{2},24^{3},1234^{4},3$^{5'}$,14$^{2'}$ 52. Ch. XII. 121.
127. 124,12^{2},123^{3},12^{4},1^{5},2$^{5'}$,5$^{6'}$ 25,1245^{2},1^{3},134^{4},14^{5} C 49.

128. $124, 123^{2}, 24^{3}, 234^{5}, 5^{6'}, 5^{4'}$ — $125^{2}, 134^{3}, 1234^{4}, 15^{5'}, 5^{3'}$ 53.
129. $124, 125^{2}, 5^{3}, 45^{4}, 5^{6'}, 1^{6'}$ — $1235^{2}, 2^{3}, 24^{4}, 235^{5'}, 134^{4'}, 3^{3'}$ 54.
130. $124, 135^{2}, 4^{3}, 45^{5}, 2^{6'}, 2^{4'}$ — $13, 1234^{2}, 3^{3}, 34^{4}, 5^{5}, 2^{5'}, 2^{4'}, 12^{3'}$ E 43. G 64.
131. $124, 13^{2}, 134^{3}, 2^{4}, 23^{5}, 5^{5'}, 5^{4'}$ — $1235^{2}, 134^{3}, 124^{4}, 145^{5'}, 5^{3'}$ 55.
132. $124, 14^{2}, 2345^{3}, 35^{4}, 1^{5'}$ — $3, 2^{2}, 2345^{3}, 2345^{5}, 24^{5'}$ 56.
133. $124, 15^{2}, 34^{3}, 3^{5}, 23^{5'}, 1^{3'}$ — $124, 15^{2}, 345^{3}, 15^{5}, 2^{5'}, 1^{4'}, 1^{3'}$ D E 543.
134. $124, 1^{2}, 15^{4}, 2^{5}, 3D5^{5'}, 4^{4'}$ — $3, 135^{2}, 1234^{3}, 25^{4}, 2^{5}, 3^{5'}, D5^{1'}$ D* 19.
135. $124, 235^{2}, 4^{3}, 14^{4}, 2^{5}, 2^{6'}, 5^{4'}$ — $3, 24^{2}, 345^{3}, 23^{4}, 134^{5}, 1^{3'}$ E 139. G 115.
136. $124, 23^{2}, 1234^{3}, 3^{4}, 12^{5}$ — $12, 2345^{2}, 1^{3}, 2345^{4}, 3^{5}, 5^{5'}$ 57 Ch. XII 107. C. de repos.
137. $124, 23^{2}, 1234^{3}, 3^{4}, 12^{5}$ — $24, 2345^{2}, 2345^{4}, 3^{5}, 5^{5'}$ M 60 M2 44 D LN 493. 58 Ch. XII 192.
138. $124, 24^{2}, 345^{3}, 235^{4}, 2^{5}, 4^{5'}, 1^{4'}$ — $2, 234^{2}, 1345^{3}, 25^{4}, 35^{5}, 1^{4'}, 1^{3'}$ 59 B LM.
139. $124, 2^{2}, 25^{3}, 34^{4}, 3^{5}, 2^{6'}, 1^{3'}, 5^{2'}$ — $1235, 234^{3}, 4^{4}, 14^{5}, 12^{5'}, 1^{4'}$ E 369.
140. $124, 2^{2}, 2^{3}, 235^{4}, 24^{5}, 14^{5'}$ — $145. D235^{3}, 1^{4}, 2^{5}, 1^{5'}$ H 1. M2 221.
141. $124, 2^{2}, 35^{3}, 45^{4}, 5^{5}, 2^{5'}, 2^{4'}$ — $124, 234^{2}, 35^{3}, 3^{5'}, 1^{3'}$ H 2.
142. $124, 345^{2}, 2345^{3}, 123^{4}, 23^{5}, 5^{3'}$ — $4D5, 5^{2}, 124^{3}, 1234^{4}, 234^{5}, 45^{5'}, 4^{4'}$ D HV 342.
143. $124, 345^{2}, 234^{3}, 25^{4}, 23^{5}, 4^{5'}$ — $2, 234^{2}, 35^{3}, 1245^{4}, 25^{5}, 15^{6'}, 1^{3'}$ E 253.
144. $124, 34^{2}, 34^{3}, 3^{4}, 23^{6'}, 2^{4'}$ — $3, 123^{2}, 135^{3}, 145^{4}, 1^{5'}$ 60.
145. $124, 34^{2}, 2345^{4}, 135^{5}$ — $1, 1234^{2}, 2^{3}, 12345^{4}, 35^{5}, 2^{5'}$ 61.
146. $124, 35^{2}, 245^{3}, 34^{4}, 2^{5}, 4^{6'}$ — $12, 1234^{2}, 3^{3}, 2^{4}, 12^{5}, 35^{5'}$ D CH 405.
147. $124, 3^{2}, 245^{3}, 5^{4}, 2^{5}, 1^{5'}, 4^{4'}$ — $24, 235^{2}, 24^{3}. 3^{4}, 3^{5}, 3^{5'}, 1^{3'}$ D* LM 20.
148. $D124, 3^{2}, 25^{3}, 4^{4}, 35^{5}$ — $1, 45^{3}, D14^{4}, 15^{5}, 2^{4'}$ H 3.
149. $124, 3^{2}, 4^{3}, 1^{4}, 23^{5}, 15^{5'}$ — $2, 123^{2}, 13^{3}\ 235^{4}, 4^{5'}$ E 119. C 46.
150. $124, 3^{2}, 4^{3}, 1^{4}, 24^{5}, 2^{4'}$ — $15, 234^{2}, 1^{3}, 4^{4}, 15^{3'}$ E 243.
151. $124, 45^{2}, 135^{3}, 12^{4}, 1^{5}, 5^{5'}, 1^{3'}, 5^{2'}$ — $35, 24^{2}, 245^{3}, 24^{4}, 12D4^{5}, 5^{5'}$ VE 44.
152. $D124, 4^{2}, 234^{3}, 4^{4}, 35^{5}, 2^{5'}$ — $14, 1D34^{2}, 35^{3}, 5^{4}, 2^{5'}, 1^{3'}$ * 31 C. de Pistolet 60. 62 Ch. XII.
153. $D124, 4^{2}, 234^{3}, 4^{4}, 35^{5}, 2^{5'}$ — $14, 134^{2}, 35^{3}, 5^{4}, 2^{4'}, 1^{3'}$ Pl. BL.
154. $124, 5^{2}, 234^{3}, 12^{4}, 23^{5}, 4^{4'}$ — $4, 135^{2}, 234^{3}, 1235^{4}, 3^{5}, 15^{5'}$ E 153.
155. $124, 5^{2}, 24^{3}, 2^{4}, 14^{5}, 3^{5'}, 3^{4'}, 5^{3'}$ — $4, 12345^{2}, 4^{3}, 15^{4}, 1^{5}, 5^{5'}, 1^{3'}$ C 116.
156. $124, D5^{2}, 345^{3}, 234^{4}. 2345^{5}$ — $34D5, 15^{2}, 234^{3}, 245^{4}, 15^{5}, 2^{2'}$ A 1.
157. $124, 5^{2}, 34^{3}, 234^{4}, 24^{5}, 1^{6'}. 5^{4'}, 2^{3'}$ — $3, 45^{2}, 15^{3}, 234^{4}, 3^{5}, 5^{5'}, 5^{4'}, D5^{1'}$ D HV 238.
158. $124, 14^{3}, 3^{4}, 5^{5}$ — $14^{2}, D3^{4}, 14^{5}, 13^{5'}$ H 4.
159. $124, 235^{3}, 14^{4}, 4^{5}, 125^{5'}$ — $1D4, 2^{2}, D134^{3}, 5^{4}, 4^{5}, 3^{5'}, 5^{2'}, D5^{1'}$ D LM 295.
160. $12D4, 5^{3}, 45^{4}, 4^{5}, 12^{5'}. 12^{4'}, 23^{3'}$ — $23\ 4^{2}, 1^{3}, 34^{4}, 4^{5}, 12^{5'}, D2^{4'}, D123^{3'}$ D LM 619.
161. $124, 14^{4}, 15^{5}, D2^{5'}, D13^{3'}$ — $4, D4^{2}, D2^{3}, 34^{5}, 3^{4'}, D23^{3'}, D2D3^{2'}$ VE 16.
162. $124, 14^{4}, 15^{5}, D2^{5'}. D13^{3'}$ — $4, 4^{2}, 2^{3}, 34^{5}, 3^{5'}, 3^{4'}, 23^{3'}, 23^{2'}$ 63.
163. $125, 1245^{2}, 35^{3}, 24^{4}, 234^{5}, 3^{5'}$ — $4, 1234^{2}, 1245^{3}, 345^{4}, 1^{5}, 1^{5'}, 1^{3'}$ 64.
164. $125, 12^{2}, 15^{3}, 5^{4}, 14^{5'}, 5^{4'}$ — $1, 12345^{2}, 135^{3}, 3^{4}, 1^{5'}$ D HR 306.
165. $125, 13^{2}, 235^{3}, 5^{4}, 24^{5}, 5^{6'}$ — $1D4, 145^{2}, 24^{3}, 15^{4}, 12^{5}, 1^{3'}$ E 140. G 102.
166. $125, 14^{2}, 13^{3}, 34^{4}, 4^{5}, 3^{5'}, 5^{2'}$ — $5, 2D4^{3}, 134^{4}, 4^{5}, 12^{5'}, 5^{4'}, 5^{2'}$ VE 66.
167. $125, 234^{2}, 13^{3}, 5^{4'}, 4^{2'}, D4^{1'}$ — $12D3^{4}, D245^{5}, 25^{2'}, 5^{2'}$ D CR 479.
168. $125, 235^{2}, 1235^{3}, 245^{4}, 3^{5}$ — $23, 1^{2}, 2345^{3}, 23^{4}, 1235^{5}, 24^{5'}$ 65.
169. $125, 2^{2}, 4^{4}, 5^{5'}, 12^{3'}$ — $134, 3^{4}, 24^{5}, 3^{5'}, 1^{4'}, 2^{3'}$ D* 21.
170. $125, 35^{2}, 15^{3}, 3^{4}, 23^{5}, 5^{4'}, 5^{2'}$, — $3D45, 123^{2}, 2^{3}, 13^{4}, 1^{5}, 1^{5'}$ E 342.
171. $125, 35^{2}, 4^{3}, 3^{4}, 23^{5}, 12^{6'}$ — $13, 1^{2}, 1345^{3}, 5^{4}, 5^{5}, 1^{5'}, 5^{4'}$ D* MD 22.
172. $125, 45^{2}, 125^{3}, 35^{4}, 34^{5}$ — $1234^{2}. 24^{3}, 1234^{4}, 2^{5}, 15^{5'}$ 66.
173. $125, 4^{2}, 345^{3}, 3^{4}, 3^{5}, 23^{5'}, 23^{4'}. 4^{3'}$ — $D145, 145^{2}, 15^{3}, 5^{4}, 5^{5}, 25^{5'}, 5^{4'}$ D* CR 23.
174. $125, 5^{2}, 234^{2}, 1234^{4}, 245^{5}, 12^{5'}, 5^{4'}, 3^{3'}$ — $234, 124^{2}, D1245^{3}, 3^{4}, 345^{5}, 13^{5'}$ 67.
175. $125, 5^{2}, 23^{3}, 34^{4}, 34^{5}, 5^{4'}, 3^{3'}$ — $24, 134^{2}, 14^{3}, 14^{4}, 1^{5}. 1^{6'}, 5^{3'}$ E 240.
176. $125, 124^{3}, 15^{4}, 3^{5}, 5^{5'}. 45^{4'}, 15^{3'}$ — $135, 235^{2}, 123^{4}, 2^{5}, 145^{5'}, 3^{3'}$ 68.

177.	$125,134^{2},1^{3},45^{4},25^{5}$	$4,34^{2},123^{3},1235^{4},2^{5}$ D à Bl. 519.
178.	$125,234^{2},1^{3},24^{4},2^{5},4^{6},5^{7}$	$4,245^{2},13^{3},12^{4},15^{5},5^{6},1^{7}$ 69.
179.	$125,245^{2},13^{3},1^{4},2^{5},2^{6}$	$1D4,4^{2},135^{3},345^{4},4^{5}$ D* 24.
180.	$125,34^{2},134^{3},23^{4}$	$1,25^{2},14^{3},24^{4},13^{5},5^{6}$ H 5.
181.	$125,45^{2},4^{3},3^{4},3^{5},1^{6}$	$45,5^{2},345^{3},4^{4},5^{5},1^{6},23^{7},5^{8}$ 70.
182.	$12,123^{2},234^{3},45^{4},1^{5},1^{6},1^{7}$	$24,234^{2},3^{3},234^{4},123^{5},1^{6}$ C 81.
183.	$12,123^{2},2^{3},14^{4},14^{5},34^{6}$	$345,D135^{2},1D5^{3},3^{4}$ VE 25.
184.	$12,124^{2},1235^{3},14^{4},1^{5},5^{6},5^{7}$	$34,1345^{2},4^{3},24^{4},234^{5},34^{6}$ 71.
185.	$12,125^{2},234^{3},2^{4},34^{5},24^{6}$	$1235^{2},13^{3},13^{4},15^{5},1^{6},15^{7}$ D 286.
186.	$12,12^{2},5^{3},34^{4},5^{5},2^{6},12^{7},1^{8}$	$2,23^{2},1D35^{3},34^{4},4^{5},2^{6},12^{7},1^{8}$ G 182.
187.	$12,13^{2},23^{3},3^{4},4^{5},34^{6},35^{7}$	$34,145^{2},15^{3},2^{4},5^{5},1D5^{6}$ C 192.
188.	$12,13^{2},24^{3},24^{4},23^{5},15^{6}$	$4,234^{2},234^{3},245^{4},5^{5}$ 72.
189.	$12,145^{2},3^{3},25^{4},1^{5},12^{6},35^{7},4^{8}$	$124,D15^{2},D4^{3},34^{4},D3^{5}$ 73. VE 45.
190.	$12,14^{2},1235^{3},125^{4},13^{5},2^{6},15^{7},5^{8}$	$124,12345^{2},13^{3},1234^{4},4^{5}$ 74.
191.	$12,14^{2},1235^{3},125^{4},25^{5},2^{6},5^{7},5^{8}$	$124,12345^{2},13^{3},1234^{4},4^{5}$ C 135.
192.	$D12,15^{2},35^{3},4^{4},45^{5},23^{6}$	$D12345^{2},D1^{3},14^{4},D14^{5},2^{6},1^{7}$ D LM 526.
193.	$12,1^{2},24^{3},3^{4},4^{5},5^{6},4^{7},45^{8},4^{9}$	$1,D1D2^{2},3^{3},12^{4},D4^{5},13^{6},2^{7},5^{8}$ 75. VE 73.
194.	$12,1^{2},34^{3},3^{4},5^{5},123^{6},4^{7}$	$1,5^{2},125^{3},5^{4},4D5^{5},D5^{6}$ VE 56.
195.	$12,1^{2},45^{3},4^{4},24^{5},4^{6},2^{7}$	$124,3^{2},1^{3},1^{4},1^{5},1^{6},1^{7}$ 76.
196.	$12,1^{2},35^{4},5^{5},12^{6},2^{7}$	$12,34^{2},3^{3},4^{4},124^{5},1^{6}$ 77. G 157.
197.	$12,1^{2},35^{4},5^{5},12^{6},2^{7}$	$12,34^{2},3^{3},4^{4},125^{5},1^{6}$ E 3.
198.	$12,234^{2},2^{3},45^{4},125^{5},3^{6}$	$12,14D5^{2},1^{3},12^{4},3^{5}$ D* BT 25.
199.	$12,23^{2},13^{3},D4^{4}$	$12,D2D3^{2},2^{3},4^{4}$ H 6. Mz 362.
200.	$12,23^{2},13^{3},D5^{4}$	$D,D3^{2},2D3D4^{3},4^{4}$ PV.
201.	$12,23^{2},234^{3},23^{4},1^{5},25^{6}$	$13,1234^{2},4^{3},34^{4},14^{5},1^{6},5^{7},D4^{8},D5^{9}$ 78. DLTj 160.
202.	$12,23^{2},3^{3},D2^{4}$	$D1^{2},D3^{3},4^{4},1^{5}$ H 7. Mz 356
203.	$12,245^{2},345^{3},25^{4},25^{5}$	$13,5^{2},234^{3},45^{4},15^{5},1^{6},1^{7}$ E 332.
204.	$12,24^{2},123^{3},134^{4},4^{5},1^{6}$	$1^{2},1234^{3},145^{4},45^{5},1^{6},5^{7}$ 79.
205.	$12,24^{2},124^{3},23^{4},2^{5}$	$2,5^{2},25^{3},1235^{4},1345^{5},1^{6}$ H 8.
206.	$12,2^{2},34^{3},2^{4},5^{5},2^{6}$	$123^{2},13,145^{4},1^{5},1^{6}$ D* a BT 26.
207.	$12,2^{2},3^{3},245^{4},23^{5},14^{6}$	$15,12^{2},134^{3},235^{4},1^{5}$ E 228.
208.	$12,2^{2},D2^{3}$	$2^{4},1^{5},1^{6},1^{7}$ 80.
209.	$1D2,2^{2},D2^{3}$	$D1^{4},1^{5},1^{6},1^{7}$ * 34. 81 Ch. XII 144.
210.	$12,345^{2},1234^{3},3^{4},123^{5}$	$23,2^{2},345^{3},2345^{4},2^{5},5^{6},4^{7}$ 82.
211.	$12,345^{2},1345^{3},234^{4},235^{5},1^{6}$	$25,1234^{2},1235^{3},235^{4},2^{5},5^{6}$ 83.
212.	$12,345^{2},135^{3},235^{4},25^{5},1^{6}$	$123,1^{2},1234^{3},235^{4},135^{5}$ 84.
213.	$12,345^{2},135^{3},235^{4},25^{5},1^{6}$	$234,1^{2},1234^{3},135^{4},235^{5}$ 85.
214.	$12,345^{2},135^{3},235^{4},25^{5},1^{6}$	$234,1^{2},1234^{3},235^{4},235^{5}$ 86. C 155.
215.	$D12,345^{2},1^{3},2^{4},5^{5},4^{6}$	$125^{2},2^{3},123^{4},1^{5}\ D5^{6},1^{7}$ D H 501.
216.	$12,34^{2},124^{3},24^{4},3^{5},4^{6},5^{7},D5^{8}$	$3,134^{2},D1234^{3},2^{4},D13^{5},1^{6},5^{7}$ A 2.
217.	$12,2^{2},234^{3},23^{4},13^{5},23^{6},2^{7}$	$13,1234^{2},124^{3},45^{4},5^{5},2^{6},5^{7}$ 87.
218.	$12,3^{2}$,[illegible],$245^{4},35^{5},4^{6},4^{7}$	$4,23^{2},3^{3},1235^{4},15^{5},1^{6}$ C 5.
219.	$12,D3^{2},3^{3},35^{4},245^{5},1^{6},1^{7}$	$13,1234D5^{2},4^{3},1^{4}$ D MDj 19. G 125.
220.	$12,3^{2},4^{3},3^{4},3^{5},12^{6}$	$2,4^{2},13^{3},2^{4},D1D2^{5}$ 88. H 9.
221.	$12,3^{2},5^{3},3^{4},2^{5}$	$D234^{2},3^{3},5^{4},4^{5},1^{6}$ 89. H 10.
222.	$12,45^{2},15^{3},35^{4},4^{5},35^{6},2^{7}$	$1345,145^{2},4^{3},D1D4^{4},4^{5},1^{6},2^{7},3^{8}$ VE 32.
223.	$12,45^{2},45^{3},23^{4},4^{5}$	$234^{2},135^{3},1^{4},145^{5}$ 90. H 11.
224.	$12,4^{2},23^{3},24^{4},34^{5},4^{6},4^{7}$	$4,23^{2},3^{3},1235^{4},15^{5},1^{6}$ 91.
225.	$D12,4^{2},24^{3},1^{4},25^{5},2^{6},1^{7}$	$245^{2},234^{3},D23^{4},3^{5},4^{6}$ D LM 56.

226.	$12,4^{2},34^{3},1^{4},12^{5'},12^{4'},12^{3'}$	$1234,13^{2},45^{3},45^{5},2^{5'},5^{4'},1^{3'}$	92.
227.	$12,4^{2},34^{3},1^{4},12^{5'},12^{4'},12^{3'}$	$123,13^{2},45^{3},4^{4},45^{5},2^{5'},5^{4'},1^{3'}$	93.
228.	$12,D4^{2},5^{3},4^{4},1^{3'}$	$15,5^{4},23^{5},D2^{'}$	94. Ch. XII. 153.
229.	$12,4^{2},134^{4},4^{5},123^{5'},2^{4'}$	$1,124^{2},124^{3},4^{5},12^{5'},5^{4'},1^{3'}$	95. A 3.
230.	$12,5^{2},24^{3},34^{4},2^{5},45^{5'},4^{4'},5^{3'}$	$45,2D45^{2},23^{3},123^{5},5^{4'}$	D 90.
231.	$1D2,5^{2},124D5^{4},245^{5},1^{3'}$	$D1D3D4D5,4^{3},235^{4},1^{5},1^{3'}$	D LM 558.
232.	$D1D2,D1D3^{3},D2^{5}$	$D5,D5^{'}$	N 22. Mz 388.
233.	$12,2^{3},34^{4},5^{5}$	$3^{3},14^{5},1^{5'},D1^{4'}$	96. H 12.
234.	$12,3^{3},12^{4},34^{5},3^{5'}$	$1D345^{2},145^{4},1^{5'}$	97. H 13.
235.	$12,12^{4},2^{5},125^{5'},145^{4'}$	$2,3^{4},3^{5},5^{4'},D35^{3'}.D34D5^{2'},D5^{'}$	98.
236.	$12,12^{4},2^{5},125^{5'},145^{4'}$	$4,3^{4},3^{5},5^{4'},D35^{3'},D34D5^{2'},D5^{'}$	VE 61.
237.	$12,1^{4},1^{4'},1^{3'}$	$3,D3^{5},2^{4'}$	H 14. Mz 103.
238.	$1345,12345^{2},12345^{3},1345^{4},12^{5}$	$1245,1235^{2},12345^{3},12345^{4},13^{5}$	99.
239.	$1345,12345^{2},12345^{3},2345^{4},13^{5}$	$1245,1235^{2},12345^{3},12345^{4},13^{5}$	100.
240.	$1345,12345^{2},1235^{3},2345^{4},23^{5}$	$1235,12345^{2},234^{3},2345^{4},23^{5},1^{5'}$	Mz 57.
241.	$1345,1235^{2},12345^{3},235^{4},135^{5},1^{5'}$	$12345,1235^{2},12345^{3},2345^{4},23^{5}$	101.
242.	$13D45,123^{2},35^{3},24^{4},124^{5},1^{5'}$	$D1D35.12^{2},245^{3},135^{4},4^{5},5^{2'}$	D HV 37.
243.	$1345,124^{2},1235^{3},4^{5},1^{3'}$	$145,5^{2},345^{3},34^{4},145^{5},4^{4'}$	E 356.
244.	$1345,12^{2},234^{3},13^{4},3^{5'},5^{4'},5^{3'}$	$24,12345^{2},13^{3},1^{4},12^{5},1^{5'},5^{3'}$	D* CR 27.
245.	$1345,1343^{2},124^{3},12^{4},3^{5},4^{4'}$	$3,12345^{2},3^{3},235^{4},15^{5'},34^{4'}$	102.
246.	$1345,1345^{2},124^{3},12^{4},3^{5},4^{4'}$	$4,12345^{2},3^{3},235^{4},15^{5'},34^{4'}$	C 68.
247.	$1345,13^{2},124^{3},145^{4},23^{5},1^{5'}$	$234,135^{2},1234^{3},345^{4},2^{5},1^{5'}$	PV*
248.	$1345,13^{2},24^{3},13^{4},1^{5'}.3^{4'}$	$12,234^{2},13^{3},5^{4},4^{5},2^{5'},5^{3'},5^{2'}$	DE 460.
249.	$13D45,13^{2},4^{3},23^{4},234^{5},4^{5'}$	$135,123^{2},2D35^{3},123^{4},1^{5},5^{3'}$	D CH 251.
250.	$1345,145^{2},124^{3},12^{4},12^{5},23^{5'}$	$15,12345^{2},1345^{3},145^{4},1^{5},5^{4'}$	D* 28.
251	$1345,15^{2},14^{3}.25^{4},4^{5'},5^{4'}$	$45,5^{2},234^{3},23^{4},2^{5},1^{5'},15^{4'}$	103.
252.	$1D345,1^{2},12^{3},2^{5},4^{4'}$	$135,12345^{2},1235^{4},1345^{5'},345^{3'},3^{2'}$	Mz 393.
253.	$1345.1^{2},4^{4},14^{5},2^{5'},1^{4'},1^{3'}$	$23,2^{2},2345^{3},2^{4'},2^{3'},5^{2'}$	C 52.
254.	$1345,1^{2},4^{4},14^{5},2^{5'},1^{4'}$	$2.2^{2},2345^{3}.5^{4}.2^{4'},2^{3'},5^{2'}$	104.
255.	$1345,2345^{2},12345^{3},12345^{4},23^{5}$	$1345,12345^{2},1234^{3},1345^{4},12^{5},1^{5'}$	105.
256.	$1345,2345^{2},234^{3},13^{4},124^{5}$	$24,1234^{2},1^{3},12345^{4},4^{5},6^{5'},5^{4'},1^{3'}$	106.
257.	$1345,234^{2},1235^{3},25^{4},23^{5},1^{5'}$	$3,12345^{2},1234^{3},2345^{4},3^{5},1^{5'}$	107. Ch. XII 125.
258.	$1345,234^{2},234^{3},15^{4},123^{5},5^{5'}$	$23,12^{2},12345^{3},12345^{4},12^{5}$	108.
259.	$1345,23^{2},13^{4},134^{5},3^{5'}$	$5,1245^{2},24^{3},145^{4},1^{5}.5^{5'},5^{2'}$	E 236.
260.	$1345,25^{2},1235^{3},25^{4},12^{5}$	$4.1235^{2},24^{3},1345^{4},13^{5},34^{5'},4^{4'}$	C 174.
261.	$1345,2^{2}.23^{3},23^{4},1^{5'},1^{4'}$	$2,3^{2},134^{3},234^{4},45^{5},1^{3'}$	D* 29.
262.	$1345,34^{2},1234^{3},24^{4}$	$123^{2},4^{3},13^{4},345^{5},14^{5'},5^{4'}$	D* 30.
263.	$1345,34^{2},15^{3},45^{4},3^{5},1^{3'}$	$15,5^{2},345^{3},2^{4},135^{5},2^{5'},2^{3'}$	D DE j 30.
264.	$1345,35^{2},3^{3},5^{4},3^{5}.3^{5'}.4^{4'}.4^{3'}$	$D45,12^{2},1^{4},24^{5'},4^{4'},12^{3'}$	D H 329.
265.	$1345,3^{2},12345^{4},134^{5},45^{5'}$	$25,123^{2},135^{3},1345^{4},2^{5}$	D A j 226.
266.	$1345,45^{2},1^{3},1234^{4},124^{5}$	$3,24^{2},145^{3},134^{4},14^{5},5^{5'}$	D à H 447.
267.	$1345,4^{2},123^{3},125^{4},1235^{5}$	$23,13^{2},12345^{3},235^{4},123^{5}$	D* LN 31.
268.	$1345,4^{2},35^{3},5^{4},14^{5},1^{4'},1^{3'}$	$15,5^{2},345^{3},34^{4},45^{5},13^{4'},2^{3'},1^{2'}$	D* j 32.
269.	$1345,4^{2},2345^{3},124^{4},15^{5}$	$3,1234^{2},24^{3},1245^{4},34^{5},4^{5'}$	LC G.
270.	$1345,D5^{2},34^{3},234^{4},2^{5},5^{5'},5^{4'}$	$124^{2},4^{3},123^{4},234^{5},D15^{4'},1^{3'}$	D LM 128.
271.	$1345,1234^{3},24^{4},123^{5},5^{5'}$	$3,123^{2},245^{3},1234^{4},13^{5},4^{3'}$	D V 564.
272	$1345,4^{3},234^{4},4^{5},14^{5'},5^{4'}$	$3,12345^{2},13^{3},2^{4},1^{5'},15^{3'},5^{2'}$	E 313.
273.	$134,12345^{2},12^{3},35^{4},25^{5},4^{5'}$	$235,2345^{2},135^{3},1235^{4},2^{5},13^{5'}$	109. Ch. XII 124.
274.	$134,1234^{2},124^{3},24^{4},24^{5},1^{5'},5^{4'}$	$2345,1234^{2},2345^{3},34^{4},15^{3'}$	110.

275.	$1D34, 12^{2}, 25^{3}, 4^{4}, 3^{5}, 4^{5'}, 3^{4'}, 4^{3'}$	$12D5^{2}, 2D3D5^{3}, 1^{4}, 15^{5}, D1^{5'}$	D LM 459.
276.	$134, 1345^{2}, 124^{3}, 12^{4}, 3^{5}, 4^{5'}$	$14, 2345^{2}, 3^{3}, 235^{4}, 15^{5}, 34^{5'}$	111.
277.	$134, 13^{2}, 123^{3}, 125^{4}, 25^{5}, 4^{5'}$	$34, 1234^{2}, 235^{3}, 1345^{4}, 3^{5}, 1^{5'}$	D* 33.
278.	$134, 15^{2}, 4^{3}, 35^{4}, 4^{5}, 2^{5'}, 25^{4'}, 5^{3'}$	$124, 1345^{2}, 13^{3}, 3^{4}, 125^{5'}$	D E 601.
279.	$134, 1^{2}, 125^{3}, 1345^{4}, 2^{5}, 2^{5'}$	$134, 1345^{2}, 5^{3}, 345^{4}, 4^{5}, 1^{5'}$	D MD 513.
280.	$134, 1^{2}, 125^{3}, 145^{4}, 24^{5}, 1^{5'}$	$1234, 1345^{2}, 5^{3}, 345^{4}, 4^{5}, 1^{5'}$	M 69. R 15. Mr 68.
281.	$1D34, 1^{2}, 345^{3}, 12^{4}, 3^{5}, 1^{5'}, 1^{4'}$	$D25, 45^{2}, 23^{3}, 34D5^{4}, 2^{5'}$	D à Bl. 551.
282.	$1D34, 2345^{2}, 4^{3}, 2345^{4}, 15^{5}, 4^{5'}$	$3D4, 125^{2}, 235^{3}, 1235^{4}, 123^{5}, 1^{5'}$	D HV 262.
283.	$134, 235^{2}, 4^{3}, 125^{4}, 2^{5}, 12^{5'}$	$25, 123^{2}, 135^{3}, 235^{4}, 4^{5}$	112.
284.	$134, 23^{2}, 23^{3}, 234^{4}, 5^{5}, 1^{5'}, 1^{4'}$	$3, 34^{2}, 134^{3}, 234^{4}, 45^{5}, 1^{5'}$	113.
285.	$134, 24^{2}, 34^{3}, 3^{4}, 134^{5}, 24^{5'}$	$2, 123^{2}, 135^{3}, 1345^{4}, 1^{5}$	D R j 195.
286.	$134, 25^{2}, 1^{3}, 1245^{4}, 5^{5}, 4^{5'}$	$1235, 1D5^{2}, 14^{4}, 5^{5}$	D M 328.
287.	$13D4, 25^{2}, 2^{3}, 25^{4}, 134^{5}, 35^{5'}$	$123^{2}, D2D3D4^{3}, 1D2^{4}, D4^{5'}$	C 199.
288.	$13D4, 25^{2}, 3^{3}, 25^{4}, 13^{5}, 5^{5'}$	$123^{2}, D2D3D4^{3}, D23^{4}, D4^{5'}$	114.
289.	$134, 2^{2}, 1234^{3}, 23^{4}, 23^{5}, 3^{5'}$	$2, 12345^{2}, 15^{3}, 1^{4}, 12^{5}, 1^{5'}, 5^{4'}$	D * j 34.
290.	$134, 2^{2}, 34^{3}, 34^{4}$	$2^{3}, 3^{4}, 1D34^{5}, 3^{5'}, 1^{4'}$	H 16.
291.	$134, 2^{2}, 45^{3}, 345^{4}, 23^{5}, D2^{5'}$	$13, 15^{3}, D1^{4}, 12D5^{5}, D2D5^{5'}, D1^{4'}, 2^{3'}, D1^{2'}$	115 VE 79
292.	$134, 2^{2}, 45^{3}, 345^{4}, 23^{5'}, 2^{4'}, D2^{3'}$	$13, 15^{3}, 1^{4}, 125^{5}, D25^{5'}, 1^{4'}, 2^{3'}, 1^{2'}$	116.
293.	$D134, 34^{2}, 12^{3}, 125^{4}, 1^{5}, 15^{5'}$	$12, 1234^{2}, 2^{3}, 23^{4}, 4^{5}, D4^{5'}, D4^{4'}$	117.
294.	$134, 34^{2}, 25^{3}, 25^{4}, 234^{5}, 1^{5'}, 2^{4'}$	$345, 345^{2}, 15^{3}, 345^{4}, 5^{5}, 1^{5'}, 1^{4'}$	C 92.
295.	$134, 34^{2}, 34^{3}, 24^{4}, 13^{5}$	$4, 5^{3}, 3^{4}, 2^{5}, 1^{5'}, D5^{4'}$	D LC 370.
296.	$134, 34^{2}, 34^{3}, 2^{4}, 1^{5}$	$4, 5^{3}, 4^{5'}, 5^{4'}, 1^{3'}, D5^{2'}$	118. Ch. XII 170.
297.	$134, 3^{2}, 24^{3}, 1^{4}, 1245^{5}, 2^{5'}, 2^{4'}, 2^{3'}$	$D245, 345^{2}, D45^{3}, 35^{4}, D2^{5'}$	119.
298.	$134, 3^{2}, 245^{3}, 45^{4}, 14^{5}, 23^{5'}, 2^{4'}$	$5, 12345^{2}, 4^{3}, 34^{4}, 15^{5}, 23^{5'}, 1^{4'}$	120.
299.	$134, 4^{2}, 1235^{3}, 4^{4}, 5^{5}, 5^{5'}, 5^{4'}$	$34, 135^{2}, 24^{3}, 12^{4}, 3^{5}, 34^{5'}$	E 370.
300.	$134, 4^{2}, 12^{3}, 35^{4}, 234^{5}, 5^{5'}$	$3D4, 3^{2}, 14^{3}, 12345^{4}, 1^{5}$	D LR 279.
301.	$134, 5^{2}, 14^{3}, 3^{4}, 13^{5}, 35^{5'}, 3^{4'}$	$1, 12345^{2}, 124^{3}, 45^{4}, 5^{5'}$	D * 35.
302.	$134, 5^{2}, 23^{3}, 2^{4}, 235^{5}, 12^{5'}, 1^{4'}$	$345, 24^{2}, 1245^{3}, 3^{4}, 1^{5'}, 5^{4'}, 1^{2'}$	E 105.
303.	$134, 124^{3}, 235^{4}, 34^{5}, 5^{5'}, 5^{4'}$	$2D4, 134^{2}, 14^{3}, 1234^{4}, 1^{5}$	D DA 352.
304.	$134, 124^{3}, 35^{4}, 234^{5}$	$3D4, 3^{2}, 14^{3}, 1235^{4}, 1^{5}, 1^{5'}$	M 67. Mr 234.
305.	$134, 125^{3}, 234^{4}, 234^{5}, 5^{5'}$	$13, 1234^{2}, 24^{3}, 14^{4}, 2^{5}, D5^{5'}$	D* 36.
306.	$135, 123^{2}, 12^{3}, 13^{4}, 2^{5}, 5^{5'}, 4^{4'}, 3^{3'}$	$45, 34^{2}, D2^{3}, D1D2^{4}, 2^{5}, D5^{5'}, 5^{4'}, 5^{3'}$	VE 93.
307.	$135, 123^{2}, 12^{3}, 13^{4}, 2^{5}, 5^{5'}, 4^{4'}, 3^{3'}$	$45, 34^{2}, D2^{3}, 12^{4}, 2^{5}, 5^{5'}, 5^{4'}, 5^{3'}$	121.
308.	$135, 123^{2}, 2^{3}, 14^{4}, 1^{5}, 2^{5'}, 1^{4'}, 5^{3'}$	$45, 135^{2}, 13^{3}, 34^{4}, 4^{5}, 3^{5'}, 5^{4'}, 5^{3'}$	122.
309.	$135, 125^{2}, 4^{3}, 3^{4}, 14^{5}$	$2, 1234^{3}, 35^{4}, 14^{5}, 5^{5'}, 3^{4'}$	E 151.
310.	$135, 12^{2}, 23^{3}, 124^{4}, 23^{5}, 24^{5'}$	$23, 123^{2}, 35^{3}, 245^{4}, 15^{5}, 1^{5'}, 5^{4'}$	123.
311.	$135, 13^{2}, 35^{3}, 345^{5}, 3^{5'}$	$5, 45^{2}, 2345^{3}, 135^{4}, 5^{5}, 1^{5'}$	D H 516.
312.	$135, 145^{2}, 23^{3}, 1^{4}, 23^{5}, 23^{5'}, 3^{4'}$	$12, 12345^{2}, 145^{3}, 145^{4}, 1^{5'}$	124.
313.	$D135, D14^{2}, 4^{4}, 2^{5'}, 4^{4'}, 45^{3'}, 2^{2'}$	$14, D15^{2}, 1^{3}, 34^{5}, 1D3^{5'}, D1D235^{4'}, D2^{3'}, 5^{2'}$	125 VE 30
314.	$D135, D14^{2}, 4^{4}, 2^{5'}, 4^{4'}, 45^{3'}, 2^{2'}$	$14, 15^{2}, 1^{3}, 34^{5}, 13^{5'}, 1235^{4'}, 2^{3'}, 5^{2'}$	126.
315.	$1D35, 15^{2}, 12^{4}, 2^{5}, 1^{5'}$	$D2, 15^{2}, 14^{3}, 5^{4}, 23^{5}, 14^{5'}, 5^{4'}$	E 265.
316.	$13\ \ 234^{2}, 12345^{3}, 1235^{4}, 12^{5}$	$13, 1235^{2}, 2345^{3}, 1345^{4}, 23^{5}, 5^{5'}$	127. Ch. XII 127. D CI. 364.
317.	$135, 23^{2}, 345^{3}, 23^{4}, 234^{5}, 4^{5'}$	$24, 12345^{2}, 35^{3}, 123^{4}, 2^{5}, 1^{5'}$	D W 361.
318.	$135, 245^{2}, 23^{3}\ \ 34^{4}, 3^{5}, 4^{5'}$	$5, 2345^{2}, 3^{3}, 235^{4}, 25^{5}, 1^{5'}, 5^{4'}, 1^{3'}$	128.
319.	$135\ \ 2^{2}, 15^{3}, 25^{4}\ \ 23^{5}, 14^{5'}$	$24, 234^{2}, 15^{3}, 245^{4}, 3^{5}, 1^{5'}$	E 405.
320.	$13D5, 34D5^{2}, 4^{3}, 3^{4}, 4^{5}, 3^{5'}, 3^{4'}$	$D1D4, 12D5^{2}, D3^{3}, 1^{4}, 5^{5}, 2^{5'}, 1^{4'}$	D LM 578.
321.	$D135, 45^{2}, D123^{3}, 12^{4}, 34^{5}, 23^{5'}$	$D12, D1235^{2}, D1245^{3}, 1D34^{4}, 5^{5}, 1^{5'}, 5^{4'}$	D LM 80.
322.	$135, 4^{2}, 245^{3}, 25^{5}, 1^{5'}$	$2, 23^{2}, 35^{3}, 2^{4}, 23^{5}, 1^{5'}, 5^{4'}, 1^{3'}$	E 111.
323.	$135, 5^{2}, 14^{3}, 1235^{4}, 1^{5}$	$3, 24^{2}, 23^{3}, 245^{4}, 24^{5}, 4^{5'}$	129.

324. $135,5^{2},2^{3},2^{4},2345^{5},3^{6'},4^{7'},5^{8'}$ $24,2345^{2},2^{3},125^{4},4^{5'},1^{6'}$ C 128.
325. $135,5^{2},1^{3},25^{4},5^{5'},24^{6'},2^{7'}$ $13,23^{2},4^{3},5^{4},34^{5'},4^{6'},D2^{7'}$ D LM | 17. G 129.
326. $135,15^{2},4^{3},4^{4'},45^{5'}$ $345,13^{2},3^{3},1^{4},13^{5},5^{6'},23^{7'},5^{8'}$ E 389.
327. $135,4^{2},3^{3},12345^{4'},5^{5'},3^{6'}$ $23,45^{2},1D245^{3},2^{4'},D15^{5'}$ VE 69.
328. $135,4^{2},3^{3},12345^{4'},5^{5'},3^{6'}$ $23,45^{2},1245^{3},2^{4'},D15^{5'}$ 130.
329. $D1D3^{2},D3^{3'}$ $D1^{4}$ ou 1^{5} 131.
330. $13,1235^{2},12345^{3},125^{4},2^{5},14^{6'}$ $234,2345^{2},1235^{3},345^{4},3^{5},14^{6'}$ 132.
331. $13,1235^{2},1235^{3},2345^{4},234^{5}$ $5,12345^{2},1234^{3},2345^{4},13^{5},1^{6}$ Badule.
332. $13,1235^{2},1234^{3},35^{4},15^{5},1^{6'}$ $1345,5^{2},345^{3},2345^{4},4^{5},23^{6'}$ 133. Piége tendu.
333. $13,1235^{2},12^{3},2^{4},234^{5},24^{6'}$ $3,345^{2},1235^{3},45^{4},15^{5'},5^{6'}$ D* 35.
334. $13,124^{2},234^{3},34^{4},14^{5}$ $24,4^{2},234^{3},234^{4},134^{5},5^{6'}$ 134.
335. $13,125^{2},123^{3},12^{4},1^{5},13^{6'},3^{7'}$ $234,D1^{2},25^{3},4^{4},D5^{5'},D5^{6'}$ VE 46.
336. $13,125^{2},123^{3},12^{4},1^{5},13^{6'},3^{7'}$ $234,1^{2},25^{3},4^{4},D5^{5'},D5^{6'}$ 135.
337. $13,125^{2},23^{3},14^{4},1^{5},2^{6'},1^{7'},5^{8'}$ $24,1235^{2},13^{3},34^{4},4^{5},5^{6'}$ C 95.
338. $13,12^{2},2^{3},5^{4},125^{5},235^{6'},2^{7'}$ $1345,D12^{2},4^{3},5^{4},D34^{5'}$ VE 35. 136.
339. $13,12^{2},35^{3},23^{4},13^{5},5^{6'},5^{7'},D3^{8'}$ $245,14^{2},145^{3},24^{4},5^{5'}$ 137.
340. $13,12^{2},35^{3},23^{4},13^{5},5^{6'},5^{7'},D3^{8'}$ $245,D14^{2},14D5^{3},D24^{4},5^{5'}$ VE 78.
341. $13,12^{2},4^{3},14^{4},14^{5},1^{6'}$ $1234^{2},25^{3},4^{4},D5^{5'},5^{6'}$ D* 36.
342. $13,12^{2},5^{3},12^{4},135^{5},25^{6'}$ $24,1245^{2},13^{3},235^{4},3^{5}$ E 315.
343. $13,12^{2},5^{3},45^{4},25^{5'},15^{6'},15^{7'}$ $245,134^{2},4^{3},4^{4},4^{5},3^{6'},1^{7'}$ D W | 157.
344. $13,13^{2},1234^{3},1^{4},1^{5},23^{6'},15^{7'},5^{8'}$ $134,1345^{2},134^{3},4^{4},4^{5},2^{6'},5^{7'}$ 138.
345. $13,14^{2},2^{3},24^{4},1^{5'},5^{6'}$ $4,1235^{2},12^{3},12^{4},1^{5'}$ E 461. G 161.
346. $D13,15^{2},2^{3},123^{4},124^{5}$ $23D5^{2},15^{3},134^{4},D24^{5},5^{6'}$ E LM 449.
347. $13,15^{2},3^{3},5^{4},1^{5},45^{6'}$ $4^{2},D1^{3},D2^{4},2D3^{5}$ Mz 264.
348. $13,1^{2},1^{3},1^{4},124^{5},35^{6'}$ $45^{2},2345^{3},15^{4},D5^{5'}$ H 17.
349. $13,1^{2},24^{3},2^{4},235^{5},5^{6'}$ $4,35^{2},23^{3},1234^{4},3^{5}$ 139. Ch. XII 65.
350. $13,1^{2},345^{3},1^{4},14^{5},2^{6'}$ $2,124^{2},13^{3},2345^{4},1^{5}$ E 306.
351. $13,1^{2},1^{3},2^{4},1^{5'},3^{6'}$ $15,245^{2},4^{3},3^{4'}$ E 24. G 172.
352. $13,234^{2},134^{3},134^{4},3^{5}$ $34,45^{2},1235^{3},45^{4},145^{5},5^{6'}$ 140. Ch. XII 110.
353. $13,234^{2},234^{3},34^{4},2^{5},15^{6'},4^{7'}$ $12,12345^{2},124^{3},13^{4},5^{5'},1^{6'}$ D LG | 180.
354. $13,234^{2},2^{3},45^{4},125^{5}$ $12,134D5^{2},1^{3},1^{4},3^{5'}$ D CO 8.
355. $1D3,234^{2},4^{3},14^{4},5^{5'},D5^{6'}$ $4,23^{2},D3^{3},13^{4},135^{5},D5^{6'}$ D LM 138.
356. $13,235^{2},34^{3},34^{4},23^{5}$ $35^{2},45^{3},245^{4},12^{5},5^{6'}$ D* 37.
357. $1D3,235^{2},34^{3},35^{4},5^{5'},1235^{6'}$ $12345,4^{2},234^{3},3^{4'},1^{5'},D2^{6'},1^{7'},D5^{8'}$ D* F 38.
358. $13,23^{2},2^{3},5^{4},125^{5},235^{6'},2^{7'}$ $1345,D12^{2},4^{3},5^{4},D3^{5'}$ 141.
359. $13,245^{2},3^{3},15^{4},235^{5},45^{6'},5^{7'}$ $234,135^{2},124^{3},23^{4},2^{5},4^{6'},1^{7'}$ E 282.
360. $13,25^{2},23^{3},3^{4},34^{5},35^{6'}$ $35,1235^{2},24^{3},1345^{4},1^{5'}$ E 144. G 96.
361. $13,25^{2},3^{3},5^{4},1^{5},45^{6'}$ $4^{2},D1^{3},D2^{4},2D3^{5}$ H 18.
362. $13,2^{2},125^{3},145^{4},5^{5},15^{6'},4^{7'}$ $24,234^{2},4^{3},23^{4},3^{5},134^{6'},D4^{7'}$ D* LM 39.
363. $13,2^{2},23^{3},5^{4},34^{5},12^{6'}$ $2,234^{2},1^{3},4^{4},45^{5},12^{6'}$ D* | 40.
364. $13,2^{2},2^{3}$ $2^{4'},4^{5'}$ E 314. Ch. VII 34.
365. $13,2^{2},345^{3},34^{4},45^{5},13^{6'},3^{7'},35^{8'}$ $245,1235^{2},12^{3},4^{4},4^{5},2^{6'},D2^{7'}$ D H V 258.
366. $13,2^{2},345^{3},45^{4},1^{5},4^{6'},4^{7'},5^{8'}$ $24,123D45^{2},3^{3},2^{4},3^{5},1^{6'}$ G 76.
367. $13,345^{2},23^{3},12^{4},2^{5},23^{6'},3^{7'}$ $12,1234^{2},145^{3},145^{4},1^{5'}$ D* C. chromatique. 41.
368. $1D3,34^{2},1^{3},1^{4},2^{5'},3^{6'}$ $D1,23^{2},D5^{3},25^{4'},25^{5'}$ D LM 476.
369. $13,35^{2},2345^{3},1^{4},4^{5},1^{6'}$ $13,234^{2},4^{3},2345^{4},4^{5},2^{6'}$ D 315.
370. $13,3^{2},2^{3},14^{4},12^{5'},13^{6'}$ $12,24^{2},245^{3},4^{4},4^{5},3^{6'}$ D* à R 42.
371. $13,3^{2},4^{3},3^{4},12^{5'},12^{6'}$ $12,D4^{2},1^{3},3^{4},12^{5'},2^{6'}$ H 19.
372. $13,3^{2},4^{3},3^{4},12^{5'},12^{6'}$ $12,D4^{2},3^{4},12^{5'},2^{6'}$ H 20. Mz 190.

373 $13,3^{2},245^{3},12^{4'}$ $5^{2},25^{3},2^{4},12^{3'}$ D AU 44. G 136.

374. $13,4^{2},4^{3},45^{4},3^{5},4^{5'},4^{3'}$ $35,1235^{2},35^{3},2^{4},2^{3'}$ D à Bl 422.

375. $13,D4^{2},5^{3},4^{4},1^{3'}$ $15,5^{4},23^{5},D2^{1'}$ D B 213. 142. Ch. XII 153.

376. $13,5^{2},1234^{3},24^{4},234^{5},35^{1'}$ $3,1235^{2},25^{3},145^{4},15^{5},1^{6'},5^{3'}$ D CL 341.

377. $13,5^{2},125^{3},12345^{4},235^{5},24^{1'}$ $12345^{2},12345^{3},245^{4},15^{5},1^{5'}$ D F 288.

378. $13,5^{2},23^{3},2^{4},235^{5},12^{5'},1^{4'}$ $34,24^{2},1245^{3},3^{4},1^{5'},5^{4'},1^{2'}$ G 112.

379. $13,D5^{2},D3^{1'}$ $5,1^{5},D2^{3'},1^{2'}$ E 87.

380. $13,2345^{3},234^{4},34^{5},34^{5'},34^{1'}$ $45,125^{2},15^{3},145^{4},12^{5},1^{5'},1^{2'}$ D E 568.

381. $13,23^{3},45^{4},3^{3'}$ $24,12^{2},1^{3},4^{4},23^{3'}$ D* 43.

382. $1D3,2^{3},4^{4},2^{6'},145^{4'},1^{3'}$ $15,25^{2},2^{3},14^{5},3^{5'},D5^{1'}$ D LM 505.

383. $D1D3,D2^{3},D1^{3'}$ $D1^{5},D1^{5'}$ D SH 536.

384. $13,34^{3},5^{4},35^{5},2^{5'},3^{4'}$ $135,125^{2},4^{4},2^{5'},2^{3'}$ D* j. 44.

385. $1D3,3^{3},1^{4},12^{5},4^{4'}$ $35^{2},D12^{3},25^{4},1^{5}$ E 158.

386. $D13,4^{3},1^{4},235^{5},1^{5'},145^{4'}$ $12D5,14^{2},3^{3},D1^{3'}$ H 21.

387. $13,5^{3},125^{4},5^{6'},D5^{1'}$ $14^{2},34^{3},2^{5},5^{5'},D4^{1'}$ PL

388. $13,5^{3},125^{4},5^{5'},D5^{1'}$ $24^{2},34^{3},D2^{5},5^{5'},D5^{1'}$ P EV.

389. $13,5^{3},14^{4},24^{5},35^{6'},2^{3'}$ $13,235^{2},4^{3},14^{4},1^{5},1^{3'}$ E 402.

390. $13,5^{3},1^{4},24^{5},3^{5'},2^{3'}$ $13,34^{2},14^{4},1^{5},13^{3'}$ E 364.

391. $13,12^{5},45^{5'}$ $D34^{2},3^{3},D3^{5}$ H 22. Mr 237.

392. 1D3 $4^{3},3^{3'}$ E 417.

393. $145,1234^{2},123^{3},4^{5}$ $45,2345^{3},34^{4},45^{5},5^{2'}$ D* j 45.

394. $145,123^{2},14^{3},2^{5},5^{6'},45^{4'}$ $5,34^{2},4^{3},12^{4},2^{5},135^{6'},5^{3'},5^{2'}$ 142.

395. $1D4D5,123^{2},24^{3},1^{4},2^{5},4^{5'},5^{4'},5^{3'}$ $D1D2D3,5^{2},234^{3},2D3^{4},2^{6},45^{6'},5^{4'}$ D LM 555.

396. $145,13^{2},124^{3},1234^{4},2^{5},15^{5'}$ $1,2345^{2},124^{3},234^{4},23^{5},15^{5'}$ 143.

397. $145,13^{2},12^{5},14^{4},4^{5},2^{6'}$ $3^{2},2345^{3},34^{4},4^{5},3^{5'},25^{4'}$ M 80. Mr 33.

498. $145,145^{2},135^{3},235^{4}$ $123^{2},345^{3},123^{4},245^{5},25^{5'}$ 144.

399. $D145,15^{2},12^{3},1^{4},1245^{5},25^{3'}$ $24,2D35^{2},3^{3},3^{4},4^{5},3D5^{4'},34^{3'},3^{2'},D2^{1'}D3^{1'}$ D SH 171

400. $145,1^{2},12^{3},24^{4},235^{5},124^{5'}$ $1,35^{2},12345^{3},D24^{4},1^{5'},D3^{1'}$ D* 46.

401. $1D45,234^{2},235^{3},12^{4},3^{6'},2^{4'}$ $D2,1D234^{2},D1234^{3},45^{4},5^{5'}$ D LM 567.

402. $D145,23^{2},13^{3},4^{4},4^{5},3^{6'},2^{3'}$ $1,D34^{2},D5^{3},D4^{4},1D2^{6'},15^{4'},5^{2'}$ VE 49.

403. $D145,23^{2},13^{3},4^{4},4^{5},3^{4'}$ $1,34^{2},25^{3},D4^{5},1D2^{5'},15^{4'},5^{2'}$ 145.

404. $145,23^{2},2^{3},2^{5},4^{5'},3^{4'},D5^{1'}$ $3,123^{2},25^{3},1^{4},D1^{5},1^{5'},4^{4'},1^{2'}$ D* à DA 47.

405. $145,23^{2},15^{3},234^{4},2^{5}$ $234^{2},1235^{4},135^{5},5^{5'}$ E 267.

406. $145,345^{2},123^{3},1245^{4},23^{5}$ $23,13^{2},12345^{3},235^{4},123^{5}$ 150. Ch. XII 123.

407. $145,345^{2},35^{4},25^{5},14^{6'},4^{4'}$ $12,1D5^{2},1D3^{3},2^{4},D1^{4'},D1^{3'}$ H 23.

408. $145,34^{2},245^{3},1234^{4},2^{5},5^{5'}$ $1234^{2},4^{3},1234^{4},123^{5},15^{6'}$ C 145. B 5.

409. $145,34^{2},34^{3},2^{4},1^{5}$ $4,5^{3},4^{6'},5^{4'},1^{3'},D5^{2'}$ * 28.

410. $145,34^{2},3^{3},5^{4},3^{5},1^{5'},5^{4'},1^{3'}$ $5^{2},234^{3},123^{4},25^{5},2^{5'},14^{4'},12^{3'}$ 146.

411. $145,34^{2},3^{3},5^{4},3^{5},1^{6'},5^{4'},1^{3'}$ $5^{2},2D3D4^{3},123^{4},2D5^{5},2^{5'},D14^{4'},12^{3'}$ VE 62.

412. $145,3^{2},23^{3},125^{4},35^{6},1^{5'}$ $14^{2},123^{3},24^{4},345^{5},14^{5'}$ 147.

413. $145,3^{2},25^{3},34^{4},34^{5}$ $5,1^{2},5^{3},124^{4},15^{5},15^{6'}$ E 303.

414. $145,3^{2},2^{4},3^{5},1D4^{4'},D2^{3'}$ $D4,3^{4},1^{4'},1^{3'},5^{2'},D2^{1'}$ PV* L. M D* 48.

415. $145,5^{2},134^{3},234^{4},234^{5},1^{5'}$ $5,1235^{2},235^{3},2345^{4},5^{5},1^{6'}$ PV*

416. $145,5^{2},134^{3},234^{4},234^{5},1^{5'}$ $25,1235^{2},23^{3},2345^{4},5^{5},1^{6'}$ L* W j. D* 49.

417. $145,5^{2},235^{3},23^{4},4^{5},23^{5'},2^{4'}$ $124,13^{2},13^{3},14^{4},4^{5},1^{3'},D3^{1'}$ E 241.

418. $145,124^{3},24^{4},45^{5}$ $13,1^{2},1235^{3},1^{4},D145^{5},1^{6'}$ E 211.

419. $145,25^{3},2345^{4},235^{5},4^{5'}$ $12^{2},2345^{3},124^{4},12^{5},D2^{1'}$ G LN 142.

420. $145,35^{3},2345^{4},235^{5},4^{5'}$ $12^{2},2345^{3},124^{4},12^{5},D2^{1'}$ D LN 20.

421. $1D45,4^{3},23^{4},23^{5},4^{4'},5^{3'}$ $45,135^{2},3^{3},123^{4},D2^{5},1^{5'},5^{2'}$ D V Bl. 455.

422. 14^{5},3^{4},4^{5}
423. 14,1234^{2},1^{3},5^{4},4^{5},2$^{5'}$
424. 14,1245^{2},12345^{3},14^{4}
425. 14,125^{2},12345^{3},1235^{4},3^{5}
426. 14,134^{2},125^{3},24^{4},5^{5},25$^{5'}$,5$^{6'}$
427. 14,134^{2},25^{3},235^{4},5^{5},5$^{6'}$
428. 14,134^{2},5^{4},2D5$^{4'}$,2$^{3'}$
429. 14,145^{2},25^{3},1245^{4},3^{5},4$^{5'}$
430. 14,14^{2},134^{3},23^{4}
431. 14,15^{2},124^{3},12^{4},23^{5},4$^{5'}$,1$^{6'}$
432. 14,15^{2},145^{3},2^{4},134^{5},5$^{6'}$
433. 14,15^{2},2^{3},25^{4},3^{5},4$^{5'}$,4$^{6'}$,4$^{3'}$
434. 14,1^{2},125^{3},23^{4},5^{5},4$^{5'}$
435. 14,1^{2},134^{3},2345^{4},3^{5},14$^{6'}$
436. D14,2345^{2},124^{3},14^{4},4^{5},12$^{5'}$,1$^{6'}$

437. D14,2345^{2},124^{3},14^{4},4^{5},12$^{5'}$,1$^{6'}$
438. 14,235^{2},1245^{3},12345^{4},245^{5},2$^{5'}$
439. 14,1^{2},34^{3},45^{4},4^{5},2$^{5'}$
440. 14,345^{2},234^{3},124^{4},3^{6},2$^{5'}$
441. 14,34^{2},34^{3},23^{4},2^{5}
442. 14,3^{2},1^{3},23^{4},13^{5}
443. 14,3^{2},234^{3},2^{4},2345^{5},3$^{6'}$
444. 14,3^{2},234^{3},1^{5}
445. 14,3^{2},25^{3},12D4^{4},1245^{5},3$^{5'}$
446. 14,3^{2},3^{3},125^{4},2^{5},5$^{5'}$,5$^{6'}$
447. 14,3^{2},4^{3},34^{4},1^{5},1$^{5'}$
448. 1D4,3^{2},2^{5},145$^{5'}$,15$^{4'}$
449. 14,45^{2},24^{3},34^{4},4^{5}
450. 1D4,1^{2},14^{3},1345^{4},25^{5},45$^{5'}$,5$^{6'}$,1$^{3'}$
451. 14,4^{2},14^{3},4^{4},5^{5},123$^{5'}$,2$^{6'}$,2$^{3'}$
452. D14,4^{2},24^{3},13^{4},4^{5},5$^{5'}$
453. D14,4^{2},2^{3},34^{4},13^{5},12$^{5'}$,1$^{6'}$
454. 14,4^{2},345^{3},25^{4},23^{5},5$^{6'}$
455. 14,1234^{3},14^{4},25^{5},12$^{5'}$
456. 14,1245^{3},14^{4},1$^{5'}$,D2$^{'}$
457. 14,2^{3},5^{4},3^{5},12$^{4'}$,23$^{3'}$
458. 14,3^{3},2^{4},1$^{5'}$,24$^{4'}$
459. D14,2^{4},1$^{2'}$
460. 15,1235^{2},2^{3},4^{4},13^{5},3$^{5'}$
461. 15,1245^{2},2^{3},23^{6},5$^{5'}$,45$^{4'}$,5$^{3'}$
462. 15,1245^{2},2^{3},23^{5},5$^{5'}$,4^{4},5$^{3'}$
463. 15,1245^{2},35^{3},25^{4},23^{5},5$^{5'}$
464. 15,124^{2},12^{3},5^{4},2^{5},4$^{5'}$,4$^{4'}$
465. 1D5,125^{2},2^{3},234D5^{4},5^{5}
466. 15,1345^{2},25^{3},35^{4},2^{5},1$^{5'}$
467. 15,134^{2},124^{3},15^{4},123^{5},5$^{5'}$,1$^{3'}$
468. 15,135^{2},15^{5},1$^{5'}$,23$^{4'}$,13$^{3'}$
469. 15,13^{2},4^{3},3^{4},45$^{5'}$,34$^{4'}$

4,1^{2},2^{4}1$^{5'}$,5$^{4'}$ 148. PX.
14,123^{2},13^{3},4^{4},4^{5},25$^{5'}$,1$^{4'}$ 149
25^{2},145^{3},124^{4},12345^{5},4$^{3'}$ H 24.
4,12^{2},2345^{3},1245^{4},135^{5},1$^{5'}$ H 25.
34,14^{2},1234^{3},24^{4},34^{5},3$^{5'}$ 150.
3,135^{2},123^{3},2^{4},123^{5},1$^{5'}$ 151.
2D4,1^{5},4$^{5'}$,1$^{4'}$,1$^{3'}$,D2$^{'}$ D* 50.
3,13^{2},2345^{3},245^{4},23^{5},1$^{5'}$ 152.
345^{3},24^{4},D13^{5},1$^{5'}$ H 26.
234^{2},135^{3},235^{4},5^{5},145$^{5'}$ D Callix. 29. G 85.
12,235^{2},13^{3},1234^{4},1^{5},5$^{6'}$ 153.
34,1235^{2},2^{3},125^{4},1^{5},1$^{5'}$ E 462. G 151.
123,4^{2},3^{3},235^{4},5^{5},1$^{5'}$ M 87. Mr 29. G 151.
25,1235^{2},23^{3},235^{4},5^{5},1$^{5'}$ D M 68.
12345,D25^{2},D1D45^{3},D3^{4},D4D5^{5},23$^{5'}$,5$^{4'}$,5$^{3'}$ VE 95.
12345,25^{2},D145^{3},3^{4},45^{5},12$^{5'}$,5$^{4'}$,5$^{3'}$ 154.
12,2345^{2},135^{3},1235^{4},1345^{5},3$^{5'}$ Mr 56. C. sing.
2,1234^{3},135^{4},4^{5},1$^{4'}$ H 27.
1,5^{2},D3D45^{3},3^{4},15^{5},5$^{4'}$,1$^{2'}$ 155.
5^{4},D123^{5},1$^{5'}$,D2$^{'}$ D LM 148.
345^{3},24^{4},D1^{5},4$^{4'}$ H 28. Mr 184.
45,2345^{2},5^{3},1245^{4},5^{5},1$^{5'}$,15$^{3'}$ D* I 51.
4^{4},D4^{5},D5$^{4'}$ H 29. Mr 236.
D1,123^{2},45^{3},134D5^{4},3$^{5'}$,D1$^{3'}$ D HV 124.
45,124^{3},2^{4},23^{5},4$^{5'}$,1$^{3'}$ E 326.
1,5^{4},3^{6},5$^{5'}$,D2$^{3'}$,1$^{2'}$ E 106.
1D4,23^{2},3^{3},23^{5},4$^{5'}$,D2$^{5'}$ D 360.
1,34^{3},13^{4},D4^{5},5$^{4'}$,1$^{2'}$ H 30.
245,12345^{2},35^{3},3^{4},1D3^{5},D5$^{'}$ E 392.
12,13^{2},4^{3},4^{4},4^{5},2$^{5'}$,15$^{4'}$,3$^{3'}$ 156.
234D5^{2},3^{4},4^{5},D1$^{3'}$ 157.
25^{2},13^{3},234D5^{4},45^{6},2$^{5'}$ D LM 367.
123^{2},4^{3},12345^{4},1^{5},1$^{3'}$ 158.
24,123^{2},23^{3},234^{4},4^{5},3$^{5'}$ A 6. 159. Ch. XII 104.
D3,34^{2},35^{4},45^{5},1$^{5'}$,5$^{4'}$,D2$^{'}$ D LM 174.
123,5^{2},5^{3},5^{4},12$^{5'}$,4$^{4'}$,4$^{3'}$ E 375.
2 1$^{5'}$,4$^{3'}$,D2$^{'}$ D 388 — 570.
4,5^{2},5^{4},D5$^{5'}$ PV*
D24^{2},D1^{3},1^{4},1^{5},D5$^{6'}$ H 31 à peu près. Mr 265.
125,135^{2},1^{3},1234^{4},145$^{5'}$ 160.
125,135^{2},1^{3},1234^{4},145$^{5'}$ C 72.
45,12345^{2},5^{3},1235^{4},1^{5},4$^{5'}$ 161.
4,12345^{2},13^{3},1^{6},1$^{5'}$,5$^{3'}$ D W 105.
1D2,D134^{2},124^{3},4^{4},1^{5},1$^{5'}$,1$^{3'}$ D LM 607.
12,234^{2},12^{3},14^{4},23^{5},1$^{5'}$ 162.
23,235^{2},4^{3},1234^{4},2^{5},45$^{5'}$,5$^{3'}$ 163. C 106.
245,135^{2},5^{3},5^{4},23$^{4'}$,2$^{3'}$ 164.
D24^{2},1^{3},1^{4},D5$^{5'}$,1$^{4'}$,5$^{3'}$,2$^{2'}$ VE 40

470.	15,145^{2},2^{3},2345^{4},3^{5},14$^{6'}$	123,2^{2},135^{3},245^{4},25^{5},1$^{6'}$ C 148.
471.	1D5,145^{2},4^{3},D5^{4},5^{5},5$^{6'}$,4$^{7'}$	13,D1D25^{2},D1^{4},D3^{5},2$^{6'}$,D2D3$^{5'}$,D2$^{8'}$ VE 17.
472.	1D5,145^{2},4^{3},D5^{4},5^{5},5$^{6'}$,4$^{8'}$	13,125^{2},1^{4},D3^{5},2$^{6'}$,23$^{8'}$,2$^{8'}$ 165.
473.	D15.D14^{2},235^{3},123^{4},12^{5}	4D5^{2},34^{3},345^{4},D1234^{5},4$^{6'}$,4$^{8'}$ 166. C 200.
474.	15,15^{2},235^{3},1235^{4},345^{5}	1234,12345^{2},1345^{3},12345^{4},2^{5},1$^{6'}$ 167.
475.	15,1^{2},134^{3},1^{4},123^{5},4$^{6'}$,4$^{4'}$,5$^{8'}$	24,12345^{2},13^{3},135^{4},5$^{6'}$ 168.
476.	15,1^{2},134^{3},1^{4},123^{5},4$^{6'}$,4$^{4'}$,5$^{8'}$	24,12345^{2},3^{3},135^{4},5$^{6'}$ C 77.
477.	15,1^{2},234^{3},1^{4},4^{5},24$^{6'}$,4$^{4'}$,5$^{8'}$	4,245^{2},13^{3},125^{4},15$^{5'}$,5$^{6'}$ C 78.
478.	15,23^{2},23^{3},24^{4},1234^{5},3$^{6'}$	4,1234^{2},345^{3},4^{4},1^{5},5$^{6'}$,D2$^{7'}$ 169.
479.	15,245^{2},134^{3},34^{4},4^{5},15$^{6'}$	5,2^{2},1234^{3},34^{4},145^{5},2$^{6'}$,15$^{6'}$ D^{o} à DA 52.
480.	1D5,25^{2},4^{3},34^{4},35^{5},4$^{5'}$,45$^{6'}$	D1,345^{2},3^{3},2^{4},12^{5},1$^{5'}$,15$^{6'}$ D LM 491.
481.	15,34^{2},3^{3},5^{4},35^{5},4$^{5'}$,23$^{6'}$	2,124^{2},D15^{3},4^{4},2^{5},2$^{8'}$ D BT 136.
482.	15,35^{2},3^{3},2^{4},3^{5},4$^{5'}$,2$^{6'}$	2,1234^{2},1^{4},5$^{5'}$,15$^{4'}$,1$^{3'}$ E 58. G 101.
483.	15,4^{2},2^{3},145^{4},123^{5},3$^{6'}$,5$^{6'}$	135,1235^{2},14^{3},12^{4},1$^{2'}$ E 343.
484.	15,4^{2},345^{3},1345^{4},3^{5},4$^{6'}$	13,123^{2},235^{3},124^{4},2^{5},1$^{6'}$,5$^{7'}$ C 160. BL 5.
485.	15,4^{2}.23^{5},1$^{5'}$,24$^{6'}$	1,23^{2},35^{4},5$^{6'}$,4$^{4'}$,1D3$^{8'}$ VE 10.
486.	15,24^{3},24^{4},2345^{5},14$^{6'}$	2^{2},2345^{3},2345^{4},5^{5},1$^{6'}$,5$^{7'}$ 170.
487.	D15,2^{3},134^{4},45^{5},2$^{5'}$,2$^{3'}$	135,45^{2},45^{4},4^{5},D2$^{6'}$,5$^{7'}$ D E 550.
488.	15,345^{4},23^{6},4$^{5'}$,4$^{8'}$	4,D12^{2},2^{3},D12^{4},2^{5},2$^{8'}$ 171.
489.	1,1234^{2},125^{3},145^{4},1^{5},5$^{6'}$,5$^{8'}$	4,2345^{2},23^{3},1234^{4},134^{5},24$^{6'}$ 172.
490.	1,1234^{2},12^{3},145^{4},15^{5},1$^{6'}$	25,2^{2},235^{3},134^{4},34^{5},3$^{6'}$,23$^{4'}$ 173.
491.	1,1234^{2},23^{3},35^{4},2^{5},1$^{5'}$,5$^{6'}$	25^{2},1234^{3},13^{4},234^{5},1$^{6'}$ D CL 457.
492.	1,1235^{2},2^{3},4^{4},13^{5},3$^{6'}$	D24^{2},D1^{3},1^{4},1^{5},D5$^{6'}$ H 31.
493.	1,1245^{2},135^{3},24^{4},234^{5},3$^{5'}$	24,1234^{2},245^{3},345^{4},1^{5},1$^{8'}$ C 164.
494.	1,1245^{2},2345^{3},245^{4},3^{5}	13^{2},2345^{3},245^{4},123^{5},15$^{5'}$,1$^{4'}$ 174.
495.	1,124^{2},14^{3},14^{4},24^{5},2$^{5'}$	45^{2},23^{3},35^{4},345^{5},3$^{6'}$,5$^{6'}$ D MD j. 263.
496.	1,124^{2},24^{3},D5^{4},45^{5},23$^{5'}$,1$^{4'}$,1$^{8'}$	1D4D5,5^{2},345^{3},3^{4},45^{5},5$^{7'}$ D CHV 150.
497.	1,124^{2},34^{3},234^{4},34^{5},34$^{6'}$	123^{2},2345^{3},124^{4},5^{5},1$^{6'}$,5$^{6'}$,1$^{8'}$ D^{o} LM 53.
498.	1,124^{2},3^{3},2^{4},12^{5},45$^{5'}$,1$^{6'}$	D3,25^{2},1345^{3},D5^{4},3^{5},4$^{6'}$ E LM 448.
499.	1,12D5^{2},4^{3},2345^{4}	12^{2},D15^{3},3^{4},2345^{5} D^{o} 54.
500.	1,125^{2},34^{3},23^{4},34^{5},34$^{6'}$	123^{2},2345^{3},124^{4},25^{5},1$^{8'}$ PV^{o}
501.	1,12^{2}.124^{3},3^{4},45^{5},1$^{6'}$,2$^{6'}$	12,1^{2},14^{3},34^{4},4^{5},123$^{6'}$ 175.
502.	1,12^{2},134^{3},234^{4}	2,25^{2},1^{3},25^{4},13^{5},D15$^{6'}$ H 32.
503.	1,12^{2},15^{3},14^{4},123^{5},4$^{5'}$,4$^{6'}$,5$^{8'}$	4,12345^{2},13^{3},35^{4},1^{5},5$^{6'}$ 176.
504.	1,12^{2}.235^{3},2345^{4}.4^{5},1$^{6'}$	3^{2},145^{3},23^{4},235^{5},2$^{6'}$,D5$^{7'}$ D LM 267.
505.	1,134^{2},15^{3},4^{4},1^{5},1$^{5'}$	2345^{2},25^{3},234^{4},4^{5},5$^{6'}$ 177.
506.	1,13^{2},345^{3},1234^{4},123^{5}	24^{2},2345^{3},1235^{4},123^{5} H 33.
507.	1,13^{2} 35^{3},2^{4},45^{5}	5,5^{2},234^{3},15^{4},45^{5} D LN 605.
508.	1,145^{2},12345^{3},12345^{4}.2$^{6'}$	134,5^{2},2345^{3},34^{4},1345^{5},13$^{6'}$ H 34.
509.	1,145^{2},12345^{3},1245^{4},23^{5},1$^{8'}$	134,345^{2},34^{3},2345^{4},23^{5},1$^{6'}$ D Fj. 49.
510.	1,145^{2},1235^{3},4^{4},35^{5},1$^{6'}$,5$^{8'}$	234,135^{2},1234^{3},2^{4},5^{5},1$^{6'}$ 178.
511.	1,14^{2},124^{3},34^{4},235^{5},14$^{5'}$	13,123^{2},235^{3},245^{4},2^{5},1$^{6'}$ 179
512.	1,14^{2},124^{3}.34^{4},235^{5},14$^{8'}$	24,123^{2},235^{3},245^{4},2^{5},1$^{6'}$ C 22.
513.	1,14^{2},4^{3},4D5^{4},4^{5},12$^{6'}$,1$^{4'}$,3$^{8'}$	12,D14^{2},34D5^{4},34^{5},123$^{5'}$,1$^{6'}$ D LM 572.
514.	1,15^{2}.13^{4},1235^{4},3^{5},5$^{5'}$,245$^{6'}$	3,12345^{2},14^{3},13^{4},1^{5},D3$^{6'}$ D C 551.
515.	1,15^{2},145^{3},23^{4},234^{5},14$^{5'}$,5$^{6'}$	45,135^{2},234^{3},13^{4},1$^{6'}$,5$^{4'}$,2$^{8'}$ C 170.
516.	1,15^{2},15^{3},5^{4},23^{5},4$^{6'}$,4$^{4'}$,5$^{3'}$,2$^{8'}$	34,35^{2},2^{3},12^{4},2^{5},1$^{6'}$,1$^{6'}$,3$^{7'}$ C 64.
517.	1,15^{2},15^{3},5^{4},23^{5},4$^{5'}$,4$^{6'}$,5$^{7'}$,2$^{8'}$	134,35^{2},2^{3},12^{4},2^{5},1$^{6'}$,1$^{4'}$,3$^{7'}$ 180.
518.	1,15^{2},2^{3},23^{4}.13^{5},35$^{6'}$	14,1235^{2},4^{3},24^{4},4$^{5'}$ 181. Ch. XII 61.

519. $1,1^2,123^3,135^4,1^{5'}$ $2^2,2^4,245^5,1234^{6'}$ D HV 240.
520. $D1,1^2,123^3,4^4,1^5,2^{6'},1^{4'},1^{3'}$ $D1D2,234^2,23^3,35^4,14^5,3^{6'}$ D LM 285.
521. $1,1^2,124^3,34^4,235^5,14^{6'}$ $25,123^2,235^3,245^4,2^5,1^{6'}$ 182.
522. $1,1^2,13^3,23^4,23^5,45^{6'},34^{4'}$ $25,1245^2,35^3,12^4,2^5,145^{6'},2^{6'}$ 183. G 180.
523. $1,1^2,1^3$ $5^4,5^5,12^{6'},12^{4'},2^{3'}$ 184.
524. $1,1^2,2345^3,4^4,125^{6'},1^{4'}$ $4,124D5^2,14^3,3^4,34^5$ H 35.
525. $1,1^2,234^3,24^4,234^5,14^{6'}$ $2,234^2,235^3,2345^4,1^{6'}$ 185.
526. $1,1^2,23^3,14^4,345^5,123^{6'},2^{4'},2^{3'}$ $1345,15^2,145^3,3^4,5^5,1^{6'},5^{4'},4^{3'}$ 186.
527. $1,1^2,24^3,1^4,1234^5$ $12,2^2,34^3,2345^4,5^{6'}$ H 36. Mz 65.
528. $1,1^2,25^3,14^4,24^5,2^{6'},5^{4'}$ $12,25^2,1^3,13^4,5^5,13^{6'}$ 187.
529. $1,1^2,25^3,23^4,2^5,4^{6'},34^{4'},4^{3'}$ $123,1235^2,D1^4,1^{6'}$ 188.
530. $1,1^2,15^3,23^4,2^5,4^{6'},34^{4'},4^{3'}$ $345,1235^2,D1^4,1^{5'}$ C 181.
531. $1,1^2,D2^3,25^4,25^5,3^{4'}$ $2^2,1^3,25^4,D4D5^5,1^{6'}$ E 5. G 168.
532. $1,1^2,35^3,124^4,13^5,5^{4'}$ $14,125^2,13^3,234^4$ H 37.
533. $1,1^2,2^5,2^{5'},13^{4'}$ $23^2,1^3,D4^5$ H 38. Mz 121.
534. $1,234^2,25^3,1^4,235^5,2^{5'},1^{3'}$ $2,234^2,D3^3,123^4,1^{6'}$ D 512.
535. $1,235^2,14^3,15^4,2^{5'},12^{4'}$ $124,4^2,345^3,5^4,D2^{6'}$ 169.
536. $1,23^2,1^3,5^{4'}$ $4^2,D2^{6'},3^{4'}$ H 39.
537. $1,23^2,23^3,24^4,1234^5,3^{6'}$ $4,1234^2,345^3,4^4,1^5,5^{4'},D2^{3'}$ 190.
538. $1,23^2,23^3,24^4,1234^5,3^{6'}$ $5,1235^2,34^3,4^4,1^5,5^{4'},D2^{3'}$ D CH 424.
539. $1,23^2,2^3,12^4,23^5,34^{6'},35^{4'},4^{3'}$ $245,1245^2,1^4,2^5,5^{6'},4^{4'},1^{2'}$ C 107.
540. $1,23^2,2^3,12^4,23^5,34^{5'},35^{4'},4^{3'}$ $234,1245^2,1^4,2^5,5^{6'},4^{4'},1^{2'}$ 191.
541. $1,23^2,2^3,23^4,D23^5,4^{6'}$ $34^2,4^3,12D5^4,3^5,5^{5'},5^{3'}$ A 4.
542. $1,23^2,35^3,2^5,24^{6'},4^{4'}$ $12,2345^2,3^3,1^{6'},1^{3'}$ D M D 571.
543. $1,23^2,4^3,3^5,123^{6'},125^{4'}$ $123,245^2,D12^{6'},1^{3'}$ D CH 386.
544. $1,245^2,2^3,14^4,12^5,3^{6'},4^{4'}$ $12345^2,2^3,15^4,D2^5,5^{4'}$ D 55.
545. $1,24D5^2,345^3,23^4,3^5,13^{6'},1^{4'}$ $D123D4,25^2,1245^3,5^5,1^{4'}$ D EV 72.
546. $1,24^2,125^3,24^4,1^{6'},2^{3'}$ $13,15^3,3^4,35^5,3^{6'},35^{4'}$ 192.
547. $1,24^2,234^3,25^5$ $1345^3,135^4,3^5$ 193. G 24.
548. $1,24^2,34^3,1^4,D5^{6'},D5^{3'}$ $2^2,4^3,123^4,D5^{4'},D5^{3'}$ 194. B LM.
549. $1,24^2,4^3,4D5^4,4^5,12^{6'},1^{4'},3^{3'}$ $12,D14^2,34D5^4,34^5,123^{6'},1^{4'}$ D LM 616.
550. $1,25^2,2D45^3,2^4,3^5$ $5^3,12^4,135^5,D24^{6'}$ A 5.
551. $1,2^2,2^3,25^4,15^5,35^{4'}$ $13,1234^2,1^4,D3^{4'}$ D M 427.
552. $1,2^2,23^5,1^{6'}$ $2,D24^4$ H 40. Mz 100.
553. $1,345^2,234^3,124^4,3^5,2^{6'}$ $1,5^2,D3D45^3,3^4,15^5,5^{4'},1^{2'}$ VE 68.
554. $1,345^2,235^3,2^4,1^5,2^{6'},5^{3'}$ $125,13^2,123^3,14^5,1^{2'}$ E 204.
555. $1,34D5^2,35^3,3^5$ $35,5^2,25^4,2^5,24^{6'},45^{4'}$ D Rotrou 554.
556 $1,345^2,234^4,24^5,4^{6'},2^{4'}$ $24,1234^2,14^3,15^4$ 195. Ch. XII 80.
557. $1,34^2,234^3,35^4,1^5,3^{6'},5^{4'}$ $23,124^2,12345^3,24^5,1^{2'}$ E 261.
558. $1,34^2,24^3,14D5^4,5^5,5^{6'},4^{4'}$ $D1,235^2,4^3,23D5^4,14^5,3^{6'}$ E LM 445.
559. $1,34^2,24^3,14D5^4,5^5,4^{4'}$ $125,13^2,123^3,14^5,1^{2'}$ E 204.
560. $1,34^2,2^3,4^4,125^{6'},4^{4'}$ $5,35^2,234^3,3^4,3^5,1^{6'}$ D Bl 444. Ch. XII 49.
561. $1,34^2,3^3,1^4,45^5,23^{6'},1^{3'}$ $1,2D345^3,3^4,15^5,1^{4'},2^{3'}$ D* I 55.
562. $1,35^2,345^3,12345^4,125^5$ $24,25^2,13^3,12345^4,123^5$ 196.
563. $1,35^2,35^3,2345^4,25^5$ $2,1^2,1234^3,235^4,12^5$ 197.
564. $1,3D5^2,35^3,345^4,5^5,2^{6'},1^{4'}$ $2,2345^2,24^3,34^4,134^5,2^{6'},2^{4'}$ D MA 334. D* 56.
565. $1,3^2,1234^3,1234^4,4^5,1^{6'}$ $15,D13^2,2345^3,4^4,5^5,1^{6'}$ H 41.
566. $1,3^2,2^3,23^4,13^5$ $5^2,D1^3,1^4,D4^{2'}$ H 42. Mz 238.
567. $1,3^2,2^3,23^4,34^5,4^{6'},34^{4'}$ $24,234^2,1^4,5^{5'},D2^{3'}$ 198. G 106.

568. $1,45^2,234^3,3^4,13^5,2^6$ — $4,135^2,245^3,45^4,1^2$ E 299.
569. $D1,45^2,2^3,1245^4,2^5$ — $D3,134^3,D25^4,1^5,3^6$ D LM 516.
570. $1,45^2,345^3,2345^4,23^5,14^6$ — $12,2345^2,135^3,234^4,23^5$ D SH 418.
571. $D1,45^2,5^3,2^4,2^5,2345^6$ — $123D5^2,1235^3,5^4,5^5,5^6$ A 6.
572. $1,4^2,3^3,123^4,3^5,2^6,1^4$ — $3D4,1^2,145^3,4^4$ D 60.
573. $1,4^2,3^3,4^4,345^5,123^6$ — $D3,345^3,5^4,2^5,1^6,2^7$ D* 57.
574. $1,4^2,3^3,4^4,45^5,23^6$ — $345^3,3^4,15^5,1^6,2^7$ M 35. Mr 21.
575. $1,D5^2,12^3,12^4,4^5,3^6$ — $D23,5^2,3^3,14^5$ 199 Ch. XII 198.
576. $1,5^2,14^3,D24^4,5^5,14^6$ — $24,25^2,2^3,D1^4,5^5$ D* 58.
577. $1,5^2,2345^3,4^4,23^5$ — $2,234^2,3^3,1245^4$ D* I 59.
578. $1,5^2,23^3,12345^4,24^5,34^6,34^7,4^8$ — $345,12345^2,3^3,15^4,2^5,1^6,1^7$ 200.
579. $1,5^2,23^3,1234^4,12345^5,5^6$ — $34,125^2,14^3,124^4,2^5,5^6,1^7$ 201.
580. $1,5^2,23^3,1234^4,14^5,34^6,34^7,4^8$ — $345,12345^2,3^3,15^4,1^5,5^6,1^7$ 202.
581. $1,5^2,245^3,4^4,45^5,1^6,12^7$ — $123,5^3,23^4,345^5,2^6,1^7$ 203.
582. $D1,5^2,2^3,2^4,35^5,45^6,5^7$ — $D5,234^2,4^3,2^4,2^5,4^6,4^7$ D LM 537.
583. $1,5^2,345^3,13^4,4^5,23^6,3^7$ — $1235,5^2,12^3,14^4,1^5,1^6$ D Fj. 255.
584. $D1,5^2,12^4,235^5,4^6$ — $D5,23^2,4^3,25^4,2^5,4^6,4^7$ D* L M 60.
585. $D1,1^3,3^4,D1^5$ — $D5^4,5^5,1^6$ 204. Ch. XII 141. D B 280.
586. $D1,1^3,4^5,3^6$ — $D5^7$ 205.
587. $D1,23^3,23^4,3^5,1^6$ — $15,34^2,3^3,234^4,3^5,D1^6$ H 43. Mr 349
588. $1,23^3,2^4,4^5$ — $1^2,2345^3,5^4,1^5,1^6$ E 191.
589. $D1,23^3,25^5,4^6$ — $15,1235^2,3^4,3^5,4^6,D5^7$ D* BL 61.
590. $1,24^3,24^4,2345^5,14^6$ — $2^2,2345^3,345^4,3^5,1^6,5^7$ VE 20.
591. $1,25^3,4^4,1^5,5^6$ — $5^2,1^3,2D3^4$ 206. Ch. XII 147.
592. $D1,2^3,24^4,4^5,2^6$ — $3,13^2,13D3^3,1^4,1^5$ E 189.
593. $1,2^3,D2^4,2^5,4^6,2^7,2^8$ — $D3,4^2,4^3,5^4,1^5,D1^6$ 207.
594. $1,2^3,45^4,3^5,5^6,34^7,45^8$ — $1345,1D5^2,2^3,1^4,1^5,1^6$ E 149.
595. $D1,D2^3,D2^4$ — $D5^5$ M* 9. Mr 371. M 9.
596. $D1,2^3,34^5,4^6,D1^7$ — $3,3^2,1^3,1^4,1D3^5$ E 234.
597. $1,2^3,3^5,1^6$ — $23^3,25^4,1^5$ H 44. Mr 60.
598. $1,34^3,3^4,1^5,4^6,4^7,1^8$ — $2,45^2,2^3,D2^4,4^5$ Mr 188.
599. $1,345^3,5^4,45^5,12^6$ — $13,23^2,3^3,5^4,3^5,2^6$ 208.
600. $1,3^3,2^4,12^5,1^6$ — $1,13^2,4^3,45^4,1^5$ PV
601. $D1,4^3,12^4,235^5,4^6$ — $D5,23^2,4^3,25^4,1^5,4^6$ D LM 496.
602. $1,4^3,23^4,24^5,4^6$ — $3^2,3D5^4,5^5,D2^6$ H 45.
603. $1,4^3,23^4,5^5,1^6$ — $4^2,13^3,3D4^4,1^5$ H 46.
604. $1,5^3,234^4,35^5,1^6,12^7$ — $12,D3D4^2,4^3,4^4,D1^5,D1D5^6,1^7,23^8$ VE 18.
605. $1\ D5^3,1^5,12^6$ — $123\ D3^3,23^4$ M* 30. C. de tonnerre. M 92 Mr 310.
606. $1,1^4,23^5,15^6$ — $5^2,4^3,23^4,5^5,4^6,1^7$ E 317.
607. $1,2^4,2^5,D4^6,D3^7$ — $D2,D2^3$ D V 25. G 124.
608. $1,2^4,45^5,3^6,3^7$ — $124,1^3,1^5,D5^6$ H 47.
609. $D1,45^4,2^5,2^6,4^7$ — $23,15^3,1^5,D3^6$ H 48. Mr 231.
610. $D1,5^5,4^6,D5^7$ — $12,1D3^8$ D* 62.
611. $D1,D45^6$ — $5^2,D5^7$ 209.
612. $D1,D1^7$ — $D2D3,D4^6,D1^7,D5^8$ M* 20. M 22. Mr 388.
613. D1 pour jouer $1^2,2^3,2^4,3^5,3^6,2^7,2^8,1^9,1^{10}$ — 210.
614. D1 — $23^3,4^4,5^5,3^6$ 211.
615. D L de 1 à 1 — $1^5,1^6,1^7$ D où elle veut. M* 17.
616. D1 (G L ou Diagonale.) — $D3^5,D5^6,D1^7$ M* 8. M 8.

617. $2345, 1234^{2}, 13^{2}, 5^{4}, 1^{5}, 1^{5'}$ $12, 14^{2}, 1345^{3}, 4^{4}, 34^{5}, 24^{5'}, 2^{4'}$ 212
618. $2345, 1234^{2}, 245^{3}, 45^{4}, 5^{5'}$ $1, 1235^{2}, 245^{3}, 1234^{4}, 23^{5}, 134^{5'}, 2^{4'}$ E 452.
619. $2345, 1234^{2}, 4^{3}, 3^{4'}, 24^{5}, 5^{5'}$ $5, 124^{2}, 4^{3}, 1345^{4}, 3^{5}, 15^{5'}, 1^{4'}$ 213.
620. $2345, 1245^{2}, 1234^{3}, 24^{4}, 23^{5}$ $35, 1235^{2}, 25^{3}, 135^{4}, 125^{5}, 25^{5'}$ D MD 515.
621. $2345, 123^{2}, 23^{3}, 34^{4}, 3^{5}, 2^{5'}$ $34, 5^{2}, 12345^{3}, 1^{5}, 1^{5'}, 15^{3'}, 5^{2'}$ E 421.
622. $2345, 134^{2}, 124^{3}, 5^{4}, 3^{5}, 4^{5'}$ $14, 35^{2}, 235^{3}, 234^{4}, 25^{5}, 5^{3'}, 3^{4'}, 5^{2'}$ 214.
623. $2345, 13^{2}, 23^{3}, 245^{4}, 3^{5}, 4^{5'}, 1^{4'}$ $234, 23^{2}, 1245^{3}, 24^{4}, 15^{5}$ 215. Ch. XII 119. DBJ 225.
624. $2345, 2345^{2}, 1^{3}, 5^{4}, 2^{5}, 3^{5'}, 5^{4'}$ $3D4, 1235^{2}, 2^{3}, 124^{4}, 1^{5}, 1^{5'}$ 216. B 5.
625. $2345, 2345^{2}, 35^{3}, 235^{4}$ $123^{2}, 35^{4}, 1235^{3}, 24^{5'}, 4^{4'}, 1^{3'}$ 217.
626. $2345, 234^{2}, 23^{3}, 1^{4}, 123^{5}, 4^{5'}$ $3, 12^{2}, 2345^{3}, 12345^{4}, 2^{5}, 5^{2'}$ C 118.
627. $2345, 234^{2}, 34^{3}, 34^{4}, 45^{5}, 1^{5'}$ $25, 235^{2}, 145^{3}, 23^{4}, 12^{5'}, 2^{4'}, 1^{2'}$ 218.
628. $2345, 234^{2}, 3^{3}, 2^{4}, 2^{5}, 145^{5'}$ $2, 12345^{2}, 125^{3}, 15^{4}, 2^{5}, 5^{2'}$ E 247.
629. $2345, 235^{2}, 3^{3}, 15^{4}, 5^{5'}, 45^{4'}, 4^{3'}$ $35, 1235^{2}, 2^{3}, 123^{4}, 23^{5}, 4^{5'}, 4^{4'}$ E 215.
630. $2345, 23^{2}, 2^{3}, 24^{4}, 4^{5}, 15^{5'}$ $3, 1^{2}, 1234^{3}, 14^{4}, 2^{5}, 1^{5'}, 15^{3'}, 5^{2'}$ E 94.
631. $2345, 23^{2}, 34^{3}, 124^{4}, 15^{5}, 1^{5'}$ $23, 1235^{2}, 14^{3}, 2345^{4}, 3^{5}$ D B j. 101.
632. $2345, 24^{2}, 15^{3}, 34^{4}, 5^{5}, 1^{5'}, 1^{3'}$ $1, 345^{3}, 2^{4}, 235^{5}, 2^{5'}, 5^{4'}, 1^{2'}$ 219.
633. $2345, 24^{2}, 4^{4}, 2345^{5}, 5^{5'}$ $5, 12345^{2}, 4^{3}, 34^{4}, 1^{5'}, 1^{3'}, 5^{2'}$ C 67.
634. $2345, 2^{2}, 12^{3}, 1235^{4}, 2^{5'}, 2^{3'}$ $145, 5^{2}, 134^{3}, 35^{4}, 145^{5}, 1^{5'}, 4^{4'}$ PV*
635. $234D5, 2^{2}, 14^{3}, 5^{5'}, 34^{4'}, 4^{3'}$ $D34, 12D35^{2}, D5^{4}, 3^{5}, 24^{5'}, 2^{4'}$ ELM 436.
636. $2345, 2^{2}, 3^{3}, 1^{4}, 4^{5}, 35^{5'}$ $1, 123^{2}, 245^{3}, 123^{4}$ 220. C. de repos Ch. XII 63.
637. $2345, 2^{2}, 3^{3}, 23^{4}, 234^{5}, 345^{5'}$ $1D345, 1^{2}, 245^{3}, 1^{4}, 2^{5}, 5^{5'}, 15^{3}$ D M D 215.
638. $2345, 345^{2}, 12^{3}, 5^{4}, 14^{5}, 5^{4'}$ $3D4, 1235^{2}, 2^{3}, 124^{4}, 1^{5}, 3^{5'}$ C 198.
639. $2345, 345^{2}, 15^{3}, 45^{4}, 12^{5'}, 1^{4'}, 1^{3'}$ $123, 234^{3}, 34^{4}, 3^{5}, 2^{5'}, 2^{4'}, 23^{3'}, D1^{5'}$ D CH 97.
640. $2345, 34^{2}, 235^{3}, 4^{4}, 2^{5'}, 1^{4'}$ $123, 2^{2}, 12345^{3}, 5^{5}, 1^{5'}$ 221.
641. $2345, 34^{2}, 124^{4}, 25^{5'}, 5^{4'}$ $125^{2}, D24^{3}, 3^{4}, 13^{5}, 3^{3'}$ D HD 411.
642. $2345, 34^{2}, 2^{5}, 2^{5'}, 14^{4'}, 1^{3'}$ $5, 235^{2}, 24^{3}, 5^{4}, 1^{5}, 5^{4'}, 1^{3'}, 5^{2'}$ 222. G 104. E 109.
643. $2345, 35^{2}, 24^{3}, 134^{4}, 23^{5}$ $13, 234^{2}, 24^{3}, 34^{4}, 24^{5}, 15^{5'}$ D 498.
644. $2345, 35^{2}, 24^{3}, 134^{4}, 23^{5}$ $45, 1234^{2}, 35^{3}, 34^{4}, 24^{5}, 15^{5'}$ D MD 116.
645. $2345, 3^{2}, 234^{3}, 23^{4}, 5^{5}, 24^{5'}$ $1, 1234^{2}, 24^{3}, 5^{4}, 1^{5}, 4^{5'}, 4^{4'}, 15^{3'}$ D* M 63.
646. $2345, 3^{2}, 134^{3}, 25^{4}, 23^{5}, 4^{5'}$ $3, 3^{2}, 25^{3}, 245^{4}, 25^{5}, 145^{5'}, 4^{4'}$ C 171. B 5.
647. $2345, 4^{2}, 145^{3}, 34^{4}, 2^{5}, 5^{5'}$ $3, 134^{2}, 24^{3}, 12345^{4}, 1^{5}, 5^{5'}, 5^{4'}, 5^{2'}$ D PH 86.
648. $2345, 4^{2}, 4^{3}, 35^{4}, 234^{5}, 3^{5'}, 4^{4'}$ $135, 123^{2}, 2^{3}, 15^{4}, 12^{5}, 15^{5'}$ 223. C 94.
649. $2345, 4^{2}, 2^{4}, 12^{5}, 34^{4'}, 4^{3'}$ $35, 125^{2}, 15^{4}, 1^{5}, 5^{5'}, 3^{4'}, 1^{3'}$ D* à CR 64.
650. $2345, 3^{2}, 13^{3}, 35^{4}, 135^{5}, 5^{4'}$ $1, 1235^{2}, 13^{3}, 234^{4}, 2^{5}, 2^{5'}$ 224.
651. $2345, 5^{2}, 1^{3}, 5^{4}, 1^{5}, 1^{5'}, 5^{4'}, 5^{2'}$ $12D3D45, 1D2^{2}, 1D3^{3}$ VE 60.
652. $2345, 5^{2}, 5^{4}, 1^{5}, 1^{5'}, 5^{4'}$ $12D3D45, 12^{2}, 1^{3}, D1^{5'}$ 225.
653. $2345, 5^{2}, 5^{4}, 1^{5'}$ $12, 2D3^{2}, 1^{3}, D1^{5'}, D2^{4'}, D1^{3'}$ 226.
654. $2345, 12345^{3}, 234^{4}, 3^{5'}$ $1^{2}, 12345^{3}, 1245^{3}, 125^{5'}$ 227.
655. $2345, 23^{3}, 2^{4}, 2^{4'}, 3^{5'}, 3^{2'}$ $4, D45^{2}, D1^{3}, 1^{4}, 1D3^{5'}, 4^{4'}, 5^{2'}$ VE 15.
656. $2345, 23^{3}, 2^{5}, 2^{4'}, 3^{5'}, 3^{2'}$ $4, 45^{2}, D1^{3}, 1^{4}, 13^{5'}, 4^{4'}, 5^{2'}$ 228.
657. $2345, 24^{3}, 23^{4}, 2^{5}, 34^{5'}, 25^{4'}$ $4, 12345^{2}, 12^{5}, 15^{5'}, 15^{3'}$ 229. C 166.
658. $2345, 24^{3}, 23^{4}, 2^{5}, 34^{5'}, 25^{4'}$ $4, 12345^{2}, 34^{5}, 15^{5'}, 15^{3'}$ 230.
659. $2345, 35^{3}, 345^{4}, 4^{5}, 24^{5'}, 2^{4'}$ $12, 123^{2}, 135^{3}, 13^{4}, 5^{5}, 1^{4'}$ 231.
660. $234, 12345^{2}, 12345^{3}, 12345^{4}, 24^{5}$ $12345, 1245^{2}, 1345^{3}, 1235^{4}, 234^{5}$ 232. Ch. XII 134.
661. $234, 12345^{2}, 12345^{3}, 2^{4}, 123^{5}$ $34, 1345^{2}, 1345^{3}, 12345^{4}, 3^{5}, 4^{5'}$ 233.
662. $234, 123^{2}, 145^{3}, 134^{5}$ $45, 1235^{2}, D2^{3}, 25^{4}, 1^{5}, 2^{5'}$ D CH j. 169.
663. $234, 123^{2}, 1^{3}, 124^{5}, 245^{5'}$ $124, 234^{2}, 345^{3}, 25^{4}, 5^{5'}, 5^{4'}$ 234.
664. $234, 123^{2}, 234^{3}, 1^{4}, 2^{5'}$ $3, 234^{2}, 1^{3}, 14^{4}, 34^{5}, 13^{5'}$ 235.
665. $234, 124^{2}, 124^{3}, 5^{4}, 2^{5'}, 1^{4'}, 123^{3'}$ $1245, 5^{2}, 45^{3}, D35^{5}, 123^{5'}, 23^{4'}$ 236.

666.	$234,124^2,4^3,34^4,14^{5'}4^{6'}$	$2,12345^2,12^3,2^4,2^5,2^{6'},1^{8'}$	D° 65.
667.	$234,125^2,2^3,35^4,1^5,1^{6'}$	$D123,4^2,345^3,35^4,4^5,4^{6'}$	237.
668.	$234,12^2,12^3,135^4\ 4^5,1^{6'}$	$D123,4^2,345^3,35^4,34^5$	D MD j. 50.
669.	$234,12^2,25^3,1^4,14^5,12^{6'},1^{8'}$	$D1,234^2,13^3,34^4,4^5,2D3^{6'}$	D 368.
670.	$234,12^2,2^3,23^4,235^5,3^{6'}$	$3,12345^2,1245^4,1^{5'},1^{8'}$	C 101.
671.	$234,1345^2,35^3,135^4,13^5$	$3,25^2,1245^3,124^4,14^5,2^{6'}$	D° à S H 66.
672.	$234,135^2,25^3,145^4,15^5,45^{6'}$	$12D35,23^2,13^3,12^4,12^5,3^{6'},2^{6'},3^{8'},4^{9'}$	D M 182.
673.	$234,13^2,4^3,23^4,23^5,34^{5'},45^{6'},5^{8'}$	$24,1245^2,13^3,1^4,15^{6'},125^{8'}$	238.
674.	$234,14^2,12345^3,145^4,4^{6'}$	$5,12345^2,4^3,125^4,13^5,14^{6'}$	239.
675.	$234,14^2,24^3,12^4,12^5,2^{6'},5^{6'}$	$234^2,13^3,123^4,4^5,5^{6'},5^{6'},1^{8'}$	D C 485.
676.	$234,14^2,3^3,235^5,13^{6'}$	$13,2345^2,24^3,234^4,1^{8'}$	D° à F 67.
677.	$234,15^2,45^3,34^4,4^5$	$345^3,12^4,125^5,15^{6'},2^{6'}$	E 213.
678.	$234,1^2,2^3,145^4,5^5,5^{6'},5^{8'}$	$1D3,125^2,134^3,12^4,1^5,3^{6'},2^{6'},3^{8'},D5'$	D M j 227.
679.	$234,1^2,4^3,235^4,135^5,4^{6'},2^{6'}$	$24,12345^2,15^3,45^4,2^5,1^{8'}$	D MD j 233.
680.	$234,2345^2,12345^3,12345^4,124^5$	$345,12345^2,12345^3,135^4,1234^5$	240.
681.	$234,2345^2,1234^3,23^4,3^5,4^{6'},1^{8'}$	$2,12345^2,235^3,2345^4,235^5,5^{6'}$	241 Ch. XII 126. DMD j 182
682.	$234,2345^2,2345^3\ 2^4,23^5$	$14,124^2,12345^3\ 25^4,14^{6'}$	M 73. M2 48.
683.	$234,234^2,134^3,1345^4,14^5,3^{6'}$	$3,235^2,12345^3,1345^4,24^5,2^{6'}$	D° j 68.
684.	$234,235^2,1235^3,245^4,235^5,1^{8'}$	$13,12345^2,124^3,2345^4,23^5,1^{8'}$	242. Ch. XII 128. DMD 150
685.	$234,235^2,1235^3,234^4,23^5$	$3,1235^2,245^3,1235^4,13^5,4^{6'}$	D F 308.
686.	$234,235^2,14^3,34^4,45^5,1^{6'},45^{6'}$	$124,1235^2,24^3,23^4,2^{5'},12^{6'},2^{6'}$	243.
687.	$234,235^2,34^3,34^4,45^5,2^{6'},4^{6'}$	$25,123^2,234^3,23^4,3^5,2^{6'},1^{6'},2^{8'}$	D C j. 112.
688.	$234,235^2,34^3,34^4,45^5,2^{6'},4^{6'}$	$5,123^2,234^3,23^4,3^5,2^{6'},1^{6'},2^{8'}$	C 41.
689.	$234,235^2,35^3,125^4,125^5,1^{6'},4^{6'}$	$124,12345^2,123^3,235^4,3^5,4^{6'}$	244.
690.	$234,23^2,124^3,135^4,12^5,1^{8'}$	$12\ 2345^2,235^3,2345^4,3^5$	D 218.
691.	$234,23^2,13^3,25^4,234^5$	$1,1235^2,1345^3,135^4,1^5,1^{6'}$	245. Ch. XII 111.
692.	$234,23^2,3^3,345^4,35^5,15^{6'},5^{6'}$	$4,2345^2,14^3,234^4,1^{5'},1^{6'},1^{8'}$	246.
693.	$234,23^2,4^3,134^4,14^5,14^{6'},4^{6'}$	$12,1D2345^2,23^3,5^4,5^{6'},2^{6'}$	D V 503.
694.	$234,23^2,4^3,3^4,24^5,34^{6'},24^{6'}$	$15,1235^2,245^3,15^4,15^{6'},5^{6'}$	247 A 7.
695.	$234,24^2,15^3,34^4,5^5,1^{6'},1^{8'}$	$D1D3D45^2,2^4,23D5^5,2^{6'},5^{6'},1^{2'}$	VE 77.
696.	$234,24^2,15^3,34^4,1^{6'},1^{6'},1^{8'}$	$1,345^3,2^4,235^5,2^{6'},5^{6'},1^{2'}$	248.
697.	$234,24^2,1^3,5^4,1^{6'},34^{6'},45^{8'}$	$13D4,D125^2,2^4,2^{6'},5^{8'}$	249.
698.	$234,24^2,24^3,12^4,12^5,25^{6'},5^{6'}$	$1,1234^2,135^3,\ 23^4,5^{6'},5^{6'},1^{8'}$	C 65.
699.	$234,24^2,24^3,12^4,12^5,2^{5'},5^{6'}$	$234^2,13^3,123^4,4^5,5^{5'},5^{6'},1^{8'}$	250.
700.	$234,24^2,45^3,34^4,45^5,25^{6'},4^{6'}$	$25,123^2,134^3,23D5^4,2^{6'}$	C 176.
701.	$234,24^2,4^3,5^4,1^{6'},34^{6'},45^{8'}$	$13D4.D125^2,2^4,2^{6'},5^{8'}$	VE 29.
702.	$234,25^2,23^3,13^4,15^5,2^{6'}$	$1,4^2,13^3,1D35^4,D4^5,4^{6'}$	251.
703.	$234,25^2,23^3,13^4,15^5,2^{5'}$	$2,D4^2,13^3,D1D35^4,4^5,4^{6'}$	VE 72.
704.	$234,25^2,34^3,15^4,1^{6'}$	$2^2,2345^3,5^4,134^5,2^{6'}$	D MD 59.
705.	$234,25^2,34^3,345^4,2^5,5^{6'}$	$35,235^2,23^3,34^4,134^5$	252.
706.	$234,25^2,35^3,5^4,25^5,14^{6'},5^{6'}$	$12,12345^2,125^3,24^4,4^{6'},1^{6'},1^{8'}$	253. E 136. G 41.
707.	$234,2^2,12345^3,15^4,12^5,2^{6'}$	$15,2345^2,345^3,345^4,14^5$	VE 43.
708.	$234,2^2,123^3,1234^4,234^5$	$23,235^2,345^3,1345^4,14^5$	254. Ch. XII 120.
709.	$234,2^2,123^3,134^4,4^5,1^{6'}$	$1^2,1234^3,135^4,45^5,12^{6'},5^{6'}$	P V.
710.	$234,2^2,125^3,1245^4,25^{6'},5^{8'},5^{9'}$	$145,1^2,1234^3,4^4,134^5,1^{6'},4^{9'}$	255.
711.	$234,2^2,15^3,35^4,1^5$	$123^2,14^4,13^5,D1'$	256. G 29.
712.	$234,2^2,35^3,124^4,25^5,45^{6'}$	$1245,1235^2,15^3,1^4,3^5,1^{8'}$	E 245.
713.	$234,345^2,12^3,245^4,5^5,3^{6'}$	$125,15^2,1D5^3,D14^4$	D° 69.
714.	$234,345^2,234^3,234^4$	$3,1^2,2345^3,1^4,1245^5,25^{6'}$	257.

715. $234,34^{2},135^{3},345^{4},1^{5'}$ $2^{2},12345^{3},13^{4},245^{5},2^{5'}$ 258.
716. $2D34,34^{2},25^{3},12^{4},25^{5},2^{5'},1^{4'}$ $D23,234^{2},14^{3},34^{4},D34^{5},1^{5'},5^{4'}$ D HV 366.
717. $234,34^{2},34^{3},2^{4},2^{5}$ $5,5^{3},4^{5'},5^{4'},1^{3'},D5^{2'}$ 259.
718. $234,34^{2},4^{3},14^{4},2^{5},5^{5'}$ $12^{2},2345^{3},135^{4},3^{5}$ 260. G 30.
719. $234,35^{2},135^{3},25^{4},12^{5},4^{5'}$ $2,234^{2},34^{3},1235^{4},23^{5},5^{5'}$ PV*
720. $234,35^{2},1^{3},1245^{4},5^{5}$ $125,135^{2},1D5^{3},D1^{4}$ M 58. Mr 259.
721. $234,35^{2},345^{3},125^{4},23^{5}$ $24,1235^{2},134^{3},23^{4},13^{5},4^{5'}$ 261.
722. $234,35^{2},35^{3},125^{4},2^{5},45^{5'},5^{4'}$ $24,1235^{2},134^{3},23^{4},13^{5},4^{5'}$ C 123.
723. $D234,35^{2},4^{3},5^{4},2^{5'},1^{4'}$ $45,25^{2},D12345^{3},D24^{4},35^{5},12^{4'},2^{5'}$ D LM 316.
724. $234,3^{2},12^{3},45^{4},24^{5},2^{5'},1^{4'},1^{3'}$ $1235,235^{2},5^{3},35^{4},34^{5},13^{5'}$ D E 364.
725. $234,3^{2},23^{3},25^{4},2^{5},23^{5'},2^{4'}$ $1234^{2},134^{3},145^{4},5^{5},1^{5'},4^{4'}$ E 219.
726. $D234,3^{2},3^{3}$ $D3^{5'},5^{4'}$ 262. E 60. G 75.
727. $234,3^{2},4^{3},5^{4},1^{5},23^{5'},3^{4'},5^{3'}$ $134,134^{2},2^{3},5^{4},2^{5'},23^{4'}$ D SP 42.
728. $2D34.45^{2},1234^{3},2^{5'},2^{4'}$ $2,12^{2},145^{3},D4^{4},D4^{5},2^{5'},5^{4'}$ C 178.
729. $234,45^{2},135^{3},5^{4},24^{5},2^{5'}$ $5,1235^{2},235^{3},35^{4},14^{5},1^{5'},$ E 255.
730. $234,4^{2},145^{3},5^{4},35^{5},5^{5'},45^{4'}$ $13,12345^{2},34^{3},12^{4},2^{5},14^{5'}$ C 132.
731. $234,4^{2},234^{3},124^{4},23^{5},1^{5'},4^{4'}$ $124,123^{2},234^{3},25^{4},3^{5},5^{5'}$ 263. C 151.
732. $234,4^{2},35^{3},245^{4},3^{5},14^{5'},1^{4'}$ $145,23^{2},35^{3},234^{4},35^{5},1^{5'}$ C 125.
733. $234,4^{2},13^{4},234^{5},2^{5'},5^{4'}$ $24,1235^{2},134^{3},13^{4},1^{5'}$ 264.
734. $234,5^{2},234^{3},13^{4},123^{5},4^{5'}$ $24,2345^{2},3^{3},1235^{4},2^{5},5^{5'}$ D* I 70.
735. $234,5^{2},23^{3},15^{4},23^{5},25^{5'},5^{4'}$ $1,1234^{2},14^{3},14^{4},1^{5},1^{5'},1^{4'}$ 265.
736. $234,5^{2},34^{3},1^{4},2^{5}$ $24^{2},3^{3},1235^{4},5^{5'}$ M 88. Mr 18.
737. $234,5^{2},45^{3},35^{4},4^{5},12^{5'},15^{4'}$ $12,12345^{2},13^{3},3^{4},4^{5},1^{5'},1^{4'}$ E 224.
738. $234,5^{2},5^{3},34^{4},34^{5},3^{5'}$ $35,1235^{2},24^{3},12^{4},2^{5},2^{5'},1^{4'}$ E 403.
739. $234,5^{2},24^{4},23^{5},345^{5'},5^{4'}$ $13,1234^{2},24^{3},12^{4},1^{5}$ D CH 452.
740. $234,5^{2},35^{4},1^{5},5^{5'},D5^{4'}$ $35,123^{2},12^{4},1D3^{5}$ 266.
741. $234,135^{3},45^{4},45^{5},1^{5'}$ $3,14^{2},12^{3},1234^{4},3^{5},1^{5'}$ D* 71 M 81. Mr 36. PV 4.
742. $234,14^{3},4^{4},124^{5},1^{5'},4^{4'},1^{3'}$ $24,1235^{2},35^{3},235^{4},3^{5}$ 267.
743. $234,1^{3},245^{4},2^{5},2^{5'}$ $3,1345^{3},35^{4},5^{5},1^{5'}$ D* 72.
744. $2D34,1^{3},4^{4},2^{5},12^{5'},23^{4'},35^{3'}$ $345,D1^{5'},235^{4'},3^{3'},D1^{'}$ D 525.
745. $234,2345^{3},5^{4},4^{5},2^{5'},25^{4'}$ $4,1235^{2},13^{3},3^{4},1^{5},3^{5'},1^{4'}$ C 111.
746. $234,234^{3},123^{4},2^{5},5^{5'},2^{4'}$ $14,135^{2},134^{3},3^{4},24^{5},45^{5'},1^{4'}$ 268 Ch XII 109 DB 529.
747. $234,24^{3},23^{4},13^{5}$ $235^{2},35^{3},45^{4},4^{5},1^{5'}$ 269. Ch. XII 45. D B j. 177.
748. $234,2^{3},2345^{4},35^{5'},1^{4'}$ $135,1234^{2},4^{3},45^{4},4^{5},1^{5'},1^{4'}$ D L M. 256.
749. $234,34^{3},345^{4},14^{5'}$ $23,13^{2},1235^{3},2^{4},3^{5'}$ 270. Ch XII 68. G 166 E 464.
750. $234,4^{3},34^{4},134^{5},2^{5'},2^{4'},3^{3'}$ $245,134^{2},1^{3},D2^{5'},1^{4'}$ 271. C 175.
751. $234,5^{3},24^{4},3^{5},4^{5'},4^{4'}$ $123^{2},125^{4},13^{5},1^{5'}$ D* 73.
752. $235,1234^{2},1234^{3},2^{5'}$ $3,234^{2},1^{3},14^{4},34^{5},13^{5'}$ 272. Ch. XII 101.
753. $235,1234^{2},24^{3},25^{4},1^{5}$ $5,12^{2},23^{3},134^{4},234^{5},5^{5'}$ H 49.
754. $235,1235^{2},3^{3},12^{4},12^{5},1^{5'},1^{4'},1^{3'}$ $25,12345^{2},4^{3},345^{4},5^{5'},45^{4'},1^{3'}$ 273.
755. $235,123^{2},1345^{3},234^{4}$ $5,134^{2},3^{3},345^{4},1235^{5},25^{5'}$ 274.
756. $235,123^{2},135^{3},24^{4},1^{5'},15^{4'}$ $45,2^{2},1234^{3},34^{4},345^{5},2^{5'}$ D MD 445.
757. $2D35,1245^{2},245^{3},1^{4},3^{5'},24^{4'},45^{3'}$ $D2345,D1^{2},D2^{3},5^{5'},5^{4'},1^{3'},D1D4^{'}$ VE 100.
758. $235,12^{2},125^{3},12^{4},2^{5},3^{5'}$ $4^{2},45^{3},D1D23^{5},D14^{5'},5^{4'}$ 275.
759. $235,12^{2},25^{3},45^{4},15^{5},12^{5'},D4^{4'}$ $D3,25^{2},1234^{3},2^{4},4^{5},3^{5'},23^{4'},3^{3'},D5^{2'}$ D SH 78.
760. $235,12^{2},3^{3}$ $1,D3^{5},4^{4'},1^{3'}$ H 50.
761. $235,135^{2},34^{3},125^{4},23^{5},5^{5'},5^{4'}$ $145,1234^{2},3^{3},1235^{4},5^{5},4^{5'},1^{4'}$ 276.
762. $235,14^{2},1345^{3},4^{4},1^{5}$ $12,2345^{2},5^{4},234^{5},5^{5'}$ 277.
763. $235,1^{2},125^{3},12^{4},2^{5},3^{5'}$ $4^{2},4^{3},D123^{4},D14^{5'},5^{4'}$ 278.

764. 23D5,1^{2},5^{3},45^{4},3^{5},2^{6} 4,14D5^{2},5^{3},5^{4},1^{5},1^{6},5^{7} E 116.
765. 235,2345^{2},1235^{3},12345^{4},125^{5},2^{6} 12345,1345^{2},1235^{3},2345^{4},134^{5} 279. Ch. XII 133.
766. 235,234^{2},1^{3},45^{4},25^{5},5^{6},4^{7} 23,13^{2},1234^{3},25^{4},12^{5},1^{6} E 262.
767. 235,234^{2},345^{3},1^{4},4^{5},3^{6},2^{7} 5,12345^{2},4^{3},45^{4},14^{5},25^{6},1^{7} 280.
768. 235,235^{2},1345^{3},15^{4},1^{5} 14,123^{2},24^{3},14^{4},135^{5},4^{6} 281.
769. 235,23^{2},24^{3},245^{4},4^{5} 5,1235^{2},14^{3},1^{4},14^{5},5^{6} E 256.
770. 235,245^{2},2345^{3},1^{4},4^{5},12^{6} 24,1234^{2},5^{3},35^{4},D4^{5},23^{6},1^{7} 282.
771. 235,245^{2},2345^{3},1^{4},4^{5},1^{6} 24,124^{2},5^{3},235^{4},D4^{5},23^{6},1^{7} 283. C 190.
772. 235,245^{2},25^{3},2^{4},25^{5},1^{6} 1345^{3},234^{4},23^{5},3^{6},5^{7},1^{8} 284.
773. 235,25^{2},34^{3},345^{4},2^{5},1^{6} 35,235^{2},23^{3},34^{4},134^{5} 285.
774. 235,25^{2},34^{3},345^{4},2^{5},5^{6} 35,235^{2},23^{3},34^{4},134^{5} *2. 286 Ch. XII 103 D B 349
775. 235,24^{2},1345^{3},234^{4},1^{5},5^{6} 124^{2},24^{3},12345^{4},13^{5},5^{6},5^{7} C 143.
776. 23D5,24^{2},14^{3},34^{4},25^{5},145^{6} 1D2,145^{2},14^{3},2D5^{4},3^{5},1^{6},2^{7},D1^{8} D LM 77.
777. 235,24^{2},234^{3},3^{4},3^{5} 3,34^{2},234^{3},4^{4},1^{5},5^{6} 287. Ch. XII 58.
778. 235,2D5^{2},24^{3},134^{4},1^{5},1^{6} 1345,5^{2},345^{3},D2^{4},24^{5},3^{6},5^{7},3^{8} 288.
779. 235,2D5^{2},24^{3},134^{4},1^{5},1^{6} D1345,5^{2},D345^{3},D2^{4},24^{5},3^{6},5^{7},3^{8} VE 65
780. 235,25^{2},2^{3},34^{4},145^{5},235^{6} 13,12345^{2},134^{3},145^{4} D* j. 74.
781. 235,25^{2},34^{3},13^{4},124^{5},2^{6} 24,1234^{2},1^{3},1345^{4},4^{5},5^{6},5^{7},1^{8} 289.
782. 235,25^{2},34^{3},345^{4},2^{5},5^{6} 25,235^{2},23^{3},34^{4},134^{5} 290. Ch. XII 103.
783. 2D35,25^{2},5^{3},24^{4},5^{5},23^{6} 5,2345^{2},1D3^{3},1D5^{4},D15^{5},1^{6} D LM 511.
784. 235,25^{2},5^{3},5^{4},2^{5},1^{6},2^{7},2^{8} 1,3D45^{2},1^{3},3^{4},3D4^{5},D4^{6},D1D4^{7},1D4^{8},3^{9} VE 63
785. 235,25^{2},5^{3},5^{4},2^{5},1^{6},2^{7},2^{8} 1,345^{2},1^{3},3^{4},35^{5},4^{6},14^{7},14^{8},3^{9} 291.
786. 235,2^{2},123^{3},1234^{4},234^{5} 23,235^{2},345^{3},1345^{4},14^{5} 292.
787. 235,2^{2},135^{3},34^{4},3^{5},12^{6} 123,14^{2},1345^{3},25^{4},2^{5},1^{6},5^{7} E 226.
788. 235,2^{2},23^{3},1234^{4},235^{5},1^{6} 3 2345^{2},124^{3},2345^{4},15^{5} D W 396.
789. 235,2^{2},23^{3},1234^{4},23^{5} 3,123^{2},2^{3},12345^{4},23^{5},1^{6} 293.
790. 235,2^{2},23^{3},1234^{4},2^{5},5^{6},45^{7} 35,12345^{2},2^{3},12^{4},13^{5},1^{6},1^{7} 294.
791. 235,2^{2},23^{3},34^{4},25^{5},2^{6} 12^{2},2345^{3},234^{4},13^{5} 295. H 51.
792. 235,2^{2},2^{3},15^{4},14^{5},12^{6} 1345,D3D4D5^{2},14^{3},3^{4},4^{5},3^{6} VE 59.
793. 235,2^{2},2^{3},15^{4},14^{5},12^{6} 1345 345^{2},14^{3},3^{4},4^{5},3^{6} 296.
794. 235,2^{2},2^{3},34^{4},1^{5},23^{6},15^{7} 123,24^{2},2345^{3},5^{4},1^{5},5^{6} D HV 305.
795. 235,2^{2},3^{3},3^{4},4^{5},23^{6},25^{7} 1234,145^{2},5^{3},2^{4},15^{5} D LM 442.
796. 235,2^{2},45^{3},234^{4},45^{5},15^{6} 5,234^{2},14^{3},34^{4},3^{5},3^{6},1^{7} 297.
797. 235,345^{2},135^{3},34^{4},45^{5},5^{6},5^{7} 12,12345^{2},1D3^{3},1^{4},4^{5},2^{6} 298.
798. 235,345^{2},135^{3},34^{4},45^{5},5^{6} 12,12345^{2},1D3^{3},1^{4},2^{5} D AU 5.
799. 235,345^{2},245^{3},124^{4},12^{5} 1,14^{2},14^{3},1345^{4},23^{5},34^{6},1^{7} C 120.
800. D235,34^{2},14^{3},3^{4},4^{5},2^{6},25^{7},5^{8} 24,2D35^{2},134^{3},D14^{4},235^{5},25^{6} D LM 336
801. 235,34^{2},15^{3},345^{4},13^{5},5^{6} 23D4,123^{2},D4^{3},2^{4},3^{5} D* SH 75.
802. 235,34^{2},2345^{3},34^{4},134^{5},4^{6} 24,1234^{2},13^{3},135^{4},1^{5},5^{6},5^{7},1^{8} D* 76.
803. 2D35,34^{2},245^{3},34^{4},4^{5} 4,123^{2},3^{3},1245^{4},4^{5},1^{6},D5^{7} 299. B LM
804. D235,34^{2},34^{3},345^{4},3^{5},35^{6} 35,1235^{2},2^{3},12^{4},5^{5},12^{6},D1^{7},D2^{8} C 187.
805. 2D35,34^{2},5^{3},234^{4},24^{5},14^{6},1^{7} 1D34,1245^{2},12345^{3},2^{4},D1^{5} D HV 118.
806. 235,35^{2},1235^{3},1245^{4},2^{5} 1,1345^{2},234^{3},1234^{4},13^{5},4^{6} PV*
807. 235,35^{2},234^{3},235^{4},34^{5},1^{6},5^{7} 1^{2},1234^{2},135^{3},23^{4},25^{5},2^{6},5^{7} 300.
808. 235,3^{2},134^{3},13^{4},12^{5},4^{6} 3,5^{2},235^{3},135^{4},5^{5},4^{6},5^{7},5^{8} D B 47.
809. 235,3^{2},145^{3},134^{4},4^{5},35^{6} D34,14^{2},24^{3},1235^{4},124^{5},23^{6},25^{7} D HV 319.
810. 235,3^{2},14^{3},5^{4},14^{5},2^{6},5^{7} 345,23D4^{2},35^{3},3^{4} 301. Ch. XII 188. D B 266.
811. 235,3^{2},234^{3},234^{4},3^{5},13^{6} 1,2345^{2},145^{3},35^{4},5^{5},1^{6} 302. E 138. G 36.
812. 235,3^{2},234^{3},34^{4},345^{5},2^{6} 13,234^{2},134^{3},1345^{4},1^{5} D HD 399.

813. $235,3^{2},3^{3},5^{4},345^{5},1235^{6'},24^{6'},13^{5'}$ | $12,1234^{2},235^{3},45^{4},2^{5'},12^{8'}$ 303. G 51. E 122.
814. $235,3^{2},45^{3},134^{4},3^{5},2^{6'},2^{3'}$ | $125,145^{2},4^{3},34^{4},1^{5},1^{6'},5^{2'}$ E 133.
815. $235,3^{2},45^{3},4^{4},12^{5},45^{6'},14^{4'}$ | $345,2^{2},1345^{3},3^{4},1^{5'},5^{6'}$ 304.
816. $235,3^{2},4^{3},3^{4},4^{5},3^{5'},23^{4'}$ | $3,5^{2},1^{4},45^{5},25^{6'},12^{4'},2^{3'},4^{2'}$ 305. BLM.
817. $235,3^{2},35^{4},4^{4'},5^{8'},5^{7'}$ | $345,13^{2},12^{4},2^{5},4^{6'},2^{8'}$ E 286.
818. $235,45^{2},15^{3},4^{4},1^{5},1^{5'},2^{4'}$ | $12,1^{2},1D4^{3},3D4^{4},D4^{5}$ 306.
819. $235,45^{2},1^{3},45^{4},1^{5},13^{6'},2^{4'}$ | $12D3,1D2^{2},1^{3},D2D4^{5'}$ D[*] I 77.
820. $235,45^{2},5^{3},5^{4},1^{5},24^{5'},4^{4'},13^{3'},5^{2'}$ | $D145,3^{2},D25^{3},5^{4},D3^{5'},D23^{4'},D1D4^{3'}$ VE 94.
821. $235,45^{2},5^{3},5^{4},1^{5},24^{5'},4^{4'},13^{3'},5^{2'}$ | $145,3^{2},25^{3},5^{4},3^{5'},23^{4'},D1D4^{3'}$ 307.
822. $235,4^{2},135^{3},5^{4},35^{5},5^{6'}$ | $4,125^{2},124^{3},234^{4},2^{5},4^{5'}$, 308. DR 75—483.
823. $235,4^{2},234^{3},25^{4},5^{5},14^{5'}$ | $13,1234^{2},234^{3},125^{4},3^{5},1^{3'}$ H 52.
824. $235,4^{2},234^{3},25^{4},5^{5},1^{6'}$ | $13,1234^{2},23^{3},125^{4},3^{5},1^{3'}$ H 53.
825. $235,4^{2},234^{3},3^{4},45^{5},123^{6'}$ | $24,24^{2},12345^{3},35^{4},45^{5}$ 309.
826. $235,4^{2},35^{5},234^{4},34^{5},25^{5'},4^{4'}$ | $35,125^{2},2^{3},3^{4},1^{5},1^{5'},1^{3'},D1^{4}$ 310. G 150.
827. $23D5,4^{2},235^{4},2^{5},5^{5'},3^{3'}$ | $1D25,5^{2},45^{3},15^{4},1^{3'},5^{2'}$ E 33.
828. $235,4^{2},D15^{5},14^{6'},4^{3'}$ | $1D3,D1^{2},35^{3},2^{4},3^{5},34^{6'},D3D4^{3'}$ VE 13.
829. $235,4^{2},D15^{5},14^{5'},4^{3'}$ | $1D3,1^{2},35^{3},2^{4},3^{5},34^{6'},34^{3'}$ 311.
830. $235,5^{2},1^{3},125^{4},2^{5},5^{4'}$ | $13^{2},34^{3},1234^{4},2^{5},145^{5'}$ E 260.
831. $235,5^{2},234^{3},1234^{4},245^{5},12^{5'},5^{4'},3^{8'}$ | $234,D124^{2},D12D4D5^{3},3^{4},345^{5},13^{5'}$ VE 50.
832. $235,5^{2},234^{3},1234^{4},245^{5},12^{5'},5^{4'},3^{3'}$ | $234,124^{2},D1245^{3},3^{4},345^{5},13^{5'}$ 312.
833. $235,5^{2},2^{3},345^{4},24^{5},25^{5'},5^{4'}$ | $13,1234^{2},14^{3},134^{4},3^{5},1^{8'}$ C 62.
834. $235,5^{2},345^{3},245^{4},235^{5},1^{5'}$ | $123,2^{2},1235^{3},2345^{4},23^{5},1^{5'}$ D TH j. 62.
835. $235,5^{2},35^{3},235^{5},2^{5'}$ | $124^{2},134^{3},1345^{4},1^{8'}$ E 388.
836. $235,5^{2},245^{5},2^{5'},4^{4'},45^{3'}$ | $345,35^{2},123^{3},2^{4},1^{5},5^{6'},23^{3'}$ E 287.
837. $235,123^{3},345^{4},234^{5},4^{5'},4^{4'}$ | $5,12345^{2},235^{3},13^{4},12^{5},1^{5'}$ 313.
838. $235,2345^{3},3^{4},3^{5},4^{5'},4^{4'},4^{3'}$ | $34,1235^{2},2^{3},12^{4},1^{5},1^{5'},1^{3'}$ E 394.
839. $235,2345^{3},5^{4},4^{5},4^{5'},25^{4'}$ | $4,1235^{2},13^{3},3^{4},1^{5},3^{5'},1^{8'}$ 314.
840. $235,34^{3},3^{4},1345^{5'},345^{4'}$ | $24,12345^{2},1^{3},D5^{4'},12^{8'}$ D HV 249.
841. $235,2^{4},1245^{5},5^{6'},1^{3'}$ | $4^{2},234^{3},24^{4},13^{5},1^{5'},4^{2'}$ 315.
842. $2D35,345^{4},5^{6},23^{5'},1^{4'},12^{3'}$ | $1D35,35^{2},5^{3},D4^{4},45^{5},5^{2'}$ E 347.
843. $23,1234^{2},124^{3},5^{4},2^{5'},1^{4'},123^{3'}$ | $1245,5^{2},D4D5^{3},D345^{5},D123^{5'},23^{4'}$ VE 98.
844. $23,1234^{2},23^{3},5^{4'},1^{3'},D2^{1'}$ | $D5,1^{2},4^{3},1^{4},D245^{5},2^{5'},5^{2'}$ C 195.
845. $23,1235^{2},2345^{4},234^{5},4^{4'}$ | $5,1345^{2},234^{3},12354,123^{5},1^{6'}$ C 169.
846. $23,123^{2},235^{3},2345^{4},35^{5},14^{5'}$ | $13,1235^{2},235^{3},125^{4},235^{5},1^{5'}$ 316. G 33.
847. $23,123^{2},2^{3},23^{5},2^{5'},123^{4'}$ | $34,1234^{2},15^{3},45^{4},1^{6'},1^{3'}$ 317.
848. $23,12^{2},2^{3},1234^{5},2^{5'},3^{4'},3^{3'}$ | $24,1234^{2},15^{3},45^{4},D1^{5}$ 318.
849. $23,12^{2},345^{3},4^{4},345^{5},5^{4'}$ | $35,2^{2},24^{3},1234^{4},15^{5},2^{5'},1^{4'},1^{3'}$ 319.
850 $23,12^{2},34^{3},135^{4},2^{5},24^{5'}$ | $3,1235^{2},123^{3},5^{4},5^{5'},1^{3'}$ LM
851. $23,12^{2},4^{3},234^{4},35^{5},14^{5'}$ | $2,12345^{2},235^{3},24^{4},23^{5},D1^{5'},1^{3'}$ 320.
852. $23,134^{2},1^{3},24^{4},14^{5},15^{5'},5^{4'}$ | $5,24^{2},1234^{3},134^{4},34^{5},5^{4'}$ D A j. 132.
853. $23,135^{2},235^{3},235^{4},13^{5},4^{5'}$ | $1235^{2},135^{3},1235^{4},12^{5},4^{5'}$ 321.
854. $23,135^{2},4^{3},123^{4},15^{5},4^{5'}$ | $13^{2},12345^{3},25^{4},2^{5},5^{4'}$ H 54.
855. $23,13^{2},2345^{3},135^{4},4^{5},45^{5'},34^{4'}$ | $25,12345^{2},13^{3},D125^{4},12^{5}$ DH 346.
856. $D23,13^{2},234^{3},25^{4},2^{5},3^{5'}$ | $D1,12^{2},245^{3},125^{4},1^{5'}$ D LM 231.
857. $23,13^{2},45^{3},1^{4},24^{5},12^{5'},1^{4'}$ | $1,12345^{2},135^{3},35^{4},5^{5},1^{3'}$ E 391.
858. $23,13^{2},4^{3},2345^{4},5^{4'},D5^{2'}$ | $235,13^{3},124^{4},134^{5},D2^{3'}$ D LR 133.
859. $D23,14^{2},15^{3},245^{4},124^{5}$ | $D2^{3},1345^{4},5^{5},5^{2'}$ 322.
860. $23,14^{2},2^{3},35^{5},5^{5'}$ | $1D4,4^{2},2^{3},235^{4},4^{5'}$ D[*] à DA 78.
861. $2D3,14^{2},34^{3},13^{4},234^{5},1^{5'}$ | $D3D4,135^{2},45^{3},235^{4},1^{5'}$ D HV 172.

862. $23, 15^{2}, 235^{3}, 234^{4}, 23^{5}, 4^{6\prime}$ $1235^{2}, 134^{3}, 1235^{4}, 1^{5}, 1^{6\prime}$ D° 79.
863. $23, 15^{2}, 235^{3}, 24^{4}, 4^{6\prime}$ $14, 1234^{2}, 3^{3}, 13^{4}, 235^{5}, 1^{6\prime}, 1^{8\prime}$ 323.
864. $23, 15^{2}, 34^{3}, 3^{4}, 1^{5}, 1245^{6\prime}$ $D35, 12345^{2}, 5^{3\prime}, 5^{4\prime}, 1^{8\prime}$ D° 80.
865. $23, 1^{2}, 134^{3}, 3^{4}, 4^{5}, 123^{6\prime}, 1^{7\prime}, 1^{8\prime}$ $125, 145^{2}, 34^{3}, 3D5^{4}, 4^{5}, 2^{6\prime}$ E 161.
866. $23, 1^{2}, 1^{3}, 124^{4}, 2^{5}, 14^{6\prime}$ $4, 145^{2}, 245^{3}, 15^{4}, 3^{5}, 5^{6\prime}$ 324.
867. $23, 1^{2}, 1^{3}, 1^{4}$ $4^{4}, D2^{6\prime}$ 325.
868. $23, 1^{2}, 1^{3}, 1^{8\prime}$ $1D3^{6\prime}$ 326. M° 31. C. du fondeur de cloches.
869. $23, 1^{2}, 1^{3}$ $1D3^{8\prime}$ 327. M 34. Mz 90.
870. $23, 1^{2}, 245^{3}, 12345^{4}, 15^{5}$ $34, D135^{2}, 34^{3}, 124^{4}, 13^{5}$ H 55.
871. $23, 1^{2}, 2^{3}$ $1D3^{5\prime}$ H 56.
872. $23, 1^{2}, 45^{3}, 245^{4}, 13^{5}$ $245^{2}, 23^{3}, 5^{4}, 1^{5}, D3^{4\prime}$ H 57.
873. $23, 1^{2}, 4^{3}, 34^{5}, 235^{6\prime}, 5^{4\prime}, 1^{8\prime}$ $13, 234^{2}, 4^{3}, 34^{4}, 1^{5}, 1^{5\prime}, 1^{8\prime}$ C 12.
874. $23, 2345^{2}, 34^{3}, 34D5^{4}, D3^{5\prime}$ $1, 12^{2}, 25^{3}, 123^{4}, 234D5^{5}, D123^{5\prime}, 1^{6\prime}, 1^{8\prime}$ D HV 234.
875. $23, 2345^{2}, 3^{3}, 13^{4}, 4^{6\prime}$ $5, 1234^{2}, 1^{3}, 12^{4}, 2^{5}, 25^{6\prime}, 45^{4\prime}$ 328. E 252.
876. $23, 2345^{2}, 3^{3}, 234^{4}, 45^{5}, 1^{6\prime}, 5^{4\prime}$ $35, 234^{3}, 234^{4}, 345^{5}, 2^{5\prime}, 1^{6\prime}, 1^{8\prime}$ D LA 81.
877. $23, 234^{2}, 34^{3}, 234^{5}, 4^{6\prime}$ $4, 2^{2}, 2345^{3}, 135^{4}, 1^{6\prime}, 1^{8\prime}$ D° LM 82.
878. $23, 235^{2}, 12345^{3}, 12345^{4}, 1235^{5}$ $12345, 2345^{2}, 135^{3}, 12345^{4}, 135^{6}$ 329.
879. $23, 235^{2}, 12345^{3}, 12345^{4}, 1235^{5}$ $12345, 2345^{2}, 15^{3}, 12345^{4}, 134^{5}$ 330. Ch. XII 132.
880. $23, 235^{2}, 1235^{3}, 1235^{4}, 1235^{5}, 1^{6\prime}$ $2345, 12345^{2}, 1235^{3}, 2345^{4}, 3^{5}$ 331.
881. $23, 235^{2}, 45^{3}, 12^{4}, 2^{5}, 24^{6\prime}, 1^{4\prime}$ $4, 12345^{2}, 134^{3}, 35^{4}, 1^{5\prime}, 1^{3\prime}$ D HV 156.
882. $23, 23^{2}, 234^{3}, 25^{4}, 2^{5}, 1^{6\prime}, 1^{4\prime}$ $2, 345^{3}, 235^{4}, 35^{5}, 34^{8\prime}, D5^{5\prime}$ D H j 54.
883. $23, 23^{2}, 23^{3}, 2^{4}, 3^{5}, 3^{6\prime}, 2^{4\prime}, 2^{8\prime}$ $13, D234^{2}, 1^{3}, 4^{4}, 15^{5}, 12^{6\prime}$ D HV 146.
884. $23, 23^{2}, 23^{3}, 3^{4}, 12^{5}$ $5, 15^{2}, 5^{3}, 245^{4}, 4^{6\prime}, D5^{2\prime}$ H 58.
885. $23, 23^{2}, 23^{3}, 14^{5}, 25^{6\prime}$ $23, 134^{2}, 4^{3}, 1^{4}, 4^{5}, 3^{5\prime}, 1^{6\prime}$ 332. Ch. XII 75. DB 369.
886. $23, 23^{2}, 24^{3}, 124^{4}, 5^{5}$ $23, 1^{2}, 234^{3}, 2^{4}, 24^{5}, 5^{4\prime}$ C 46.
887. $23, 23^{2}, 24^{3}, 123^{5}, D124^{5\prime}, 12^{6\prime}$ $45, 2345^{2}, D3D45^{3}, 45^{4}, 1^{3\prime}$ 333
888. $23, 2D3^{2}, 34^{3}, 35^{5}, 45^{6\prime}, 1^{4\prime}$ $23, 234D5^{2}, 34^{3}, 4^{6\prime}, 1^{4\prime}, 1^{3\prime}$ D° 84.
889. $23, 23^{2}, 35^{3}, 34^{8\prime}$ $45, 25^{2}, 35^{3}, 45^{4}, 15^{5\prime}$ D° BL 85.
890. $23, 23^{2}, 3^{3}, 2^{4}, 25^{5}, 245^{5\prime}, 15^{6\prime}$ $3, 124^{2}, 145^{3}, 3^{5}, 5^{4\prime}; 1^{8\prime}, 1^{2\prime}$ 334.
891. $23, 245^{2}, 1245^{3}, 3^{5}, 1^{6\prime}, 4^{6\prime}$ $13, 1234^{2}, 12^{3}, 123^{4}, 5^{5}, 1^{5\prime}$ D C 466.
892. $23, 245^{2}, 25^{3}, 13^{8}, 12^{5\prime}, 1^{6\prime}$ $2, 1234^{2}, 3D4^{3}, 3D5^{4}$ 336.
893. $23, 24^{2}, 123^{3}, 134^{4}, 4^{5}, 1^{5\prime}$ $2^{2}, 1234^{3}, 135^{4}, 45^{5}, 12^{6\prime}, 5^{4\prime}$, DB 71. 337 Ch. XII 108
894. $23, 24^{2}, 123^{3}, 234^{5}$ $3, 24^{2}, 145^{3}, 135^{4}, 1^{5\prime}$ 338 M 83 Mz 26.
895. $23, 24^{2}, 125^{3}, 1245^{4}, 2^{5\prime}, 1^{4\prime}$ $23, 2^{2}, 125^{3}, 5^{4}, 345^{5}, 1^{6\prime}, 3^{4\prime}$ C 108.
896. $23, 24^{2}, 234^{3}, 3^{4}, 3^{5\prime}$ $3, 3^{2}, 234^{3}, 4^{5}, 1^{5\prime}, 5^{2\prime}$ 339.
897. $23, 24^{2}, 23^{3}, 12^{4}, 3^{5}, 3^{6\prime}$ $1, 1^{2}, 24^{3}, 1235^{4}, 15^{6\prime}$ D° à MA 86.
898. $23, 24^{2}, 345^{3}, 4^{4}, 15^{5}, 23^{5\prime}, 2^{4\prime}, 1^{8\prime}$ $234, 1345^{2}, 345^{3}, 15^{4}, 1^{5}, 2^{6\prime}$ E 270.
899. $23, 24^{2}, 45^{3}, 2345^{4}, 134^{5}$ $3, 1235^{2}, 24^{3}, 124^{4}, 124^{6}$ D° j 87.
900. $23, 25^{2}, 1345^{3}, 24^{4}, 235^{5}$ $3, 134^{2}, 34^{3}, 12345^{4}, 13^{5}, 1^{5\prime}$ 340.
901. $23, 25^{2}, 13^{3}, 4^{4}, 1^{5\prime}, 1^{6\prime}, 3^{8\prime}$ $34, 5^{3}, 24^{5}, 2D5^{5\prime}, D4^{4\prime}$ D SH 323.
902. $23, 2D5^{2}, 1^{3}, 45^{4}, 345^{5}$ $2, 3^{2}, 45^{3}, 14^{4}, 45^{5}, 2^{6\prime}, D4^{\prime}$ E 383.
903. $24, 25^{2}, 1^{3}, 145^{5}, 23^{5\prime}, 3^{4\prime}$ $34, 2D14^{2}, 15^{3}, 1^{4}, 4^{6}, 2^{5\prime}, 2^{4\prime}$ D LM 204.
904. $23, 25^{2}, 23^{3}, 1234^{4}, 2^{5}, 5^{5\prime}, 45^{4\prime}$ $35, 12345^{2}, 2^{3}, 12^{4}, 13^{5}, 1^{6\prime}, 1^{3\prime}$ C 73.
905. $23, 25^{2}, 2^{3}, 34^{4}, 145^{6}, 235^{5\prime}$ $13, 12345^{2}, 134^{3}, 145^{4}$ D MD 381.
906. $23, 25^{2}, 2^{3}, 125^{6}, 3^{5\prime}, 2^{4\prime}$ $345, 134^{2}, 23^{3}, 145^{4}$ E 124
907. $23, 25^{2}, 345^{3}, 34^{4}, 45^{5}, 34^{8\prime}$ $2, 134^{2}, 1234^{3}, 5^{4}, 1^{5}, 2^{5\prime}, 1^{4\prime}, 1^{8\prime}$ 340. A 8.
908. $23, 25^{2}, 3^{3}, 235^{4}, 35^{5}, 24^{6\prime}$ $3, 12345^{2}, 235^{3}, 245^{4}, 4^{6\prime}$ E 115. G 79.
909. $23, 25^{2}, 3^{3}, 5^{4}, 2^{6\prime}, 4^{4\prime}$ $1234, 13^{3}, 135^{4}, 24^{5\prime}, 13^{6\prime}, 1^{3\prime}$ VE 5.
910. $23, 25^{2}, 3^{3}, 135^{5}, 3^{5\prime}, 5^{6\prime}$ $35, 14^{2}, 23^{3}, 145^{4}$ 342. G 94.

911. 23,2^{2},1234^{3},234^{4},4^{5},1$^{3'}$ 1D5,45^{3},3^{4},D35^{5},125$^{5'}$ D LM 553.
912. 23,2^{2},125^{3},345^{4},5^{5},1$^{5'}$ 1234^{2},2^{3},1234^{4},1$^{6'}$ 343.
913. 2D3,2^{2},134^{3},5^{5},4$^{6'}$,3$^{4'}$ D2,235^{3},2^{4},15^{5},14$^{6'}$ D LM 115.
914. 23,2^{2},135^{3},235^{4},35^{5} 1,5^{2},12345^{3},134^{4},45^{5} H 59.
915. 23,2^{2},13^{3},1^{4},2$^{5'}$ 23^{2},1^{3},35^{4},D4^{5},3$^{6'}$ E 6. G 174.
916. 23,2^{2},1^{3},3^{4} 1$^{5'}$,D1^{6} D* M* 543.
917. 23,2^{2},1^{3},3$^{4'}$ 1$^{5'}$,D1^{6} 344.
918. 23,2^{2},1^{3} D1,1$^{5'}$ PL.
919. 23,2^{2},234^{3},12^{4},1234^{5},5$^{4'}$ 35,12345^{2},2^{3},124^{4},1^{5},5$^{6'}$,1$^{6'}$ C 134.
920. 23,2^{2},234^{3},2^{4},4^{5},25$^{6'}$,2$^{4'}$ 35,1235^{2},14^{3},13^{4},1$^{5'}$ 345. Ch. XII 84.
921. 23,2^{2},235^{3},235^{4},25^{5},15$^{6'}$ 35,2345^{2},14^{3},2345^{4},1$^{5'}$ 346.
922. D23,2^{2},23^{3},2^{4},2$^{5'}$ 12,12^{2},1345^{3},3^{4},5^{5},1$^{6'}$,5$^{4'}$ D* 88.
923. 23,2^{2},24^{3},34^{4},25^{5},14$^{6'}$,3$^{4'}$ 234^{2},2D35^{3},25^{4},2^{5},1$^{5'}$,1$^{6'}$ 347.
924. 23,2^{2},2^{3},123^{4},2^{5},2$^{4'}$ 135,1245^{2},5^{4},1$^{5'}$ 348. Ch. XII 38.
925. 23,2^{2},345^{3},45^{4},1^{5},4$^{5'}$,4$^{4'}$,5$^{6'}$ 24,123D45^{2},3^{3},2^{4},3$^{5'}$,1$^{6'}$ E 65.
926. 2D3,2^{2},5^{3},24^{4},5$^{5'}$,2$^{2'}$ 45,D15^{2},D5^{3},D235^{4} VE 7.
927. 2D3,2^{2},5^{3},24^{4},5$^{5'}$,2$^{2'}$ 45,15^{2},5^{3},D235^{4} 349.
928. 23,345^{2},125^{3},45^{4},5^{5},25$^{6'}$,5$^{4'}$ 1235,13^{2},1234^{3},24^{4},3^{5},1$^{6'}$ C 98.
929. 23,345^{2},135^{3},5^{4},35^{5},5$^{6'}$,45$^{4'}$ 35,12345^{2},34^{3},12^{4},2^{5},14$^{5'}$ 350.
930. 23,345^{2},23^{3},1^{4},4$^{5'}$,13$^{4'}$ 12,25^{2},5^{4},D2D5$^{5'}$,1$^{6'}$ P H (PS-) Coup d'éclair.
931. 23,345^{2},345^{3},45^{4},1^{5} 1^{2},1235^{3},24^{4},12345^{5},5$^{5'}$,12$^{6'}$ 351.
932. 2D3,34^{2},245^{3},34^{4},4^{5},1$^{4'}$ 2,125^{2},345^{3},2^{4},45^{5},2$^{5'}$,D5$^{2'}$ L M.
933. 23,34^{2},24^{3},15^{4},34^{5},15$^{6'}$,1$^{4'}$ 13,2345^{2},124^{3},234^{4},1$^{5'}$ D MD 510.
934. 23,34^{2},3^{3},4^{4},3^{5},2$^{5'}$,2$^{6'}$,1$^{2'}$ 13,345^{3},4^{4},5^{5},D2$^{6'}$,1$^{4'}$ D* F 89.
935. 23,35^{2},245^{3},13^{4},123^{5},3$^{6'}$,2$^{4'}$ 45,1235^{2},1^{3},45^{4},12^{5},5$^{6'}$,1$^{6'}$ 352.
936. 23,3^{2},125^{3},345^{4},3^{5},1$^{6'}$ 1234^{2},2^{3},1234^{4},1$^{5'}$ 353.
937. 23,3^{2},13^{3},1235^{4},35^{5},1$^{5'}$ 1234^{2},2^{3},1234^{4},235^{5} B J Café Manouri. 354.
938. 23,3^{2},13^{3},123^{4},23^{5},2$^{5'}$ 35,234^{2},34^{3},234^{4},4^{6} 335. Ch. XII 95. D B 395.
939. 23,3^{2},13^{3},35^{4},4^{5} 125^{3},1D3^{4},25^{5},1$^{6'}$ H 60.
940. 23,3^{2},234^{3},24^{4},14^{5},2$^{5'}$ 34^{2},2D5^{3},4^{4},1^{5},D5$^{4'}$ H 61. Mr 257.
941. 21,3^{2},23^{3},245^{4},5^{5} 4^{2},24^{3},124^{4},3^{5},13$^{6'}$ H 62. Mr 23.
942. 2D3,3^{2},2^{3},5^{4},12^{5},5$^{5'}$,1$^{4'}$ 23^{2},245^{3},2D5^{4},3^{5},4$^{2'}$ D HV 51.
943. 23,3^{2},45^{3},13^{4},4$^{5'}$,1$^{4'}$ 12D5,12^{2},45^{3},2$^{4'}$ D CL j. 210.
944. 23,3^{2},4^{4},24^{5},3$^{6'}$ 13D5^{3},15^{4},15^{5},5$^{4'}$ H 63.
945. 23,3^{2},4^{4},3^{5},12$^{5'}$,2$^{4'}$ 13,3^{2},15^{3},5^{4},35^{5},1$^{4'}$ E 336.
946. 23,45^{2},134^{3},2^{4},23^{5} 2345^{3},235^{4},123^{5} M 84. Mr 25.
947. 23,45^{2},24^{3},4^{4},12^{5},13$^{6'}$,3$^{5'}$ 45,D15^{2},2^{3},5^{4},D2^{5},5$^{4'}$ VE 28.
948. 23,45^{2},25^{3},4^{4},5^{5},5$^{6'}$,14$^{4'}$,5$^{3'}$ 12D34D5,23^{2},234^{3},2D3^{4},3^{5},3$^{6'}$,3$^{4'}$,D1$^{6'}$ VE 34.
949. 23,45^{2},3^{3},3^{4},3^{5},5$^{5'}$,4$^{4'}$,5$^{6'}$ 235^{2},4^{3},13^{4},5$^{5'}$,5$^{4'}$,D4$^{6'}$ D* 90.
950. 23,4^{2},12^{3},2^{4},4$^{5'}$ D1^{2},14^{3} D* BL 91.
951. 23,4^{2},1^{3},24^{4},235^{5},124$^{5'}$ 1^{5},35^{2},12345^{3},D2^{4},1$^{4'}$ 356.
952. 23,4^{2},1^{3},24^{4},23^{5},5$^{5'}$,1$^{4'}$ 2345^{2},234^{3},235^{4},3^{5} E 386.
953. 2D3,4^{2},1^{3},4^{4},2^{5},12$^{5'}$,23$^{4'}$,35$^{6'}$ 345,D1$^{5'}$,235$^{4'}$,3$^{3'}$,D1^{6} D* 92.
954. 23,4^{2},234^{3},34^{4} 1^{2},14^{3},234^{5},1$^{6'}$,1$^{4'}$ H 64.
955. 23,4^{2},234^{3},135$^{4'}$,2$^{5'}$ 35,3^{2},1^{3},D4^{4},25^{5},24$^{5'}$ VE 11.
956. 23,4^{2},23^{3},2^{4},24^{5},23$^{6'}$,2$^{4'}$ 2,1234^{2},124^{3},14^{4},1$^{5'}$ 357.
957. 23,4^{2},2^{3},234^{4},4^{5},3$^{6'}$,3$^{4'}$ 45,124^{2},45^{3},1^{4},5$^{4'}$,1$^{6'}$ D* 6 D BL 93.
958. 23,4^{2},2^{3},345^{4},2^{5},4$^{5'}$,5$^{6'}$ 35,23^{3},34^{4},23^{5},1$^{6'}$ C 8.
959. 23,4^{2},3^{3},1^{4},3^{5} 1^{2},13^{4},D5$^{4'}$ H 65.

960. $23,4^{2},3^{3},2^{4},23^{5},14^{5'}$ $25,5^{2},134^{3},35^{4},4^{4'}$ H 66.
961. $23,4^{2},4^{3},124^{4},1235^{5},3^{5'}$ $135,123^{2},25^{3},125^{4},1^{5},1^{8'}$ E 278.
962. $23,4^{2},5^{3},34^{4},1^{5},2^{6'}$ $2^{2},13^{3},34^{4},3^{5},2^{5'},2^{6'}$ 358.
963. $23,5^{2},1235^{3},24^{4},34^{5},5^{5'},5^{6'}$ $3D4,34^{2},14^{3},1234^{4},1^{5}$ D 186.
964. $23,5^{2},1345^{3},1234^{4},134^{5}$ $35,1235^{2},2^{3},1234^{4},24^{5}$ E 396.
965. $23,5^{2},135^{3},134^{4},2^{5'}$ $1,234^{2},13^{3},134^{4},2^{5'}$ D* I 94.
966. $23,5^{2},2345^{3},35^{4},135^{5},1^{5'}$ $14,13^{2},1234^{3},234^{4},2^{5},1^{5'}$ 359.
967. $23,5^{2},234^{3},5^{4},4^{5},23^{5'}$ $1,125^{2},123^{3},5^{4},15^{5'}$ D* 95.
968. $23,5^{2},2^{3},125^{4},23^{5},23^{5'},5^{6'}$ $125,134^{2},25^{3},15^{5'},1^{8'}$ E 259.
969. $23,5^{2},34^{3},12345^{4},245^{5}$ $14,15^{2},25^{3},1235^{4},2^{5},1^{5'},1^{8'}$ D PH 274.
970. $23,5^{2},34^{3},34^{5},2^{5'}$ $234^{2},13^{3},134^{4},2^{5'},1^{8'}$ D* 96.
971. $23,5^{2},45^{3},3^{4},123^{5},4^{5'},1^{5'}$ $4,34^{2},235^{3},245^{4},2^{5},5^{6'}$ 360.
972. $23,5^{2},4^{3},2^{4},25^{5},145^{5'},1^{8'}$ $135,245^{2},245^{3},35^{4}$ E 248.
973. $23,5^{2},5^{3},125^{4},125^{5},15^{5'},4^{8'}$ $245,125^{2},2^{3},245^{4},2^{5},3^{6'},1^{8'}$ D E 606.
974. $23,5^{2},3^{4},24^{5},5^{2'}$ $23,1^{2},4^{4},5^{5'},D1^{'}$ 361.
975. $23,135^{3},45^{4},5^{5},14^{5'}$ $12,134^{2},23^{3},D1^{5'},2^{8'}$ E 163.
976. $23,14^{3},1234^{5},3^{5'},3^{6'}$ $1,1234^{2},124^{3},45^{4},5^{6'}$ D C 9.
977. $2D3,1^{3},4^{4},2^{5'},34^{8'}$ $D145,1D5^{3},1^{5'},5^{6'},3^{8'},D4^{2'}$ 362.
978. $23,234^{3},2^{4},23^{5},4^{5'},4^{6'},5^{8'}$ $4,1235^{2},13^{3},3^{4},1^{5},1^{5'},5^{8'}$ 363.
979. $2D3,23^{3},24^{4},2^{5},4^{5'},3^{6'}$ $4,45^{2},24^{3},D25^{4},25^{5},1^{8'}$ 364.
980. $23,23^{3},4^{4},2^{5},125^{5'}$ $2,24^{2},234^{3},4^{4},1^{5'}$ 365.
981. $23,245^{3},345^{4},14^{5},13^{5'},2^{6'}$ $124,12345^{2},15^{3},4^{4},D4^{'}$ D W 453.
982. $23,24^{3},12^{4},3^{5}$ $3^{2},D2^{4},1^{5},1^{5'},3^{6'}$ H 67. Mr 147.
983. $23,15^{3},345^{4},345^{5},15^{5'}$ $1245^{2},234^{3},345^{4},4^{5},1^{5'}$ 366.
984. $23,2^{3},234^{4},4^{5},3^{5'},3^{6'}$ $34,124^{2},4^{3},1^{4},5^{6'},1^{8'}$ 367 Ch. XII 44 DB 102-449
985. $23,2^{3},23^{4},4^{5},3^{5'},3^{6'}$ $23,124^{2},4^{3},1^{4},5^{6'},1^{8'}$ 368.
986. $23,345^{3},345^{4},2^{5},34^{5'}$ $3,1234^{2},24^{3},125^{4},1^{8'}$ D H 359.
987. $23,345^{3},345^{4},4^{5},234^{5'},25^{6'}$ $123,1234^{2},D14^{3},1^{5},5^{5'},1^{6'},1^{8'}$ D* j 97.
988. $23,34^{3},145^{4},2^{5},5^{6'}$ $13^{2},234^{3},234^{4},13^{5}$ H 68.
989. $23,35^{3},123^{4},2^{5},2^{6'}$ $135,1245^{2},5^{4},1^{8'}$ 369.
990. $23,3^{3},23^{4},34^{5},25^{5'},1^{6'}$ $2,125^{2},245^{3},3^{4},1^{5},1^{8'}$ D BY 275.
991. $23,3^{3},25,15^{5},1^{5'},35^{6'}$ $235,1^{2},1^{3},24^{4},4^{5'},D4^{2'}$ E 334.
992. $23,3^{3},2^{4},1234^{5},15^{5'},5^{6'}$ $235,1345^{2},14^{3},34^{4}$ D MD 314.
993. $23,3^{3},12^{5},2^{5'},1^{8'},D4^{'}$ $2,5^{2},D4^{5},12^{6'},1^{8'},D4^{'}$ E 416.
994. $23,45^{3},135^{4},23^{5},25^{5'},4^{6'}$ $45,1234^{2},13^{3},35^{4},5^{5'}$ 370.
995. $23,45^{3},2345^{4},3^{5},3^{5'},5^{6'}$ $35,123^{2},24^{3},134^{4},14^{5},1^{5'}$ 371.
996. $23,45^{3},34^{4},14^{5},2^{5'},2^{6'},35^{8'}$ $245,134^{2},1^{3},D2^{5'},1^{8'}$ C 175.
997. $2D3,45^{3},34^{4},34^{5},3^{5'}$ $D1234^{3},4^{4},14^{5},D1^{5'},5^{6'}$ D LM 423.
998. $23,4^{3},14^{4},235^{5},245^{5'},34^{6'}$ $2D34,135^{2},15^{3},1^{4},1^{5'}$ D E 477.
999. $23,5^{3},14^{4},23^{5},D5^{'}$ $2,1^{2},D3^{3},125^{4},25^{5}$ E 61. G 100.
1000. $23,5^{3},5^{4},23^{5},34^{5'}$ $1,13^{2},5^{3},4^{4},1D2^{5}$ H 69. Mr 175.
1001. $23,124^{4},4^{5},12^{5'}$ $D5,124^{3},5^{5}$ H 70.
1002. $245,1245^{2},345^{3},24^{4}$ $1D23,134^{2},1245^{4},3^{5},3^{5'},5^{6'}$ E 459.
1003. $24D5,1D45^{2},14^{3},34^{4},25^{5'},14^{6'},1^{8'}$ $135\ D2D345^{2},3D4D5^{3},34^{4},1^{5'},2^{6'}$ VE 87.
1004. $245,125^{2},3^{4},4^{5},2^{5'}$ $234^{2},13^{3},2^{4},2^{5'},5^{6'},1^{8'}$ PV*
1005. $245,134^{2},14^{3},4^{4},45^{5},2^{5'},1^{6'}$ $25,124^{2},34^{3},2345^{4},13^{5},123^{8'}$ 372.
1006. $245,13D5^{2},3^{3},1^{4},15^{5},25^{5'},1^{8'}$ $D125,245^{2},14^{3},35^{4},4^{5},3^{5'},5^{6'}$ D HV 120.
1007. $245,135^{2},3^{3},34^{5},2^{5'}$ $234^{2},13^{3},23^{4},5^{6'},1^{8'}$ 373.
1008. $245,135^{2},3^{3},34^{5},2^{5'}$ $234^{2},13^{3},23^{4},5^{6'},1^{8'}$ 374.

1009. $245, 13^{2}, 345^{3}, 15^{4}, 2^{5}, 5^{6}$ — $1, 123^{2}, 4^{3}, 1^{4}, 13^{5}, 345^{6}, 1^{7}$ D DO 165.
1010. $245, 13^{2}, 5^{3}, 245^{4}, 5^{5}, 1245^{6}, 4^{7}$ — $25, 135^{2}, 23^{3}, 5^{4}, 3^{5}, 1^{6}$ D BT 468.
1011. $2D4D5, 14^{2}, 5^{3}, 4^{4}, 4^{5}, 23^{6}$ — $D5, 12^{2}, 1345^{3}, 4^{4}, 2^{5}, 2^{6}, D2^{7}$ D LM 401.
1012. $245, 15^{2}, 34^{3}, 234^{4}, 2^{5}, 5^{6}, 4^{7}$ — $123^{2}, 4^{3}, 125^{4}, 13^{5}, 5^{6}, 1^{7}$ D BT 325.
1013. $245, 15^{2}, 3^{3}, 34^{4}, 2^{5}$ — $234^{2}, 13^{3}, 23^{4}, 5^{5}, 1^{6}$ 375.
1014. $245, 1^{2}, 1^{3}, 245^{4}, 12^{5}, 3^{6}, 2^{7}$ — $1235, 45^{2}, 1^{3}, D45^{4}, 5^{5}, 3D45^{6}, D35^{7}$ VE 74.
1015. $245, 234^{2}, 1235^{3}, 124^{4}, 2^{5}, 5^{6}$ — $13, 123^{2}, 245^{3}, 124^{4}, 3^{5}, 1^{6}, 5^{7}$ 376.
1016. $245, 234^{2}, 12^{3}, 1235^{4}, 4^{5}, 5^{6}$ — $35, 1235^{2}, 4^{3}, 1234^{4}, 12^{5}, 1^{6}$ 377.
1017. $245, 234^{2}, 14^{3}, 5^{4}, 1^{5}, 1^{6}, 5^{7}, 1^{8}$ — $134, 4^{2}, 34^{3}, 4^{4}, 2^{5}, 234^{6}, 3^{7}$ 378.
1018. $245, 234^{2}, 3^{3}, 245^{4}, 23^{5}, 5^{6}, 5^{7}$ — $13, 134^{2}, 24^{3}, 1234^{4}, 13^{5}, 1^{6}$ 379.
1019. $245, 234^{2}, 3^{3}, 5^{4}, 25^{5}, 145^{6}$ — $24, 1234^{2}, 123^{3}, 5^{4}, 3^{5}, 4^{6}, 5^{7}$ E 376.
1020. $245, 235^{2}, 125^{3}, 145^{4}, 25^{5}, 15^{6}$ — $13, 12345^{2}, 24^{3}, 24^{4}, 3^{5}, 14^{6}, 3^{7}$ C 173.
1021. $245, 235^{2}, 24^{3}, 1^{4}, 124^{5}, 3^{6}$ — $5, 2345^{2}, 24^{3}, 25^{4}, D1^{5}, 5^{6}$ D* 98.
1022. $245, 235^{2}, 45^{3}, 234^{4}, 23^{5}$ — $15, 1345^{2}, 12^{3}, 123^{4}, 15^{5}$ E 397.
1023. $245, 23^{2}, 23^{3}, 13^{4}, 134^{5}, 5^{6}$ — $3, 234^{2}, 4^{3}, 1234^{4}, 124^{5}, 25^{6}, 5^{7}$ 380.
1024. $245, 23^{2}, 35^{3}, 234^{4}, 2^{5}$ — $234^{2}, 1235^{3}, 135^{4}, 5^{5}$ E 267.
1025. $245, 245^{2}, 125^{3}, 1^{4}, 45^{5}, 345^{6}$ — $1234^{2}, 24^{3}, 12^{4}, 2^{5}, 134^{6}, 345^{7}$ 381.
1026. $245, 245^{2}, 125^{3}, 25^{4}, 2^{5}, 5^{6}$ — $234^{2}, 24^{3}, 234^{4}, 123^{5}, 3^{6}, 3^{7}$ 382.
1027. $245, 245^{2}, 125^{3}, 45^{4}, 45^{5}, 12^{6}$ — $1, 123^{2}, 123^{3}, 234^{4}, 4^{5}, 23^{6}, 3^{7}, 3^{8}$ 383.
1028. $245, 24^{2}, 125^{3}, 15^{4}, 5^{5}, 15^{6}, 15^{7}$ — $24, 1235^{2}, 234^{3}, 23^{4}, 4^{5}, 34^{6}, 3^{7}, 4^{8}$ 384.
1029. $245, 24^{2}, 12^{3}, 1235^{4}, 12^{5}, 5^{6}$ — $35, 1235^{2}, 24^{3}, 1234^{4}, 12^{5}$ 385.
1030. $245, 24^{2}, 245^{3}, 25^{4}, 5^{5}, 24^{6}$ — $13, 12345^{2}, 4^{3}, 13^{4}, 1^{5}, 1^{6}$ C 138.
1031. $245, 24^{2}, 245^{3}, 45^{4}, 1^{5}$ — $1, 24^{2}, 134^{3}, 2^{4}, 124^{5}, 3^{6}$ H 71.
1032. $24D5, 24^{2}, 34^{3}, 234^{4}, 2^{5}, 5^{6}, 4^{7}$ — $D35, 12^{2}, 1235^{3}, 12^{4}, 5^{5}, 1^{6}$ D* LM 99.
1033. $245, 25^{2}, 2^{3}, 45^{4}, 234^{5}, 14^{6}, 4^{7}$ — $234, 25^{2}, 235^{3}, 15^{4}, 2^{5}, 1^{6}, 1^{7}, 1^{8}$ 386.
1034. $245, 2^{2}, 2^{3}, 24^{4}, 12^{5}, 1^{6}$ — $145, 5^{2}, 35^{3}, 234^{4}, 3^{5}$ D* à R 100.
1035. $245, 2^{2}, 3^{3}, 34^{4}, 4^{5}, 2^{6}, 2^{7}$ — $123, 15^{2}, 145^{3}, 1^{4}, 1^{5}$ C 48.
1036. $245, 2^{2}, 4^{3}, 24^{4}, 3^{5}, 5^{6}, 14^{7}, 4^{8}$ — $24, 125^{2}, 2^{3}, 1^{4}, 1^{5}, 15^{6}, 5^{7}$ C 36.
1037. $245, 2^{2}, 4^{3}, 4^{4}, 24^{5}, 25^{6}, 245^{7}$ — $13, 12345^{2}, 14^{3}, 13^{4}, 1^{5}, 1^{6}$ 387.
1038. $24D5, 2^{2}, 23^{3}, 2^{4}, 5^{5}$ — $235, 1^{2}, 2^{3}, D3^{4}, 4^{5}, 1^{6}$ D* BO 101.
1039. $245, 34^{2}, 1235^{3}, 25^{4}, 2^{5}$ — $1, 13^{2}, 12345^{3}, 4^{4}, 145^{5}, 2^{6}$ D 4. 141.
1040. $245, 34^{2}, 123^{3}, 2345^{4}, 3^{5}, 1^{6}, 1^{7}$ — $234, 2^{2}, 24^{3}, 24^{4}, 345^{5}, 1^{6}, 5^{7}$ 388.
1041. $245, 34^{2}, 125^{3}, 34^{4}, 5^{5}, 1^{6}$ — $35, 2345^{2}, 2^{3}, 135^{4}, 12^{5}$ D CO 276.
1042. $245, 34^{2}, 2^{3}, 123^{4}, 5^{5}, 345^{6}, 34^{7}$ — $2345, 125^{2}, 1^{3}, 12^{4}, 2^{5}, 5^{6}, 4^{7}, 1^{8}$ C 38.
1043. $245, 35^{2}, 1345^{3}, 1^{4}, 2^{5}, 5^{6}, 4^{7}$ — $3, 13^{2}, 24^{3}, 12345^{4}, 3^{5}, 1^{6}$ Ed. M : O : E : T 1845.
1044. $245, 35^{2}, 1^{3}, 3^{4}, 23^{5}, 1^{6}$ — $234^{2}, 13^{3}, 235^{4}, 5^{5}$ 389.
1045. $245, 35^{2}, 24^{3}, 1^{4}, 124^{5}, 3^{6}$ — $5, 2345^{2}, 24^{3}, 25^{4}, D1^{5}, 5^{6}$ D H 434 G 163.
1046. $245, 35^{2}, 345^{3}, 4^{4}, 4^{5}, 3^{6}, 4^{7}$ — $35, 15^{2}, 5^{3}, 12^{4}, 2^{5}, D1^{6}$ 390. Ch. XII 185. DB 481
1047. $245, 3^{2}, 234^{3}, 234^{4}, 45^{5}$ — $2, 15^{2}, 14^{3}, 1234^{4}, 134^{5}$ H 72.
1048. $245, 3^{2}, 23^{3}, 2345^{4}, 234^{5}, 5^{6}$ — $2, 123D4^{2}, 14^{3}, 134^{4}, 2^{5}, 1^{6}$ D A 401.
1049. $245, 3^{2}, 25^{3}, 34^{4}, 34^{5}$ — $5, 1^{2}, 5^{3}, 124^{4}, 15^{5}, 15^{6}$ E 303.
1050. $245, 3^{2}, 45^{3}, 4^{4}, 25^{5}, 235^{6}, 24^{7}$ — $45, 13^{2}, 1234^{3}, 1^{4}, 1^{5}, 1^{6}, 5^{7}$ 391.
1051. $245, 3^{2}, 4^{3}, 34^{4}, 5^{5}, 1^{6}$ — $45, 5^{2}, 2345^{3}, 5^{4}, 2^{5}$ 392. B (Commard).
1052. $245, 3^{2}, 12^{3}, 2^{4}, 5^{5}, 5^{6}$ — $1D3, 234^{2}, 23^{3}, 4^{4}, 1^{5}, 5^{6}$ D* 102.
1053. $245, 45^{2}, 12^{3}, 24^{4}, 5^{5}, 4^{6}$ — $4, 5^{2}, 3^{3}, 25^{4}, D1235^{5}, 1^{6}, 3^{7}$ E 413.
1054. $245, 45^{2}, 12^{3}, 3^{4}, 12^{5}, 4^{6}$ — $1, 234^{2}, 35^{3}, 1245^{4}, 5^{5}, 5^{6}$ E 93.
1055. $245, 45^{2}, 1345^{3}, 3^{4}, 14^{5}$ — $2, 123^{2}, 13^{3}, 235^{4}, 4^{5}, 23^{6}$ 393.
1056. $245, 4^{2}, 123^{3}, 24^{4}, 35^{5}, 5^{6}$ — $3, 1235^{2}, 24^{3}, 134^{4}, 1^{5}, 1^{6}$ 394.
1057. $245, 4^{2}, 1^{3}, 34^{4}, 12^{5}, 5^{6}, 4^{7}$ — $3, 1235^{2}, 2^{3}, 125^{4}, 1^{5}, 5^{6}, 5^{7}$ C 14.

1058.	$245,4^2,24^3,235^4,23^6,5^{6'},1^{8'}$	$D245,2345^7,3^8,35^4,2^5,5^{6'},1^{8'},5^{7'}$	F 404.
1059.	$245,4^2,34^3,23^4,23^5$	$234^6,23^4,123^5,14^{6'}$	H 73.
1060.	$245,4^2,4^3,35^4,234^5,3^{5'},4^{6'}$	$35,123^7,2^3,15^4,12^5,15^{6'}$	395.
1061.	$245,4^7,5^3,45^4,3^5,2^{6'},134^{8'}$	$12345,5^2,5^3,1D5^5,3^{3'},D2^{7'}$	VE 70.
1062.	$D2D4D5,D4^2$	$D1,1^{8'},5^{7'}$	396. M° 34. Fin de partie curieuse.
1063	$D24D5,5^2,1^3,23^4,2345^5,235^{6'}$	$2D4D5,4^2,234^3,345^4,5^{6'},D1'$	D HV 271.
1064.	$245,5^2,235^3,23^4,4^6,23^{6'},2^{4'}$	$124,13^2,13^3,14^4,4^6,1^{3'}$	E 241.
1065.	$245,5^2,23^3,2^4,35^5,23^{6'}$	$123^2,13^3,15^4,D5^5,1^{8'}$	H 74. Mz 218.
1066	$245,5^2,3^3,1^4,2^5,34^{5'},35^{6'},1^{8'}$	$13,24^2,345^3,2^6,5^{5'},5^{6'},1^{8'},3^{2'}$	E 28.
1067	$245,D5^2,4^3,14^4,2^5,125^{6'}$	$D1,245^2,134^3,235^4,4^6$	D° HV 103.
1068.	$2D4D5,1245^3,14^4$	$134^2,D123^3,D12^4,35^5,123^{6'},D1'$	E LM 454.
1069.	$2D4D5,145^3,4^4,45^{6'}$	$14,35^2,D1234^3,D12^4,3^5,13^{6'},2^{6'},3^{8'}$	D LM 144.
1070.	$245,24^3,2^4,345^5,35^{6'}$	$3,2345^2,24^3,124^4,1^{8'}$	D LM 144.
1071.	$2D45,34^3,13^4,2^5,45^{6'}$	$D245,45^2,2^3,5^4,23^5,5^{6'}$	D W 502.
1072.	$2D4D5,5^3,4^4,5^5,D1^{6'},1^{6'}$	$34^2,1^3,23^4,D35^5,D124^{6'},2^{4'},D1'$	D° HV 104.
1073.	$245,1^4,12^5,12^{6'},4^{4'},4^{3'}$	$45,25^2,12^3,134^{3'}$	C 147.
1074.	$245,3^4,4^5$	$4,1^2,2^4,1^{6'},5^{6'}$	* 29. 397. Ch. XII 11. Pl. 10.
1075.	$D245,4D3^4,5^5,4^{5'},4^{6'},4^{3'}$	$3,1^2,3^3,1^5,123^{6'},13^{3'},D1^{2'}$	398.
1076.	$24,1234^2,35^3,4^4,345^5,2^{5'},4^{6'}$	$145,235^2,13^3,1^4,1^5,1^{4'},1^{8'},5^{7'}$	399.
1077.	$24,1234^2,4^3,3^4,23^{6'},2^{4'}$	$13,135^2,13^3,145^4,1^{5'}$	D° 105.
1078.	$24,12D3^2,1^3,4^4,45^5,2^{5'},3^{4'}$	$24,15^2,1D2^3,14^4,15^5,1^{6'}$	DC 338.
1079.	$24,12^2,135^3,14^5,12^{5'},1^{6'}$	$D12,234^2,13^3,4^5,2^{6'},D5'$	Mz 260.
1080.	$24,12^2,24^3,24^5,3^{6'}$	$234^2,24^3,23^4,5^{5'},15^{3'}$	C 15.
1081.	$24,1345^2,1234^3,2^4,34^5,23^{6'}$	$15,1234^2,1235^3,14^4,15^5,2^{5'}$	400.
1082.	$24,1345^2,13^3,2^4,34^5,23^{6'}$	$1,123^2,123^3,14^4,15^5,2^{5'},5^{4'}$	C 102.
1083.	$24,135^2,2^3,2^4,24^5,3^{6'},3^{4'},5^{6'}$	$4,12345^2,4^3,15^4,1^5,5^{6'},1^{8'}$	401.
1084.	$24,13^2,234^3,34^4,45^5,24^{6'}$	$13,12^2,12345^3,1^4,5^5,1^{6'},1^{8'}$	D° 106.
1085.	$24,13^2,4^3,34^4,23^5,134^{6'},3^{4'}$	$2,12345^2,125^3,4^4,15^{6'},1^{8'}$	402 Ch. XII 116 D Bl. 41.
1086.	$24,13^2,4^3,3^4,235^5,34^{6'}$	$4,1235^2,35^3,14^4,1^{4'},1^{8'}$	403 Ch. XII 93 D Bl. 379.
1087.	$24,145^2,3^3,5^4$	$1^3,4^{5'},1^{6'},D3'$	PV.
1088.	$24,D14^2,234^3,4^4,35^5,2^{6'}$	$14,1D34^2,35^3,5^4,2^{5'},1^{3'}$	D° BL 107.
1089.	$24,15^2,25^3,234^4,2^5,4^{6'},3^{4'}$	$2,24^2,235^3,12^4$	404. G 107. Q. P. G.
1090.	$24,15^2,35^3,24^4,35^5,234^{5'},12^{4'},123^{3'}$	$12345,35^2,4D5^3,4^4,5^5,D1^{5'},D1^{6'}$	PH 64. G 176.
1091.	$24,1^2,15^2,1^4,15^5,1234^{6'}$	$D4,134^2,34^{6'},23^{6'},D3^{6'}$	D W 617.
1092.	$24,1^2,35^3,235^4,3^5,1^{8'},1^{3'}$	$2,13^2,345^3,23^4,35^5,1^{4'}$	405 Ch. XII 90. D Bl. j165.
1093.	$24,2345^2,14^3,25^4,15^5,45^{4'}$	$234,12345^2,1^3,23^4,13^5,4^{5'}$	D° à BF 108.
1094.	$24,234^2,345^3,34^4,5^6$	$1^2,3^3,12^4,134^5,2^{5'},1^{3'},5^{2'}$	D LM j. 260.
1095.	$24,234^2,4^3,5^4,34^5,234^{5'},5^{4'}$	$3,1234^2,1235^3,14^4,5^5,1^{8'}$	E 7. G. 167.
1096.	$24,235^2,1245^3,12345^4,245^6,2^{6'}$	$12,2345^2,135^3,1235^4,1345^5,3^{6'}$	Mz 56.
1097.	$24,235^2,145^3,345^4,35^6$	$123^2,345^3,124^4,145^5,2^{6'},1^{2'}$	406.
1098.	$24,2D35^2,3^3,3^4,4^5,3D5^{6'},34^{8'},D2'D3'$	$D145,15^2,12^3,1^4,1245^5,25^{6'},1^{3'}$	PV° L. M.
1099.	$24,23^2,12^3,3^4,1234^6,5^{6'}$	$14,1234^2,3^3,1235^4,2^5,5^{5'},5^{3'}$	C 142.
1100.	$24,23^2,234^3,2^4,35^{5'},2^{4'},5^{4'}$	$15,123^2,2^3,1^4,2^{6'},15^{3'},D5^{2'}$	D W 481.
1101.	$24,23^3,2^3,2^4,234^5,5^{6'}$	$1234^2,4^3,12345^4,3^5,15^{6'},45^{8'}$	407.
1102.	$24,23^2,5^3,34^4,5^5,23^{5'},3^{4'},3^{8'}$	$245,5^2,125^3,145^3,2^{6'},5^{2'}$	C 76.
1103.	$24,23^3,12^4,25^5,12^{6'},124^{6'},5^{3'}$	$24,1245^2,1^3,D5^4,D15^{8'}$	C 189.
1104.	$24,23^7,235^4,1245^5,12^{6'}$	$23,1^2,12345^3,235^4,4^5,1^{3'}$	E 103. G 133.
1105.	$24,23^7,235^4,23^5,3^{4'}$	$5,24^2,4^3,125^4,25^5,14^{6'},4^{4'}$	DE 589.
1106.	$24,245^7,14^3,345^4,1^5,3^{6'},5^{6'}$	$13^3,1235^2,24^3,12^4,12^5$	408.

1107.	$24,245^{2},245^{3},134^{4},24^{5},2^{5'}$	$234^{2},15^{3},1345^{4},4^{5},13^{5'},1^{3'}$	409.
1108.	$24,245^{2},2^{3},4^{4},245^{5},14^{5'},1^{3'},D2^{'}$	$D345,345^{2},245^{3},5^{4},1^{5'},1^{3'}$	D C 510.
1109.	$D2D4,24^{2},34^{3},34^{4},4^{5},234^{5'},2^{4'}$	$2D4,2D3^{2},135^{3},D15^{5},1^{5'},15^{4'}$	D LM 602
1110.	$24,24^{2},45^{3},24^{4},1234^{5},1^{5'}$	$45,2^{2},1234^{3},134^{4},2^{5},5^{4'},1^{3'}$	D MD J. 205.
1111.	$24,25^{2},15^{3},345^{4},5^{5}$	$1345^{3},24^{4},,1235^{5},2^{5'},1^{2'}$	410.
1112.	$24.2D5^{2},345^{3},234^{4},4^{5},345^{5'},24^{4'}$	$134,1235^{2},245^{3},1^{4},1^{5},15^{5'},1^{4'},D1^{3'}$	D HV 209.
1113.	$24,2^{2},124^{3},124^{4},5^{5},12^{5'}$	$123^{2},13^{3},235^{4},345^{5},1^{5'}$	411.
1114.	$24,2^{2},1^{3},4^{4},13^{5'}$	$2,3^{2},13^{3},5^{4},4^{5},15^{5'}$	E 246.
1115.	$24,2^{2},23^{3},234^{4},124^{5},5^{5'},24^{4'}$	$135,12345^{2},4^{3},135^{4},1^{5},1^{3'}$	D LM 563.
1116.	$24,2^{2},25^{3},15^{4},45^{5},5^{4'}$	$1235^{2},13^{3},1^{4},4^{5},23^{5'},1^{3'}$	412.
1117.	$24,2^{2},25^{3},5^{4},34^{5},24^{5'},12^{4'}$	$1234^{2}\ 135^{3},345^{4},1^{3'}$	C 56.
1118.	$24,2^{2},25^{3},5^{4},34^{5},24^{5'},12^{4'}$	$2345^{2},135^{3},345^{4},1^{3'}$	413.
1119.	$24,2^{2},2^{3},23^{4},1235^{5},5^{5'},4^{4'}$	$5,1235^{2},135^{3},235^{4},3^{5}$	E 107. G 120.
1120.	$2D4,2^{2},2^{3},25^{4},5^{5},1^{5'},3^{4'},2^{3'}$	$12D45.3^{2},1^{3},4^{4},4^{5'},34^{4'},14^{3'}$	A 9.
1121.	$24,2^{2},34^{3},23^{4},3^{5},23^{5'},13^{4'}$	$3,234^{2},D14^{3},45^{4},1^{4'},1^{3'}$	A 10.
1122.	$24,2^{2},35^{3},23^{4},35^{5},1^{5'},1^{3'}$	$2,13^{2},345^{3},23^{4},35^{5},1^{5'},1^{4'}$	414 Ch. XII 100 DBI 539
1123.	$24,2^{2},125^{4},25^{5},24^{5'},5^{3'}$	$4,1235^{2},13^{3},23^{4},3^{5},1^{3'}$	E 169. 415.
1124.	$24,2^{2},3^{4},3^{5'}$	$2,4^{3},1^{3'},D1^{2}$	415. M* 29. C d. c. d. s. M 41. M1 9.
1125.	$24,2^{2}.45^{4},45^{5},3^{5'}$	$13^{2},34^{3},3^{4},1^{5},1^{4'},2^{3'}$	* 24. 416. Ch. XII 27.
1126.	$24,2^{2},4^{4},1^{4'}$	$5,1^{3},3D4^{5},2^{4'}$	H 75.
1127.	$24,345^{2},12345^{3},3^{4},4^{5}$	$1234^{2},235^{3},123^{4},4^{5},1^{5'}$	H 76.
1128.	$24,345^{2},25^{3},123^{4},3^{5},35^{5'}$	$35,1235^{2},24^{3},124^{4},12^{5}$	E 377.
1129.	$24,34^{2},123^{3},234^{4},35^{5},1^{5'}$	$4,2^{2},24^{3},24^{4},345^{5},12^{5'},5^{2'}$	C 149.
1130.	$24,34^{2},124^{3},124^{4},1^{4'},2^{3'}$	$1D3,15^{2},3^{3},5^{4},35^{5},1^{5'},5^{4'}$	A 11.
1131	$24,34^{2},234^{3},235^{4},23^{5},4^{3'}$	$1,5^{2},135^{3},235^{4},1235^{5},1^{3'}$	D* à HV 109.
1132.	$24,34^{2},234^{3},14^{5},5^{5'},5^{4'},1^{3'}$	$235^{2},34^{3},3^{4},4^{5},5^{4'},1^{3'},5^{2'}$	417.
1133.	$24.34^{2},234^{3},5^{5'},145^{4'},15^{3'}$	$45,235^{2},34^{3},2^{4},4^{5'},5^{4'},1^{3'},5^{2'}$	418.
1134.	$24.34^{2},24^{3},1345^{4},12^{5},1^{5'},5^{3'}$	$125,1235^{2},134^{3},34^{4},4^{5}$	419.
1135.	$24,34^{2},4^{3},1234^{4},24^{5},4^{5'},5^{3'}$	$13,1234^{2},134^{3},12^{4},2^{5},1^{3'}$	420.
1136.	$24,34^{2},4^{3},1234^{4},24^{5},4^{5}\ ,5^{3'}$	$24,1234^{2},134^{3},12^{4},2^{5},1^{3'}$	C 112.
1137.	$24,34^{2},5^{3},2345^{4},345^{5},5^{4'}$	$15,1235^{2},24^{3},1234^{4},4^{5},1^{5'},5^{2'}$	421.
1138.	$24,34^{2},345^{4},5^{5},2^{4'},2^{3'}$	$13,2^{2},145^{3},145^{5},2^{5'},1^{4'}$	C 110.
1139.	$24,34^{2},45^{4},45^{5},3^{5'},2^{3'}$	$13,2^{2},145^{3},145^{5},2^{5'},1^{4'}$	422.
1140.	$2D4,35^{2},2345^{3},345^{4},4^{5},5^{5'}$	$13,1234^{2},24^{3},145^{4},1^{5},1^{3'},D1^{3'}$	A 12.
1141.	$24,35^{2},235^{3},25^{4},35^{5},1^{5'}$	$4,23^{2},24^{3},1235^{4},35^{5},1^{5'}$	423.
1142.	$24,35^{2},3^{3},14^{4},4^{4'}$	$135^{2},3^{3},5^{4},13^{5},3^{5'}$	H 77.
1143.	$24,3^{2},124^{3},5^{4},12^{5},1^{5'},4^{4'}$	$24,235^{2},24^{3},3^{4},3^{5},3^{5'}$	A 13.
1144.	$2D4,3^{2},12^{3},24^{4},12^{5'}$	$D1,235^{3},34^{4}.35^{5},4^{3'}$	D LM 196.
1145.	$2D4,3^{2},145^{3},345^{4},25^{5'},1^{4'}$	$25,1345^{2},4^{3},34^{4},D34^{5},1^{5'}$	C 191.
1146.	$24,3^{2},23^{3},234^{5},35^{5'},3^{3'}$	$234,1^{2},4^{3},14^{4},1^{5'},5^{3'}$	C 86.
1147.	$24,3^{2},24^{3},135^{4},24^{5}$	$5,15^{2},234^{3},123^{4},14^{5},1^{5'}$	H 78.
1148.	$24,3^{2},35^{3},34^{4},34^{5},3^{3'}$	$3,1^{2},5^{3},145^{4},15^{5},15^{5'}$	DE 591.
1149	$24,3^{2},4^{3},15^{5'},1^{4'}$	$2D3,1^{2},4^{3},3^{4},34^{5'}$	E 186.
1150.	$24,3^{2},1^{4},234^{5},12^{5'}$	$34,14^{2},14^{3},34^{4},1^{3'}$	424.
1151.	$24,3^{2},1^{4},234^{5},23^{5'}$	$34,14^{2},14^{3},34^{4},1^{3'}$	* 3a. 425. Un des plus beaux. Ch. XII 4.
1152.	$D24,3^{2},23^{4},24^{5}$	$234^{3},235^{4},D5^{4'}$	426.
1153.	$24,3^{2},345^{4},15^{5},15^{5'},5^{4'}$	$13,345^{2},245^{3},24^{4},4^{5},3^{5'},2^{4'}$	D* 110.
1154.	$24,3^{2},12^{4},2^{5},5^{5'},5^{3'}$	$1D3,234^{3},23^{5},4^{4'},1^{3'},5^{2'}$	D* 111.
1155.	$24,45^{2},34^{3},134^{4},12^{5},15^{5'},1^{4'},5^{3'}$	$4,234^{2},123^{3},235^{4},34^{5},3^{5'},D5^{'}$	D LM 119.

1156. 24,45^{2},35^{3},3D4^{4},45^{5},12$^{5'}$,1$^{5'}$ 45,5^{2},235^{3},34^{4},5^{5},2$^{6'}$,1$^{1'}$,1$^{3'}$,2$^{2'}$,D1$^{'}$ A 14.
1157. 24,4^{2},124^{3},12345^{4},23^{5},4$^{5'}$ 15,12D345^{2},14^{3},125^{4},2^{5} D D 250.
1158. 24,4^{2},245^{3},12$^{5'}$,245$^{4'}$,5$^{5'}$ 1234,135^{2},1^{3},34^{4},3$^{5'}$,13$^{5'}$ D E 581.
1159. 24,4^{2},24^{3},5^{5},1$^{5'}$,3$^{5'}$ 24,34^{2},1^{3},23$^{5'}$ C 2.
1160. 24,4^{2},34^{3},125^{4},15^{5},1$^{6'}$,5$^{5'}$ 123,2D35^{2},2D34^{4},4^{5},5$^{5'}$ VE 31.
1161. 24,4^{2},35^{3},35^{4},3^{5},2$^{6'}$ 2D4D5^{2},15^{5} Mz 244.
1162. 24,4^{2},134^{4},1234^{5},3$^{5'}$,2$^{6'}$ 15,134^{2},2D34^{3},1345^{4} A 15.
1163. 24,4^{2},4^{4},2$^{5'}$ 3^{5},3$^{5'}$,D3$^{5'}$ H 79.
1164. 24,5^{2},1235^{3},124^{4},123^{5} 135,3^{2},345^{3},2345^{4},13^{5} 427.
1165. 24,5^{2},1235^{3},24^{4},13^{5},4$^{5'}$ 135,3^{2},35^{3},2345^{4},13^{5} M 46. Mz 40. Ch. XII 197. DDO 420
1166. 24,5^{2},1345^{3},4^{4},23^{5} 12.2345^{2},1345^{4} M 82. Mz 30.
1167. 24,5^{2},135^{3},24^{4},145^{5},1$^{6'}$ 2,15^{2},25^{3},1234^{4},345^{5},2$^{5'}$ D CO 131.
1168. 24,5^{2},1^{3},45^{4},1345^{5},13$^{5'}$ 3,1235^{2},24^{3},1235^{4},D1$^{'}$ 428. Ch. XII 186. D Bl. 192
1169. 24,5^{2},234^{3},24^{4},24^{5},1$^{6'}$,23$^{5'}$ 1D345,145^{2},5^{4},1$^{5'}$,15$^{5'}$ D LM 365.
1170. 24,5^{2},14^{4},24^{5},3$^{6'}$ 4,45^{2},35^{3},1D4^{4},1$^{5'}$ M 102.
1171. 24,13^{3},235^{4},345^{5},2$^{6'}$,12$^{6'}$ 4,12345^{2},135^{3},35^{4},5^{5},2$^{5'}$ H 80.
1172. 24,13^{3},13^{5},124$^{5'}$,5$^{5'}$ 45,123D4^{2},3^{3},35^{4} D MD 410.
1173. 2D4,D145^{3},23^{4},235^{5},2$^{5'}$ 12,124D5^{2},134^{3},D234D5^{4} D LM 612.
1174. 24,14^{3},4^{4},24^{5},1$^{5'}$,4$^{6'}$,1$^{5'}$ 2,1235^{2},5^{3},235^{4},3^{5} C 21.
1175. 24,15^{3},35^{4},3^{5},45$^{5'}$ 1345,12345^{2},12345^{3},12^{4},12^{5},D5$^{6'}$ VE 9.
1176. 24,1^{3},12^{4},25^{5},12345$^{6'}$ 14,12345^{2},1235^{3},5^{4} Mz 42.
1177. 24,1^{3},25^{4},2^{5},2$^{5'}$,D1$^{4'}$ 5^{2},5^{3},5^{4},D35^{5},D4$^{4'}$ Mz 336.
1178. 24,1^{3},25^{4},123$^{5'}$,1$^{5'}$ 1,345^{3},5^{5},1$^{5'}$,4$^{4'}$ D5$^{2'}$ D à CH 112.
1179. 24,2345^{3},1^{4},1$^{5'}$,1$^{4'}$,2$^{5'}$ 145,15^{2},345^{3},345^{5},2$^{6'}$,1$^{5'}$ 429.
1180. 24,245^{3},15^{4},5^{5},1$^{4'}$ 1,235^{2},1^{3},34^{4},3^{5},D13$^{5'}$ H 81.
1181. 24,245^{3},45^{4},235^{5},1$^{5'}$ 123,13^{2},12^{3},124^{4},2^{5} M^{e} 24. C. du Chapelet. M 78. Mz 34
1182. 24,24^{3},45^{4},1^{5},4$^{2'}$,D5$^{'}$ 24,1^{2},12^{3},D5^{4},12^{5},1$^{5'}$ D S j. 130.
1183. 24,24^{3},234^{5},4$^{5'}$,34$^{4'}$,3$^{5'}$ 245,12^{2},15^{3},15$^{5'}$ D^{o} SH j. 113. 430.
1184. 24,2^{3},5$^{5'}$ D5^{4},4^{5} H 82. Mz 83.
1185. 24,34^{3},124^{4},2^{5},14$^{5'}$,1$^{6'}$ 2,234^{2},123^{3},235^{4} 431.
1186. D2D4,34^{3},2^{4},5$^{6'}$ 35^{2},54^{3},23^{4},3^{5},5$^{5'}$,1$^{4'}$ *9. B C B D 432 Ch. XII 169
1187. 24,34^{3},4^{4},34$^{5'}$,1$^{2'}$ 5,345^{2},4^{3},1^{4},1^{5},4$^{5'}$,1$^{6'}$ 433. B D
1188. 24,3^{3},1^{4},2^{5},3$^{6'}$,2$^{4'}$ 2,12^{2},24^{3},5^{4},1$^{5'}$ E 304.
1189. D24,3^{3},23^{4},24^{5} 234^{2},235^{4},D5$^{4'}$ 434. Ch. XII 160.
1190. 24,3^{3},5^{4},23^{5},4$^{4'}$,4$^{5'}$ 5,12^{2},15^{4},D2^{5},4$^{6'}$,14$^{5'}$ D H 284.
1191. 2D4,3^{3},12^{5},5$^{6'}$ D25^{3},D234^{4},5$^{5'}$ H 83.
1192. 24,3^{3},2^{5},34$^{5'}$ D25^{2},D4$^{5'}$ H 84. Mz 233.
1193. 24,45^{3},345^{4},4^{3},12$^{5'}$,1$^{4'}$,1$^{5'}$ 23,123^{2},35^{3},3^{4},45^{5},2$^{4'}$,2$^{5'}$ E 312.
1194. 24,4^{3},1235^{4},12^{5},1$^{5'}$,2$^{6'}$ 2,234^{2},123^{3},235^{4} 435.
1195. 24,4^{2},1235^{4},23^{5},1$^{5'}$,1$^{4'}$ 2,234^{2},123^{3},235^{4} C 3.
1196. 2D4,4^{3},4^{4},2^{5},145$^{5'}$,5$^{6'}$,1$^{5'}$ 1D45,23^{2},3^{3},3^{4},4$^{5'}$,5$^{6'}$,D2$^{5'}$ D LM 545.
1197. 24,4^{3},45^{4} 3^{2},1^{3},D3$^{5'}$ D^{o} à F 114.
1198. 24,4^{3},234^{3},4$^{5'}$,34$^{4'}$,3$^{5'}$ 245,12^{2},15^{3},5$^{5'}$,2$^{5'}$ D 24. Bl. j. G 131. Ch. XII 43.
1199. 24,5^{3},145^{4},24^{5},3$^{5'}$ 4,25^{2},35^{3},1D4^{4},1$^{4'}$ Mz 196.
1200. D24,5^{3},5^{4} 35^{5},2$^{5'}$,1$^{4'}$ D HV 13 G 108.
1201. 24,5^{3},45^{5},234$^{6'}$,1$^{5'}$ D2,235^{2},5^{5},D5^{4},3$^{5'}$ D^{o} F 115.
1202. 24,145^{4},2345^{3} 1,1^{2},235^{3},35^{4},15^{5} H 85.
1203. 24,1^{4},1^{2},124$^{2'}$,4$^{4'}$,12$^{2'}$ 123,345^{2},D4$^{5'}$ H 86. Mz 203.
1204. D2D4,D2^{4},D3$^{'}$ D1^{3},D1$^{5'}$ H 87. Mz 405.

1205.	$24,45^{4},4^{6'}$	$24^{2},D3^{3}$	H 88. Ms 98.
1206.	$24,4^{4},345^{3},3^{6'},4^{3'}$	$35,12^{2},2^{3},12^{4},1^{6'}$	436. Ch. XII 28.
1207.	$24,4^{4},345^{3},3^{6'},5^{3'}$	$35,12^{2},2^{3},12^{4},1^{5'}$	* 33. 437.
1208.	$24,2345^{3},4^{6'}$	$1,45^{2},3^{3},23^{4},1^{5}$	438. Ch. XII 18.
1209.	$2D4,2^{3},4^{5'},3^{6'}$	$5,5^{2},5^{4},D3'$	439.
1210.	$24,34^{3},345^{6'}$	$4,35^{2},234^{3},5^{6'},D4^{6'}$	H 89. Ms 185.
1211.	$D24,34^{3}$	$1^{2},34^{3},23^{4},D5^{6'}$	PV.
1212.	D2D5, D+D partout hors de la GL (D4D4²)	$D1(GD),1^{5'},5^{2'}$	M* 34. F. de P. curieuse.
1213.	$25,12345^{2},35^{3},24^{4},34^{5},2^{6'}$	$45,135^{2},1345^{3},123^{4},15^{5}$	C 105.
1214.	$25,1234^{2},24^{3},23^{4},35^{5},1^{6'},4^{6'}$	$5,24^{2},123^{3},123^{4},5^{5},1^{6'},1^{4'},5^{6'}$	C 96.
1215.	$25,1234^{2},25^{3},4^{4},5^{5},12^{6'}$	$45,1235^{2},4^{4},3^{5},23^{6'},2^{4'},1^{6'}$	440.
1216.	$25,1234^{2},25^{3},5^{4},1^{5},23^{6'},2^{4'}$	$5,1235^{2},45^{3},35^{4},1^{5},2^{6'}$	C 44.
1217.	$25,1234^{2},345^{3},2345^{4},1234^{5},4^{6'}$	$25,1235^{2},134D5^{3},1345^{4},12^{5}$	D* 116.
1218.	$25,1235^{2},3^{3},12^{4},12^{5},1^{6'},2^{4'},1^{6'}$	$12,1234^{2},4^{3},345^{4},5^{6'},45^{4'},1^{6'}$	441.
1219.	$25,1235^{2},3^{3},12^{4},12^{5},1^{6'},1^{2'}$	$2,234^{2},4^{3},2345^{4},5^{6'},45^{4'},1^{6'}$	C 133.
1220.	$25,123^{2},235^{3},123^{4},3^{5},2^{6'}$	$3^{6},3^{4},5^{5}$	G 203. Q. P. G.
1221.	$25,1245^{2},2^{3},124^{4},24^{5},45^{6'}$	$3,1235^{2},234^{3},15^{4},1^{5},D5^{6'}$	D* 117.
1222.	$25,124^{2},234^{3},34^{4},1^{5}$	$2^{2},23^{3},15^{4},23D4^{5}$	H 90.
1223.	$25,125^{2},3^{3}$	$D3^{5},4^{4'},1^{6'}$	Ms 110.
1224.	$25,1234^{2},345^{3},2345^{4},1234^{5},4^{6'}$	$25,1235^{2},134D5^{3},1345^{4},12^{5}$	D C 391.
1225.	$2D5,135^{2},14^{3},2^{4},123^{5},4^{6'},34^{6'}$	$45,12345^{2},5^{3},125^{4},D1D2^{5},5^{6'}$	D CH 73. D* 116.
1226.	$25,13^{2},3^{3},34^{4},3^{6'},1^{4'},1^{3'}$	$2^{2},245^{3},3^{4},15^{5},1^{6'},1^{4'},1^{3'}$	442. B 147.
1227.	$25,145^{2},2345^{3},24^{4},3^{5},4^{6'},4^{3'}$	$35,1234^{2},2^{3},125^{4},3^{5},1^{6'},5^{6'}$	C 60.
1228.	$25,145^{2},345^{3},35^{4},5^{5},15^{6'},45^{6'}$	$25,12345^{2},234^{3},1^{4},D1^{6'}$	D* CR 119.
1229.	$25,14^{2},25^{3},4^{4},15^{5},25^{6'},4^{6'}$	$25,35^{2},123^{3},2^{4},D1^{5},1^{6'},5^{2'}$	E 32. G 139.
1230.	$25,14^{2},35^{3},23^{4},35^{5},34^{6'},1^{3'}$	$25,1234^{2},5^{3},245^{4},1^{6'},1^{3'}$	E 307.
1231.	$D25,1^{2},24^{3},24^{4}$	$1^{2},124^{3},145^{5},D5^{6'}$	H 92.
1232.	$D2D5,D1^{2},3^{5},2^{6'},2^{3'}$	$5,5^{2},5^{3},D5^{4'},D1^{2'}$	E 37.
1233.	$25,2345^{2},2^{3},1345^{4},34^{5}$	$4,1234^{2},1^{3},1234^{4},24^{5},2^{6'}$	D* 120.
1234.	$25,234^{2},15^{3},45^{4},D3'$	$45,45^{2},3D5^{4},23^{5},5^{2'},D1^{5}$	E 46. G 60.
1235.	$25,234^{2},24^{3},12^{4},234',35^{6'}$	$12345^{2},4^{3},1345^{4},1^{5},125^{6'},1^{6'}$	443.
1236.	$2D5,23,^{2},34^{2},234,34^{5}$	$135,2345^{2},1234^{4},135^{5},D1^{3'}$	D BV 254.
1237.	$25,234^{2},34^{3},234,4^{6'}$	$4,2^{3},2345^{3},135^{4},1^{4'},1^{6'}$	D LM 28.
1238.	$25,234^{2},5^{3},2513^{5},4^{6'},4^{6'}$	$4,35^{2},234^{3},25^{4},123^{5},45^{6'}$	444.
1239.	$25,23^{3},1234^{3}\,12345^{4},3^{5},4^{6'}$	$4,135^{2},123^{3},23^{4},1235^{5},15^{6'}$	D LM 574.
1240.	$25,23^{2},1345^{3},2345^{4},235^{5},1^{5'},4^{3'}$	$235,145^{2},12^{3},123^{4},23^{5},4^{6'},D1'$	445.
1241.	$25,23^{2},1453^{3},2345^{4},235^{5},1^{6'},4^{2'}$	$235,1D45^{2},12^{3},123^{4},23^{5},4^{6'},D1'$	VE 48.
1242.	$25,23^{2},34^{3},345^{4},1^{5},1^{6'},5^{6'}$	$1234^{2},15^{3},34^{3},23^{6'},1^{3'}$	446.
1243.	$25,2^{3},35^{3},23^{5},2^{6'},4^{6'}$	$12,123^{2},13^{5},5^{4},1^{6'},1^{6'}$	447.
1244.	$25,13^{2},35^{3},25^{5},2^{5'},4^{6'}$	$12,123^{2},13^{3},5^{4},1^{6'},1^{3'}$	448.
1245.	$D5,23^{2},3^{3},5^{6'},34^{6'},3^{3'}$	$124,3^{2},D12^{5},12^{5},4^{4'},5^{3'}$	D H 383.
1246.	$5,245^{2},24^{3},5^{4},1^{5},1^{6'},2^{6'}$	$12D3,1^{2},1D4^{3},D4^{5},D2^{6'}$	M 56. Ms 267.
1247.	$25,245^{2},14^{3},124^{4},24^{5},45^{5'}$	$3,1235^{2},234^{3},15^{4},1^{6},D5^{6'}$	D M j. 16. G 67.
1248.	$25,24^{2},1234^{3},2^{4},4^{5},123^{6'},2^{6'}$	$34,13^{2},12345^{3},34^{4},45^{5},2^{6'},5^{2'}$	D LM 66.
1249.	$25,24^{2},34^{3},234^{4},2^{5},4^{6'},1^{6'}$	$5^{2},12345^{3},35^{4},15^{5},5^{6'},1^{6'}$	G 67 D LM 438.
1250.	$25,24^{2},34^{3},23^{4},23^{6'},2^{6'}$	$3,1234^{2},134^{3},D145^{4}$	B LM.
1251.	$25,24^{2},4^{3},3^{4},23^{5},45^{6'},45^{6'}$	$5,1234^{2},12^{4},2^{5},5^{6'},1^{6'},1^{3'}$	449.
1252.	$25,24^{2},23^{4},5^{5},12^{5'}$	$12,1D23^{2},3^{3},3^{4},3^{5}$	H 93.
1253.	$25,25^{2},2345^{3},345^{4},2^{5}$	$1,12^{2},2D3^{3},124^{4},123^{5}$	H 94.

1254. $25, 25^{2}, 234^{3}, 14^{4}, 12^{5}$ $1, 123^{2}, 24^{3}, 135^{4}, 1^{5}, 5^{6'}$ H 95.
1255. $25, 25^{2}, 23^{3}, 12345^{4}, 2^{5}, 5^{6'}$ $13, 123^{2}, 2455^{3}, 125^{4}, 3^{5}, 1^{6'}$ C 7.
1256. $25, 15^{2}, 2^{3}, 125^{4}, 234^{5}, 1^{5'}, 4^{6'}$ $4, 1345^{2}, 23^{3}, 1235^{4}, 5^{5}, 1^{6'}$ E 337.
1257. $25, 25^{2}, 5^{3}, 12^{4}, 2^{5}, 35^{5'}, 235^{6'}$ $134, 124^{2}, 24^{3}, 1^{4}, 1^{5}, 1^{5'}, 3^{6'}$ C 158.
1258. $25, 2^{2}, 12^{3}, 23^{4}, D1^{5'}$ $4^{2}, D3^{3}, 34^{4}, 1^{5'}, 4^{6'}$ E 104. G 116.
1259. $25, 2^{2}, 234^{3}, 4^{4}, 1234^{5}, 5^{5'}, 4^{6'}$ $12345^{2}, 24^{3}, 1235^{4}, 1^{5}, 5^{5'}, 1^{6'}$ 450.
1260. $25, 2^{2}, 234^{3}, 5^{4}, 1^{5}, 14^{5'}, 5^{6'}$ $12^{2}, 2D35^{3}, 3^{4}, 1^{5}, D5^{6'}$ VE 55.
1261. $25, 2^{2}, 234^{3}, 5^{4}, 1^{5}, 14^{5'}, 5^{6'}$ $5, 2^{2}, 2D35^{3}, 3^{4}, 1^{5}, D5^{6'}$ D Bl. 11.
1262. $25, 2^{2}, 23^{3}, 24^{4}, 1234^{5}, 3^{5'}, 3^{6'}$ $1245, 4^{2}, 245^{3}, 4^{4}, 1^{5}, 1^{5'}, D4^{6'}$ 451 Ch. XII 188 D 506
1263. $25, 2^{2}, 24^{3}, 4^{4}, 234^{5}, 5^{5'}, 4^{6'}$ $12345^{2}, 4^{3}, 135^{4}, 1^{5}, 15^{6'}$ C 82.
1264. $25, 2^{2}, 2^{3}, 124^{4}, 235^{5}, 5^{5'}, 4^{6'}, 5^{8'}$ $5, 1235^{2}, 123^{3}, 13^{4}, 14^{5'}, 5^{6'}, 5^{7'}$ 452.
1265. $25, 2^{2}, 2^{3}, 2345^{4}, 14^{5}$ $2345^{2}, D235^{4}, 14^{5}$ H 96.
1266. $25, 2^{2}, 2^{3}, 234^{4}, 1^{5}, 3^{5'}$ $2, 12D3^{2}, 25^{3}, 5^{4}, 4^{5}$ H 97.
1267. $25, 2^{2}, 2^{3}, 23^{4}, 34^{5}, 1^{5'}$ $45, 15^{2}, 1D2^{3}, 3^{4}$ H 98. Mz 189.
1268. $25, 2^{2}, 2^{3}, 4^{4}, 5^{5}$ $123^{2}, 4^{3}, 124^{4}, 13^{5}, 23^{5'}, 15^{6'}, 5^{7'}$ 453.
1269. $25, 2^{2}, 34^{3}, 134^{4}, 1234^{5}, 45^{5'}$ $1, 1234^{2}, 124^{3}, 125^{4}, 1^{5}, 5^{5'}, 1^{6'}$ C 71.
1270. $25, 2^{2}, 145^{4}, 3^{5}, 234^{5'}, 5^{6'}$ $135, 12345^{2}, 5^{3}, 4^{4}, 1^{5}, 1^{6'}$ E 411.
1271. $25, 2^{2}, 3^{4}, 3^{5'}$ $2, 4^{3}, 1^{5'}, D1^{6'}$ D° M Coup de la souricière. 121.
1272. $25, 34^{2}, 3^{3}, 123^{4}, 14^{5}$ $2, 1234^{3}, 135^{4}, 14^{5}$ H 99.
1273. $2D5, 35^{2}, 1^{3}, 24^{4}, 125^{5'}, 45^{6'}$ $12D5, 1234^{2}, 124^{3}, 5^{4'}, 1^{5'}, D1^{6'}$ B 9.
1274. $25, 3^{2}, 12^{3}, 345^{5}, 2^{5'}, 45^{6'}$ $12D4, 135^{2}, 13^{3}, 12^{4}, 2^{6'}$ VE 23.
1275. $25, 3^{2}, 1^{3}, 23^{4}, 3^{5'}, 5^{6'}$ $D5, 4^{2}, 1235^{3}, 5^{5}$ D 490.
1276. $25, 3^{2}, 234^{3}, 3^{4}, 23^{5}, 5^{6'}$ $134, 124^{2}, 14^{3}, 1^{4}, 1^{5'}$ M 86. Mz 287.
1277. $25, 3^{2}, 2^{3}, 13^{4}, 23^{5}, 4^{5'}$ $3, 1235^{2}, 5^{3}, 1245^{4}, 1^{5'}, 1^{6'}$ E 297.
1278. $25, 3^{2}, 2^{3}, 35^{4}, 4^{5}, 3^{6'}$ $2^{2}, 4^{3}, 5^{4}, 1^{5}, 12^{5'}, 1^{6'}, 5^{7'}$ E 300.
1279. $25, 3^{2}, 345^{3}, 34^{4}, 4^{5'}, 2^{6'}, 2^{7'}$ $125, 145^{2}, 4^{3}, 1^{4}, 1^{5'}, 2^{6'}, 5^{7'}$ E 414.
1280. $25, 3^{2}, 3^{3}, 12^{4}, 2^{5}, 14^{5'}, 4^{6'}, 2^{7'}$ $15, 145^{2}, 3^{3}, 3^{4}, 4^{5'}, 4^{6'}, 15^{7'}$ E 339.
1281. $2D5, 3^{2}, 4^{3}, 23^{5}$ $234, 4^{5'}, 1^{6'}, 1^{7'}, 5^{8'}$ PV*
1282. $25, 3^{2}, 35^{4}, 1235^{5}, 14^{5'}, 2^{6'}$ $1345, 3^{2}, 345^{3}, D3^{4}$ G 156.
1283. $2D5, 45^{2}, 12^{3}, 13^{4}, 4^{5}, 23^{5'}$ $34^{2}, D124^{3}, 15^{4}, 5^{5}, 1^{5'}, 5^{6'}$ E 430.
1284. $25, 45^{2}, 25^{3}, 135^{4}, 234^{5}$ $1234^{2}, 2^{3}, 124^{4}, 2^{5}, 15^{5'}, 1^{6'}$ C 80. B 4.
1285. $25, 4D5^{2}, 34^{3}, 124^{4}, 235^{5}, 12^{5'}, 1^{6'}$ $D13, 1235^{2}, 12345^{3}, D5^{4}, 2^{5'}$ D HV 193.
1286. $25, 45^{2}, 3^{3}, 12^{4}, 25^{5}, 45^{6'}$ $2345^{2}, 25^{4}, 23^{5}, 4^{5'}, 1^{6'}$ C 45.
1287. $25, 4^{2}, 234^{3}, 124^{4}, 24^{5}$ $2^{2}, 12345^{3}, 23^{4}, 134^{5}, 3^{5'}$ C 19.
1288. $25, 4^{2}, 23^{3}, 34^{4}, 45^{5}, 235^{5'}, 2^{6'}$ $124, 12345^{2}, 1^{3}, 15^{4}, 14^{5}$ DP 187.
1289. $25, 4^{2}, 24^{3}, 234^{4}, 2^{5}, 15^{5'}$ $D15, 15^{2}, 1^{3}, 235^{4}, 5^{5'}, 1^{6'}$ D MD 92.
1290. $25, 4^{2}, 35^{3}, 234^{4}, 3^{5}, 5^{5'}, 4^{6'}$ $35, 12^{2}, 1^{3}, 1^{4}, 1^{5'}, 1^{6'}, D1^{7'}$ E 2.
1291. $25, 5^{2}, 234^{3}, 5^{4}, 14^{5}, 2^{5'}, 5^{6'}$ $235, 12^{2}, 145^{3}, 4^{4}, 4^{5}, 1^{6'}$ E 257.
1292. $25, 5^{2}, 13^{3}, 1234^{4}, 2^{5}, 3^{5'}, 15^{6'}$ $24, 2345^{2}, D13^{3}, 23^{4}, 34^{5}$ MD 14.
1293. $25, 1345^{2}, 2345^{4}, 2345^{5}$ $5, 1235^{2}, 3^{3}, 2345^{4}, 135^{5}, 1^{6'}$ D L. M I 415.
1294. $25, 234^{3}, 1345^{4}, 45^{5'}, 34^{6'}$ $2, 1345^{2}, 3^{3}, D125^{4}, 12^{5}, 3^{6'}$ D MD 307.
1295. $D25, 234^{3}, 245^{4}, 14^{5}, 3^{5'}, 3^{6'}$ $5, 45^{2}, D124^{3}, 1245^{4}, D1^{5}, 13^{6'}$ D L MP 413.
1296. $25, 23^{3}, 2345^{4}, 3^{5}, 4^{5'}, 34^{6'}$ $34, 12D345^{2}, 2^{4}, 1^{5'}, 1^{6'}$ D DU 492.
1297. $25, 23^{3}, 25^{4}, 234^{5}, 3^{6'}$ $2, 5^{2}, 23^{3}, 125^{4}, D4^{5'}$ H 101.
1298. $2D5, 345^{2}, 3^{4}, 3^{5}, 3^{5'}, 3^{6'}$ $D5, 134^{2}, 24^{3}, 245^{4}, 25^{5}, 15^{6'}$ A 16.
1299. $2D5, 4^{3}, 3^{4}, 4^{5}$ $D1^{2}, D2^{3}, D4^{5}, 5^{6'}$ H 102. Mz 370.
1300. $25, 5^{3}, 1234^{4}, 23^{5}$ $2, 13^{2}, D234^{3}, 1^{4}, 12^{5}$ H 103.
1301. $25, 5^{3}, 45^{4}, 4^{5}, 14^{5'}, 34^{6'}, 5^{7'}$ $235, 12^{2}, 12^{3}, 2^{4}, 2^{5'}, D3^{6'}$ E 238.
1302. $25, 5^{3}, 2^{4}, 34^{5}, 1^{5'}, 15^{6'}$ $4, 235^{2}, 24^{3}, 1^{5}, 23^{6'}$ DE 557.

1303. $D25,1^{2'}$ — $24,1^{2},3^{3},2^{4},2^{5'},5^{6'}$ F 168.
1304. $2,12345^{2},345^{3},24^{4},34^{5},2^{6'}$ — $5,135^{2},1345^{3},1234^{4},15^{5}$ 454.
1305. $2,1234^{2},234^{3},234^{4},3^{5},23^{6'},24^{7'},1^{8'}$ — $245,1235^{2},5^{3},14^{4},145^{5},1^{6'}$ D° LM 121.
1306. $2,1234^{2},23^{3},2D5^{4},5^{5'},5^{6'}$ — $12^{2},4^{3},2^{4},D25^{5},2D45^{6'},3^{7'},5^{8'}$ 455.
1307. $2,1234^{2},23^{3},35^{4},45^{5'},3^{6'}$ — $2D5,12^{2},12^{3},15^{4},3^{5},5^{6'}$ D SH 269. G 38.
1308. $2,1234^{2},23^{3},5^{4},4^{5},5^{6'}$ — $135^{2},12^{3},235^{4},3^{5'}$ 456. G 20.
1309. $2,1234^{2},245^{3},5^{4},1^{5},23^{6'},2^{7'}$ — $35,1235^{2},4^{3},35^{4},1^{5},2^{6'}$ 457.
1310. $2,1234^{2},25^{3},35^{4},34^{5},3^{6'}$ — $134^{2},14^{3},1^{4'}$ 458. G 196 Q. P. G.
1311. $2,1234^{2},2^{3},135^{4},345^{5},3^{6'}$ — $35,1235^{2},245^{3},135^{4},1^{5'}$ E 457.
1312. $D2,1234^{2},2^{3},3^{4},4^{5'},24^{6'},23^{7'}$ — $14,3D5^{2},4^{3},25^{4},1^{5},5^{6'},45^{7'}$ D LM 32.
1313. $2,1235^{2},2D5^{3},1^{4},4^{5},2^{6'}$ — $134^{2},4^{3},4^{4},14^{5},1D3^{6'}$ D° j. 123.
1314. $2,123^{2},23^{3},D1^{4},5^{5'}$ — $125^{4},D2D3^{5},4^{6'}$ H 104.
1315. $2,123^{2},23^{3},1^{4},D1^{5'}$ — $5^{4},23^{5},D3D4^{6'},4^{7'}$ H 105.
1316. $2,123^{2},23^{3},2^{4},1^{5'}$ — $45,5^{2},5^{4},D3^{6'},4^{6'}$ 458. VE 6.
1317. $2,123^{2},23^{3},2^{4},1^{5'}$ — $5,5^{2},5^{4},D3^{6'},4^{6'}$ H 106. Mz 161.
1318. $2,1245^{2},34^{3},24^{4},145^{5},13^{6'}$ — $1234^{2},13^{3},345^{4},5^{5},23^{6'},D5^{7'}$ A 17.
1319. $2,1245^{2},3^{3},2345^{4},3^{5},1^{6'}$ — $14,345^{2},45^{4},1245^{5},1^{6'}$ D° W 124.
1320. $2,125^{2},235^{3},12345^{4},235^{5},25^{6'}$ — $145,1345^{2},12345^{3},235^{4},13^{5}$ 459.
1321. $2,125^{2},34^{3},2^{4},124^{5},4^{6'},4^{7'}$ — $45,12345^{2},35^{3},123^{4},5^{5'}$ 460.
1322. $2,12^{2},25^{3},24^{4},245^{5}$ — $45,4^{2},234^{3},3^{4},14^{5},1^{6'},1^{7'}$ 461.
1323. $2,12^{2},345^{3},34^{4},45^{5},12^{6'},5^{7'}$ — $4,1235^{2},123^{3},2^{4},4^{5},2^{6'},1^{7'}$ D C 333.
1324. $2,12^{2},34^{3},1234^{4},2^{5},45^{6'},4^{7'}$ — $35,1234^{2},24^{3},12^{4},1^{5},5^{6'},1^{7'}$ C 139.
1325. $2,12^{2},34^{3},1234^{4},2^{5},45^{6'},5^{7'}$ — $15,1234^{2},24^{3},12^{4},1^{5},5^{6'},1^{7'}$ B 9.
1326. $2,12^{2},34^{3},4^{4},4^{5},2^{6'},5^{7'}$ — $4,123^{2},1^{3},14^{4},2^{5'},2^{6'},1^{7'}$ E 254.
1327. $2,12^{2},34^{3},34^{4}$ — $1^{2},5^{3},2^{4},D1^{5},15^{6'}$ H 107.
1328. $2,12^{2},234^{3},3^{4},3^{5'}$ — $15,25^{2},1^{3},1^{4'},D1^{5'}$ D Bl. 603. 462. Ch XII 167.
1329. $2,12^{2},24^{3},4^{4},24^{5'},5^{6'}$ — $15,1^{2},1D24^{3},1^{4},1^{5'}$ 463. Ch. XII 175. D Bl. 408.
1330. $D2,12^{2},4^{3},34^{4},23^{5'},2^{6'}$ — $12,D145^{3},15^{4},1^{5'}$ PL**.
1331. $2,13^{2},134^{3},4^{4},34^{5},23^{6'}$ — $5^{2},12345^{3},4^{4},15^{5},2^{6'},1^{7'}$ 464 Ch XII 94. DBl. 390
1332. $2,13^{2},13^{3},1,1^{5},35^{6'},4^{7'}$ — $245,5^{2},125^{3},2^{4},1^{5},2^{6'}$ 465. Ch. XII 64
1333. $2,13^{2},1^{3},34D5^{4},5^{5},123^{6'},2^{7'}$ — $12,124^{2},1D24^{3},4^{4},4^{5},12^{6'},2^{7'}$ 466.
1334. $2,13^{2},1^{3},34^{4},5^{5},123^{6'},2^{7'}$ — $12,124^{2},1D24^{3},4^{4},4^{5},12^{6'},2^{7'}$ 467.
1335. $2,13^{2},3^{3},45^{4},1^{5'}$ — $2^{2},34^{3},25^{4},5^{5},1^{6'}$ H 108.
1336. $2,13^{2},1^{3},24^{4},1^{5'},2^{6'}$ — $13,34^{2},4^{4},2^{5},1^{6'},2^{7'}$ 468. G 42.
1337. $2,13^{2},4^{3},24^{4},2^{5'}$ — $13,34^{2},1^{3},4^{4},1^{5'},2^{6'}$ E 77.
1338. $2,13^{2},5^{3},4^{4},35^{5}$ — $2,1^{2},1^{3},24^{4},4^{5},1^{6'}$ H 109.
1339 $D2,145^{2},235^{3},23^{4},34^{5},3^{6'},3^{7'}$ — $2,2^{2},145^{3},1D45^{4},25^{5},5^{6'},5^{7'},1^{8'}$ A 18.
1340. $2,14^{2},1234^{3},124^{4},4^{5}$ — $D4,12D35^{2},245^{3},13^{4},25^{5},1^{6'}$ D LM 454.
1341. $D2,14^{2},125^{3},25^{4},2^{5},3^{6'}$ — $D134^{2},D24^{3},4^{4},123^{5},4^{6'}$ 469.
1342. $D2,14^{2},13^{3},1^{4},1^{5}$ — $45^{4},D34^{5},5^{6'},4^{7'}$ E 424.
1343. $2,14^{2},2345^{3},234^{4},3^{5},1^{6'}$ — $15,125^{2},234^{3},23^{4},25^{5}$ H 110.
1344. $2,14^{2},23^{3},23^{4},1^{5}$ — $2,1234^{3},4^{4},3^{5},4^{6'}$ H 111.
1345. $2,D14^{2},245^{3},34^{4},134^{5},23^{6'}$ — $45^{4},12345^{2},15^{3},4D5^{4},4^{5},5^{6'},1^{7'}$ D° à SH 125.
1346. $D2,15^{2},45^{3},234^{4},13^{5'},2^{6'}$ — $1234^{2},1D24^{3},4^{4},25^{5},5^{6'},1^{7'}$ D LMP 270.
1347. $2,1^{2},135^{3},5^{4},4^{5},45^{6'},1^{7'}$ — $2,1345^{2},45^{3},2^{4},D3^{5'}$ D° LM 126.
1348. $2,1^{2},1^{3},3^{4},34^{5},5^{6'}$ — $3,1^{2},5^{3},5^{4'},5^{5'}$ D° 127.
1349. $D2,1^{2},1^{3},1^{5},1^{6'}$ — $1,1^{2},4^{4},D3^{5'}$ 470.
1350. $2,1^{2},234^{3},2^{4},2^{5},4^{6'},1^{7'}$ — $2,345^{2},235^{4},35^{5},5^{6'}$ 471. G 23.
1351. $2,1^{2},234^{3},3^{4},4^{5},123^{6'},5^{7'}$ — $25,123^{2},123^{3},1^{4'},1^{5'},1^{6'}$ 472. Ch. XII 66 C. double

1352. $2, 1^2, 234^3, 3^4, 23^{5'}, 3^{4'}$ $124, 12^2, 15^3, 1^{5'}, 1^{4'}$ D* C à W 128.
1353. $2, 1^2, 234^3, 3^4, 2^{5'}, 4^{5'}$ $134, 12^3, 5^5, 1^{5'}, 1^{4'}$ D* BL 129.
1354. $2, 1^2, 2^3, D2^4, 3^5, 1^{5'}, 24^{4'}, 2^{5'}$ $15.3^2, 1^3, 3^4, 1^{5'}, D5^{4'}, 4^{5'}$ D W 436.
1355. $D2, 1^2\ 2^3, 34^3.4^{5'}, 3^{4'}$ $45^2, 5^4, 15^5, 1D5^{5'}$ Mz 332.
1356. $2, 1^2, 35^3, 2345^4, 1235^5, 1^{5'}$ $13, D12^2, 2D3^3, 1235^4, 23^5, 4^{5'}$ VE 40.
1357. $2, 1^2, D34^3, 234^4, 24^5, 4^{5'}$ $2, 13^2, 1235^3, 135^4, 1^{4'}, 1^{5'}, D5'$ A 19.
1358. $2, 1^2, 3^3, 234^4, 3^5$ $D235^4, 1^5, D3'$ H 112.
1359. $D2, 1^2, 4^3, 13^4, 13^5, 4^{5'}$ $2, 5^2.3^3, 1234^4, 2^5, 5^{5'}, D5'$ DU 547.
1360. $2, 1^2, D5^3, 4^4, 3^5, 2^{4'}$ $23, 5^2, 5^4, D3^5$ E 200.
1361. $2, 1^2, 13^4, 34^5, 5^{5'}$ $3, 1^2, 5^3, 5^{5'}, D5'$ D W 403.
1362. $2, 23D45^2, 24^3, 3^5, 34^{5'}$ $2^2, 345^3, 14^4, 5^5, D1^{5'}, 5^{4'}, 1^{5'}$ A 20.
1363. $D2, 234^2, 13^3, 45^4\ 34^5, 125^{5'}$ $D12D5, 23^2, 1234^3, 45^4, 1^{5'}$ D LMP 416.
1364. $2, 234^2, 234^5.134^5, 45^{4'}$ $35, 12345^2, 2^3, 13^4, 1^5, 5^{5'}$ 473.
1365. $2, 234^2, 234^3, 134^5, 45^{4'}$ $3, 12345^2, 2^3, 13^4, 1^5, 5^{5'}, 1^{5'}$ C 69.
1366. $2, 234^2, 24^3, 12^4, 234^5, 35^{5'}$ $5.12345^2.4^3, 1345^4, 15^{5'}, 1^{5'}$ C 83.
1367. $2, 234^2, 345^3, 2^4, 4^5$ $23, 1345^3, 3^4, 1^{4'}, 1^{5'}, D5^{2'}$ D* 130.
1368. $2, 234^2, 34^3, 23^5, 4^{5'}, 5^{4'}$ $34, 4^2, 234^3, 3^4, 4^{5'}, 1^{4'}, 1^{5'}$ D* 131.
1369. $2, 234^2, 3^4, 2^{5'}, 2^{4'}$ $1D3^2, 25^3, 5^5, 2^{5'}, 1^{4'}$, H 113.
1370. $2, 235^2, 23^3, 4^4, 35^5, 2^{5'}, 1^{4'}, 1^{5'}$ $13, 2^2, 345^3, 145^4, 5^5, 1^{5'}, 1^{5'}$ E 284.
1371. $2, 235^2, 34^3, 34^4, 45^5, 24^{5'}$ $23, 15^2, 12345^3, 1^4, 5^5, 1^{5'}$ D* 132.
1372. $2\ 23^2, 234^3.34^4, 34^5, 1245^{5'}, 14^{4'}$ $235, 123D4^2, 123^3, 3^4, 1^{5'}, 1^{5'}$ D DU 337.
1373. $D2, 23^2, 245^3, 3^4, 13^5, 3^{5'}, 3^{5'}$ $2, 1D24D5^3, 45^4, 12^5, 5^{4'}, 1^{5'}$ D LM 211.
1374. $2, 23^2, 2^3, 2345^4, 24^5, 5^{4'}$ $2.5^2, 123\ {}^3, 3^4, 14^5, 1^{5'}$ D BT 470.
1375. $2, 23^2, 2^3, 4^4, 5^{5'}$ $4^2, 24^3, 1^5, 35^{5'}$ H 114.
1376. $2, 23^2, 3^3, 345^4, 5^5, 4^{5'}, 4^{4'}$ $4, 2345^2, 3^3, 1D5^4, 1^5, 3^{5'}$ D LM 331.
1377. $2, 23^2, 3^3, D1^{5'}$ $D1, 4^{4'}$ D* 133.
1378. $2, 23^2, 4^3, 2D3^4, 24^5, 3^{4'}$ $15, 123^2, 2^3, 12^4, 5^{5'}, 1^{4'}, 1^{5'}, D5'$ A 21.
1379. $D2, 245^2\ 13^3\ 24^4, 4^5.2^{4'}$ $D2, D1D25^3, 34^4, 145^5, 5^{4'}$ E 451.
1380. $2, 245^2, 24^3, 15^4, 235^5, 13^{5'}$ $13, 2345^2, 124^3, 234^4, 1^{5'}$ D H j. 202.
1381. $2, 245^2\ 25^3, 123^4, 13^5$ $5, 35^2.2D3^3, 4^4, 45^5, 5^{5'}, 5^{4'}$ H 115.
1382. $2, 245^2, 135^4, 23^5, 4^{5'}, 3^{4'}$ $4.23^2, 1D5^3, 15^4\ 2^5, 5^{5'}$ H 116. Mz 219. C 18.
1383. $2, 24^2, 124^3, 1345^4.34^5, 4^{5'}$ $35, 1235^2, 3^3.12^4, 125^5, 1^{5'}$ 474 Ch XII 115. D 155
1384. $D2, 24^2, D125^3, 125^4, 3^5, 45^{5'}, 4^{4'}$ $14D5.123^2, 2^3, 12^4, D12^5, 4^{5'}, 4^{4'}$ D* LM 134.
1385. $2, 24^2, 14^3.14^4, 124^5, 1^{5'}$ $245^2, 12345^3, 134^4, 24^5$ D V 264.
1386. $2, 24^2, 234^3, 1^4, 12^5, 23^{5'}, 2^{4'}$ $135, 1234^2, 2^3, 45^4, 1^5, 1^{5'}$ C 20. Bl. 4.
1387. $2, 24^2, 25^3\ 23^4, 14^5$ $2345^3, 35^4, 14^5, D5^{4'}$ H 117.
1388. $2, 24^2, 25^3, 34^4, 345^5, 2D3^{5'}, 2^{4'}$ $23D4, 35^2, D15^3, 14^4, 15^5, 1^{5'}, 125^{4'}, 1^{5'}, 5^{2'}$ A 23. LM
1389. $2, 24^2, 34^3, D1^{5'}$ $D3^{5'}, 1^{5'}, 5^{2'}$ D* M souricière.
1390. $2, 24^2, 3^3, 235^4.345^5, 5^{5'}$ $3, 1234^2.24^3, 123^4, 2^5$ D 357. 475. Ch. XII 92.
1391. $2, 24^2, 45^3, 4^4, 4^5, 3^{5'}$ $3, 4^2, 12^3, 1^4, 1^{4'}, 2^{5'}$ E 190.
1392. $2, 24^2, 5^3, 4^5, D3^{4'}$ $D1, 3^5$ D CO 46. G 126.
1393. $2, 24^2, 24^4, 23^5, 45^{5'}$ $1D5, 13^2, 24^3, 15^4, 1^5$ H 118.
1394. $2, 24^2, 35^4, 23^5.5^{5'}$ $1, 1^2, 24^3, 1234^4, 1^5$ H 119.
1395. $2, 24^2, 4^4, 2^{5'}, 2345^{5'}$ $1234, 1^3, 1345^5, 1235^{4'}, 3^{2'}$ Mz 391.
1396. $2, 24^2, 13^5, 23^{5'}$ $2, 12D35^3, 5^4, 1^5$ H 120.
1397. $D2, 25^2, 1^3, 4^4, 4^5, 23^{5'}, 24^{4'}$ $14, 345^3, 13^3, 1^4, 1^{5'}, D4^{2'}$ PV*
1398. $2, 25^2, 2345^3, 13^4, 1^{5'}, 2^{5'}$ $13, 45^3, 234^4, 345^5, 2^{5'}, 1^{5'}$ 476.
1399. $2, 25^2, 234^3, 1^4, 12^5, 23^{5'}, 2^{4'}$ $135, 1234^2, 2^3, 45^4, 1^{5'}, 1^{3'}$ 477.
1400. $2, 25^2, 234^3, 4^4, 1245^5, 15^{5'}, 4^{4'}$ $35, 12345^2, 34^3, 1235^4, 1^{3'}$ C 144.

1401. 2,25^{2},234^{3},5^{4},234^{5},23$^{5'}$,5$^{4'}$ 23,12345^{2},125^{3},15$^{5'}$,1$^{3'}$ E 88.
1402. 2,25^{2},2^{3},1245^{4},1^{5},5$^{4'}$ 345^{2},4^{3},34^{4},1234^{5},3$^{5'}$ D DU 495.
1403. 2,25^{2},345^{3},234^{4},3^{5} 345^{3},124^{4},D25^{5},1$^{5'}$,5$^{4'}$ B LM.
1404. 2,25^{2},34^{3},23^{4},5^{5},23$^{5'}$,1$^{4'}$,12$^{3'}$ 1245,35^{2},45^{3},4^{4},45^{5},1$^{4'}$,1$^{3'}$ C 59.
1405. 2,25^{2},3^{3},4^{4},3^{5} 1,125^{2},123^{4},5$^{3'}$ H 121.
1406. 2,25^{2},4^{3},345^{4},24^{5},4$^{5'}$,4$^{3'}$ 3,125^{2},2D35^{3},12^{4},12^{5} H 122
1407. 2,25^{2},5^{3},3^{4},3$^{5'}$ 2D5,4^{3},1$^{5'}$,D1$^{'}$ PH (PS-) Coup du jaloux.
1408. 2,25^{2},5^{3},4^{4},24^{5},234$^{5'}$,124$^{4'}$,1$^{3'}$ 1245,2345^{2}.35^{3},5^{4},1$^{5'}$,1$^{2'}$ C 157.
1409. 2,25^{2},3^{4},4$^{4'}$ 13^{5},5$^{4'}$,1$^{5'}$,D1$^{'}$ VE 2.
1410. D2,2^{2},123^{4},5^{5},5$^{5'}$,45$^{4'}$,15$^{3'}$ 135,3D5^{2},23^{3},2^{4},23^{5},5$^{4'}$ D LM 300.
1411. 2,2^{2},1245^{3},1345^{4},12^{5},5$^{5'}$ 3,34^{2},24^{3},234^{4},1234^{5}.3$^{5'}$ E 465. G 164 Ch. XII 114
1412. 2,2^{2},1245^{3},23^{4},1^{5},4$^{5'}$,4$^{4'}$ 45,2345^{2},35^{3},2^{4},2^{5},5$^{5'}$ 478.
1413. 2,2^{2},1345^{3},1245^{4},23^{5},4$^{5'}$ 15^{2},2345^{3},12345^{4},3^{5},4$^{5'}$ 479.
1414. 2,2^{2},1345^{3},1^{5},2$^{5'}$ 1,234^{2},13^{3},23$^{5'}$ M 89. Mz 19.
1415. D2,2^{2},145^{3},234^{5},4$^{5'}$ D23,4^{2},234^{3},235^{4},1^{5},1$^{4'}$ D M j. 171.
1416. 2,2^{2},14^{3},3^{4},5$^{5'}$,13$^{4'}$ 34,3^{2},25^{4},25$^{5'}$,D2$^{4'}$ VE 4.
1417. 2,2^{2},234^{3},12^{4},135^{5} 3,1234^{2},4^{3},345^{4},4$^{5'}$,5$^{3'}$ 480. G 189.
1418. 2,2^{2},234^{3},12^{4},45$^{5'}$,34$^{4'}$ 3,12345^{2},2^{3},13^{4},1^{5},45$^{5'}$,5$^{3'}$ B LM.
1419. 2,2^{2},234^{3},5^{4},23^{5},24$^{5'}$ 1,234^{2},35^{3},25^{4},1^{5},1$^{5'}$ H 123.
1420. 2,2^{2},23^{3},12345^{4},2^{5},5$^{5'}$ 1,123^{2},25^{3},125^{4},3^{5},1$^{3'}$ 481.
1421. 2,2^{2},23^{3},34^{4},4^{5},2$^{4'}$ 3,134^{2},145^{4},1$^{3'}$ 482. Ch. XII 21.
1422. 2,2^{2},245^{3},1^{4},2345^{5},35$^{5'}$,5$^{4'}$ 13,1234^{2},124^{3},124^{4},1$^{3'}$ 483.
1423. 2,2^{2},245^{3},2345^{4} 4^{2},12345^{4},123^{5},D1$^{5'}$ H 124.
1424. 2,2^{2}.24^{3},14^{4},23^{5},2$^{4'}$,3$^{3'}$ 12,2^{2}.145^{3},2^{5},15$^{5'}$ 484.
1425. 2,2^{2},24^{3},35^{4},3^{5},123$^{5'}$,3$^{4'}$ 125^{2},15^{3},45^{4},D12$^{5'}$,1$^{3'}$ D LM 569.
1426. 2,2^{2},24^{3},3^{4},15^{5},1$^{5'}$,2$^{4'}$ 124.1345^{2},5^{3},35^{4} H 125.
1427. 2,2^{2},2^{3},13^{4},2^{5},45$^{5'}$.2$^{4'}$.3$^{3'}$ 134,134^{2},3^{4},1$^{3'}$ C 30.
1428. 2,2^{2},2^{3},234^{4}.124^{5},12$^{4'}$ 134,234^{2}.45^{3},34^{4},1$^{3'}$ D Bl. j. 253. 485. Ch. XII 91.
1429. 2,2^{2}.345^{3},45^{5} 1^{2},5^{3},123^{4},4^{5},23$^{5'}$,1$^{4'}$ 486. G 2.
1430. 2,2^{2},D34^{3},234^{4},245^{5},4$^{5'}$ 2.34^{2},1235^{3},1235^{4},1^{5},1$^{4'}$.1$^{3'}$,D5$^{'}$ D* LM 136.
1431. 2,2^{2},34^{3},2^{4},2^{5} 123^{2},135^{4},5$^{3'}$ 487. G 7.
1432. 2,2^{2},34^{3},4^{4},45^{5},2$^{4'}$ 1^{2},134^{4},45^{5},2$^{5'}$,1$^{4'}$ 488. G 1.
1433. 2,2^{2} 35^{3}.34^{4},34^{5},23$^{5'}$,24$^{4'}$ 2.1234^{2},134^{3},1^{4},1^{5},1$^{5'}$,1$^{3'}$,5$^{2'}$ 489
1434. 2,2^{2},45^{3},134^{4}.5^{5},14$^{5'}$,5$^{4'}$ 12,12345^{2},23^{3},23^{4} D* Un belge. 137.
1435. 2,2^{2},45^{3},2345^{4},1245^{5} 2,1234^{2},13^{3},1245^{4},1^{5} H 126.
1436. 2,2^{2},4^{3},23^{4},14^{5},2$^{4'}$ 35,145^{2},45^{4},5$^{5'}$,D5$^{4'}$ H 127.
1437. 2,2^{2},4^{3},3^{4},245^{5}.134$^{4'}$ D35,1235^{2},5^{3},25^{4} D* à LN 138.
1438. D2,2^{2},4^{3},4$^{4'}$.D3$^{'}$ D4,D5^{4},D2^{5}.4$^{5'}$ Mz 369.
1439. 2,2^{2},5^{3},12345^{4},2^{5},45$^{5'}$ 1,12D45^{2},14^{3},15^{4}.3^{5},1$^{3'}$ H 128.
1440. 2,2^{2},5^{3},1235^{4},23^{5},4$^{5'}$ D234,3^{2},12^{3},2^{4},123^{5} H 129.
1441. 2,2^{2},5^{3},245^{4},D12^{5},45$^{5'}$ 2345^{2},35^{3},D125^{4},12D3^{5},3$^{4'}$ A 24. B LM.
1442. 2,2^{2}.5^{3},12D4^{5},3$^{5'}$ 15,34^{2},4^{3}.4^{4},D4$^{4'}$,3$^{2'}$ D* 139.
1443. 2,2^{2},12^{4},2^{5},4$^{5'}$ 34^{3}.35^{4},3^{5},D3$^{4'}$ H 130.
1444. 2,2^{2},5^{4},234^{5},1$^{5'}$ 2,3^{2},1D3^{3},235^{4},1$^{5'}$ H 131. Mz 186.
1445. 2,2^{2},2^{5},34$^{5'}$ D4^{2},4^{3},5^{4} H 132. Mz 104.
1446. 2,345^{2},235^{3},2^{4},45^{5},15$^{5'}$ 1345,D12345^{2},12345^{3}.234^{4},4^{5},1$^{5'}$ VE 33. B n.
1447. 2,34D5^{2},25^{3},25^{4},23^{5},3$^{4'}$ D124^{3},345^{4},25^{5},14$^{5'}$.4$^{4'}$ D LM 600.
1448. 2,345^{2},35^{3},145^{4},45^{5},2$^{5'}$ 1D5,1345^{2},1^{3},34^{4},13$^{4'}$ D F j. 167.
1449. 2,345^{2},35^{3},234^{4},25^{5},4$^{5'}$ 23,1^{2},123^{3},235^{4},125^{5} C 18.

1450. 2,3^{2} 1234^{3},235^{4},5^{5},14$^{5'}$ 1345,1^{2},124^{3},125^{4},2^{5},1$^{5'}$ 490.
1451. 2,34^{2},1245^{3},14^{4},5^{5} 3^{2},12^{5},12D3^{4},3^{5},14$^{5'}$ H 133.
1452. 2.34^{2},145^{3},5$^{5'}$,125$^{4'}$,2$^{3'}$ 1D3,4^{2},14^{3},4^{4},3^{5},134$^{5'}$,5$^{4'}$ D LM 56-140.
1453. 2.34^{2},15^{3},35^{4}.123^{5},5$^{5'}$,4$^{4'}$,5$^{3'}$ 4,1345^{2},23^{3},25^{4},123^{5} C 130.
1454. 2,34^{2},234^{3},13^{4},1234^{5},3$^{3'}$ 135 1-345^{2},123^{3},4^{4},5$^{3'}$ B 7.
1455. 2,34^{2},234^{3},145^{4},12^{5},1$^{5'}$,5$^{3'}$ 123.235^{2},134^{3},34^{4},4^{5} D* 140.
1456. 2,34^{2},23^{3},2^{4},34^{5},235$^{5'}$,1$^{3'}$ 12,34^{2},234^{3},14^{4},15$^{3'}$,5$^{4'}$ A 25.
1457. 2,34^{2},2^{3},4^{4},125$^{5'}$,4$^{4'}$ 5,35^{2},234^{3},3^{4},3^{5},1$^{3'}$ D* BL 141.
1458. 2,34^{2},3^{3},45^{5},2$^{5'}$,5$^{3'}$,D5' 24,12D5^{2},4^{4},4^{5},23$^{5'}$,1$^{3'}$ D R j. 34.
1459. 2,34^{2},5^{3},135^{4},123^{5},5$^{5'}$,4$^{4'}$,5$^{3'}$ 4,1345^{2},23^{3},25^{4},123^{5} 491.
1460. 2,34^{2},345^{4},234^{5},5$^{5'}$,5$^{4'}$ 1,1245^{2},24^{3},134^{4},1$^{3'}$ D* à SH 142.
1461. 2,35^{2},2345^{3},2345^{4},235^{5},14$^{3'}$ 4,12345^{2},1235^{3},235^{4},25^{5},1$^{5'}$ M 66. Mz 54.
1462. 2,35^{2},235^{3},245^{4},12^{5},5$^{5'}$ 2,24^{2},345^{3},13D5^{4},134^{5} D LM 473.
1463 2,35^{2},23^{3},12^{4},23^{5},5$^{5'}$,4$^{4'}$ 5,1235^{2},4^{3},125^{4},45$^{5'}$ C 75.
1464. 2,35^{2},245^{3},4^{4},5$^{5'}$ 1,14^{2},3^{3},1235^{4},3$^{5'}$ D M 200.
1465. 2.35^{2},34^{3},14^{4},45^{5},1$^{5'}$ 4,234^{2},13^{3},23^{4},4^{5},D1$^{5'}$ A 26.
1466. 2,35^{2},35^{3},2345^{4},25^{5},4$^{5'}$ 12,1^{2},123^{3},235^{4},125^{5} 492.
1467. 2,35^{2},3^{3},234^{4},35^{5},2$^{5'}$ 14,5^{2},2345^{3},24^{4},3^{5} H 134.
1468. 2,35^{2},3^{3},45^{4},5$^{5'}$,D3' 15^{2},23^{3},12^{4},12$^{5'}$,3$^{5'}$,1$^{4'}$,4$^{2'}$ 493.
1469 2,35^{2},4^{3},13^{4},23^{5},25$^{5'}$ 2,1234^{2},13^{3},235^{4} 494. G 103. E 67.
1470. 2,3^{2},12^{3},123^{4},2^{5},3$^{5'}$ 35^{2},45^{3},D12^{5},1$^{5'}$,4$^{4'}$ H 135.
1471. 2,3^{2},14^{3},35^{4},4$^{5'}$,2$^{4'}$,3$^{3'}$ 134,13^{2},5^{3},3^{4},1$^{5'}$ 495.
1472. 2,3^{2},1^{3},5^{4}.1234^{5},5$^{5'}$,2$^{4'}$ 13,1235^{2},45^{3},145^{4},1^{5},1$^{3'}$ 496
1473. 2,3^{2},2345^{3},123^{5},1$^{5'}$ 3,45^{2},2^{3},245^{4},2^{5},4$^{5'}$ 497. Ch. XII 56.
1474. 2,3^{2},235^{3},2^{4}.23$^{5'}$,1$^{4'}$ 3,2345^{2},14^{3},34^{4} 1$^{5'}$,1$^{3'}$ E 344.
1475. 2,3^{2},23^{3},12^{4},5$^{5'}$,1$^{4'}$,1$^{3'}$ D1,5^{4},3^{5},D1' E 196.
1476. 2,3^{2},23^{3},2D5^{5},24^{5} ,2^{4} ,2$^{3'}$ 123,3^{2},13D45^{3},3^{4},1$^{5'}$,1$^{3'}$,D4$^{2'}$ VE 32. B 11.
1477. 2,3^{2},245^{3},2^{4},2345^{5}.4$^{5'}$ 2345^{2},134^{3},135^{4},1$^{5'}$ D* j. 143.
1478. 2,3^{2},24^{3},145^{4},2^{5},2$^{5'}$,2$^{4'}$ 13,1^{3},345^{4},14^{5},1$^{5'}$ 498.
1479. D2,3^{2},24^{3},345^{4},1^{5},14$^{5'}$ 12,135^{2},1245^{3},25^{4}.2^{5} D* 145.
1480. 2.3^{2},24^{3},345^{4} 23^{5},4$^{5'}$,3$^{4'}$ 35,1235^{2},35^{3},12^{4},2^{5},1$^{5'}$,1$^{3'}$ 499.
1481. 2,3^{2},2^{3},123^{4},234^{5},4$^{5'}$,3$^{4'}$ 12,234^{2},35^{3},4^{4},5$^{5'}$,5$^{4'}$,1$^{3'}$ 500.
1482. 2,3^{2},2^{3},45^{4},245^{5},3$^{4'}$ 1,12345^{2},12^{4},13$^{5'}$ D D A 70.
1483. 2.3^{2},2^{3},D5^{4},5^{5},13$^{5'}$,3$^{4'}$ 4,D1D3^{2},2^{3},4^{4},1$^{3'}$ H 136.
1484. 2,3^{2},34^{3},3^{4},24^{5},15$^{5'}$ 1D345^{2},13^{3},35^{4} H 137.
1485. D2,3^{2},35^{3},23^{4},23^{5},124$^{5'}$,1$^{3'}$ 23,2D5^{2},345^{3},2D5^{4},5^{5} D LM 94.
1486. 2,3^{2},35^{3},34^{4},124^{5},5$^{5'}$,4$^{3'}$ 25,D125^{2},D2^{3},45^{4} G à CHAL 175.
1487. 2,3^{2},3^{3},23^{4},D123^{5},4$^{5'}$ 3,3^{2},345^{3},12D3^{4},D5$^{5'}$ 501.
1488. 2,3^{2},3^{3},45^{4},5$^{5'}$,D3' D125^{2},2^{3},D1^{4},12^{5},3$^{5'}$,D1$^{4'}$,4$^{2'}$ VE 5.
1489. 2,D3^{2},4^{3},23^{4},4^{5},2$^{5'}$,12$^{4'}$ 15,123^{2},145^{3},5^{5},1$^{5'}$,1$^{4'}$,15$^{3'}$ D LM 514.
1490. 2,3^{2},4^{3},13$^{5'}$,23$^{4'}$ 12,24^{2},1^{3},2$^{5'}$ (Mz) ou D$^{5'}$ (H). H 138. Mz 10.
1491. 2,3^{2},13^{4},2^{5},25$^{5'}$,5$^{4'}$ 13,1345^{2},34^{3},4$^{5'}$ D* BL j. 146.
1492. D2,3^{2},1^{4},12345^{5},125$^{5'}$,12$^{4'}$ 1D2,34^{2},2D34^{3},235^{4} D LM 176.
1493. 2,3^{2},2345^{4},245^{5},1$^{5'}$ 2,14D5^{2}.4^{3},34^{4},4^{5},1$^{5'}$ H 139.
1494. 2,3^{2},35^{4},1235^{5},14$^{5'}$,2$^{3'}$ 1345,3^{2},345^{3},D35^{4} E 12.
1495. 2,45^{2},234^{3},234^{4},123^{5},5$^{4'}$ 23,14^{2},1234^{3},.34^{4},3^{5},5$^{4'}$ 502 Ch. XII 113 C de repos
1496. 2,45^{2},234^{3},23^{4},5$^{5'}$ 24^{2},345^{3},1234^{4},3^{5},5$^{5'}$,1$^{3'}$ H 140.
1497. 2,45^{2},234^{3},23^{4} 3,24^{2},1^{3},1234^{4},35^{5},5$^{5'}$,1$^{3'}$ H 441.
1498. 2,D45^{2},234^{3},34^{5},45$^{5'}$,35$^{4'}$ 12,124D5^{2},134^{5},5$^{4'}$,1$^{3'}$ D S 469.

1499.	D2,45^{2},235^{3},3^{4},23^{5},3$^{5'}$	12^{2},45^{3},3D45^{4},2^{5},5$^{4'}$,1$^{5'}$	LM.
1500.	2,45^{2},34^{3},2^{4},2^{5},D4$^{'}$	2^{2},4^{3},1345^{4},5$^{5'}$,45$^{4'}$,D5$^{'}$	D LM 58.
1501.	2,45^{2},3^{3},34^{4},2^{5},4$^{5'}$	D1^{2},5^{3},124^{4},1$^{3'}$	H 142.
1502.	2,45^{2},12345^{4},235^{5},5$^{5'}$,14$^{4'}$	2,2345^{2},1234^{3},235^{4},13^{5}	C 172.
1503.	D2,4^{2},123^{3},24^{4},35^{5},3$^{5'}$,5$^{5'}$	15,12^{2},24^{3},12^{4},D125^{5},2$^{5'}$,5$^{4'}$	D LM 348.
1504.	2,4^{2},234^{3},134^{4},24^{5},2345$^{5'}$,24$^{4'}$	135,12345^{2},D14^{3},5^{4},1^{5},5$^{5'}$,5$^{4'}$	DE 35.
1505.	2,4^{2},24^{3},2^{4},2$^{5'}$,4$^{4'}$	35,3^{2},13^{3},3^{4},3$^{5'}$,3$^{4'}$	D* BL 147.
1506.	D2,4^{2},24^{3},4^{4},4^{5}	2D3^{3},D4^{3},3$^{5'}$,D1$^{5'}$	H 143. Mz 371.
1507.	2,D4^{2},2^{3},1^{4},5$^{4'}$	5^{2},2^{3},D23^{4},1$^{5'}$	A. G 1.
1508.	2,4^{2},2^{3},4^{4},124$^{5'}$,34$^{4'}$	35,245^{2},13^{3},5^{4},1$^{5'}$	* 6. 503 D Bl. 384. Ch XII 4.
1509.	2,D4^{2},35^{3},235^{4},4$^{4'}$,5$^{5'}$	3,1235^{2},1D3^{4},1^{5},1$^{5'}$,1$^{4'}$	D DU 562.
1510.	2,4^{2},3^{3},23^{4},2^{5},3$^{5'}$,5$^{4'}$	3,125^{2},3^{3},D2$^{2'}$	H 144.
1511.	2,4^{2},3^{3},4^{4},35^{5},5$^{5'}$	4,1235^{2},2^{4},12$^{5'}$,1$^{3'}$	D* 148.
1512.	2,4^{2},45^{3},34^{5}	14^{2},12^{3},2$^{5'}$,2$^{3'}$	H 145.
1513.	2,4^{2},4^{3},15^{4},3^{5},2$^{5'}$,145$^{4'}$	2345^{2},23^{3},34,5$^{5'}$,3$^{3'}$	504.
1514.	2,D4^{2},5^{3},4^{4},5^{5},D1$^{5'}$,1$^{4'}$,D5$^{2'}$	34^{2},1^{3},23^{4},D35^{3},D124$^{5'}$,2$^{4'}$,D1$^{'}$	D BV 217.
1515.	D2,4^{2},5^{3},D4^{4}	D3$^{5'}$,5$^{4'}$	E 40.
1516.	2,4^{2},123^{4},D2^{5},4$^{5'}$	3,2^{3},23^{5},1$^{5'}$,5$^{2'}$	D* BL j. 149.
1517.	2,4^{2},34^{4},15^{5},12$^{5'}$	2,1D3^{2},125^{3},5^{4},4^{5}	H 146.
1518.	D2,4^{2},1$^{5'}$,5$^{4'}$,2$^{3'}$,2$^{2'}$	13,5^{2},14^{3},2^{5},4$^{5'}$,123$^{4'}$	G à Slm. 185.
1519.	2,5^{2},134^{3},234^{4},2345^{5},1$^{5'}$	25,1235^{2},13^{3},2345^{4},5^{5}	D* W à BL 150.
1520.	2,5^{2},134^{3},5^{4},235^{5},15$^{5'}$,1$^{4'}$,1$^{5'}$	23,125^{2},345^{3},34^{4},14$^{5'}$	C 100.
1521.	2,5^{2},1^{3},4^{4},5^{5},2$^{4'}$	D4^{3},3^{4},2$^{3'}$	H 147.
1522.	2,5^{2},1^{3},4^{4},5^{5},2$^{4'}$	D4^{3},3^{4},2 ou D2$^{3'}$	Mz 232.
1523.	2,5^{2},245^{3},15^{4},34^{5},2$^{5'}$	D2,145^{2},5^{3},345^{4},1^{5}	H 148.
1524.	2,5^{2},245^{3},3^{5},23$^{5'}$,24$^{4'}$	124,123^{2},1^{3},15^{4},1$^{5'}$	D* CR j. 151.
1525.	2,5^{2},2^{3},4^{4},234^{5},2$^{5'}$,3$^{4'}$,3$^{5'}$	345,145^{2},5^{4},1$^{5'}$,5$^{3'}$	505.
1526.	2,5^{2},345^{3},23^{4},2^{5},24$^{5'}$,3$^{4'}$	24,13^{2},125^{3},5^{4},15^{5},1$^{5'}$	506. Ch. XII 96. D B 608.
1527.	2,5^{2},34^{3},5^{4},25^{5},15$^{5'}$,2$^{4'}$,1$^{5'}$	23,125^{2},345^{3},34^{4},14$^{5'}$	507.
1528.	2,5^{2},3^{3},14^{4},4^{5},2$^{5'}$,1$^{4'}$	12,234^{2},4^{4},4^{5},2$^{5'}$,15$^{3'}$	508.
1529.	2,5^{2},3^{3},235^{4},234^{5},135$^{5'}$,45$^{4'}$	13,12345^{2},24^{3},13^{4},1$^{5'}$,D$^{4'}$	509.
1530.	2,5^{2},45^{3},1245^{4},25^{5},5$^{5'}$,145$^{4'}$	12,2345^{2},1234^{3},23^{4},13^{5}	510.
1531.	2,5^{2},5^{3},125^{4},3$^{5'}$	5,12^{2},5^{3},5^{4},1^{5},D3$^{5'}$	H 149.
1532.	2,5^{2},12345^{4},23^{5},3$^{5'}$	D2D4,1^{2},345^{3},1^{4},1^{5}	H 150.
1533.	2,5^{2},24^{4},12^{5}	15^{3},1D45^{4},1^{5},5$^{3'}$	H 151.
1534.	2,1245^{3},35^{4},23^{5},25$^{5'}$,45$^{4'}$	1,12345^{2},134^{3},3^{4},15$^{5'}$	C 33.
1535.	2,124^{3},4^{5},2$^{5'}$	1D34,4^{5},123$^{5'}$	H 152.
1536.	2,12^{3},1^{4},45^{5},15$^{5'}$,14$^{4'}$	2345,D1D235^{2}	Mz 258.
1537.	D2,D1D2^{3},5^{5},D3$^{'}$	D2,5^{2},5^{4},D4$^{5'}$	D* W 152.
1538.	2,1345^{3},13$^{5'}$,2$^{4'}$	13^{2},245^{3},1^{4},45^{5},2$^{3'}$	E 301.
1539.	2,134^{3},1345^{4},14^{5},2$^{5'}$	1,12^{3},D345^{4},1345^{5}	H 153.
1540.	2,134^{3},234^{4},23^{5},1$^{5'}$	123^{2},23^{3},2345^{4},5^{5},5$^{5'}$	D W j. 53.
1541.	2,13^{3},45^{4},34^{5},2$^{4'}$,3$^{3'}$	23,14^{2},1^{3},4^{4},1^{5},12$^{5'}$,2$^{3'}$	511.
1542.	2,13^{3},45^{4},4^{5},2$^{4'}$,2$^{3'}$	12,4^{2},34^{4},1^{5},1$^{5'}$,2$^{3'}$	C 35.
1543.	2,15^{3},5^{4},345$^{5'}$,34$^{4'}$,5$^{3'}$,D2$^{'}$	3,235^{2},23^{3},1^{4},2^{5},3$^{4'}$,3$^{2'}$,D$^{3'}$	C 184.
1544.	2,1^{3},45^{4},34^{5},1234$^{5'}$,3$^{4'}$	13,1234^{2},235^{3},5^{5},1$^{5'}$	512.
1545.	2,2345^{3},4^{4},34^{5},2$^{5'}$,4$^{4'}$	24,12345^{2},2^{3},5^{4},1$^{3'}$	* 13. D H j 98. 512. Ch. XII 70
1546.	2,234^{3},15^{4},125^{5},1$^{5'}$,5$^{4'}$	25,2D35^{2},13^{3},3^{4},4^{5}	H 154. Mz 220.
1547.	2,235^{3},1345^{4},145^{5}.125$^{5'}$,1$^{4'}$	24,1234^{2},234^{3},345^{4},4^{5}	513.

1548. $2,23^{3},13^{4},34^{5},3^{3'},2^{4'}$ $D25,1245^{2},15^{4}$ Mz 204.
1549. $2,23^{3},2^{4},D23^{5},D3'$ $5^{3},45^{4},5^{5},1^{5'},1^{3'},45^{2'},D4'$ M 59. Mz 275.
1550. $2,23^{3},34^{4},5^{5},4^{5'}$ $2^{2},1235^{3},5^{4},1^{5},3^{5'}$ H 155.
1551. $2,24^{3},23^{4},5^{5},134^{3'},4^{4'},5^{5'}$ $4,135^{2},123^{3},12^{4},1^{5'},5^{3'},4^{2'}$ P* E VII. Pl.
1552. $2,24^{3},24^{4},2345^{5},14^{5'}$ $35^{2},2345^{3},2345^{4},5^{5},1^{5'}$ 514.
1553. $2,24^{3},24^{4},2345^{5},14^{5'}$ $D25^{2},23D45^{3},2345^{4},5^{5},1^{5'}$ VE 57.
1554. $2,24^{3},24^{4},24^{5},25^{3'},25^{4'}$ $134^{2},134^{3},134^{4},1^{5},1^{3'}$ E 379.
1555. $2,24^{3},25^{4},25^{5},1^{5'}$ $3^{2},1^{3},2345^{4},3^{5},3^{5'},1^{3'}$ H 156.
1556. $2,24^{3},4^{4},4^{5},15^{3'}$ $24,135^{2},3^{3},2^{4},1^{5'}$ E 360.
1557. $2,25^{3},345^{4},35^{5},3^{5'},5^{4'}$ $15,1235^{2},24^{3},1234^{4},4^{5},1^{3'},5^{2'}$ 515.
1558. $2,2^{3},12^{4},24^{5},24^{4'}$ $4,45^{2},D1^{3},15^{4}$ E 357.
1559. $2,2^{3},135^{4},235^{5}$ $1,4^{2},1234^{4},4^{5},1^{3'}$ 516. Ch. XII 25.
1560. $2,2^{3},24^{4},4^{5},3^{5'}$ $4,5^{2},235^{3},4^{5},5^{4'}$ H 157.
1561. $2,2^{3},35^{4},23^{5}$ $234^{2},3^{3},13^{4},2^{5},D15^{5'}$ H 158.
1562. $2,2^{3},35^{4},235^{4'},14^{3'}$ $1235,123D4^{2},2^{5'}$ VE 19.
1563. $2,2^{3},3^{4},4^{5},5^{5'}$ $D1^{3},35^{4}$ H 159.
1564. $2,2^{3},4^{4},35^{5},125^{3'},5^{4'},5^{5'}$ $1D2,15^{2},12^{5}$ D W 11. G 122.
1565. $D2,2^{3},34^{5},4^{5'},3^{4'}$ $45^{2},5^{3},5^{4},15^{5},1^{3'},D5^{5'}$ H 160.
1566. $2,2^{3},45^{5},3^{5'},3^{3'}$ $124,1^{3},1^{3'}$ Mz 158.
1567. $2,2^{3},45^{5},3^{5'},3^{3'}$ $124,1^{3},1^{3'},D5^{2'}$ H 161.
1568. $D2,D2^{3},D2^{5}$ D3 517.
1569. $2,2^{3},D1^{3'}$ $1^{3'},2^{4'}$ 518.
1570. $D2,D2^{3},D1^{2'}$ D3' 519.
1571. $2,345^{3},5^{4},2^{5},235^{5'},45^{4'}$ $1235^{2},1234^{3},15^{5'}$ C 87.
1572. $2,345^{3},2345^{5},2^{5'},4^{4'}$ $2,35^{2},123^{3},125^{4},1^{3'}$ D A 277.
1573. $D2,34^{3},1234^{4},124^{5},345^{5'}$ $D3D4,125^{2},234^{3},13^{4},2^{5},5^{4'}$ D V 296.
1574. $2,34^{3},234^{4},23^{5},2^{5'}$ $1235^{2},3^{3},2345^{4},5^{5}$ D* LM 153.
1575. $2,34^{3},2^{4},3^{5},12^{4'}$ $1D25^{2},45^{3},5^{5}$ D DU j. 247.
1576. $2,35^{3},25^{4},2^{5},245^{5'},45^{4'}$ $1235^{2},1234^{3},15^{5'}$ 520.
1577. $D2,35^{3},4^{4},345^{5},3^{5'},5^{4'}$ $3D5,125^{2},2^{3},124^{4},1^{5}$ D* à M 154.
1578. $2,3^{3},13^{4},25^{5}$ $1^{2},15^{3},234^{4},1^{3'},5^{2'}$ D* j. 155.
1579. $2,3^{3},1^{4},23^{5},3^{5'},24^{4'}$ $1235^{2},24^{3},1^{4},1^{3'}$ E 295.
1580. $2,3^{3},3^{4},125^{5}$ $1^{2},15^{3},234^{4},1^{3'},D5'$ D* 156.
1581. $2,3^{3},D4^{5},13^{5'},2^{3'}$ $134,1^{3},4^{5},D1^{4'},2^{3'}$ H 162. Mz 335.
1582. $2,D3^{3},1^{4'}$ $1,1^{3},D2^{3'}$ H 163. Mz 289.
1583. $2,45^{3},145^{4},1^{5},23^{5'},15^{4'},2^{3'}$ $12345,35^{2},14^{3},3^{3'},5^{2'},D4'$ VE 27.
1584. $2,45^{3},14^{4},3^{5},234^{3'}$ $1234^{2},145^{3},4^{4},2^{5'}$ E 157.
1585. $2,45^{3},4^{4},134^{5},2^{3'},24^{4'},3^{3'}$ $245,134^{2},1^{3},D2^{3'},1^{3'}$ 521.
1586. $2,4^{3},123^{4},124^{5},2^{5'}$ $2,234^{2},3^{3},135^{4},1^{5}$ E 121. G 54.
1587. $2,4^{3},123^{4},3^{5},45^{3'},4^{4'}$ $4,12345^{2},125^{4},3^{5}$ E 182.
1588. $D2,D4^{3},12^{4},2^{5},24^{5'},4^{4'},3^{5'},25^{2'},D1D2'$ $4^{3},13^{4},1^{5},4^{5'},3^{4'},13D5^{3'},1234^{2'},3'$ PV*
1589. $D2,4^{3},1^{4},1234^{5},3^{5'}$ $5,35^{2},2^{3},1D245^{4},5^{5'}$ H 164. Mz 347.
1590. $2,4^{3},24^{4},145^{5},23^{3'}$ $3,13^{2},1D345^{3},3^{5'}$ H 165.
1591. $2,4^{3},34^{4},2345^{5},345^{5'}$ $D13^{2},2345^{3},125^{4}$ H 166.
1592. $2,D4^{3},45^{4},D5^{2'}$ $1^{3},2^{5},D2^{4'}$ 522.
1593. $D2,4^{3},4^{4},4^{5},2^{5'}$ $2,2^{2},4^{3},D3^{4},14^{5}$ H 167. Mz 315.
1594. $2,4^{3},5^{4},135^{5},2^{5'},4^{4'}$ $123^{2},D5^{4},23^{3'}$ D MD 283.
1595. $2,4^{3},5^{4},3^{5},5^{3'},3^{4'}$ $234^{2},1^{4},12^{3'},1^{2'}$ D* j. 157.
1596. $D2,5^{3},23^{4},24^{5},3^{5'}$ $14,134^{2},3^{3},D5^{4}$ H 168. Mz 340.

1597. $D2,5^{3},23^{4},3^{5},2^{4'}$
1598. $2,5^{3},4D5^{4},D145^{5},34^{4'}$
1599. $2,D5^{3},3^{5'},23^{4'}$
1600. $2,12^{4},24^{5}$
1601. $2,134^{4},3^{5'},35^{4'},13^{5'}$
1602. $2,145^{4},25^{5},24^{5'},45^{4'}$
1603. $D2,14^{4},5^{5},2^{5'}$
1604. $2,15^{4},35^{5},12^{3'}$
1605. $2,1^{4},23^{5},5^{5'}$
1606. $2,1^{4},2^{5},1^{4'},1^{5'}$
1607. $D2,234^{4},3^{5},2^{4'}$
1608. $D2,2^{4},4^{5},1^{5'},1^{4'},24^{3'}$
1609. $2,2^{4},23^{5'}$
1610. $2,2^{4},2^{2'}$
1611. $2,2^{4},2^{5'}$
1612. $2,34^{4},25^{5},D1^{5'},5^{3'}$
1613. $2,35^{4},1D5^{5'}$
1614. $D2,3^{4},1234^{5},4^{5'}$
1615. $2,3^{4},D4^{5},12^{5'},2^{3'}$
1616. $2,3^{4},D4^{5},12^{5'},2^{5'}$
1617. $2,3^{4},5^{5}$
1618. $2,3^{4},2^{5'},1^{4'},2^{5'}$
1619. $2,4^{4},4^{5},2^{5'},D5'$
1620. $D2,4^{4},2^{5'}$
1621. $2,D5^{4},234^{5'},5^{4'},12^{3'}$
1622. $D2,5^{4},1^{4'}$
1623. $2,123^{5},5^{5'},35^{4'},34^{3'}$
1624. $2,123^{5},5^{5'},35^{4'}$
1625. $D2,D3^{5},D3'$
1626. $2,3^{5},D2^{5'},12^{4'},2^{5'}$
1627. $2,3^{5},3^{4'}$
1628. $2,3^{5},5^{3'}$
1629. $D2,D3^{5},D3'$
1630. $2,45^{5},3^{5'},3^{3'}$
1631. $D2,4^{5},1^{5'},3^{4'},34^{3'},D5'$
1632. $D2,1^{5'},2^{4'},2^{5'}$
1633. $2,D24^{5'},1^{4'},1^{3'}$
1634. $D2,D5^{5'},D1^{3'}$
1635. $2,12^{2}$
1636. $D2,D5^{2'},D2',D3'$
1637. $D2,D2',D3',D5^{2'}$
1638. $345,12345^{2},12345^{3},1245^{4},123^{5}$
1639. $345,12345^{2},12345^{3},135^{4},1234^{5}$
1640. $345,124^{2},125^{3},D5^{4},1^{5},35^{4'},1^{5'}$
1641. $345,124^{2},34^{3}$
1642. $345,12^{2},1235^{3},145^{4},45^{5},1^{5'}$
1643. $345,13^{2},23^{3},25^{5},5^{4'},5^{3'},5^{2'}$
1644. $345,13^{2},35^{3},1234^{4},14^{5'}$
1645. $345,13^{2},35^{3},1234^{4},25^{5}$

$13D5,1^{2},5^{3}$ D* BL 158.
$D1,2^{2},12^{4},3^{3'},D2^{4'},3^{3'},5^{2'}$ D LM 478.
$24D5,2^{2},2^{5'}$ H 169. Mz 300.
$2^{2},D13^{4}$ H 170. Mz 94.
$D245,45^{2},5^{3},5^{4'}$ D C 585.
$2,35^{2},134^{3},2^{4},3^{5},1^{5'}$ D* LM 159.
$24^{2},13^{3},15^{4},1^{5},3^{5'},D^{4'}$ E 137.
$123,345^{3},1^{5'}$ D* 160.
$34^{2},D24^{3},5^{4}$ H 171. Mz 131.
$D2,5^{3},2^{4}$ Mz 95.
$13D5,1^{2},5^{3}$ D 1. G 7. P XI 523. Pl. 11.
$13D4,35^{3},5^{5},D2^{5'}$ D A j. 82.
$4^{4},3^{5'}$ 523.
$4^{4'}$ 524.
$5^{5'}$ 525. * 16 Ch. XII 2.
$1,D5^{2},34^{3},23^{4},1^{5'}$ E 21.
$1,D2^{4},1^{2'}$ P'E VIII.
$2,D25^{3},145^{4}$ H 172. Mz 329.
$15,4^{2},3^{3},4^{5},1^{5'},D1^{5'}$ Mz 334.
$1,4^{2},34^{3},4^{5},1^{5'},D1^{5'}$ H 173.
$5^{2},2^{4'}$ 526.
$2,3^{3},4^{5},2^{4'},1^{3'}$ D* I. 161.
$D1,1^{5},D5^{2'}$ 527.
$3^{5},2^{3'}$ E 409.
$125,5^{2},12^{4'},1^{5'},D1'$ E 174.
$2^{4'},2^{5'}$ E 176.
$2345,125^{2},1^{5'}$ C 16.
$2345,125^{2},234^{3},1^{5'}$ 528.
$D1^{4'}$ 529.
$13,1^{3},4^{4},1^{4'},D3'$ H 174. Mz 326.
$5^{5},1^{5'}$ * 17. 530. Ch. XII 5.
$1^{5'},1^{5'}$ D CO 327. Ch. VII 26.
$D1^{4'}$ 531.
$12,1^{2},1^{3},1^{5'},D5^{2'}$ PV.
$2,1^{2},12^{3},D1^{5'},D1'$ E 36. G 138.
$3,35^{2},1D5^{3},45^{5}$ Mz 322.
$3,5^{3},4^{4},1^{5'},D1'$ D* 162.
$D2^{2}$ VE 3.
$2^{5'},12^{5'}$ Ch. VII 33. E 160.
$D1,D1^{3'}$ M* 19. M 20. Mz 384.
$D1^{3'},D1'$ 532.
$134,12345^{2},1345^{3},12345^{4},135^{5}$ 533.
$134,2345^{2},12345^{3},12345^{4},124^{5}$ 534.
$13D5,234^{2},12^{4},12^{5},45^{5'},3^{4'},3^{3'},D2'$ D DF 194.
$235^{3},24^{4},245^{5},3^{5'},15^{4'},5^{2'}$ 535.
$4,2345^{2},1235^{3},1235^{4},35^{5},1^{5'}$ D A 179.
$345,3^{2},234^{3},23^{4},13^{5},3^{5'}$ E 338.
$24,2345^{2},235^{3},1^{4},25^{5},5^{2'}$ C 150.
$24,2345^{2},235^{3},1^{4},25^{5},5^{2'}$ 536.

1646. 34D5,13^{2},4^{3},23^{4},234^{5},4$^{5'}$ 135,123^{2},2D35^{3},123^{4},1^{5},5$^{5'}$ D* CH 163.
1647. 345,13^{2},4^{4},2^{5},4$^{5'}$,4$^{4'}$,4$^{5'}$ 35,123^{2},2^{3},12^{4},3^{5},5$^{5'}$,5$^{2'}$ 537. Ch. XII 78.
1648. 345,14^{2},4^{3},124^{4},45^{5},2$^{5'}$,2$^{4'}$ 25,123^{2},135^{3},15^{4},45^{5},5$^{4'}$ D E 611.
1649. 345,1^{2},234^{3},1234^{4},13^{5} 245,4^{2},1234^{3},134^{4},5^{5},5$^{4'}$ H 175.
1650. 345,1^{2},23^{3},1^{4},2^{5},1$^{5'}$ 14.3^{3},25^{4},25^{5},1$^{5'}$,4$^{4'}$ 538. Ch. XII 36.
1651. 345,D1^{2},2^{3},4^{4},3^{5},35$^{5'}$,3$^{4'}$,5$^{2'}$ 14,124^{2},245^{3},14^{4},1^{5},15$^{5'}$,34$^{5'}$,35$^{2'}$ 539.
1652. 345,D1^{2},2^{3},4^{4},3^{5},35$^{5'}$,3$^{4'}$,5$^{2'}$ 14,D1D2D4^{2},2D4D5^{3},D14^{4},1^{5},D5$^{5'}$,34$^{5'}$,35$^{2'}$ VE 51
1653. 345,234^{2},1234^{3},123^{4},124^{5},2$^{5'}$ 35,12345^{2},1345^{3},345^{4},14^{5},5$^{2'}$ 540.
1654. 345,234^{2},12^{3},125^{4},1235^{5} 23,13^{2},12345^{3},235^{4},123^{5} D DA j. 27.
1655. 345,234^{2},2345^{3},1235^{4},1$^{5'}$ 34,123^{2},1^{3},45^{4},2345^{5},134$^{5'}$ 541.
1656. 345,234^{2},2345^{3},5^{4},3^{5} 15,1235^{2},5^{3},124^{4},2^{5},24$^{5'}$ 542.
1657. 345,234^{2},24^{3},3^{5},2$^{5'}$,2$^{4'}$,13$^{5'}$ 234,13^{2},45^{3},4^{4},15^{5},25$^{4'}$,5$^{2'}$ D* 164.
1658. 345,235^{2},1234^{3},23^{4},23^{5},14$^{5'}$ 12,1234^{2},1235^{3},1234^{4},23^{5},14$^{5'}$ M 47. Mz 70.
1659. 345,235^{2},1234^{3},2^{4},23^{5},14$^{5'}$ 12,1234^{2},235^{3},234^{4},3^{5},14$^{5'}$ 543 Ch XII 90 M 48 Mz 49
1660. 345,235^{2},23^{3},14^{4},3^{5},5$^{5'}$ 123^{2},245^{3},1234^{4},1$^{5'}$,5$^{5'}$ 544.
1661. 345,235^{2},25^{3},12^{4},4$^{5'}$ 3,35^{2},135^{3},25^{4},13^{5},14$^{5'}$ H 176.
1662. 345,23^{2}.13^{3},34^{4},4^{5},3$^{5'}$,2$^{4'}$ 3,3^{2},1345^{3},1^{4},12$^{5'}$,1$^{4'}$,5$^{5'}$,5$^{2'}$ E 171.
1663. 345,23^{2},2345^{3},12^{4},1^{5} 2,13^{2},23^{3},24^{4},234^{5},4$^{5'}$,5$^{4'}$ 545.
1664. 345,23^{2},234^{3},125^{4},2^{5},15$^{5'}$ 5,12345^{2},14^{3},234^{4},23^{5},14$^{5'}$ 546.
1665. 345,23^{2},34^{3},124^{4},145^{5},1$^{5'}$ 3,123^{2},1245^{3},12345^{4},3^{5} D* BL 165.
1666. 345,245^{2},1235^{3},25^{4},3^{5},4$^{5'}$,3$^{4'}$ 3,1234^{2},25^{3},124^{4},125^{5},4$^{5'}$,4$^{4'}$ 547. C 167.
1667. 345,245^{2},5^{4},1245^{5},25$^{5'}$,1$^{4'}$ 123,245^{2},135^{3},25^{4},D1$^{'}$ Mz 227.
1668. 345,24^{2},245^{3},34^{4},4^{5},25$^{5'}$,5$^{2'}$ 13D45,2^{2},D1^{4},14^{5},D1$^{5'}$ VE 41.
1669. 345,24^{2},34^{3},135^{4},123^{5},D1$^{'}$ 3,234^{2},13D45^{3},14^{4},1^{5},15$^{5'}$,D2$^{'}$ D* HV 166
1670. 3D45,24^{2},2^{4},34^{5},3$^{5'}$,34$^{4'}$ 4,2345^{2},D2^{3},D25^{4},1$^{5'}$,5$^{4'}$,5$^{5'}$,D1$^{2'}$ VE 47.
1671. 3D45,24^{2},2^{4},34^{5},3$^{5'}$,34$^{4'}$ 4,2345^{2},D2^{3},25^{4},1$^{5'}$,5$^{4'}$,15$^{2'}$ 548.
1672. 345,25^{2},123^{4},134^{5},3$^{5'}$,3$^{4'}$ 5,145^{2},125^{3},1245^{4},2^{5},5$^{5'}$ E 385.
1673. 345,2^{2},14^{3},1234^{5},24$^{5'}$,3$^{4'}$ 24,1234^{2},135^{3},145^{4},5$^{5'}$,5$^{2'}$ E 324.
1674. 34D5,2^{2},23^{4},2$^{4'}$,5$^{5'}$ 235,1^{2},12^{3},D3^{4},4^{5},1$^{4'}$ D* W 167.
1675. 345,345^{2},235^{3},25^{4},2^{5},5$^{5'}$,45$^{4'}$ 24,1345^{2},14^{3},2^{4},123^{5},14$^{5'}$,4$^{4'}$ 549.
1676. 345,345^{2},235^{3},25^{4},2^{5},5$^{5'}$,4$^{4'}$ 1,12345^{2},24^{3},125^{4},123^{5},14$^{5'}$,4$^{4'}$ 550.
1677. 345,345^{2},2^{3},3^{4},234^{5},34$^{5'}$,4$^{4'}$ 2,1345^{2},1235^{3},35^{4},5$^{5'}$,5$^{4'}$,1$^{5'}$ 551.
1678. 345,34^{2},123^{3},1245^{4},123^{5} 23,13^{2},12345^{3},235^{4},123^{5} 552.
1679. 345,34^{2},135^{3},15^{4},23^{5},14$^{5'}$ 12,23^{2},1235^{3},1235^{4},2^{5},4$^{5'}$ D* HV 168.
1680. 345,34^{2},13^{3},3^{4},2^{5},15$^{5'}$,5$^{5'}$ 12D3,25^{2},134^{3},23^{4},5$^{4'}$ D DU 610.
1681. 345,34^{2},234^{3},135^{4},1$^{5'}$ 3,2^{2},15^{3},24^{4},345^{5},3$^{5'}$,5$^{2'}$ 553. Ch. XII 8.
1682. 345,34^{2},23^{3},25^{4},5^{5},1$^{5'}$,5$^{4'}$ 4,135^{2},123^{3},D3^{4},3^{5},4$^{5'}$,5$^{2'}$ E 365.
1683. 345,34^{2},4^{3},3^{4},4^{5},23$^{5'}$ 1,3^{2},12345^{3},1^{4},5^{5},1$^{5'}$,5$^{2'}$ D* j. 169.
1684. 345,3^{2},1235^{3},2^{4},1235^{5},5$^{4'}$ 34,14^{2},1235^{3},23^{4},13^{5},4$^{5'}$ C 103.
1685. 345,3^{2},135^{3},35^{4},5^{5} 234^{2},3^{3},2^{4},124^{5},124$^{5'}$ E 395.
1686. 345,3^{2},1^{3},4^{4},34^{5},15$^{5'}$,5$^{4'}$ 5,1^{2},1234^{3},14^{4},2^{5},1$^{5'}$,5$^{5'}$,5$^{2'}$ E 373.
1687. 345,3^{2},234^{3},125^{4},2^{5},15$^{5'}$ 5,12345^{2},14^{3},234^{4},23^{5},14$^{5'}$ 554.
1688. 345,3^{2},34^{3},3^{5},3$^{5'}$,2$^{4'}$,5$^{5'}$ 1234,1245^{2},1^{3},5^{4},5$^{5'}$,5$^{2'}$ VE 10.
1689. 345,3^{2},3^{3},345^{4},34^{5},34$^{5'}$,3$^{4'}$,4$^{3'}$ 35,234^{2},235^{3},125^{4},1^{5},1$^{4'}$ 555.
1690. 345,3^{2},3^{3},34^{4},345^{5},34$^{5'}$,3$^{4'}$ 4,234^{2},235^{3},1245^{4},1^{5},1$^{4'}$ C 89.
1691. 345,3^{2},23^{4},4^{5} 234^{3},1^{4},124^{5},5$^{5'}$ D* j. 170.
1692. 345,45^{2},135^{3},25^{4},2^{5},4$^{5'}$,4$^{4'}$ 1235^{2},14^{3},125^{4},2^{5},14$^{5'}$ 556.
1693. 345,45^{2},1^{3},4^{4},134^{5},1$^{5'}$,3$^{4'}$ 15,1234^{2},34^{3},4^{4},5^{5},2$^{5'}$,5$^{4'}$,3$^{5'}$ E 165.
1694. 345,45^{2},34^{4},23^{5},3$^{5'}$,23$^{4'}$ 135,12345^{2},2^{3},1^{4},1^{5},1$^{5'}$ C 6.

1695. 345,45^{2},34^{4},23^{5},3$^{5'}$,24$^{4'}$

1696. 345,4^{2},123^{3},23^{4},4^{5},3$^{5'}$

1697. 345,4^{2},14^{3},45^{4},3$^{5'}$,123$^{4'}$,2$^{3'}$

1698. 345,4^{2},5^{3},45^{4},24^{5},235$^{5'}$,2$^{4'}$

1699. 345,5^{2},123^{3},14^{4},15^{5},2$^{5'}$,1$^{4'}$

1700. 345,5^{2},23^{3},12^{4},23^{5},45$^{5'}$,45$^{4'}$

1701. 345,14^{3},12^{4},12^{5},23$^{5'}$

1702. 345,24^{3},2^{4},345^{4},35$^{5'}$

1703. 345,24^{3},5^{4},23^{5},45$^{5'}$,1$^{4'}$

1704. 345,345^{3},5^{4},3$^{4'}$,5$^{3'}$

1705. 345,34^{3},14^{4},1345^{5},5$^{4'}$

1706. 345,3^{4},34^{5},23$^{5'}$,15$^{4'}$

1707. 34,12345^{2},4^{3},1^{4},235^{5},4$^{5'}$

1708. 34,123^{2},245^{3},34^{4},2$^{5'}$

1709. 34,123^{2},3^{3},34^{4},4^{5},23$^{5'}$,1$^{4'}$

1710. 34,125^{2},34^{3},12^{4}

1711. 34,12^{2},23^{3},123^{4},3^{5}

1712. 3D4,134^{2},125^{3},25^{4},134^{5},1$^{5'}$

1713. 34,134^{2},34^{3},35^{4},5^{5}

1714. 34,135^{2},235^{3},235^{4},13^{5},4$^{5'}$

1715. D34,13^{2},1^{3},1^{4},D12$^{5'}$,1$^{4'}$,3$^{3'}$

1716. D34,13^{2},1^{3},1^{4},D12$^{5'}$,1$^{4'}$,3$^{2'}$

1717. 34,13^{2},35^{3},13D5^{4}

1718. 34,13^{2},4^{3},134^{4},1^{5}

1719. 34,145^{2},23^{4},34^{5}

1720. 34,14^{2},25^{3},34^{5},3$^{5'}$

1721. D34,1^{2},1^{3},4^{4},12$^{5'}$,34$^{3'}$

1722. 34,1^{2},234^{3},35^{4},34$^{5'}$,2$^{4'}$

1723. 34,1^{2},245^{3},25^{4},2^{5},1$^{5'}$,3$^{4'}$

1724. 34,1^{2},24^{3},2^{4},25^{5},15$^{5'}$

1725. 34,1^{2},2^{3},1235^{4},35^{5},23$^{5'}$

1726. D34,1^{2},345^{3},12^{4},3^{5},1$^{5'}$,1$^{3'}$

1727. D34,1^{2},34^{4},4^{5},2$^{5'}$,2$^{4'}$

1728. 34,2345^{2},1235^{3},12345^{4},235^{5},1$^{5'}$

1729. 34,2345^{2},135^{3},2^{4},3$^{5'}$

1790. 34,2345^{2},13^{3},2^{4},34^{5},23$^{5'}$

1731. 34,2345^{2},24^{3},12^{4},235^{5},134$^{5'}$,13$^{4'}$,D2^{1}

1732. 34,234^{2},24^{3},2345^{4},24^{5},5$^{5'}$

1733. 34,234^{2},34^{3},234^{4},2^{5},14$^{5'}$

1734. 34,234^{2},3^{3},23^{4},3^{5},1$^{5'}$,5$^{4'}$

1735. 34,235^{2},12345^{3},12345^{4},235^{5},1$^{5'}$

1736. 34,235^{2},12345^{3},1245^{4},235^{5},1$^{5'}$

1737. 34,235^{2},1235^{3},2^{4},23^{5},5$^{4'}$

1738. 34,235^{2},1235^{3},1235^{4},1235^{5},1$^{5'}$

1739. 34,235^{2},1235^{3},1235^{5},1$^{5'}$

1740. 34,235^{2},13^{3},1235^{4},2^{5},45$^{5'}$

1741. 34,235^{2},14^{3},34^{4},345^{5},13$^{5'}$

1742. 34,23^{2},123^{3},235^{4},3^{5},4$^{5'}$,3$^{4'}$

1743. 3D4,2D3^{2},2^{4},2$^{3'}$,3$^{5'}$,2$^{3'}$

135,12345^{2},2^{3},1^{4},1^{5},1$^{5'}$ 557.

3,1^{2},1345^{3},13^{4},5^{5},25$^{5'}$ 558. Ch XII 97. D 621.

1D3,24^{2},1^{3},45^{4},5^{5},23$^{5'}$,12$^{4'}$,3$^{3'}$ D LM 354.

5,12345^{2},4^{3},34^{4},1^{5},1$^{5'}$,3$^{3'}$ 559.

12,123^{2},135^{3},345^{4},4^{5},2$^{5'}$ 560.

245,12345^{2},12^{4},3^{5},45$^{5'}$,4$^{4'}$ 561.

1,35^{2},1345^{3},145^{4},1^{5} D* j. 171.

3,2345^{2},24^{3},124^{4},1$^{5'}$ D* 172.

45,123^{2},1^{3},2^{4},2^{5},4$^{5'}$,1$^{3'}$ PV*

34,24^{2},D12D5^{4},2^{5},23$^{5'}$ VE 7.

125,134^{2},14^{3},1234^{4},1^{5} E 276.

12,235^{2},134^{3},3^{4} 562. Ch. XII 57.

2,123^{2},D235^{3},2^{4},23^{5},4$^{5'}$,5$^{4'}$,D5^{1} D* LM 173.

123,1^{2},4^{3},3^{4},34^{5},13$^{5'}$ 563.

5,125^{2},1345^{3},3^{4},45^{5} E 177.

3^{2},234^{3},2^{4},1234^{5},15$^{5'}$ H 177.

2345^{3},1245^{4},1235^{5} H 178.

1D5,1235^{2},1D235^{3},45^{4},4^{5} 564.

34^{2},14^{3},125^{4},D4^{5},1$^{4'}$ H 179.

1235^{2},135^{3},1235^{4},12^{5},4$^{5'}$ D L N j. 185.

12,1^{2},15^{3},5^{4},34^{5},D2$^{5'}$,5$^{3'}$,4$^{2'}$ 565.

12,1^{2},1D5^{3},5^{4},3D4^{5},D2$^{5'}$,D5$^{3'}$,4$^{2'}$ VE 14.

34^{2},4^{3},234^{4},24^{5},4$^{5'}$,4$^{4'}$,D5^{1} D H j. 457.

2,24^{2},D1^{3},35^{4},34^{5},3$^{5'}$,5$^{4'}$ H 180.

123^{2},45^{4},5$^{5'}$,D2$^{3'}$ D DU 450.

2,2D345^{3},3^{4},1^{5},24$^{4'}$ VE 20.

D145,2^{3},D5^{5},1$^{5'}$,35$^{4'}$,3$^{3'}$ D* 174.

1234^{2},D135^{3},4^{4},2^{5},15$^{5'}$ D LM 313.

35,45^{2},24^{3},125^{4},5^{5},4$^{5'}$ D* 175.

25,5^{2},24^{3},125^{4},1^{5},5$^{5'}$ 566.

3,1245^{2},24^{3},45^{4},1$^{5'}$,D5^{1} D* à F 176.

D2,45^{2},23^{3},34D5^{4},2^{5} D* BL 177.

D4,2^{2},14^{3},3^{4},4^{5},2$^{5'}$,2$^{4'}$ 567. G 181.

2345,12345^{2},1235^{3},2345^{4},3^{5},1$^{5'}$ 568. Ch. XII 131

3,14^{2},134^{3},15^{4},5^{5},25$^{5'}$,1$^{4'}$ 569. Ch. XII 99.

1,123^{2},123^{3},14^{4},15^{5},2$^{5'}$,5$^{4'}$ 570.

D2,1234^{2},12345^{3},245^{4},25^{5},14$^{5'}$,45$^{4'}$,D1^{1} D H vr 39

125^{2},1345^{3},1234^{4},12^{5},1$^{5'}$ C 126.

235,13^{2},1234^{3},235^{4},23^{5} D 487.

2,124^{2},1345^{3},3^{4},5^{5},5$^{2'}$ C 39.

2345,12345^{2},1235^{3},2345^{4},3^{5},1$^{5'}$ 571 Ch XII 130

2345,12345^{2},235^{3},2345^{4},3^{5},1$^{5'}$ 572.

124,135^{2},1234^{3},234^{4},2^{5},4$^{5'}$,4$^{4'}$ 573.

2345,12345^{2},1235^{3},2345^{4},3^{5} 574. Ch. XII 129.

2345,12345^{2},1235^{3},2345^{4},3^{5} 575.

3,2345^{2},235^{3},235^{4},23^{5},4$^{5'}$ D* à CR 178.

2,123^{2},245^{3},34^{4},5^{5},2$^{5'}$,12$^{4'}$,2$^{3'}$ 576.

1235^{2},25^{3},1245^{4},125^{5},1$^{5'}$ D MD 340 M 68 Mz 69

1D2D4,14^{3},3^{4},1$^{5'}$ D BO 67.

1744. $34,24^{2},124^{3},5^{4},1235^{5},1^{5'}$ — $13,135^{2},12^{3},12345^{4},2^{5},5^{5'}$ 577. Ch. XII 117.
1745. $34,24^{2},14^{3},134^{4},15^{5}$ — $1,234^{2},D124^{3},25^{4},2^{5}$ E 440.
1746. $34,24^{2},234^{3},24^{4},24^{5},24^{5'},2^{4'}$ — $2,3D45^{2},134^{3},15^{4},1^{5},1^{5'},5^{4'}$ D 613.
1747. $34,24^{2},2^{3},2^{4},24^{5},45^{4'}$ — $5,12345^{2},1234^{4},1^{5'}$ E 371.
1748. $34,24^{2},45^{3},1345^{4},45^{5},12^{5'},1^{5'}$ — $125,345^{2},23^{3},234^{4},4^{5},23^{5'},1^{5'}$ 578.
1749. $34,24^{2},4^{3},234^{4},45^{5'},5^{3'}$ — $D35,14^{3},123^{5},5^{5'},1^{4'},1^{3'},5^{2'}$ D* LM 179.
1750. $34,12^{2},234^{3},5^{5},12^{5'},2^{3'}$ — $3,2^{2},1345^{3},35^{4},35^{5},1^{5'}$ D* b BL 180.
1751. $34,2^{2},12345^{3},5^{4},145^{5}$ — $23,14^{2},2345^{3},13^{4},4^{5},3^{5'}$ 579.
1752. $34,2^{2},1234^{3},23^{5},5^{5'},4^{4'},5^{3'}$ — $35,1235^{2},2^{3},13^{4},1^{5},14^{5'}$ 580.
1753. $34,2^{2}\ 23^{3},235^{4},23^{5'}$ — $2,1234^{2},124^{3},45^{5},1^{5'}$ H 181.
1754. $34,2^{2},34^{3},34^{4},2^{5'}$ — $2^{2},13D4^{3},34^{4},13^{5}$ H 182.
1755. $34,2^{2},35^{3},13^{4},34^{5},5^{4'}$ — $4^{2},25^{3},4^{4},4^{5}$ 581. G 195. Q.P.G.
1756. $D34,2^{2},23^{4}$ — $2,D1^{2},1D5^{3},35^{5}$ Mz 358.
1757. $34,345^{2},1345^{3},234^{4},233^{5},1^{5'}$ — $25.1234^{2}.1235^{3},235^{4},2^{5},5^{4'}$ 582.
1758. $34,345^{2},14^{3},235^{4},15^{5'}$ — $5,3^{2},1234^{3},24^{4},234^{5},1^{5'}$ 583.
1759. $D34,34^{2},1233^{3},15^{4}$ — $3D5^{2},23^{3},4^{4},234^{5},34^{5'},4^{4'}$ A 27.
1760. $34,34^{2},13^{3},125^{4},23^{5},14^{5'}$ — $3,2345^{2},35^{3},1234^{4},3^{5},4^{5'}$, D* b CR 181.
1761. $D34,34^{2},14^{3},234^{4},4^{5},5^{5'},4^{4'}$ — $1D5,1235^{2},35^{3},123^{4},D13^{5},5^{2'}$ D HV 199.
1762. $34,34^{2},14^{3},23^{4},25^{5},5^{5'},4^{4'},1^{3'}$ — $4,2345^{2},23^{3},12^{4},2^{5},5^{5'}$ 584.
1763. $34,34^{2},234^{3},135^{4},1^{5'}$ — $3,2^{2},15^{3},24^{4},345^{5},3^{5'},5^{2'}$ 585.
1764. $D34,34^{2},25^{3},24^{4},235^{5},124^{5'}$ — $25,15^{2},234D5^{3},D45^{4},5^{5},5^{2'}$ 586.
1765. $34,34^{2},4^{3},35^{4},4^{5}$ — $3^{3},124^{4},124^{5},D1'$ H 183.
1766. $34,35^{2},1234^{3},234^{4},35^{5}$ — $134,234^{2},134^{3},35^{4},1^{5},1^{5'}$ M 23. Mz 46. C. double.
1767. $34,33^{2},1^{3},1245^{4},5^{5}$ — $125,135^{2},1D5^{3},1^{4}$ M 58.
1768. $34,35^{2},1^{3},1245^{4},5^{5}$ — $125,135^{2},1D5^{3},D1^{4}$ H 184.
1769. $34,3^{2},12345^{3},12^{4},2^{5},15^{5'}$ — $2,234^{2},3^{3},235^{4},23^{5},34^{5'}$ H 185.
1770. $34,3^{2},123^{3},14,35^{5}$ — $35^{2},5^{3},15^{4},25^{5},D5^{4'}$ H 186.
1771. $34,3^{2},134^{3},2345^{4},234^{5},4^{5'}$ — $4,234^{2},35^{3},12345^{4},25^{5},1^{5'}$ 587.
1772. $34,3^{2},134^{3},2345^{4},234^{5},4^{5'}$ — $2345^{2},35^{3},12345^{4},25^{5},1^{5'}$ 588.
1773. $34,3^{2},134^{3},23^{4},234^{5},4^{5'}$ — $234^{2},35^{3},12345^{4},24^{5}$ 589.
1774. $34,3^{2},134^{3},234,234^{5},4^{5'}$ — $234^{2},35^{3},12345^{4},25^{5}$ C 124.
1775. $34,3^{2},135^{3},2^{4},1235^{6}$ — $45^{2},1234^{3},234^{4},3^{5},4^{5'}$ PV* Et.
1776. $34,3^{2},13^{3},125^{4},34^{5},1^{5'}$ — $14,12345^{2},2^{3},12^{4},1^{5'}$ DH 297.
1777. $34,3^{2},13^{3},235^{4},123^{5},4^{4'}$ — $234,23^{2},3^{3},235^{4},12^{5},4^{5'}$ 590. Ch. XII 106.
1778. $34,3^{2},2345^{3},245^{4}$ — $14^{2},123^{3},2345^{4},124^{5},1^{5'},5^{2'}$ 591.
1779. $34,3^{2},234^{3},12^{4},23^{4'},5^{5'}$ — $4,1234^{2},D5^{4},5^{5},1^{5'},5^{4'},5^{3'}$ VE 52.
1780. $34,3^{2},234^{3},134^{4}$ — $2,4^{2}.1^{3},12D3^{4},4^{5},13^{5'},5^{4'}$ H 187.
1781. $34,3^{2},235^{3},24^{4},3^{5}$ — $D3,135^{3},24^{4},35^{5},1^{5'}$ H 188.
1782. $34,3^{2},23^{3},2^{4},5^{5},15^{5'}$ — $2^{2},1234^{3},13D4^{4},4^{5},4^{5'},D1'$ D H 153.
1783. $34,3^{2},34^{3},15^{4}$ — $13,2^{2},1^{4},4^{5},5^{5'},D2^{4'}$ 592. M 6.
1784. $34,3^{2},3^{3},34,25^{5'},1^{4'},2^{3'}$ — $13,1234^{2},13^{5},D1^{2'}$ E 179.
1785. $34,3^{2},4^{3},14^{4},2^{5},13^{5'}$ — $1,14\ ,12^{3},14^{4},4^{5'}$ D G 207.
1786. $34,3^{2},15^{4},124^{5},234^{5'},3^{4'}$ — $2,12345^{2},134^{3},15^{4},5^{5'}$ E 392.
1687. $34,45^{2},34^{3},15^{5},12^{5'},5^{4'}$ — $5,45^{2},D13^{3},2^{4},4^{5},5^{4'},D5'$ E 155.
1788. $34,4^{2},14^{3},14^{4},1234^{5},5^{5'}$ — $15,35^{2},145^{3},1245^{4},5^{4'}$ D M D 108.
1789. $D34,4^{2},15^{3},5^{5},3^{5'}$ — $45,45^{2},5^{3},145^{4},D5^{5},23^{5'}$ 593.
1790. $D34,4^{2},15^{3},5^{5},3^{5'}$ — $45,45^{2},5^{3},1D45^{4},D5^{5},23^{5'}$ VE 4.
1791. $34,4^{2},234^{3},124^{4},23^{5},1^{5'},4^{4'},5^{3'}$ — $1245,123^{2},24^{3},25^{4},3^{5},5^{2'}$ 594. C 151.
1792. $34,4^{2},23^{3},2^{4},24^{5},23^{5'},2^{4'}$ — $2,1234^{2},124^{3},14^{4},1^{5'}$ C 42.

1793.	34,4^{2},245^{3},24^{4},45^{3},D1$^{5'}$,2$^{3'}$	13,34D5^{2},4^{3},23^{4},345^{5},1$^{5'}$	D LM 528.
1794.	34,4^{2},25^{3},5^{4},245^{5},3$^{5'}$	45,45^{2},5^{3},145^{4},3$^{5'}$,13$^{5'}$	C 34.
1795.	34,4^{2},25^{3},5^{4},25^{5},3$^{5'}$	4,45^{2},5^{3},45^{4},34$^{5'}$,1$^{3'}$,3$^{2'}$	PV*.
1796.	34,4^{2},3^{4},34^{5},23$^{5'}$,15$^{4'}$	12,235^{2},134^{3},3^{4}	595 Ch. XII 55.
1797.	34,5^{2},1345^{3},123^{4},134^{5}	35,1235^{2},2^{3},1234^{4},24^{5}	E 396.
1798.	34,5^{2},1345^{3},4^{4},124^{5},5$^{5'}$	2,1235^{2},13^{3},15^{4},12^{5},5$^{5'}$	E 268.
1799.	34,5^{2},4^{3},24^{4},1^{5},5$^{3'}$,5$^{4'}$	5,4^{2},234^{3},3^{4},134^{5} 5$^{3'}$	596. Ch. XII 200.
1800.	3D4,13^{3},12^{5},4$^{4'}$	1235^{2},3^{3},D15^{4}	E 63.
1801.	34,14^{3},23^{4},25^{5},5$^{3'}$,4$^{4'}$,1$^{5'}$	4,2345^{2},23^{3},12^{4},2^{5},5$^{3'}$	597. Ch. XII 83.
1802.	34,1^{3},125^{4},12^{5},25$^{5'}$,4$^{4'}$	34,23^{2},14^{3},135^{4},1^{5}	D* CR à D 182.
1803.	34,1^{3},4^{4},3$^{5'}$,D1'	4,3^{2},1^{4},1^{5},D4$^{5'}$	E 305.
1804.	34,2345^{3},1234^{4},2^{5},1$^{5'}$,4$^{4'}$,5$^{3'}$	1245,123^{2},24^{3},25^{4},3^{5},5$^{2'}$	598.
1805.	34,234^{3},135^{4},23^{5}	4,4^{2},4^{3},234^{4},24^{5},4$^{5'}$,1$^{3'}$	*12. D 149. 599. Ch XII 69
1806.	34,234^{3},145^{4},2^{5},2$^{5'}$,1$^{4'}$	2,1234^{2},13^{3},35^{4},5^{5},1$^{5'}$	p^{on} du der^{er} ench^{nt}. E 280
1807.	34,234^{3},4^{4},14^{5},23$^{5'}$	4,123^{2},124^{3},14^{4},1$^{5'}$	600. Ch. XII 66.
1808.	34,23^{3},15^{4},125^{5},2$^{5'}$,1$^{4'}$	2,24^{2},1234^{3},345^{4},4^{5},1$^{5'}$	D LM 355.
1809.	34,24^{3},5^{4},2^{5}	234^{3},3^{4},123^{5},5$^{5'}$	H 189. Mz 71.
1810.	34,2^{3},3^{4},23^{5},4$^{4'}$	2D3^{2},135^{4},2^{5},5$^{5'}$	H 190.
1811.	34,2^{3},23^{5},35$^{5'}$	34^{2},D24^{3},35^{4}	H 191.
1812.	34,345^{3},34^{4},123^{5},3$^{5'}$,4$^{4'}$,5$^{3'}$	4,12345^{2},13^{3},15^{4},2^{5},5$^{2'}$	601.
1813.	34,34^{3},245^{4},1235^{5}	3,23^{2},134^{3},235^{4},23^{5}	602. Ch. XII 82.
1814.	D34,3^{3},1^{5},1$^{3'}$	1,45^{2},4^{3},2$^{5'}$,5$^{3'}$	E 277
1815.	34,4^{3},2^{4},2^{5},145$^{5'}$,5$^{3'}$	2,1D35^{2},34^{3},2^{4},4$^{5'}$	D* à CR 183.
1816.	34,124^{4},15^{5},2$^{5'}$,1$^{4'}$	5,2^{2},1234^{3},2^{4},34$^{4'}$	D Bl. 577. Ch. XII 33. D 497.
1817.	34,135^{4},1$^{4'}$	2^{2},34^{3},34^{5},1$^{5'}$	H 192.
1818.	34,25^{4},23^{5},4$^{4'}$	123^{2},4^{3},125^{4},1^{5}	D* à R 184.
1819.	D3D4,D3$^{5'}$	D3^{2}	603.
1820.	D34,D3$^{5'}$	D3^{2}	604.
1821.	35,12345^{2},12345^{3},12345^{4},124^{5}	234,1245^{2},12345^{3},12345^{4},123^{5}	605.
1822.	35,12345^{2},1234^{3},123^{4},125^{5}	134,234^{2},1245^{3},2345^{4},234^{5}	606.
1823.	35,12345^{2},1234^{3},123^{4},125^{5}	13,1234^{2},1245^{3},12345^{4},34^{5}	607.
1824.	35,12345^{2},23^{3},13^{4},34^{5},34$^{5'}$	24,12345^{2},1345^{3},15^{4},25$^{5'}$	D* 185.
1825.	35,12345^{2},34^{3},23^{4},3^{5}	2345^{2},3^{3},1235^{4},5^{5},5$^{5'}$,14$^{4'}$	D* 186.
1826.	35,12345^{2},3^{3},3^{4},345^{5},4$^{5'}$,3$^{4'}$	4,12345^{2},12D35^{3},125^{4}	A 28.
1827.	35,1234^{2},1235^{3},245^{4},123^{5},1$^{5'}$,5$^{4'}$	1345,12345^{2},234^{3},1234^{4},23^{5},4$^{5'}$	VE 49.
1828.	35,1245^{2},2345^{3},234^{4},23^{5}	2,2345^{2},234^{3},2345^{4},3^{5},1$^{5'}$,5$^{4'}$	D DU 504.
1829.	35,1245^{2},2345^{3},23^{4},23^{5},2$^{5'}$	5,2345^{2},1345^{3},34^{4}	608. G 199. Q. P. G.
1830.	35,12^{2},23^{3},124^{4},23^{5},24$^{5'}$	23,12^{2},345^{3},245^{4},15^{5},1$^{5'}$,5$^{4'}$	D* j. 187.
1831.	35,1345^{2},2345^{3},1^{4},1^{5},15$^{5'}$	1345,4^{2},134^{3},45^{4},23^{5},4$^{5'}$,5$^{4'}$	E 407.
1832.	35,134^{2},25^{3},12^{4},34$^{5'}$,2$^{5'}$	3,2345^{2},4^{3},345^{4},5^{5},15$^{5'}$,5$^{4'}$	609.
1833.	35,134^{2},4^{3},3^{4},23^{5},1$^{5'}$	2,14^{2},145^{3},5^{4},25^{5},1$^{5'}$,5$^{4'}$	610. Ch. XII 77.
1834.	35,134^{2},4^{3},3^{4},23^{5},1$^{5'}$	23,1^{2},145^{3},5^{4},25^{5},5$^{4'}$	D MD 522.
1835.	35,134^{2},4^{3},3^{4},23^{5},1$^{5'}$	2,14^{2},145^{3},5^{4},25^{5},1$^{5'}$,5$^{4'}$	611.
1836.	35,135^{2},24^{3},12^{4},1^{5}	1345^{3},4^{4},135^{5},35$^{5'}$	Mz 31.
1837.	35,145^{2},2345^{3},24^{4},3^{5},4$^{4'}$,4$^{3'}$	35,12345^{2},2^{3},12^{4},3^{5},1$^{5'}$,5$^{4'}$	612.
1838.	D35,14^{2},125^{3},2^{4},3^{5},13$^{4'}$,1$^{3'}$	2D3,4D5^{2},4^{3},24^{4},23^{5},4$^{5'}$,5$^{4'}$	C 197.
1839.	D35,14^{2},25^{3},12^{4},2^{5},3$^{4'}$	4D5^{2},24^{4},D123^{5},4$^{5'}$,5$^{4'}$	613.
1840.	D35,14^{2},3^{3},23^{4},2^{5},3$^{5'}$,3$^{4'}$	3,1234^{2},2^{3},145^{4},5^{5},D1$^{5'}$,5$^{4'}$,D5$^{5'}$	D LM 586.
1841.	35,15^{2},123^{3},24^{4},4^{5},25$^{5'}$,1$^{3'}$	34,5^{2},234^{3},34^{4},14^{5},5$^{4'}$,D5$^{5'}$	D H j. 110.

1842. $35,15^{2},24^{3},25^{4},23^{5},14^{5'},3^{4'}$ $234,123^{2},25^{3},25^{4},25^{5},1^{5'}$ 614.
1843. $35,1^{2},123^{3},134^{4}$ $5^{2},125^{3},25^{4},234^{5},5^{4'}$ H 193.
1844. $D35,1^{2},1^{3},14^{4},5^{5},35^{5'}$ $4,2D34^{2},245^{3},1^{4},3^{3'}$ D* W 188.
1845. $35,1^{2},2345^{3},234^{4}$ $235^{3},234^{4},12345^{5},2^{5'}$ H 194.
1846. $35,1^{2},23^{3},13^{4},34^{5},23^{5'},2^{4'}$ $24,1234^{2},1^{3},4^{4},1^{5'},5^{4'},D5^{3'}$ A 29.
1847. $35,1^{2},24^{3},2^{4},25^{5},14^{5'}$ $45,2^{3},125^{4},35^{5},14^{5'}$ 615.
1848. $35,1^{2},2^{3},1235^{4},3^{5},3^{4'},4^{5'}$ $35,D5^{3},2^{4},D12^{5}$ H 195. Mz 255.
1849. $35,1^{2},2^{3},1235^{4}$ $1^{2},1234^{4},24^{5},4^{5'}$ H 196.
1850. $35,1^{2},2^{3},134^{4},24^{5},3^{5'},2^{4'}$ $15,D345^{2},14^{3},13^{4},1^{5'},5^{4'}$ H 197. Mz 225.
1851. $35,1^{2},34^{3},24^{4},23^{5},1^{5'}.4^{4'}$ $4,2345^{2},13^{3},2D5^{4},5^{5'},5^{2'}$ E 132.
1852. $35,1^{2},3^{3},13^{4},134^{5},23^{5'},24^{4'}$ $24,12345^{2},1^{3},5^{4},5^{4'},D5^{3'}$ D* LM 189.
1853. $35,1^{2},3^{3},34^{4},345^{5},2^{5'},5^{4'},5^{3'}$ $234,1345^{2},1^{3},1^{4},1^{5},2^{5'}$ C 88.
1854. $35,2345^{2},2345^{3},145^{4},2^{5},5^{5'}$ $4,1235^{2},134^{3},125^{4},23^{5},3^{5'},1^{3'}$ 616.
1855. $35,2345^{2},234^{3},23^{4},12^{5}.5^{5'}$ $3,34^{2},34^{3},1235^{4},234^{5},45^{5'},5^{4'}$ D W 591.
1856. $35.2345^{2},235^{3},2345^{4},235^{5},1^{5'}$ $1234,2345^{2},123^{3},235^{4},23^{5},1^{5'}$ VE 47.
1857. $35,234^{2},124^{3},1234^{4},23^{5},1^{5'},5^{3'}$ $4,12345^{2},23^{3},234^{4},34^{5},5^{4'}$ D* CR 190.
1858. $35,234^{2},234^{3},25^{4},35^{5},14^{5'}$ $2,12345^{2},235^{3},245^{4},2^{5},5^{5'}$ D CL 623.
1859. $35,235^{2},123^{3},25^{4},23^{5},14^{5'}$ $1,2345^{2},134^{3},235^{4},3^{5},4^{5'}$ D AD 371.
1860. $35,235^{2},123^{3},25^{4},23^{5},1^{5'}$ $12345^{2},134^{3},235^{4},35^{5},14^{5'}$ M 53. Mz 73.
1861. $35,235^{2},2345^{3},25^{4},25^{5},14^{5'}$ $4,12345^{2},123^{3},235^{4},23^{5},1^{5'}$ D* 191.
1862. $35.235^{2},235^{3},125^{4},12^{5'}$ $23,123^{2},15^{3},5^{4},345^{5},1^{3'}$ 617.
1863. $35,23^{2},1234^{3},25^{4},1^{5},4^{5'},45^{4'}$ $35,12345^{2},2^{3},1^{4},123^{5}.4^{5'}$ 618. Ch. XII 118.
1864 $35,23^{2},1234^{3},25^{4},235^{5},14^{5'}$ $124,12345^{2},235^{3},2^{4},2^{5},1^{5'},D4'$ 619.
1865. $35,23^{2},234^{3},123^{4},2345^{5},124^{5'}$ $245,12345^{2},12345^{3},45^{4},1^{5'}$ D* j. 192.
1866. $35,23^{2},35^{3},24^{4},5^{5}$ $1234^{3},2D5^{4},1^{5},1^{4'}$ H 198.
1867. $35,23^{2},3^{3},3^{4},4^{5}$ $4^{2},234^{3},13^{4},245^{5}$ H 199.
1868. $35,245^{2},1245^{3},13^{4},24^{5},5^{4'}$ $3,1235^{2},24^{3},12^{4},1D2^{5},5^{5'},5^{4'}$ 620.
1869. $35,245^{2},245^{3},3^{4},34^{5},4^{5'}$ $3,2345^{2},45^{3},25^{4},15^{5},15^{5'},5^{4'}$ E 359.
1870. $D35,24^{2},125^{3},2^{4},3^{5},13^{4'},1^{5'}$ $2D3,4D5^{2},4^{3},24^{4},23^{5},4^{5'},5^{4'}$ 621.
1871. $35,24^{2},14^{3},134^{4},13^{5}$ $1,234^{2},D124^{3},25^{4},2^{5}$ D CR 292.
1872. $35,24^{2},234^{3},5^{5'}$ $3,2^{2},4^{3},34^{4},1^{5},15^{5'}$ 622.
1873. $3D5,2D4^{2},245^{3},14^{4},235^{5},25^{5'},14^{4'},5^{3'}$ $D1D24,2345^{2},123^{3},2^{4},D1^{5},1^{5'},1^{3'},D4'$ DHVP 126
1874. $35,24^{2},34^{3},24^{4}$ $2^{3},5^{4},35^{5},5^{4'},D2'$ H 200.
1875. $3D5,24^{2},45^{3},134^{4},4^{5}$ $1234^{2},D1^{3}.3^{4},4^{5},23^{5'},1^{2'},D1'$ D LM 464. Remp.
1876. $35,25^{2},15^{3},45^{4},245^{5},2^{5'},5^{4'}$ $3,24^{2},12345^{3},23^{4},135^{5}$ E 55. G 98.
1877. $35,25^{2},35^{3},4^{4},25^{5},5^{5'},1^{4'},1^{3'}$ $123.25^{2},4^{3},24^{4},3^{5},14^{5'},1^{3'}$ D* BL 193.
1878. $35.2^{2},4^{3},5^{4},15^{4'},2^{3'},3^{2'}$ $4^{4},D5^{5},D234^{5'},1^{2'}$ VE 23.
1879. $35,2^{2},4^{3},1^{5}$ $5^{4},5^{5'},D2^{4'},4^{2'}$ H 201.
1880. $35,2^{2},4^{4},345^{5},23^{5'},23^{4'}$ $12,1245^{2},245^{3},5^{5},1^{4'}$ C 28.
1881. $35,345^{2},5^{3},25^{4},13^{5},4^{4'}$ $14,D123^{2},3^{3},13^{4},2^{5},5^{5'},D3^{3'}$ E 199.
1882. $35,34^{2},1345^{3},45^{4}$ $13,123^{2}.245^{3},123^{4},235^{5},13^{5'},2^{3'}$ 623.
1883. $35,34^{2},13^{3},5^{5},12^{5'}$ $4^{2},23^{3},24^{4},3^{5},1^{5'},2^{3'}$ 624.
1884. $35.34^{2},15^{3},45^{4},2^{5},34^{5'},34^{4'}$ $34,1235^{2},25^{3},15^{4},2^{5},1^{4'},2^{3'}$ 625.
1885. $35,34^{2},4^{3},2^{5},45^{4'}$ $245,2^{2},1^{3},1^{4},D15^{5'}$ E 23. G 145.
1886. $35,35^{2},13^{3},25^{4},3^{5},14^{5'}$ $12345^{2},13^{3},235^{4},35^{5},4^{5'}$ 626. Ch. XII 195.
1887. $D35,35^{2},14^{3},3^{4},13^{5},3^{5'}$ $45^{2},135^{3},D14^{4},12^{5},5^{4'}$ D B 441.
1888. $35,3^{2},123^{3},134^{4},4^{5},4^{5'}$ $2345^{2},35^{3},12^{4},2^{5},12^{5'}$ D V 458.
1889. $35,3^{2},1^{3},3^{4},5^{5},12^{5'}$ $4^{2},23^{3},24^{4},14^{5'},2^{3'}$ M 55. Mz 16.
1890. $35,3^{2},234^{3},23^{4},23^{5},4^{5'},1^{4'}$ $1,235^{2},15^{3},2^{4},3^{5},1^{5'},D4'$ D W 509.

1891.	$35,3^{2},5^{3},4^{4},1345^{5},25^{5'},45^{4'},5^{3'}$	$145,D1D23^{2},13^{3},1^{4},1^{5}$	H 202. Mz 261.
1892.	$35,3^{2},13^{4},2^{5},25^{5'},5^{4'}$	$3,2345^{2},24^{3},3^{4},4^{5'}$	D 299. 627. Ch. XII 46.
1893.	$35,3^{2},234^{4},4^{5}$	$345^{3},145^{5},5^{4'}$	Mz 14.
1894.	$35,45^{2},1234^{3},23^{4},3^{5'}$	$123^{2},45^{3},13^{4},25^{5},2^{5'},5^{4'}$	623.
1895.	$35,45^{2},1^{3},3^{4},234^{5},23^{5'},3^{4'}$	$3,12345^{2},124^{3},1^{4},1^{5},1^{4'}$	F 223.
1896.	$35,45^{2},3^{3},5^{4},13^{5},3^{5'},1^{4'},1^{3'}$	$45,2^{2},4^{3},D345^{4},2^{5},24^{5'},4^{4'},5^{3'}$	VE 53.
1897.	$35,4^{2},1235^{3},1234^{4},24^{5},5^{4'}$	$4^{2},15^{3},134^{4},2^{5}$	629. G 204. Q. P. G.
1898.	$35,4^{2},135^{3},134^{4},1^{5}$	$123^{2},345^{4},14^{5},5^{5'},5^{2'}$	E 123.
1899.	$35,4^{2},235^{3}\ 34^{5},5^{5'}$	$2,123^{2},1^{3},15^{4},1^{5},1^{3'}$	D* MD 194.
1900.	$35,4^{2},23^{3},25^{4},2^{5},2^{5'},2^{4'},2^{3'}$	$12,13^{2},14^{3},45^{4},5^{5},D1'$	E 76.
1901.	$35,4^{2},23^{3},2^{4},3^{5},25^{5'},5^{4'}$	$5,1234^{2},1^{3},1^{4},2^{5'},1^{3'}$	630.
1902.	$35,4^{2},2^{3},13^{4},3^{5},34^{5'}$	$234^{2},24^{3},2^{4},12^{5},15^{5'}$	H 203.
1903.	$35,4^{2},3^{3},124^{4},25^{5},25^{5'}$	$45,5^{2},34^{3},D23^{4},13^{5}$	H 204. Mz 217.
1904.	$3D5,4^{2},235^{4},2^{5},5^{5'},3^{3'}$	$1D25,5^{2},45^{3},15^{4},1^{3'},5^{2'}$	631. G 143.
1905.	$35,5^{2},12^{3},13^{4},345^{5},2^{5'},1^{3'}$	$235,2345^{2}.3^{3},145^{4},4^{5}$	E 191.
1906.	$35,5^{2},135^{3},134^{4},1^{5}$	$123^{2},345^{4},14^{5},5^{5'},5^{2'}$	G 91.
1907.	$35,5^{2},13^{3},4^{4},34^{5'},34^{4'},4^{3'}$	$45,125^{2},25^{3},2^{5},2^{5'},15^{4'}$	632.
1908.	$35,5^{2},1^{3},5^{4},5^{5'},34^{4'},5^{3'}$	$24,4D5^{2},1^{4},2^{5},345^{5'}$	E 82.
1909.	$D35,5^{2},23^{3},25^{4},2^{5},2^{5'},2^{4'},2^{3'}$	$15,1^{2},145^{3},45^{4},5^{5},D1'$	633. G 59.
1910.	$35,5^{2},24^{3},4^{4},12^{5}$	$2^{2},1^{3},2345^{4},1^{5},5^{3'}$	E 275.
1911.	$35,5^{2},134^{4},245^{5},25^{5'}$	$5.12345^{3},35^{4},4^{5},1^{3'}$	634.
1912.	$35,1234^{5},124^{4},2^{5},2^{5'}$	$2,135^{2},13^{3},235^{4},35^{5}$	H 205.
1913.	$35,1345^{3},34^{4},345^{5},123^{5'},1^{4'}$	$5,1235^{2},12345^{3},24^{4},45^{5},2^{5'}$	E 134.
1914.	$35,14^{3},5^{4},25^{5},245^{5'},34^{4'}$	$25.12345^{2},13^{3},12^{4},2^{3'}$	PV* L* de M.
1915.	$35,1^{3},14^{4},2^{5},135^{3'}$	$34,1234^{2},4^{3},45^{4},D4'$	E 274.
1916.	$D35,1^{3},14^{4},34^{5},35^{3'}$	$45,2D345^{2},245^{3},13^{4}$	D W j. 103.
1917.	$35,D1^{3},3^{4},23^{5},245^{5'},5^{3'},5^{2'}$	$D24,1D4^{2},234^{3},D1^{5},45^{4'}$	D LMP 222.
1918.	$35,1^{3},34^{5},25^{5'},12^{4'},5^{3'}$	$34,235^{4},D14^{3},3^{4}$	E 408.
1919.	$35,234^{3},1234D5^{4},23^{5},15^{4'}$	$145,235^{2},23^{3},234^{4},34^{5},1^{3'},D4'$	D HVP 175.
1920.	$35,235^{3},234^{5},24^{5'}$	$2,1234^{2},13^{3},15^{4},1^{3'}$	D B 426.
1921.	$35,235^{3},,234^{5},25^{5'}$	$2,1234^{2},13^{3},125^{4},1^{3'}$	D B 597. 635. Ch. XII 179.
1922.	$35,23^{3},3^{4},134^{5},24^{5'},235^{4'}$	$24,1234^{2},15^{3},1^{4},1^{5},5^{5'},5^{4'},1^{3'}$	636.
1923.	$35,25^{3},234^{5},24^{5'},4^{4'}$	$2,1234^{2},13^{3},15^{4},13^{3'}$	637. Ch. XII 76.
1924.	$D3D5,34^{3},23^{4},1^{5},34^{5'},13^{4'}$	$D124,234^{2},25^{3},5^{4},5^{4'},D1^{3'}$	D LM 154.
1925.	$35,5^{3},1234^{4},1234^{5},3^{5'},5^{4'}$	$15,345^{2},2D34^{3},134^{4},2^{5}$	H 206. Mz 226.
1926.	$35,1^{4},2^{5},123^{3'}$	$124,D35^{2}$	Mz 142.
1927.	$35,2^{4},5^{3'}$	$D5^{2},4^{3}$	Mz 85.
1928.	$35,35^{4},35^{5},3^{5'}$	$1,123^{2},24^{3},13^{4},D1^{3'}$	E 8. G 154.
1929.	$D3D5,D4^{4},D4'$	$D5^{4},D5^{4'}$	Mz 385.
1930.	$D3D5,D3^{5},D4'$	$D5^{4},D5^{4'}$	H 207.
1931.	$3,12345^{2},12345^{3},12345^{4},124^{5},1^{3'}$	$1234,1245^{2},12345^{3},12345^{4},2^{3'}$	638.
1932.	$3,12345^{2},14^{3},12^{4},1^{5}$	$45,5^{2},2345^{3},4^{4},5^{5},5^{5'},5^{4'}$	C 55.
1933.	$3,1234^{2},13D5^{3},3^{4},4^{5},1^{5'},13^{4'},5^{3'}$	$D1D2,25^{2},3^{3},4^{4},24^{5},2^{5'},12D5^{4'},D2'$	E LM 456.
1934.	$3,1234^{2},13^{3},25^{4},1^{5},1^{4'}$	$1,234^{2},1^{3},2345^{4},45^{5},2^{5'}$	E 71. G 130.
1935.	$3,1235^{2},3^{3},234^{4},23^{5},1^{5'}$	$2,2345^{2},125^{3},2^{4},2^{5},1^{5'},5^{3'},$	D* j. 195.
1936.	$3,123^{2},234^{3},123^{4}$	$1,24^{2},15^{3},24^{4},134^{5},1^{5'}$	638 bis.
1937.	$3,123^{2},23^{3},2^{5},D4^{3'}$	$54,24^{5},D3D4^{5'},4^{4'}$	H 208. Mz 365.
1938.	$3,1245^{2},5^{5},24^{4},24^{5}$	$3,14^{3},35^{4},1345^{5},5^{4'}$	E 184.
1939.	$3,124^{2},134^{3},1234^{4},23^{5},1^{5'},5^{3'}$	$4,12345^{2},123^{3},234^{4},34^{5}$	D* CR j. 196.

1940. $D3,D124^{2},15^{3},45^{4},23^{5'},1^{4'}$ — $D1,23^{2},1245^{3},D45^{4},1^{5},2^{5'}$ D HV 151.

1941. $3,124^{2},23^{3},2^{5},D3^{2'}$ — $125^{4},D2D3^{5},4^{4'}$ H 209.

1942. $3,124^{2},24^{3},124^{4},2^{5},1^{5'}$ — $2^{2},1234^{3},235^{4},2345^{5},3^{5'}$ 639.

1943. $3,125^{2},3^{3},3^{4},5^{5},1^{5'},2^{4'}$ — $1245,4^{2},1^{3},4^{4},2^{5'},1^{5'}$ E 188.

1944. $3,12^{2},123^{3},3^{4},4^{5'}$ — $5^{2},5^{3},5^{4},23^{5},1^{5'},D5'$ 640. Ch. XII 164.

1945. $3,12^{2},245^{3},1^{4},123^{5},5^{5'},4^{4'}$ — $35,1234^{2},24^{3},12^{4},1^{5},4^{5'}$ D A D 135.

1946. $3,12^{2},2^{3},34^{4},2345^{5}$ — $2,1^{2},345^{3},235^{4},D15^{5}$ H 210.

1947. $3,12^{2},5^{3},1345^{4},234^{5},34^{5'}$ — $45,12345^{2},135^{3},14^{4},1^{5}$ E 258.

1948. $D3,12^{2},4^{4},34^{5},23^{5'},1^{5'}$ — $12,145^{3},4^{4},15^{5},1^{5'}$ 641.

1949. $D3,12^{2},4^{4},34^{5},23^{5'},2^{5'}$ — $12,D145^{3},4^{4},15^{5},1^{5'}$ E 429.

1950. $3,134^{2},24^{3},5^{5}$ — $2^{2},134^{3},1^{4},3^{5},2^{5'}$ 642. G 18.

1951. $3,13^{2},D12^{3},123^{4},3^{5},5^{4'}$ — $45,12^{2},4^{3},124^{4},D15^{5'},4^{4'},5^{5'}$ 643.

1952. $3,13^{2},2345^{3},2345^{4},135^{5}$ — $135^{2},D235^{3},245^{4},234D5^{5},4^{5'}$ VE 91.

1953. $3,13^{2},235^{3},24^{4},235^{5}$ — $23,1^{2},345^{3},25^{4},235^{5}$ D MD 95.

1954. $3,13^{2},23^{3},23^{4},1^{5},1^{5'}$ — $3,45^{2},2345^{3},34^{4},3^{5},D4^{2'}$ H 211.

1955. $3,13^{2},124^{4},3^{5},3^{4'}$ — $D124^{2},D1245^{4},2^{5}$ H 212. Mz 254.

1956. $3,145^{2},24^{3},125^{4},3^{5},1^{4'},5^{5'}$ — $15,23^{2},14^{3},25^{4},23^{5},14^{5'}$ D R 351.

1957. $3,14^{2},1234^{3},2^{4},12^{5},45^{4'},4^{5'}$ — $135,1235^{2},2^{3},123^{4},3^{5},345^{5'}$ G 79.

1958. $D3,14^{2},12^{3},4^{4},12^{5'},3^{4'}$ — $D14,2^{3},5^{5},12^{5'},35^{4'}$ D* 197. Serpenteau.

1959. $3,14^{2},235^{3},123^{4},1^{5}$ — $5,1235^{2},245^{3},234^{4},2345^{5},4^{5'}$ H 213.

1960. $3,14^{2},235^{3},123^{4}$ — $1,1^{2},245^{3},1234^{4},235^{5},4^{5'}$ H 214.

1961. $3,14^{2},3^{3},2^{4},235^{5'},3^{4'}$ — $2,D1245^{2},25^{3}$ H 215.

1962. $3,14^{2},24^{4},1235^{5},12^{5'},4^{4'},5^{5'}$ — $4,12345^{2},3^{3},235^{4},3^{5},5^{4'}$ 644.

1963. $3,15^{2},1234^{3},3^{4},4^{5},2^{4'}$ — $2,1234^{2},3^{3},14^{4},24^{5},25^{5'}$ 645. B W

1964. $3,15^{2},125^{3},1235^{4},1235^{5},1^{5'}$ — $2345^{2},1235^{3},2345^{4},235^{5}$ M 64. Mz 50.

1965. $3,15^{2},23^{3},12^{4},123^{5},4^{5'},35^{4'}$ — $45,1234^{2},35^{3},24^{4},D4^{4'}$ D MD 248.

1966. $3,15^{2},4^{3},135^{4},12^{5},45^{5'}$ — $35,45^{2},4^{3}\ 125^{4},12^{5},3^{5'}$ E 401.

1967. $3,15^{2},4^{3},3^{4},34^{5},3^{5'}$ — $1^{2},24^{3},14^{4},15^{5'},1^{5'}$ E 331.

1968. $3,1^{2},1234^{3},24^{4},12^{5},5^{5'},5^{4'}$ — $35,12345^{2},12^{4},13^{5},345^{5'}$ 646.

1969. $3,1^{2},124^{3},12^{4},2^{5},4^{5'}$ — $5,5^{2},245^{3},5^{4},23^{5},5^{5'}$ 647.

1970. $3,1^{2},12^{3},2^{4},3^{5'},3^{4'},1^{5'}$ — $12,24^{2},45^{3},D2^{2'},D1'$ E 80. G 88.

1971. $3,1^{2},1^{3},3^{4},5^{5},23^{5'},1^{4'},D4^{5'},4^{2'},D5'$ — $12^{2},13^{3},4^{5},2^{5'},25^{4'},25^{3'},D5^{2'},D4'$ D RV 188.

1972. $3,1^{2},1^{3},3^{5},12^{5'}$ — $13,23^{2},5^{5},1^{5'}$ H 216.

1973. $3,1^{2},235^{3},4^{4},4^{5},5^{5'}$ — $4^{3},135^{4},1D34^{5}$ H 217. Mz 176.

1974. $3,1^{2},23^{3},4^{4},23^{5}$ — $5^{2},35^{3},2^{5},1^{5'},D4^{2'}$ H 218.

1975. $D3,1^{2},23^{3},12^{5},4^{4'}$ — $35^{2},235^{4},1^{5},4^{5'},D4^{2'}$ E 1 .

1976. $D3,1^{2},23^{3}$ — $1^{2},D2^{3}\ 25^{5}$ H 219. Mz 293.

1977. $D3,1^{2},2^{3},2^{4}$ — $1,D234^{3},3^{4'}$ H 220. Mz 296.

1978. $3,1^{2},34^{3},134^{4},4^{5},1^{4'}$ — $123,34^{3},4^{4},245^{5}$ E 129. G 40.

1979. $3,1^{2},35^{3},24^{4},4^{5},3^{5'}$ — $2,1234^{2},13^{3},15^{4},5^{5},3^{5'}$ H 221.

1980. $D3,1^{2},3^{3},12^{4},3^{5},1^{5'},1^{5'}$ — $D2,4^{2},23^{3},34^{4},25^{5}$ *7. 648. Ch. XII 168. ELM 434

1981. $3,1^{2},3^{3},345^{4},34^{5'}$ — $1235^{2},13^{3},1^{5},1^{5'}$ 649. Ch. XII 24.

1982. $3,1^{2},5^{3},4^{4},2^{5},345^{5'},3^{5'}$ — $34,45^{2},D1^{3},4^{5'}$ H 223.

1983. $D3,1^{2},12^{4},1^{4'},2^{5'}$ — $1,34^{4},D1^{5},1^{5'},3^{4'}$ D LM 576.

1984. $3,1^{2},135^{4},1^{5'}$ — $35^{2},1^{3},2D34^{4},4^{5},2^{5'}$ H 224.

1985. $3,1^{2},1^{4},1234^{5},15^{5'},4^{4'}$ — $12,12345^{2},14^{3},25^{4}$ E 47. G 69.

1986. $D3,D1^{2},D3^{5'}$ — $D1^{4}$ 650.

1987. $3,2345^{2},12345^{3},1235^{4},12^{5}$ — $25,15^{2},114^{3},1235^{4},1234^{5},45^{5'}$ H 225.

1988. $3,2345^{2},12345^{3},235^{4},23^{5}$ — $3,2345^{2},234^{3},2345^{4},23^{3},1^{5'}$ M 65. Mz 52.

1989. $3,2345^2,1234^3,1345^4,124^5,13^{5'}$ $135,12345^2,12345^3,1345^4,24^5$ 651. Ch. XII 205
1990. $3,2345^2,14^3,12^4,1^5$ $5,5^2,2345^3,4^4,5^{5'},5^{4'}$ 652.
1991. $3,2345^2,2345^3,2345^4,235^5$ $1234^2,1234^3,125^4,1235^5,1^{5'}$ 653.
1992. $3,2345^2,23^3,2^4,23^5$ $3,235^3,235^4,123^5,4^{4'}$ 654.
1993. $3,2345^2,245^3,12345^4,45^5$ $1,234^2,24^3,2345^4,145^5,1^{5'}$ C 129.
1994. $3,234^2,123^3,234^4,4^{5'},1^{3'}$ $23,23^2,25^3,25^4,35^5,1^{5'},5^{4'}$ D DU 411.
1995. $3,234^2,123^3,25^4,25^5,1^{5'}$ $12^2,2345^3,35^4,35^5,34^{5'},3^{4'}$ 655.
1996. $3,234^2,135^3,234^4,4^5,5^{4'}$ $4,234^3,34^4,1345^5,2^{5'},1^{4'}$ D DO 325.
1997. $3,234^2,245^3,2^4,3^5,34^{5'},1^{4'}$ $12,2^2,12345^3,25^4,1^5,1^{5'}$ D* à H V 198.
1998. $3,234^2,5^5,1^{4'}$ $2^2,15^3,2^4,345^5,D1^{2'}$ H 226.
1999. $3,235^2,1234^3,15^4,5^5,1^{5'}$ $3,234^2,234^3,134^4,3^5,13^{5'}$ D* BL j. 199.
2000. $3,235^2,1345^3,1235^4,123^5,4^{5'}$ $2,12345^2,135^3,1234^4,12^5,4^{5'}$ 656.
2001. $3,235^2,2345^3,235^4,3^5,5^{5'},4^{4'},5^{3'}$ $5,1235^2,13^3,1234^4,123^5,245^{5'}$ D W 425.
2002. $3,235^2,234^3,1234^4,2^5,5^{5'}$ $5,125^2,13^3,124^4,123^5,5^{5'},1^{5'}$ E 352.
2003. $3,235^2,234^3,1234^4,2^5$ $5,123^2,3^3,25^4,123^5,5^{5'},1^{3'}$ E 195.
2004. $3,235^2,234^3,23^4,23^5,4^{5'},3^{4'},1^{3'}$ $14,2345^2,5^3,1^4,2^5,145^{5'},15^{4'},1^{5'}$ 657.
2005. $3,235^2,234^3,23^4,2^5,14^{5'}$ $14,2345^2,135^3,2^4,3^5,1^{5'}$ D* 200.
2006. $3,235^2,34^3,123^4,2^5$ $4^2,15^3,1234^4,24^5,5^{5'}$ H 227.
2007. $3,2D35^2,3^3,3^4,4^{5'},3D5^{4'},34^{3'},3^2,D2^{'},D3^{'}$ $D145,15^2,12^3,1^4,1245^5,25^{5'},1^{3'}$ PV*
2008. $3,23^2,1234^3,4^5,5^{5'}$ $2,1^2,145^3,3^4,34^5,5^{4'}$ H 228.
2009. $3,23^2,124^3,125^4,15^5,5^{5'}$ $124,1234^2,23^3,2^4,234^5,3^{5'},3^{4'}$ 658.
2010. $3,23^2,13^3,1^4,35^5,1^{5'}$ $135^2,2345^3,14^4,5^5,D5^{4'}$ H 229.
2011. $3,23^2,234^3,23^4,1^5,4^{5'}$ $1,25^2,135^3,24^4,34^5,5^{4'}$ 659.
2012. $3,23^2,234^3,23^4,2^5,14^5$ $1,2345^2,135^3,2^4,3^5,1^{5'}$ 660.
2013. $3,23^2,234^3,25^4,35^5,1^{5'}$ $4,1^2,24^3,24^4,235^5,14^{5'}$ 661. Ch. XII 98.
2014. $D3,23^2,24^3,1^4,2345^5,2^{5'},2^{4'}$ $45,1235^2,D3D4^3,345^4$ 662.
2015. $3,23^2,23^4,13^{5'},5^{3'}$ $5,1^5,24^5,14^{4'},14^{2'}$ G 183. Etude.
2016. $3,23^2,2^4,2^{5'},1^{4'},D1^{'}$ $4^2,4^4,15^{5'}$ M . . .
2017. $3,245^2,123^3,23^4,234^5,23^{5'}$ $25,2345^2,24^3,345^4,5^5,5^{5'},5^{4'}$ 663.
2018. $3,245^2,35^3,4^4,25^5,5^{5'},1^{4'},1^{3'}$ $123,2^2,15^3,24^4,3^5,14^{5'},1^{2'}$ D 206. 664. Ch. XII 105
2019. $D3,245^2,3^3,23^4,4^5,2^{5'},1^{4'}$ $3,23^2,245^3,4^4,45^5,1D2^{5'},4^{4'}$ B LM.
2020. $3,245^2,1^4,1235^5,2^{5'}$ $25,1^2,2D34^3,45^4$ H 230.
2021. $3,24^2,1234^3,12345^4,14^5,1^{5'}$ $24,35^2,245^3,1345^4,345^5,2^{5'}$ H 231.
2022. $3,24^2,1235^3,123^4,34^5,23^{5'}$ $25,234^2,24^3,345^4,5^5,5^{5'},5^{4'}$ C 117.
2023. $3,24^2,12^3,12^4,13^5$ $35^2,1^3,245^4,4^5,4^{5'}$ 665. Ch. XII 34.
2024. $3,24^2,14^3,13^4,1234^5,35^{5'},5^{4'}$ $15,1235^2,24^3,13^4,1D2^5$ 666.
2025. $3,24^2,14^3,13^4,1234^5,35^{5'},5^{4'}$ $3,1235^2,24^3,23^4,1D2^5,5^{5'}$ C 182.
2026. $3,24^2,15^3,1235^4,12^5,2^{5'},1^{4'}$ $23,2^2,12345^3,34^4,34^5$ 667.
2027. $3,24^2,23^3,245^4,24^5,4^{5'}$ $3,24^2,23^3,245^4,24^5,4^{5'}$ 668.
2028. $3,24^2,3^3,35^4,1^5,1^{5'}$ $3^3,D25^4,D23^5,2^{5'}$ H 232.
2029. $3,24^2,4^3,4^4,5^{5'}$ $2,3^2,5^3,2^4,3^5,D2^{4'}$ H 233.
2030. $3,24^2,4^3,5^4,124^5,125^{5'},4^{4'}$ $4,23^2,1234^3,135^4,D5^{2'}$ D* 201.
2031. $3,25^2,12^3,14^4,124^5,2^{5'},1^{4'},3^{3'}$ $124,145^2,15^3,345^4,4^5,5^{3'}$ 669.
2032. $3,25^2,13^3,4^4,23^5$ $4,3^2,D123^3,4^4,2^5$ H 234.
2033. $3,25^2,2345^3,14^4,5^5,1^{4'},1^{3'}$ $12,24^2,34^3,234^4,35^5,34^{5'}$ D V 298.
2034. $3,25^2,235^3,34^4,4^5,23^{5'},2^{4'}$ $12,134^2,12^3,14^4,14^5,2^{5'}$ C 19.
2035. $3,25^2,235^3,35^4,4^5,23^{5'},2^{4'}$ $12,134^2,12^3,14^4,14^5,2^{5'}$ 670.
2036. $3,25^2,345^3,1234^4,2^5,5^{5'},45^{4'}$ $24,145^2,123^3,23^4,23^5,1^{5'}$ 671.
2037. $3,25^2,3^3,25^4,235^5,5^{5'},5^{4'}$ $1234^2,245^3,234^4,14^{5'}$ 672.

2038. $D3,2^{7},123^{3},2^{5}$ — $5^{2},5^{3},125^{4},1^{5'},D4'$ E 50.
2039. $3,2^{2},12^{3},45^{4},123^{5},4^{5'},14^{4'}$ — $13,2345^{2},135^{3},235^{4}$ D 303. D* 202.
2040. $3,2^{2},13^{3},125^{4},25^{5},1^{5'}$ — $13,12^{2},145^{3},35^{4},34^{5},14^{5'}$ E 263.
2041. $3,2^{2},1^{3},24^{4},2^{5},12^{5'}$ — $12^{2},12345^{3},4^{4},3^{5}$ H 235.
2042. $D3,2^{2},234^{3},34^{4},14^{5},5^{5'},14'$ — $D123,24^{2},123^{3},24^{4},4^{5},1^{5'}$ E 432.
2043. $3,2^{2},25^{3},15^{4},1^{5},2^{4'},3^{5'}$ — $34,134^{2},5^{3},34^{4},4^{5}$ C 27.
2044. $3,2^{2},25^{3},15^{4},1^{5},2^{4'},3^{5'}$ — $34,135^{2},5^{3},34^{4},4^{5}$ 673.
2045. $3,2^{2},345^{3},1345^{4},4^{5}$ — $2,14^{3},124^{4},1245^{5},D1'$ H 236.
2046. $3,2^{2},345^{3},2345^{4},235^{5},1^{5'}$ — $23,123^{2},1234^{3},234^{4},2'$ 674.
2047. $3,2^{2},345^{3},234^{4},123^{5},15^{5'}$ — $23,1234^{2},24^{3},2345^{4},5^{5'}$ 675.
2048. $D3,2^{2},4^{3},34^{4},14^{5},2^{5'},14'$ — $D123,234^{2},124^{3},454^{4},4^{5}$ E 438.
2049. $3,2^{2},35^{3},25^{4},2345^{5},5^{5'},5^{4'}$ — $13,1234^{2},24^{3},134^{4},1^{5'}$ 676.
2050. $3,D2^{2},35^{3},25^{5},2^{5'},14'$ — $123D5,15^{2},35^{3},3^{4}$ H 237. Mz 348.
2051. $3,2^{2},3^{3},235^{4},4^{5},12^{5'}$ — $2,234^{2},1^{3},45^{3},12^{5'}$ D* j. 203.
2052. $3,2^{2},3^{3},25^{4},25^{5'},2^{4'},2^{3'}$ — $135,124^{2},45^{3},1^{5}$ E 212.
2053. $3,2^{2},5^{3},24^{4},123^{5},45^{5'},1^{4'},5^{3'}$ — $45,1234^{2},13^{3},25^{4},3^{5},4^{5'}$ C 153.
2054. $3,345^{2},15^{3},2345^{4},3^{5},5^{5'},5^{4'}$ — $23D45,23^{2},D4^{3},2^{4},3^{5}$ DSH 7. G 123.
2055. $3,345^{2},15^{3},4^{5},45^{5'},34^{4'}$ — $2D45,35^{2},12^{3},3^{5},5^{4'}$ D H 456.
2056. $3,345^{2},35^{3},24^{4},145^{5},3^{5'},2^{4'}$ — $1234^{2},24^{3},345^{4},5^{5},23^{5'},1^{3'}$ C 140.
2057. $3,34^{2},1235^{3},245^{4},5^{5},1^{5'}$ — $34^{2},25^{3},4^{4},3^{5},3^{5'}$ 677. G 198. Q. P. G.
2058. $D3,34^{2},14^{3},1^{5}$ — $1^{2},124^{3},1^{4},1^{5},25^{5'},5^{4'}$ 678.
2059. $3,34^{2},23^{3},5^{5},1^{5'},1^{4'},4^{3'},4^{2'}$ — $135,5^{2},2D5^{4},4^{5'}$ E SP 425. Pl.
2060. $3,34^{2},245^{3},234^{4},23^{5},14^{5'}$ — $12,2345^{2},135^{3},234,3^{5},5^{4'}$ PV*.
2061. $3,34^{2},2^{3},245^{4},234^{5},3^{5'},25^{4'}$ — $245,1235^{2},12^{3},1^{4},1^{5},1^{5'},1^{3'}$ E 173.
2062. $3,34^{2},2^{3},2^{4},235^{5'},3^{4'}$ — $2,D1245^{2},25^{3}$ Mz 191.
2063. $3,34^{2},34^{3},4^{4},14^{5},1^{5'},34^{4'},5^{3'}$ — $45,1234^{2},1^{3},5^{4},5^{5'},2^{3'}$ C 37.
2064. $3,34^{2},34^{3},5^{3},2^{5'}$ — $13^{3},234^{4},D3^{5},2^{5'}$ H 238.
2065. $3,34^{2},35^{3},35^{4},2^{5}$ — $5^{4},1^{5},D1^{5'}$ D 33. G 72.
2066. $3,34^{2},3^{3},4^{4},3^{5},2^{5'},2^{3'},1^{2'}$ — $13,345^{3},4^{4},5^{5},D2^{5'},1^{4'}$ D* LM j. 204.
2067. $3,34^{2},3^{3},45^{5},24^{4'}$ — $13D45,1^{2},1^{4}$ H 239. Mz 171.
2068. $D3,34^{2},45^{3},25^{4},5^{5},1^{5'},3^{4'}$ — $D1,14^{2},1^{3},2D4^{4},5^{5},4^{5'},D1^{2'}$ VE 33.
2069. $3,34^{2},45^{3},35^{4},25^{5},4^{5'},4^{4'}$ — $5,1234^{2},2^{3},1^{4},3^{5},D1^{5'}$ D MD 595.
2070. $D3,34^{2},45^{3},5^{4},5^{5},1^{5'},3^{4'}$ — $D1,14^{2},1^{3},24^{4},5^{5},4^{5'}$ 679.
2071. $3,34^{2},4^{3},4^{4},5^{5},23^{5'},14^{3'}$ — $25,5^{2},23^{3},D5^{5},D12^{4'},D15^{2'}$ VE 41.
2072. $3,34^{2},4^{3},4^{4},5^{5},23^{5'},14^{3'}$ — $25,5^{2},23^{3},5^{5},12^{4'},15^{2'}$ 680.
2073. $3,34^{2},5^{3},2^{5'},4^{4'}$ — $2D4^{2},2^{3},4^{5'},3^{4'}$ H 240.
2074. $3,34^{2},15^{4},1^{5},1^{4'},14^{3'}$ — $4,25^{2},2^{3},5^{4},14^{5},2^{4'},5^{3'}$ E 345.
2075. $3,34^{2},4^{4},235^{5},12^{5'},125^{4'},2^{3'}$ — $123,24^{2},1D45^{3},3^{5},5^{4'}$ D CR 106.
2076. $3,35^{2},134^{3},25^{4},1^{5'}$ — $13^{2},245^{3},234^{4},2^{5},14^{3'}$ 681.
2077. $3,35^{2},145^{3},145^{4},235^{5}$ — $123^{2},23^{3},1245^{4},12^{5}$ 682. Ch. XII 203.
2078. $3,35^{2},2345^{3},2345^{4},35^{5},4^{5'}$ — $23^{2},1235^{3},125^{4},1235^{5},1^{5'}$ 683.
2079. $D3,35^{2},25^{3},1D5^{4},2^{5},4^{4'},15^{3'}$ — $12,13D5^{2},23D4^{3},14^{5'},4^{4'}$ D LMP 320.
2080. $3,35^{2},4^{3},3^{4},3^{5},13^{5'},1^{4'}$ — $1,2^{2},D5^{3},1^{5'},D1^{2'}$ H 241.
2081. $3,35^{2},4^{3},3^{4},1^{5'},1^{4'}$ — $1,D2^{2},D3D4^{3},1^{5'}$ Mz 263.
2082. $3,35^{2},34^{4},235^{5},13^{5'}$ — $1235^{2},13^{3},5^{4},D2^{5'}$ H 242.
2083. $3,35^{2},4^{4},1^{5},12345^{4'},13^{3'}$ — $124,14^{2},D2^{5'},3^{4'},1D4^{2'}$ VE 67.
2084. $3,3^{2},1235^{3},125^{4},25^{5},5^{5'}$ — $1,123^{2},24^{4},36^{4},3^{5},34^{5'}$ D* 205.
2085. $3,3^{2},1235^{3},5^{5},2^{5'},1^{3'}$ — $2,1^{2},3^{3},24^{4},35^{5},D3^{5'}$ H 243.
2086. $3,3^{2},123^{3},1345^{4},35^{5}$ — $4,2345^{3},34^{4},145^{5},2^{3'}$ H 244.

2087. $3,3^{2},123^{3},13^{4},2^{5},2^{5'},5^{4'}$ $25,1235^{2},1^{3},3^{4},4^{5},4^{5'}$ 684. Ch. XII 67.
2088. $3,3^{2},123^{3},13^{4},1^{5'}$ $D12345^{3},35^{4},4^{5}$ H 245.
2089. $3,3^{2},125^{3},135^{4},145^{5},2^{5'},1^{4'}$ $5,245^{2},D134^{3},3454^{4},45^{5}$ D LA 615.
2090. $3,3^{2},125^{3},245^{4},35^{5},1^{5'},4^{4'}$ $123,34^{2},3^{3},234^{4},35^{5},14^{5'}$ D* à DO 206.
2091. $3,3^{2},12^{3},12345^{4},12^{5}$ $13,23^{2},1^{3},235^{4},234^{5}$ L* Etienne.
2092. $3,3^{2},135^{3},1235^{4},123^{5},1^{5'}$ $3,45^{2},234^{3},245^{4},23^{5},4^{5'}$ 685. Ch. XII 112.
2093. $D3,3^{2},145^{3},1^{5}$ $1^{2},124^{3},1^{4},1^{5},25^{5'},5^{4'}$ 686.
2094. $3,3^{2},D14^{3},13^{4},23^{5},45^{5'},4^{4'},4^{8'}$ $15,1245^{2},23^{3},125^{4},D5^{4'}$ D* LM 207.
2095. $3,3^{2},14^{3},4^{4},3^{5},15^{5'},1^{4'}$ $2,12345^{2},3^{3},5^{4},2^{8'}$ D LM 406.
2096. $3,3^{2},1^{3},234^{4},5^{5},1^{5'}$ $3,2^{2},125^{3},5^{4},34^{5}$ D* 208.
2097. $3,3^{2},1^{3},4^{4},1^{5'}$ $1,3^{4'},D2^{8'}$ Mz 105.
2098. $3,3^{2},2345^{3},4^{4},45^{5},1^{5'}$ $5,3^{2},2^{3},12345^{4},3^{5},13^{5'}$ 687.
2099. $3,3^{2},23^{3},13^{4},23^{5},2^{4'},3^{8'}$ $2,2^{2},145^{3},2^{5},15^{5'}$ 688.
2100. $3,3^{2},23^{3},3^{4},4^{5},2^{5'},2^{4'}$ $12,234^{2},1^{3},34^{4},1^{5'}$ D* F à D 209.
2101. $3,3^{2},245^{3},45^{4},3^{5}$ $5^{2}.25^{3},5^{4},125^{5},2^{4'}$ H 246.
2102. $3,3^{2},2^{3},23^{4},3^{5},5^{8'},34^{4'},5^{3'}$ $234,135^{2},15^{5'},4^{4'}$ 689. Ch. XII 56.
2103. $3,3^{2},2^{3},2^{4},1^{5},2^{5'}$ $D2^{2},D3^{3},4^{4}$ H 247. Mz 234.
2104. $3,3^{2},2^{3},2^{5},5^{5'},3^{8'}$ $3,5^{4},D5'$ D* à CH 210.
2105. $3,3^{2},34^{3},15^{4}$ $1,3^{3},1^{4},45^{5},5^{5'},2^{4'}$ 690. M 4.
2106. $3,3^{2},34^{3},1^{4},4^{5}$ $245^{3},4^{5},5^{4'}$ 691. M 2.
2107. $3,3^{2},34^{3},2^{4},234^{5},5^{5'},1^{4'}$ $13,3D45^{2},4^{3},4^{4},15^{5'}$ D W 475.
2108. $D3,3^{2},34^{3},4^{4},5^{5},2^{5'}$ $1,13^{2},15^{3},4^{4},1D5^{5},3^{8'}$ H 248. Mz 346.
2109. $D3,3^{2}.35^{3},5^{4},D1^{3'},D1^{4'}$ $45,245^{2},45^{3},25^{4},3D45^{5},D12^{5'}$ 692.
2110. $3,3^{2},4^{3},1245^{4},5^{5},1^{5'}$ $2,134^{2},4^{3},2^{4},23^{5},1^{5'}$ H 249.
2111. $3,3^{2},4^{3},345^{4},13^{5},13^{5'},3^{4'}$ $345,4^{2},24^{3},124^{4},25^{5},2^{5'}$ 693.
2112. $3,3^{2},4^{3},34^{4},15^{5},D5^{2'}$ $123,12^{2},1^{3},124^{4},14^{5},2^{4'},2^{5'}$ M 103. Mz 82.
2113. $3,3^{2},4^{3},4D5^{4},45^{5},3^{5'},2^{4'}$ $D4,3^{2},45^{3},15^{3},13^{5'},2^{4'}$ D L M 236.
2114. $3,3^{2},5^{3},24^{4},2^{5},D5^{2'}$ $D1^{3},5^{4},1^{5},D3^{8'}$ D L R 48.
2115. $3,3^{2},5^{3},34^{4},34^{5},3^{5'},3^{4'}$ $3,1234^{2},24^{3},125^{4},2^{5}$ E 217.
2116. $3,3^{2},5^{3},5^{4},4^{5},2^{5'},1^{4'}$ $13,3^{4},2^{8'},D12'$ ou $D1'$ H 250. Mz 149.
2117. $3,3^{2},5^{3},1345^{5},24^{4'},5^{8'}$ $45,13D4^{2},35^{4},5^{5}$ D* 211.
2118. $3,3^{2},12^{5'},2^{8'}$ $1,14^{2},3^{3},3^{4},D1^{5'}$ H 251.
2119. $D3,3^{2}$ $1^{3},2^{5'},2^{4'}$ D* 212.
2120. $3,45^{2},1234^{3},1235^{4},4^{5},23^{5'},2^{4'}$ $45,12345^{2},15^{3},145^{4},45^{5},5^{8'}$ E 231.
2121. $3,45^{2},124^{3},1^{4},24^{5}$ $2345^{2},35^{3},35^{4},5^{5'},3^{8'}$ 694. G 127.
2122. $3,45^{2},D1^{3},3^{5'},2^{4'}$ $13D4^{2},12^{3},1^{4},5^{5}.5^{5'},5^{4'}$ E 222.
2123. $3,45^{2},235^{3},34^{5},5^{5'}$ $2,123^{2},1^{3},15^{4},1^{5},1^{8'}$ 695.
2124. $3,4^{2},123^{3},123^{4},2^{5}$ $24^{2},23^{3},35^{4},34^{5},D5^{4'}$ H 252.
2125. $3,4^{2},1245^{3},1245^{4},4^{5'}$ $135^{2},134^{3},12^{4},123^{5},1^{8'}$ H 253.
2126. $3,4^{2}.125^{3},3^{8'}$ $45,45^{2},5^{3},D45^{4},D5^{5},234^{5'}$ L'Africain. 696.
2127. $3,4^{2},13^{3},234^{4},24^{5},2^{6'}$ $2,123^{2}.1^{3},135^{4},13^{5},15^{4'}$ H 254.
2128. $D3,4^{2},15^{3},4^{5'},D1^{4'}$ $3,2^{2}.4^{3},15^{4},1D4^{5'}$ 697. Ch. XII 157. DB 575.
2129. $3,4^{2},1^{3},14^{4},25^{5},35^{5'}$ $2,34^{2},4^{3}, 5^{4},D4^{8'}$ H 255.
2130. $3,4^{2},1^{3},14^{4},25^{5},35^{5'}$ $34^{2},14^{3},15^{4},D4^{5'}$ H 256.
2131. $3,4^{2},23^{3},2^{4},35^{5},15^{5'},5^{4'}$ $25,1234^{2},4^{3},2^{4},2^{5'},1^{8'}$ E 406.
2132. $3,4^{2},23^{3},4^{4},3^{5'}$ $24,12^{2}.4^{4}.23^{8'}$ D DU 109.
2133. $3,4^{2},245^{3},3^{4},24^{5},4^{5'},3^{4'}$ $2,124^{3},135^{3},15^{4},5^{4'},1^{8'}$ H 257.
2134. $3,4^{2},25^{3},3^{8'}$ $45,45^{2},5^{3},D45^{4},D5^{5},34^{5'},1^{8'}$ H 256. c. f. à p. 1766.
2135. $3,4^{2},35^{3},4^{4},1235^{5}$ $23,1234^{3},1345^{4}$ H 259.

2136. $3,4^2,3^3,2^4,123^5,5^{5'},345^{4'},4^{5'}$ $1235,1245^2,1^3,2^4,1^5,4^{4'}$ 698.
2137. $3.4^2,3^3,4^4,145^{5'},5^{3'}$ $345,3^2,23^3,3^5,4^{5'}$ E 272.
2138. $3,4^2,3^3,5^5,25^{5'},1^{4'}$ $2D4,24^2,35^4,3^{5'}$ E 202.
2139. $3,4^2,4^3,23^4,23^5,1^{5'},4^{4'}$ $45,35^2,235^3,2^5,1^{5'},5^{4'}$ E 415.
2140. $3,4^2,4^3,5^4,24^5,35^{5'},5^{4'}$ $D134^2,4^3,34^4,1^{5'}$ 699.
2141. $3,D4^2,5^3,1235^5,235^{5'},2^{4'}$ $2,1234D5^2,4^3,5^4,2^{5'}$ L M.
2142. $3,4^2,1^4,2^5,2^{5'},12^{4'}$ $2,D35^2,14^3,5^4$ H 260.
2143. $D3,4^2,1^4,5^5,235^{5'},134^{4'},5^{2'}$ $25,12D34^2,4^3,35^{4'},D3^{5'}$ VE 28.
2144. $3,4^2,345^4,124^5,35^{5'}$ $24,12345^3,35^4,14^5$ E 118. G 119.
2145. $3,4^2,34^4,4^5,12^{5'},3D5^{4'},1^{3'}$ $4,24^2,2^3,4^4,15^{4'},D5^{2'},D1'$ D* 213.
2146. $3,4^2,34^4,4^5,2^{5'},2^{4'},D3^{2'}$ $5,4^2,5^3,1^5,5^{4'},D5^{2'},D1'$ D* 214.
2147. $3,4^2,34^4,5^5,D5^{2'}$ $1^3,12^4,1D3^5$ E 269.
2148. $3,4^2,5^4,14^5,123^{5'}$ $234D5^2,123^3,4^4$ D H 428.
2149. $D3,4^2,2^5,15^{5'},5^{3'}$ $D1,25^2,24^3,2^4$ 700. Ch. XII 150.
2150. $3,5^2,123^3,5^4,235^5,3^{5'},4^{4'}$ $3,245^2,123^3,125^4,1^{5'}$ D 84–241. M 76. Mz 35.
2151. $3,5^2,D14^3,5^4,2^5,5^{5'}$ $12,1^2,D5^3,1^4,1^5$ 701. Ch. XII 159.
2152. $3,5^2,1^3,34^4,245^5,12^{5'}$ $124^2,D2^3,34D5^4,5^5$ D* LM 215.
2153. $3,5^2,1^3,45^4,2^{5'},4^{4'}$ $3,15^2,3^3,3^4,1^5,1^{5'}$ M 90. Mz 15.
2154. $3,5^2,234^3,3^4,14^5,45^{5'}.4^{4'}$ $1,1234^2,3^3,13^4,D2^5,5^{5'}$ 702.
2155. $3,5^2,234^3,3^4,14^5,45^{5'},4^{4'}$ $2,1234^2,3^3,13^4,D2^5,5^{5'}$ C 179.
2156. $3,5^2,235^3,2345^4,23^5,15^{5'},5^{3'}$ $24,1235^3,1234^3,23^4,23^5$ D* CR j. 216.
2157. $3,5^2,23^3,145^4,245^5,135^{5'},5^{4'}$ $12345^2,24^3,134^4,1^{5'},D4'$ 703.
2158. $3,5^2,23^3,145^4,245^5,135^{5'}$ $1,1234^2,24^3,34^4,1^{5'},D4'$ C 185.
2159. $3,5^2,24^3,5^4,2^5$ $234^3,3^4,125^5,5^{5'}$ PV.
2160. $3,5^2,25^3,2345^4,23^5,15^{5'},15^{3'}$ $124,2345^2,24^3,235^4,23^5$ 704.
2161. $D3,5^2,2^3,2^4,2^5,13^{3'}$ $14,5^3,5^4,5^5,14^{5'},D4^{2'}$ 705. Ch.. XII 163.
2162. $3,5^2,2^3,45^4,23^5,24^{5'},1^{4'}$ $1,2345^2,123^3,5^4,1^{5'}$ D MD 289.
2163. $3,5^2,3^3,2^4,123^5,5^{5'},345^{4'},4^{3'}$ $1235,1245^2,1^3,2^4,2^5,4^{4'}$ 706.
2164. $D3,D5^2,4^4,D1^{3'}$ $1^5.D1^{2'},D1'$ 707.
2165. $3,5^2,45^5,124^{5'},15^{4'}$ $235,235^2,3^3,23^4,5^{4'}$ E 201.
2166. $3,1234^3,15^4,12^5,2^{5'}$ $3,23^2,345^3,345^4,4^5$ PV.
2167. $3,1234^3,34^4,4^5,1^{5'}$ $3D45^2,12^3,4^5,12^{5'}$ H 261.
2168. $3,123^3,1^4,1^5,125^{5'},245^{4'}$ $2D34,134^2,124^3,3^4,45^{3'}$ D LM 214.
2169. $3,123^3,3^4,45^5,2^{1'},3^{4'}$ $13,14^2,12^3,5^5,12^{5'}$ D* BL 217.
2170. $3,1245^3,12^4,15^5,1^{5'}$ $24,24^2.12^3,134^4,3^5$ 708. Ch. XII 62.
2171. $3,124^3,13^4,12^5,2^{5'}$ $12^2,345^3,345^4,4^5$ 709. G 5.
2172. $3,124^3,15^4,12^{5'},3^{4'},4^{3'}$ $135,2^2,12^3,15^4,3^{5'},3^{4'}$ 710.
2173. $3,124^3,235^4,1345^5$ $4,1^2,D345^3,1345^4,4^5$ H 262.
2174. $D3,124^3,23^4,3^5,5^{5'},4^{4'}$ $23^2,34^3,23D5^4,2^5,1^{5'},5^{3'}$ D LM 588.
2175. $D3,124^3,4^4,4^5,2^{5'}$ $13^3,1^4,14^5,12^{5'},D2'$ D* j. 218.
2176. $3,125^3,4^4,1^5,12^{5'}$ $3,12^2,3^3,345^4,3^{5'}$ M 100. Mz 20.
2177. $3,12^3,12^4,25^5,12345^{5'}$ $14,12345^2,1235^3,5^4$ H 263.
2178. $3,1345^3,135^4,4^5,5^{5'}$ $4,34^2,D234^3,35^4,1^5$ H 264.
2179. $3,1345^3,14^4,5^5$ $1^2,3^3,234^4,4^5,12^{5'}$ D* 219.
2180. $3,1345^3,235^4,3^5$ $123^2,24^3,1234^4,4^5$ 711. G. 26.
2181. $3,134^3,15^4.4^5,23^{5'}$ $3,15^2,45^3,3^4,14^5,1^{5'}$ 712.
2182. $3,145^3,134^4,25^5,5^{5'}$ $4,D5^2,235^4,123^5$ H 265.
2183. $3,145^3,2^4,345^5,2^{5'}$ $2,5^2,D245^3,3^4,5^5$ H 266.
2184. $3,14^3,124^4,13^5,23^{5'}$ $5,125^2,D45^3,45^4,5^5$ H 267.

2185. $3,14^{3},1^{4},123^{5},35^{5'},3^{4'}$ $3,15^{2},15^{3},5^{4},D3^{5'}$ 713. Ch. XII 179. DB 372.
2186. $3,14^{3},5^{4},25^{5},145^{5'},45^{4'}$ $24,1235^{2},13^{3},123^{4},2^{5'}$ PV*.
2187. $3,D15^{3},145^{4},12^{5},4^{5'},4^{4'}$ $D235,13^{2},123^{3},25^{4},D3^{4'}$ A 30.
2188. $D3,15^{3},235^{4},34^{5},3^{2'}$ $D3,14^{3},1245^{4},25^{5}$ D F D 343.
2189. $3,15^{3},4^{4},3^{5},12^{5'},45^{4'},3^{3'}$ $2345,D1^{2},2^{3},D2^{5'},2^{3'}$ VE 13.
2190. $3,1^{3},145^{4},45^{5},3^{5'}$ $5,1234^{2},34^{3},3^{4},14^{5},1^{5'}$ M 49. Mr 75. 714. Ch. XII 191.
2191. $3,1^{3},45^{4},4^{5},23^{5'},5^{4'}$ $1,1234^{2},34^{3},3^{4},14^{5},1^{5'}$ PV.
2192. $3,234^{3},25^{4},3^{5},2^{5'},5^{4'}$ $3,1235^{2},24^{3},3^{4},1^{5},1^{5'}$ 715. G 192.
2193. $3,234^{3},2^{4},235^{5},24^{5'}$ $1235^{2},135^{3},5^{4},1^{5'},5^{4'}$ 716.
2194. $3,234^{3},35^{4},4^{5},2^{5'}$ $13,123^{2},2^{3},3^{4},4^{5},1^{5'}$ H 268.
2195. $3,234^{3},3^{4},4^{5'},2^{4'}$ $1,1345^{2},2^{3},1^{5},1^{5'}$ H 269.
2196. $3,235^{3},14^{4},34^{5},134^{5'},3^{4'}$ $23,1234^{2},245^{3},1^{4},5^{5},1^{5'}$ 717.
2197. $D3,23^{3},15^{4}$ $1^{2},1D245^{3},5^{5},D1^{5'}$ E 92. G 113.
2198. $3,23^{3},4^{4},12^{5},2^{5'}$ $234^{2},3^{3},35^{4},4^{5},3^{5'},D5'$ D H j. 158.
2199. $3,245^{3},2^{4},2^{5},3^{5'},2^{4'},3^{3'}$ $45,14^{2},2^{3},15^{4},5^{5},1^{5'},5^{4'}$ *8 718. Ch. XII 60. Tréfl.
2200. $3,245^{3},3^{4},234^{5},34^{5'}$ $3,13^{2},245^{3},125^{4},2^{5},5^{5'},1^{4'}$ D LM j. 159.
2201. $3,245^{3},4^{4},3^{5}$ $45,23^{3},5^{4},12^{5},2^{5'}$ 719.
2202. $3,245^{3},4^{4},3^{5}$ $234^{3},5^{4},12^{5},2^{5'}$ M 54. Mr 61. 720. Ch. XII 196.
2203. $3,245^{3},234^{5},1^{5'}$ $12,3^{2},12^{3},35^{4},1^{5'}$ D* 220.
2204. $3,24^{3},2^{4},3^{5}.35^{5'}$ $4^{2},234^{3},24^{4},1^{5'},5^{4'}$ E 159.
2205. $3,24^{3},5^{4},234^{5},2^{5'}$ $24^{2},D12345^{3},1^{4}$ H 270. Mr 194.
2206. $3,24^{3},35^{5},13^{5'},3^{4'}$ $12,134^{2}.2^{3},2^{5'},D3^{4'}$ H 271. Mr 202.
2207. $3,25^{3},14^{4},1234^{5},2^{5'},2^{4'}$ $13,123^{2},35^{3},45^{4},1^{5},1^{5'}$ 721.
2208. $3,25^{3},2^{4},145^{5},12^{5'}$ $2,124^{2},3^{3},245^{4},1^{5'}$ C 54.
2209. $3,25^{3},4^{4},13^{5},35^{5'},145^{4'},5^{3'}$ $245,1235^{2},134^{3},4^{5'},1^{4'}$ E 330.
2210. $3,25^{3},5^{5},4^{5'},1^{4'}$ $13,24^{2},3^{3},4^{5'}$ D* 221.
2211. $D3,D2D5^{3'}$ $D5^{5}$ 722.
2212. $3,2^{3},13^{4},24^{5},45^{5'},245^{4'}$ $D34,345^{2},13^{3},1^{4},2^{5},5^{5'},1^{4'}$ D LM 246.
2213. $3,2^{3},14^{4},14^{5},34^{5'},2^{4'},35^{3'}$ $24,14^{2},12^{3},D5^{4}.1^{5}$ H 272.
2214. $3,2^{3},1^{4},14^{5},23^{5'},D5'$ $2,25^{2},123^{3},4^{4},4^{5},D2^{5'}$ E 56. G 70.
2215. $3,2^{3},234^{4},23^{5},4^{5'},1^{4'}$ $2D3^{2},4^{3},25^{4},1^{5'},1^{4'}$ H 273.
2216. $3,2^{3},23^{4},1^{5},12^{5'}$ $1^{2}.12D4^{3},4^{5'}$ H 274.
2217. $3,2^{3},34^{4},1^{5},124^{4'}.4^{5'}$ $D34,25^{2}.D1^{5'}$ H 275. Mr 245.
2218. $3,2^{3},2^{5}.15^{5'},2^{4'},1^{3'}$ $2,12^{2},4^{3},4D5^{4}$ E 73. G 74.
2219. $3,D2^{3},14^{5'},23^{4'},1^{3'}$ $12,12D4^{2}$ E 279.
2220. $3,345^{3},345^{4},124^{5},5^{5'},4^{4'}$ $25,125^{2},13^{3},124^{4},12^{5}$ E 398.
2221. $3,345^{3},45^{4},2^{5},3^{4'},4^{3'}$ $35,25^{3},5^{4},12^{5},D2^{4'}$ 723. Ch. XII 173 et 178.
2222. $3,34^{3},1^{4},24^{5},5^{5'}$ $2.24^{2},234^{3},24^{4}$ H 276.
2223. $3,34^{3},2^{4},35^{5},24^{5'},5^{4'}$ $2,24^{2},13^{3},12^{4},D4'$ D* 222.
2224. $3,35^{3},135^{4},34^{5},3^{5'},5^{4'}$ $3,1235^{2},24^{3},13^{4},1^{5}$ E 320.
2225. $3,35^{3},25^{4},1^{5'},4^{4'},4^{3'}$ $4,2^{3},12^{4},D2'$ DS 228. PP II VI. Pl. 6.
2226. $3,3^{3},12345^{4},124^{5},45^{5'},45^{4'}$ $12,12345^{2},14^{3},12^{4},12^{5},1^{5'}$ 724.
2227. $3,3^{3},124^{4},4^{5},23^{5'},1^{4'}$ $14,234^{2},13^{3},4^{4},3^{5'}$ E 233.
2228. $3,3^{3},14^{4},2^{5'}$ $13^{3},145^{5}$ 725.
2229. $3,3^{3},24^{4},34^{5'},5^{4'}$ $14,2345^{2},3^{3},4^{5'}$ D* BL 223.
2230. $3,3^{3},3^{4},135^{5},1^{5'},1^{4'}$ $12,13^{2},3^{3},5^{4},D1^{5'}$ H 277.
2231. $D3,D3^{3},D3^{5}$ D3 726.
2232. $3,45^{3},45^{4},1245^{5},2^{5'}$ $45,234^{3},2345^{4},3^{5'},3^{4'}$ 727.
2233. $3,45^{3},45^{5},25^{5'},4^{4'},1^{3'}$ $1,35^{2},D34^{5},D2^{5'}$ H 278. Mr 249.

2234.	$3,45^{3},D1^{1}$	$3^{2},3^{3},1^{4},1^{5},2^{5'},5^{4'}$	E 285.
2235.	$3,4^{3},1234^{4},3^{5'},5^{4'}$	$34^{2},234^{3},4^{5},D5^{3'}$	H 279.
2236.	$3,4^{3},12^{4},1^{5},3^{5'},D1^{3'}$	$45^{2},4^{3},15^{4},2^{5}.D5^{1}$	E 318.
2237.	$3,4^{3},13^{4},1245^{5},13^{5'},1^{3'}$	$123,24^{2},4^{3},34^{4},D5^{4'}$	728.
2238.	$3,4^{3},1^{4}.123^{5},35^{5'},3^{3'}$	$3,15^{2},15^{3},5^{4},D3^{3'}$	729.
2239.	$3,4^{3},2^{4},235^{5},2^{5'},1^{4'}$	$124^{2},13^{3},4^{4},D1^{3'}$	H 280.
2240.	$D3,4^{3},2^{4},5^{4'}$	$D5,5^{2},2^{3},1^{4},4^{5},4^{5'}$	H 281. Mz 309.
2241.	$3,4^{3},3^{4},23^{5},234^{5'}$	$23,25^{2},15^{3},1^{4},D1^{5'}$	H 282.
2242.	$3,4^{3},4^{4}$	23^{5}	DR 268. PB Ch. VII 27. Pl. 7. Rotrou.
2243.	$3,4^{3},D5^{4}.45^{5},1^{5'},3^{4'},3^{3'}$	$45,5^{2},25^{3},145^{4},3^{5'},1^{4'}.3^{3'},D1^{1}$	DC 437.
2244.	$3,5^{3},1245^{4},1^{5},2^{4'}$	$14,14^{2},124^{3},13^{4}$	D* BL 224.
2245.	$3,5^{3},1^{4},145^{5},24^{5'}$	$123^{2},15^{3},D5^{4},3^{3'}$	D DU 620.
2246.	$3,5^{3},3^{4}$	23^{5}	PV*.
2247.	$3,1234^{4},25^{5},12345^{5'}$	$14,12345^{2},1235^{3},5^{4}$	H 283.
2248.	$3,13^{4},3D4^{5'},34^{4'},4^{3'}$	$1235,2^{2},D15^{4},2^{5}$	Mz 344.
2249.	$D3,1^{4},D1^{5},D1^{4'}$	$D3^{3}$	730. G 43.
2250.	$D3,1^{4},D1^{5},D1^{4'}$	$D4^{5}$	DS 373.
2251.	$D3,1^{4},23^{5},4^{4'}$	$4,5^{2},23^{3},3^{4},D3^{3'}$	H 284. Mz 310.
2252.	$3,1^{4},24^{5},45^{5'},4^{3'}$	$4,1^{2},2^{3},2^{4},D4^{2'}$	H 285. Mz 145.
2253.	$3,1^{4},2^{5},123^{5'}$	$124,D35^{2}$	H 286.
2254.	$3,235^{4},2^{5},14^{5'},1^{4'}$	$12,13^{2},3^{3},5^{4},D1^{5'}$	H 287. Mz 180.
2255.	$3,23^{4},1234^{5},2^{5'}$	$3,5^{2},345^{3},D235^{4},1^{5}$	H 288.
2256.	$3,23^{4},2345^{5},2^{5'},3^{4'}$	$134,14^{2},12^{3},5^{4},1^{5'}$	* 5. 731. Ch. XII 39.
2257.	$3,23^{4},2D4^{5},4^{5'},5^{4'}$	$1D45,3^{2},123^{3},5^{5'}$	E 9. G 169.
2258.	$D3,345^{4},4^{5},2^{5'}$	$1,1^{2},1^{3},3^{4},2^{5'},2^{4'},D1^{1}$	H 289. Mz 336.
2259.	$3,34^{4},34^{5},34^{5'},3^{4'}$	$2,1D2^{3},12^{4},15^{5}$	H 290. Mz 183.
2260.	$3,34^{4},4^{5},25^{5'}$	$5^{2},13^{3},1^{4},1D4^{5}$	H 291.
2261.	$3,35^{4},4^{4'}$	$D4,3^{4}$	Mz 86.
2262.	$3,3^{4},123^{5},3^{5'}$	$4^{2},D34^{3},45^{4}$	H 292.
2263.	$3,3^{4},2^{5},4^{5'},4^{4'},3^{3'}$	$24,5^{2},1^{4},5^{5'},D1^{3'}$	H 293. Mz 152.
2264.	$3,3^{4},2^{5},4^{5'},5^{4'},3^{3'}$	$24,345^{2},1^{4},5^{5'},D1^{3'}$	H 294.
2265.	$3,3^{4},3^{5'}$	$5^{5'}$	732. Ch VII 13.
2266.	$D3,45^{4},34^{5},2^{5'}$	$1^{2},3D45^{3},3^{4},1^{5}$	H 295. Mz 324.
2267.	$3,D4^{4},235^{5},34^{5'},4^{4'}$	$234^{2},D13^{4},1^{5},D5^{1}$	Mz *
2268.	$D3,4^{4},2^{5},15^{5'},5^{3'}$	$D1,25^{2},24^{3},2^{4}$	733.
2269.	$D3,5^{4},145^{5},123^{5}$	$2,1D245^{2},2^{3},5^{4},4^{5}$	H 296. Mz 345.
2270.	$3,5^{4},34^{5},2^{5'}$	$1D2,2^{5'}$	H 297. Mz 99.
2271.	$3,12^{5},35^{5'}$	$3D4^{3},5^{4}$	H 298.
2272.	$3,13^{5},3^{3'}$	$2,2^{2},D4^{3}$	H 299.
2273.	$3,23^{5},35^{5'},3^{3'}$	$24,14^{3},4^{4},D2^{1}$	H 300. Mz 154. VT 5.
2274.	$3,34^{5},13^{5'},23^{4'}$	$3,D124^{2},24^{3}$	H 301. Mz 163.
2275.	$3,3^{5},12^{4'},1^{3'}$	$12.4^{3},D3^{5}$	H 302.
2276.	$3,123^{5'},12^{4'}$	$1D35,2^{2}$	H 303. Mz 120.
2277.	$D3,D3^{5'},D3^{4'}$	$D3^{2}$	734.
2278.	$D^{3},4^{4'}$	$4,45^{2},2^{3},5^{4}$	E 319.
2279.	$D3,5^{2'}$	$5,45^{4},3^{5}$	E 180.
2280.	$45,12345^{2},125^{3},14^{4},2^{5},5^{5'}$	$234^{2},24^{5},145^{4},123^{5},134^{5'},3^{4'}$	735.
2281.	$45,1234^{2},3^{4},23^{5},34^{5'},3^{4'}.D5^{1}$	$1,123^{2},25^{3},1^{4},D1^{5},1^{5'},45^{4'}$	DW 546.
2281.	$45,1235^{2},235^{3},12^{4},4^{5}$	$4,12^{2},2345^{3},135^{4},1^{5},4^{4'}$	H 303.

2283. $45,123^2,4^3,24^4,13^5$ $1^2,2345^3,24^4,12345^5,5^{5'}$ 736. G 188.

2284. $45,1345^2,25^3,12^4,1^{5'},4^{4'},D1^{3'},3^{2'}$ $24,45^2,35^3,2^4,34^5,134^{5'},345^{4'}$ 737.

2285. $45,1345^2,25^3,12^4,1^{5'},4^{4'},D1^{3'},3^{2'}$ $24,D45^2,D35^3,2^4,D34^5,134^{5'},D345^{4'}$ VE 85.

2286. $45,1345^2,2^4,35^5,3^{5'},2^{4'}$ $3,1234^2,2^3,45^4,D2^{5'}$ D* j. 225.

2287. $45,12^2,24^3,25^4,2^5,14^{5'},3^{4'}$ $4,4^2,2D4^3,125^4,5^5,14^{5'}$ D W 439.

2288. $4D5,12^2,2^3,124^4,345^5,4^{5'}$ $2,12345^2,3D5^3,134^4,D1^{5'}$ D LM 104.

2289. $45,13^2,1234^3,34^4,15^5,15^{5'}$ $134,4^2,234^3,12345^4,34^5$ 738.

2290. $45,13^2,134^3,2^4,2^5,23^{5'},125^{4'}$ $5,12345^2,35^3,4^4,5^5,1^{5'},5^{4'},5^{3'},5^{2'}$ 739.

2291. $45,13^2,134^3,2^4,2^5,23^{5'},125^{4'}$ $5,12D345^2,35^3,4^4,5^5,1^{5'},5^{4'},5^{3'},5^{2'}$ VE 88.

2292. $45,13^2,2345^3,34^4,15^5,15^{5'}$ $134,4^2,234^3,12345^4,34^5$ C 104.

2293. $45,145^2,34^3,2^4,4^5$ $1234^3,24D5^4,14^5,5^{5'},5^{4'},2^{3'}$ E 185.

2294. $4D5,15^2,1245^3,134^4,34^5$ $5,1234^2,D1^3,134^4,14^5,5^{5'},2^{4'}$ D* LM 226.

2295. $45,15^2,15^3,4^{5'},24^{4'},4^{3'}$ $D45,1^2,1^3,D1^4,D15^{5'}$ VE 14.

2296. $45,15^2,15^3,4^{5'},24^{4'},4^{3'}$ $D45,1^2,1^3,1^4,D15^{5'}$ 740.

2297. $4D5,1^2,1D1245^3,134^4,4^5,1^{4'}$ $D1234^2,3^4,D2D4^5,123^{5'},2^{4'}$ 741. G 205.

2298. $D45,1^2,23^3,125^4,12^5,4^{5'},3^{4'}$ $134^2,D24^3,5^4,123^5,4^{5'},4^{3'},5^{2'}$ 742.

2299. $45,1^2,45^3,245^4,3^5,1^{5'},5^{4'},5^{2'}$ $245,24^3,123^4,23^5,2^{5'}$ C 152.

2300. $45,1^2,4^3,123^4,145^5,2^{5'},12^{4'},1^{3'}$ $235,12345^2,34^3,45^4,45^5$ 743.

2301. $45,1^2,5^3,2^{5'},4^{3'},D3'$ $2,1^2,5^3,1^5,2^{5'},23^{4'},3^{3'}$ E 164.

2302. $45,234^2,234^3,135^4,23^5,D1'$ $3,234^2,135^3,14^4,1^5,D1^{5'},15^{3'},D2'$ D HV 22.

2303. $4D5,234^2,23^3,5^4,3^5,5^{5'},4^{4'}$ $23^2,4^3,2^4,D124^5,1^{5'},4^{4'},15^{3'}$ LM A 31.

2304. $4D5,234^2,23^3,235^4,2^5,D25^{5'},2D5^{4'},5^{3'},1^{2'}$ $D3,2^2,4^3,1^5,D4^{4'},1^{3'},1D5^{2'},D1D2'$ D DU P 317.

2305. $45,23^2,13^3,245^4,3^5$ $1^2,12345^3,12^4,135^5,24^{5'}$ 744.

2306. $45,23^2,3^3,35^4,4^5,24^{5'},25^{4'}$ $2,1235^2,13^3,3^4,1^5,5^{5'},1^{3'}$ 745.

2307. $45,245^2,135^3,25^4,3^5$ $4,1^2,12345^3,23^4,25^5,4^{5'}$ 746.

2308. $45,245^2,1345^4,45^5,1^{4'}$ $123,12^2,345^3,2^4,4^5,1^{2'}$ D* à F 227.

2309. $45,24^2,12^3,1235^4,12^5,5^{4'}$ $13,1235^2,2^3,1234^4,12^5$ C 136.

2310. $45,24^2,25^3,245^4,5^5,1^{5'},5^{3'}$ $12,1235^2,23^3,23^4,3^5,1^{3'}$ 747.

2311. $45,24^2,25^3,245^4,5^5,1^{5'},5^{3'}$ $12,1235^2,23^3,23^4,3^5,1^{3'}$ D BT 419.

2312. $45,2^2,3^3,34^4,15^{5'},145^{3'},1^{2'}$ $D12345,2D3^3,2^4,D5^{4'},D1'$ VE 76.

2313. $4D5,2^2,4^3,4^4,1^{5'}$ $5,12^3,2^4,D2^5,D1'$ D* à BL 228.

2314. $45,2^2,34^4,15^{5'},145^{3'},1^{2'}$ $12345,23^3,2^4,5^{4'},D1'$ 748.

2315. $4D5,2^2,1^{4'},1^{3'}$ $3^2,4^3,D3^{4'},4^{3'}$ H 304. Mz 303.

2316. $45,345^2,24^3,234^5,2^{5'}$ $234^2,123^3,1234^4,5^{5'},5^{4'}$ C 113.

2317. $45,345^2,35^3,234^5,2^{5'}$ $234^2,123^3,1234^4,5^{5'},5^{4'}$ 749.

2318. $4D5,345^2,5^3,12^4,2^5,5^{5'},4^{4'}$ $D1D2D3D45^2,D1D23^4,D23^5,4^{5'},4^{4'},3^{3'}$ VE 50.

2319. $4D5,345^2,5^3,12^4,2^5,5^{5'},4^{4'}$ $12345^2,1234^4,23^5,4^{5'},4^{4'},3^{3'}$ 750.

2320. $45,345^2,5^3,3^4,234^5,24^{5'}$ $12,234^2,13^3,125^4,5^{4'}$ 751.

2321. $45,34^2,1234^3,14^4,4^5,235^{5'},1^{4'},1^{3'}$ $12D345,25^2,234^3,34^4,14^5$ D HV 212.

2322. $45,34^2,123^3,124^4$ $2345^3,2^4,12345^5,2^{5'},5^{4'}$ C 24.

2323. $45,34^2,24^3,123^4,2^5,5^{5'},45^{4'}$ $5,12345^2,4^3,12^4,2^5,15^{5'},5^{2'}$ 752.

2324. $45,34^2,3^3,45^5,123^{5'},5^{4'}$ $1D3^2,D23^3,4^4,1^{4'},1^{2'}$ H 305. Mz 256.

2325. $45,34^2,4^3,24^4,1235^5,1^{5'},5^{4'}$ $24,1235^2,234^3,24^4,23^5$ 753.

2326. $45,35^2,12345^3,1245^4,25^5,5^{5'}$ $23,145^2,2345^3,235^4,1234^5,4^{5'}$ D HV 142.

2327. $4D5,35^2,1^3,4D5^4,34^5,234^{5'},4^{4'}$ $12D5^2,1235^3,1^4,1D5^5,1^{5'},D1'$ D LMP 224.

2328. $45,35^2,1^3,5^4,1234^5,234^{5'}$ $13,1234D5^2,24^3,5^4$ PV

2329. $45,35^2,24^3,2^4,45^{5'},45^{4'}$ $1235^2,4^3,12^4,1^5,4D5^{5'},4^{4'}$ 754. G 92.

2330. $45,35^2,345^4,4^5,4^{5'},3^{4'},4^{3'}$ $35,14^2,5^3,12^4,2^5,D1^{5'}$ D* BL j. 229.

2331. $45,35^2,5^4,2^{5'},134^{4'},134^{3'},4^{2'}$ $1235,2^2,2^3,5^4,D1^{5'},12^{4'},3^{3'}$ 755.

2332. $45,3^{2},15^{3},45^{4},5^{5},134^{5'},3^{4'}$ — $3,2^{2},1235^{3},1^{4},5^{5},2^{5'},1^{4'},2^{3'}$ 756.
2333. $45,3^{2},234^{3},2^{4},23^{5}$ (Coup de Jarnac). — $45,345^{2},25^{3},45^{4},25^{5},14^{5'},5^{4'}$ M* 35. M 77. Mz 77.
2334. $45,3^{2},23^{3},125^{4},3^{5},14^{5'}$ — $5,1235^{2},13^{3},3^{4},2^{5},14^{5'}$ D DU 486.
2335. $45,3^{2},23^{3},25^{4},2^{5},1^{5'}$ — $3,3^{2},135^{3},3^{4},3^{5},34^{5'}$ D* 230.
2336. $45,3^{2},23^{3},5^{5'}$ — $15^{2},3^{3},2^{5},4^{5'},D34^{4'}$ H 306.
2337. $45,3^{2},35^{3},1234^{4},2^{5},15^{5'},1^{4'}$ — $1245,14^{2},345^{3},5^{4},23^{5},4^{5'}$ E 348.
2338. $45,3^{2},1D5^{4},D5^{4'}$ — $5,D5^{2},4^{5'},2D5^{2'}$ PV.
2339. $45,45^{2},125^{3},124^{4},12^{5},15^{4'}$ — $2,245^{2},24^{3},234^{4},13^{5},34^{5'},3^{4'}$ 757.
2340. $45,45^{2},23^{3},123^{4},35^{5},2^{5'},1^{4'}$ — $5,1235^{2},13D45^{3},D3^{4},5^{5},1^{5'}$ VE 38.
2341. $45,45^{2},3^{3},2345^{4},4^{5},3^{5'},1^{4'},1^{3'}$ — $124,24^{2},2345^{3},25^{5},1^{4'}$ C 91.
2342. $45,45^{2},45^{3},45^{4},1^{5'},12^{4'},1^{3'}$ — $135,4^{2},5^{3},D5^{5},D1D2^{4'},D2^{3'}$ VE 75.
2343. $45,45^{2},45^{3},45^{4},1^{5'},12^{4'},1^{3'}$ — $125,4^{2},5^{3},5^{5},1D2^{4'},D2^{3'}$ 758.
2344. $45,45^{2},5^{3},5^{5'}$ — $5^{4},23^{4'},2^{2'}$ E 112.
2345. $45,45^{2},5^{3},5^{5'}$ — $5^{4},23^{4'},2^{2'}$ G 110.
2346. $45,45^{2},34^{4},23^{5},3^{5'},23^{4'}$ — $135,1234^{2},2^{3},1^{4},1^{5},1^{5'}$ 759.
2347. $45,4^{2},1245^{3},15^{4},1235^{5},5^{5'},4^{4'}$ — $15,12345^{2},34^{3},125^{4},2^{5},4^{5'},D2^{4'}$ 760.
2348. $D4D5,4^{2},1345^{3},2^{5},2^{5'}14^{4'}$ — $D2,235^{2},23^{3},23^{4},15^{5},5^{4'},2^{3'},D1^{2'}$ D LM 582.
2349. $D4D5,4^{2},134^{3},3^{4},14^{5},24^{5'}$ — $D1D2,23^{2},23^{3},235^{4},5^{5'},5^{4'}$ D LM 523.
2350. $45,4^{2},234^{3},3^{4},4^{5},2^{5'}$ — $1D24,5^{3},4^{5},23^{5'},5^{4'}$ 761. Ch. XII 174. D B j. 52.
2351. $4D5,4^{2},23^{3},3^{4},1^{5},5^{5'},5^{4'}$ — $2^{2},4^{3},14^{4},2^{5},5^{5'},4D5^{4'},1^{3'}$ D LM 311.
2352. $45,4^{2},245^{3},5^{4},5^{5},125^{5'}$ — $45,1235^{2},35^{4},3^{5},3^{5'}$ C 40.
2353. $45,4^{2},24^{3},14^{4},25^{5},5^{5'},24^{4'}$ — $13,12345^{2},4^{3},135^{4},1^{5'},1^{4'}$ 762.
2354. $45,4^{2},24^{3},1^{4},134^{5}$ — $2,13^{2},12^{3},134^{4},1^{5},5^{5'}$ M 85. Mz 64.
2355. $4D5,4^{2},34^{3},34^{4},3^{5},1^{4'}$ — $2D3,1^{2},5^{3},23^{4},5^{5},1^{4'},D2^{3'}$ E 437.
2356. $4D5,4^{2},34^{3},34^{4},45^{5},1^{5'},4^{3'}$ — $23,1D23^{2},5^{3},2^{4},2^{5'},1^{4'},D2^{3'}$ D LM 549.
2357. $45,4^{2},35^{3},234^{4},24^{5},5^{5'},4^{3'}$ — $D4,12^{2},124^{4},5^{5'},D2^{4'}$ D MD 197.
2358. $45,4^{2},45^{3},25^{4},23^{5},5^{5'},24^{4'}$ — $13,1345^{2},4^{4},15^{5},14^{5'}$ 763.
2359. $45,4^{2}$ — 5^{3} D* BL j. 231.
2360. $D4D5,D4^{2}$ — $D4^{2}$ VE 5.
2361. $45,5^{2},234^{3},3^{4},4^{5},5^{5'},25^{4'}$ — $4,1D345^{2},4^{3},13^{4},5^{5'},5^{4'}$ 764. E 89.
2362. $45,5^{2},2^{3},23^{4},234^{5},4^{5'},4^{4'}$ — $23^{2},3D4^{3},35^{4},1^{5},15^{5'},5^{4'}$ D HV 168.
2363. $45,5^{2},135^{4},2^{5},5^{5'},14^{4'},1^{3'}$ — $2D3D45,D2^{2},D2^{4}$ H 307.
2364. $45,125^{3},345^{4},12^{5'},1^{4'},5^{3'},5^{2'}$ — $45,123^{2},134^{3},24^{4},4^{5},1^{5'},5^{2'}$ E 350.
2365. $45,125^{3}$ — $34^{2},4^{3},2^{5'},5^{4'}$ M* 7. M 5.
2366. $45,12^{3},134^{4},5^{5},2^{5'},25^{4'},2^{3'}$ — $13,234^{2},15^{3},4^{4},14^{5},12^{5'}$ E 98.
2367. $D45,12^{3},1^{4},3^{5'},1^{4'},24^{3'}$ — $5,5^{2},D1^{3},D1^{5},1^{5'},45^{4'}$ E 362.
2368. $45,134^{3},4^{4},45^{5},24^{5'},1^{4'},1^{3'}$ — $25,1235^{2},3^{3},35^{4},D3^{5'}$ D DA 190.
2369. $45,13^{3},12^{4},3^{5},134^{5'},34^{4'},1^{3'}$ — $1D345,345^{2},5^{3},D5^{4'},5^{2'}$ VE 81.
2370. $45,14^{3},35^{5},5^{5'},14^{4'},13^{3'}$ — $123,D4D5^{3},4^{4},2^{5},145^{5'},35^{3'}$ 765.
2371. $45,14^{3},3^{5},5^{5'},13^{4'},13^{3'}$ — $123,D4D5^{3},4^{4},2^{5},145^{5'},3D5^{3'}$ VE 17.
2372. $45,1^{3},5^{4},4^{5},2^{5'},45^{4'}$ — $35^{2},D4^{3},3^{4},D1^{5}$ H 308.
2373. $45,234^{3},3^{4},23^{5},4^{5'},2^{3'}$ — $124,34^{2},15^{3},2^{5},14^{5'}$ 766. Ch. XII 72. D B 6. G 118.
2374. $45,23^{3},234^{4},234^{5},3^{5'}$ — $3,12345^{2},4^{3},4^{4},1^{5'},5^{3'},5^{2'}$ C 97.
2375. $45,23^{3},4^{4},35^{5},3^{5'}$ — $23,4^{2},124^{3},3^{4},1^{5}$ D* BL j. 232.
2376. $45,245^{3},2^{4},345^{5},5^{5'},25^{4'}$ — $13,1234^{2},4^{3},134^{4},1^{5'},1^{3'}$ C 74.
2377. $45,2^{3},13^{4},24^{5},35^{5},5^{4'},35^{3'}$ — $2D34,1^{2},14^{3},1^{4},5^{5'},1^{3'}$ D S 45.
2378. $45,3^{3},134^{4},25^{5},14^{5'},34^{4'}$ — $4,1234^{2},23^{3},12^{4},12^{4'}$ 767.
2379. $45,3^{3},134^{4},25^{5},14^{5'},34^{4'}$ — $4,1234^{2},23^{3},2^{4},2^{5},1^{5'}$ C 93.
2380. $45,D4^{3},34^{4},4^{5},23^{5'}$ — $1,D134^{2},13^{3},14^{4}$ D BT 538.

2381. $45,5^{3},234^{4},5^{5},12^{6'},1234^{5'}$ $12345,5^{3},345^{5},1^{6'},125^{2'}$ 768.

2382. $45,5^{3},34^{4},5^{5},2^{5'},1^{4'},2^{5'}$ $3,1345^{3},45^{5},12^{4'},125^{2'}$ C 84.

2383. $45,13^{4},24^{5},35^{5'},5^{4'},35^{3'}$ $2D34,1^{2},14^{3},1^{4},5^{5'},1^{3'}$ D* SH 233.

2384. $45,24^{4},D45^{5},2^{5'},3^{4'}$ $1D3,12^{2},15^{3},1^{4},15^{5}$ G à E 170.

2385. $D4D5,D3^{5}$ $D4^{2}$ 769.

2386. D4 (Damier de 32 cases). $12^{2},12^{4},12^{6'},4^{3'},123^{2'}$ Mz 400.

2387. $4,123^{2},245^{3},345^{4},2^{5}$ $13^{2},23^{3},23^{4}$ 770. G 193. Q. P. G.

2388. $4,123^{2},3^{3},2^{4},12^{5},4^{5'}$ $2345^{3},35^{4},D2^{5},4^{4'}$ E 125.

2389. $4,123^{2},5^{3},4^{4},D15^{5'},4^{3'}$ $35,5^{2},3^{3},34^{5},4D5^{5'},3^{4'}$ E 346.

2390. $4,123^{2},2^{4},23^{5},5^{5'},45^{4'},3^{3'}$ $245,124^{2},D1^{4},2^{5},15^{3'}$ G 141. (de Meulenaer).

2391. $D4,124^{2},234^{3},3^{4},4^{5}$ $134^{3},125^{4},45^{5},D15^{5'},5^{4'},1^{3'}$ D LM 614.

2392. $4,124^{2},34^{3},2^{4},2^{5},45^{5'}$ $345^{3},D135^{4},1^{5},5^{2'}$ 771. G 93.

2393. $4,124^{2},45^{3},34^{4},245^{5},45^{3'}$ $4,2345^{2},345^{3},235^{4},1^{5}$ 772.

2394. $4,125^{2},12345^{3},145^{4},5^{5},5^{3'}$ $5,145^{2},234^{3},1235^{4},124^{5}$ C 156.

2395. $4,125^{2},345^{3},235^{4},2^{5},5^{5'},14^{3'}$ $134,25^{2},3D5^{3},2^{4},123^{5},4^{5'}$ 773.

2396. $D4,12^{2},2345^{3},4^{4}$ $24,1234^{4},4^{5},D123^{5'},1^{3'}$ E 446.

2397. $4,13^{2},124^{3},134^{4},4^{5},2^{5'},2^{3'}$ $13,235^{2},13^{3},35^{4},4^{5},3^{5'},2^{4'}$ Mz 41.

2398. $4,13^{2},2^{3},13^{4},34^{5},2^{5'},4^{4'},1^{3'}$ $12,23^{2},3^{3},25^{4},15^{5'},5^{4'},D5^{2'}$ D* LM 234.

2399. $4,13^{2},35^{3},13D5^{4}$ $34^{2},4^{3},234^{4},24^{5},4^{5'},4^{4'},D5^{3'}$ D* 235.

2400. $4,13^{2},3^{3},24^{5'}$ $1D2^{2},3^{3},1^{4'}$ H 309. Mz 128.

2401. $4,145^{2},235^{3},23^{4},23^{5},4^{5'}$ $123^{2},15^{3},25^{4},2^{5},D14^{5'},D3^{2'},D1^{3'}$ D 87.

2402. $4,145^{2},13^{3},23^{4},3^{5},34^{5'},45^{4'}$ $25,1235^{2},1^{3},1^{4},2^{5},5^{5'},D2^{3'}$ D MD 474.

2403. $4,14^{2},124^{3},15^{4},1235^{5},45^{5'},5^{3'}$ $135,123^{2},34^{3},1235^{4},2^{5},5^{3'}$ D CR 261.

2404. $4,14^{2},234^{3},13^{4},124^{5},1^{3'}$ $123^{2},235^{3},235^{4},4^{5},D5^{3'}$ E 41.

2405. $D4,1D5^{2},1^{3},345^{4},5^{5'},1^{3'}$ $D13,24^{2},345^{3},34^{4},23^{5},1^{5'}$ C 196.

2406. $4,15^{2},24^{3},12^{4},2^{5}$ $35^{2},3^{3},1234^{4},23^{5},5^{5'}$ H 310.

2407. $4,15^{2},5^{3},1^{4},45^{5},1234^{5'},2^{3'},1^{2'}$ $25,35^{2},145^{3},5^{5},245^{4'},4^{3'},4^{2'}$ 774.

2408. $4,15^{2},5^{3},1^{4},45^{5},1234^{5'},2^{3'},1^{2'}$ $25,35^{2},134D5^{3},5^{5},245^{4'},4^{3'},24^{2'}$ VE 80.

2409. $4,1^{2},234^{3},2^{4},24^{5},1^{5'}$ $2,124^{3},35^{4},35^{5}$ H 311.

2410. $4,1^{2},23^{3},345^{4},125^{5}$ $2,24^{2},345^{3},4^{4},1D3^{5}$ H 312.

2411. $D4,1^{2},23^{3},34^{4},1^{5}$ $2^{2},3^{3},D34^{4},4^{5},5^{5'},D4^{4'}$ H 313. Mz 364.

2412. $4,1^{2},23^{3},2^{5}$ $D2^{3},3^{4},4^{5}$ H 314.

2413. $4,1^{2},23^{3},4^{5'}$ $5,5^{2},35^{3},3^{4'},4^{3'}$ E 229.

2414. $4,1^{2},3^{3},13^{4},12^{5},4^{5'},3^{4'},3^{3'}$ $24,1234^{2},5^{3},15^{4},5^{5'}$ 775.

2415. $4,1^{2},34^{4},5^{5},3^{4'},14^{3'}$ $145,25^{4},2^{5},15^{4'}$ D B 548.

2416. $4,1^{2},34^{4},5^{5},3^{4'},14^{3'}$ $145,25^{4},2^{5},15^{4'}$ 776. Ch. XII 29.

2417. $D4,1^{2},4^{5},12^{5'}$ $13,D12^{2},2^{5}$ H 315. Mz 306.

2418. $4,234D5^{2},5^{3},5^{4},345^{5},23^{5'}$ $D5,1^{2},235^{3},4^{4},5^{5},1^{4'},2^{3'},D1^{2'}$ D LM 524.

2419. $4,2345^{2},3^{4},35^{5}$ $4,5^{2},13^{3},2D3^{4},1^{5}$ H 316.

2420. $4,234^{2},35^{3},4^{5}$ $2^{3},2^{4},D45^{5},1^{5'},5^{4'}$ H 317.

2421. $4,234^{2},345^{4},3^{5'},3^{3'}$ $13,1^{2},15^{3},145^{5},1^{4'}$ 777.

2422. $4,234^{2},4^{5},234^{5'},4^{3'}$ $23,1235^{3},1^{4},5^{5},1^{4'}$ 778.

2423. $4,234^{2},4^{5},23^{5'},3^{3'}$ $3,1^{2},145^{3},1^{4},45^{5},1^{4'}$ 779.

2424. $4,235^{2},12345^{3},1235^{4},1234^{5}$ $234,12345^{2},1345^{3},2345^{4},4^{5}$ M 63. Mz 55.

2425. $4,235^{2},14^{3},1^{4},4^{4'}$ $1,3^{2},123^{3},5^{4},D123^{5},5^{4'}$ E 148.

2426. $4,23D5^{2},24^{3},134^{4},15^{5},2^{4'}$ $D5,235^{2},1245^{3},35^{4},34^{5},3^{5'},5^{3'}$ D HV 244.

2427. $4,235^{2},345^{3},235^{4},2^{5},5^{5'},14^{3'}$ $134,25^{2},3D5^{3},2^{4},123^{5},4^{5'}$ 780.

2428. $4,235^{2},345^{3},235^{4},2^{5},5^{5'},14^{3'}$ $134,D15^{2},3D5^{3},D1^{4},123^{5},4^{5'}$ VE 92.

2429. $4,23^{2},234^{3},5^{4},123^{5},1^{5'}$ $1D4,2^{2},134^{3},$ [illegible] C^e de M.

2430. $4,23^2,2^3,25^{6'},12454^{4'},5^{3'}$ $245,125^2,1^3,1^{5'},D1^{4'},1^{3'}$ D CR 363.

2431. $4,23^2,35^3,124^4,125^5,5^{5'},4^{4'},5^{8'}$ $4,12345^2,2^3,125^4,13^6,1^{3'}$ 781.

2432. $4,23^2,4^3,14^5,35^{6'},1^{4'},5^{8'}$ $13,D35^2,4^3,3^4,5^{5'}$ D PH PP 43. G 137. Pl 5.

2433. $D4,24^2,15^3,45^4,125^{6'},1^{3'}$ $1,234^2,24^3,34^4,D3^5,1^{5'},3^{4'}$ 782.

2434. $4,24^2,1^3,34^4,2^5,2^{6'},5^{8'}$ $35,12^2,2^3,3^4,14^5,1^{4'}$. D S 531.

2435. $4,24^2,234^3,13^4,1^5,2^{5'}$ $3,1^2,1234^3,5^4,134^5$ 783.

2436. $4,24^2,23^3,3^4,234^5,2^{5'},5^{4'}$ $3,1235^2,124^3,23^4,5^{5'}$ 784. Ch. XII 86.

2437. $4,24^2,23^3,35^5,1^{6'},3^{3'}$ $24,34^2,1^3,24^{5'}$ 785.

2438. $4,24^2,2^3,23^6,6^{5'},5^{4'},3^{3'}$ $12,15^2,1^3,D1^4,45^{6'},D5^{2'}$ 786. VE 26.

2439. $4,24^2,3^3,24^4$ $13^5,1D4^{5'}$ H 318.

2440. $4,24^2,45^3,13^4,25^5,1^{4'}$ $12,1^2,4^3,235^4,345^5$ 787.

2441. $4,25^2,1245^3,125^4,3^5,34^{5'}$ $3,35^2,2345^3,25^4,125^5,5^{6'}$ 788.

2442. $4,25^2,2^3,15^4,2^5,2^{4'},2^{3'}$ $13,34^2,5^4,35^5,134^{5'}$ E 291.

2443. $4,25^2,2^3,1^4,245^5,15^{6'}$ $12454^{4'},25^{5'}$ $12D3D45,345^2,3^4,13^{5'},4^{3'}$ D SP 38.

2444. $D4,2^2,15^3,45^4,12^{5'},1^{4'},5^{3'}$ $D5,125^2,1^3,3D4^5,1^{5'},D1^{'}$ B LM.

2445. $4,2^2,245^3,5^4,34^5,24^{5'},12^{4'}$ $4,1234^2,135^3,345^4,1^{3'}$ 789.

2446. $4,2^2,24^3,12^4,5^5,2^{5'},1^{4'},D5^{2'}$ $2D5,23^2,1234^3,24^4,34^5,13^{5'}$ D HV 309.

2447. $4,2^2,24^3,14^4,13^5$ $3,1^2,1345^3,34^4$ H 319. Mz 17.

2448. $4,2^2,25^3,134^4,3^5$ $14^2,345^3,2^4,13^5,1^{5'}$ H 320.

2449. $4,2^2,25^3,4^4,1^{5'},3^{4'},3^{5'}$ $15,5^3,5^6,2^{5'},D3^{4'}$ E 25. G 159.

2450. $4,2^2,2^3,245^4,45^5$ $1,1^2,D23^3,3^4,145^5$ H 321.

2451. $4,2^2,2^3,24^4,34^5$ $2345^3,135^4,25^5$ H 322.

2452. $4,2^2,345^3,24^4,12^5,4^{5'}$ $35^2,12345^3,2^4,D1^{3'}$ H 323.

2453. $D4,2^2,34^3,234^4,2345^5,35^{6'}$ $1D2,345^2,234^3,145^4,1^5,D1^{2'}$ A 32. B LM.

2454. $4,D2^2,3^3,3^4,12^5$ $4,35^2,3^3,15^4,5^{5'},5^{8'}$ E 307.

2455. $D4,2^2,3^3,12^5,5^{6'}$ $D25^3,D23^4,5^{5'}$ H 324.

2456. $4,2^2,D4^3,5^4,3^5,2^{4'}$ $25,25^2,4^3,1^4,1^{2'}$ 790. Ch. XII 156. D* BL j. 239.

2457. $4,2^2,12^4,1^5,2^{4'},D2^{'}$ $5,34^2,4^3,1^4,5^{5'},5^{6'},D5^{'}$ E 20. G 153.

2458. $4,2^2,345^4,145^5$ $3,2345^3,34^4,135^5$ H 325.

2459. $4,2^2,45^4,14^5,12^{5'},1^{4'}$ $3,2^2,1345^3,23^4,34^5$ E 235.

2460. $4,2^2,45^4,45^5,5^{5'},5^{4'}$ $1,35^2,2D34^3,3^{5'}$ H 326. Mz 178.

2461. $D4,2^2,5^4,24^5,15^{6'}$ $D235,1^2,245^3,135^4$ H 327.

2462. $D4,2^2,2^6,145^{5'},15^{4'}$ $1D4,23^2,3^3,23^5,4^{5'},D1^{'}$ D* C 237.

2463. $D4,D2^2,D3^{5'}$ $D3^2$ 791.

2464. $D4,D2^2,D3^{6'}$ $D3^2$ VE 2. 792

2465. $4,345^2,23^3,2^4,235^5,4^{5'}$ $234^2,13^3,23D5^4,1D5^6,1^{5'}$ E 444.

2466. $4,345^2,24^3,2345^4,24^5,34^{5'}$ $124,2345^2,15^3,14^4,2^5,1^{6'}$ D* j. 238.

2467. $4,345^2,2^3,35^4,23^5,2^{5'},24^{4'},5^{3'}$ $24,12345^2,13^3,1^5,5^{6'},1^{8'}$ 793.

2468. $4,345^2,3^3,245^4,12^5,5^{6'}$ $245^2,34^3,3^4,D123^5,4^{5'}$ H 328.

2469. $4,345^2,45^3,5^5,3^{5'},2^{3'},D1^{2'}$ $1,5^3,D4^4,4^5,2^{6'},2^{4'},12^{2'}$ 794.

2470. $4,34^2,1235^3,34^4,35^5,1^{5'}$ $45,35^2,2345^3,4^4,15^5,2^{6'}$ 795.

2471. $4,34^2,145^3,2^4,245^5,14^{5'},4^{5'}$ $235,D125^2,2^3,125^4,1^{5'},D2^{2'}$ VE 39.

2472. $4,34^2,15^3,12345^4,123^5,1^{5'}$ $12,1345^2,24^3,2345^4,23^5$ 796.

2473. $D4,34^2,15^3,45^4,25^{6'},2^{5'},1^{2'},D2^{'}$ $3,4^2,345^3,34^4,1^{5'},3^{4'},D1D2^{'}$ E C 427.

2474. $4,34^2,23^3,234^4,23^5,4^{6'}$ $1,D3^3,1235^4,123^5$ 797. Ch. XII 183. D 508.

2475. $4,34^2,23^3,2^4,2^5,4^{5'}$ $15^2,34^3,25^4,1^{6'},4^{4'}$ D* BL à F 239.

2476. $4,34^2,34^3,45^4,2^5,4^{6'}$ $45^2,13^3,23^4,123^5$ E 230.

2477. $4,34^2,45^3,1234^4,5^5,1^{5'}$ $45,5^2,2345^3,5^5,5^{2'}$ 798.

2478. $4,34^2,4^3,15^5,3^{5'},2^{4'},2^{5'},D1^{2'}$ $1,D5^3,D4^4,4^5,D2^{5'},2^{4'},1D2^{2'}$ VE 48.

2479. $4,34^{2},4^{3},3^{4},2^{5'},23^{4'},1^{5'}$ $12,2D4^{2},4^{4},1^{5},5^{5'},D5^{4'},5^{5'}$ VE 6.
2480. $4,35^{2},145^{3},4D5^{4}$ $3,125^{2},5^{3},135^{5},14^{5'},D2^{1'}$ E 11. G 165.
2481. $4,35^{2},2345^{3},34^{4},4^{5'}$ $1,234^{2},25^{4},12^{5},35^{5'}$ D W 385.
2482. $4,35^{2},35^{3},45^{4},4^{5},12^{5'},1^{4'},1^{3'}$ $12,2^{2},25^{3},34^{4},345^{5},1^{4'},1^{2'}$ E 460. G 149.
2483. $4,35^{2},5^{3},35^{4},123^{5}$ $D3,12^{2},2^{3},135^{4},1^{5}$ H 329.
2484. $4,35^{2},D1^{1'}$ $4^{4'},D5^{1'}$ D* à R 240.
2485. $4,3^{2},13^{3},125^{4},135^{5},15^{5'}$ $135^{2},1234^{3},124^{4},2^{5},4^{5'}$ 799.
2486. $D4,3^{2},145^{3},345^{4},25^{5'},1^{3'}$ $15,34^{2},4^{3},34^{4},D34^{5},1^{5'}$ E 428.
2487. $4,3^{2},1^{3},3^{5},5^{5'}$ $4^{2},245^{3},2^{5},4^{4'}$ 800. Ch. XII 12.
2488. $4,3^{2},234^{3},2^{4},2345^{5},23^{4'}$ $45,12345^{2},5^{3},145^{4},5^{5},1^{5'},5^{5'}$ D* I 241.
2489. $4,3^{2},234^{3},2^{4},23^{5},35^{4'},34^{3'}$ $2345,25^{2},1^{4},2^{5},5^{5'},5^{3'}$ 801.
2490. $4,3^{2},23^{3},124^{4},2345^{5},2^{4'}$ $45,2345^{2},45^{3},145^{4},1^{5},1^{5'},1^{3'}$ 802.
2491. $4,3^{2},23^{3},25^{4},2^{5},4^{5'}$ $2^{2},125^{4},235^{3},14^{5'},4^{4'}$ 803.
2492. $4,3^{2},245^{3},2^{4},45^{5'},45^{4'}$ $4,135^{2},4^{3},12^{4},4D5^{5'}$ E 127.
2493. $4,3^{2},24^{3},5^{4},2^{5}$ $234^{3},3^{4},123^{5},5^{5'}$ H 330.
2494. $4,3^{2},2^{3},23^{4},134^{5},3^{5'},35^{3'}$ $1234,15^{2},4^{3},1^{4},5^{5'}$ 804.
2495. $4,3^{2},3^{3},234^{4},15^{5'},34^{3'}$ $34,15^{3},234^{5},1^{4'},D1^{2'}$ Mz 389. C. du Chapelet.
2496. $4,3^{2},45^{3},235^{4},245^{5'},5^{4'}$ $1D24,1^{2},1234^{3},13^{5}$ D W 579.
2497. $4,3^{2},45^{3},4^{4},1235^{5},3^{5'},4^{4'},5^{3'}$ $24,12345^{2},12^{3},15^{4}$ 805.
2498. $4,3^{2},4^{3},23^{4},23^{5},5^{5'}$ $1,1^{2},5^{3},1D23^{4},1^{5}$ H 331.
2499. $4,3^{2},4^{3},23^{4},5^{5},5^{4'}$ $3,5^{2},D4^{3},134^{5}$ H 332.
2500. $4,3^{2},4^{3},34^{5},1^{5'},:4^{4'},15^{3'}$ $34,2^{2},3^{3},D23^{4},D1^{3'}$ VE 8.
2501. $4,D3^{2},5^{3},34^{4},2^{5'}$ $4,34^{2},2D3^{3},3^{4},2^{5'}$ Mz *
2502. $4,3^{2},4^{4'},D5^{1'}$ $D2^{2'},5^{2'}$ Enc. Mét.
2503. $4,3^{2},4^{5'},D5^{1'}$ $D25^{2'}$ M 27. Mz 286.
2504. $4,3^{2},D134^{4'}$ $D3^{5'},5^{2'}$ M 29. Mz 280.
2505. $4,3^{2},D3^{4'}$ $D3^{5'},5^{2'}$ 806.
2506. $4,45^{2},13^{3},35^{4},3^{5},2^{4'}$ $2D4D5^{2},1^{5},1^{6'}$ H 333.
2507. $4,45^{2},345^{3},34^{4}$ $3^{2},1^{3},D1^{4},D5^{5},2^{5'},5^{4'}$ H 334. Mz 247.
2508. $4,45^{2},34^{3},13^{4},1234^{5},3^{5'}$ $134^{2},1234^{3},1234^{4},2^{5}$ H 335.
2509. $4,45^{2},4^{4},245^{5},14^{5'},1^{3'},D4^{1'}$ $D345,345^{2},245^{3},5^{4},23^{3'}$ D* C 242.
2510. $4,45^{2},4^{4},24^{5'},234^{3'},D5^{1'}$ $1234,15^{3},135^{5},1235^{4'},12^{2'}$ Mz 392.
2511. $4,4^{2},124^{3},12345^{4},23^{5},4^{5'}$ $15,12345^{2},14^{3},125^{4},2^{5}$ 807.
2512. $4,4^{2},13^{3},25^{4},135^{5},1^{5'},5^{4'}$ $2,234^{3},24^{4},34^{5},4^{5'}$ D W 493.
2513. $4,4^{2},13^{3},34^{5},4^{5'},3^{3'},3^{2'}$ $2,1^{2},1^{3},1^{4},25^{5},5^{5'},D3^{1'}$ D PH 3. G 126. PI 12.
2514. $4,4^{2},D14^{3}$ $1^{2},D3D4^{5},2^{6'}$ H 336. Mz 354.
2515. $4,4^{2},1^{3},3^{5},5^{5'}$ $4^{2},245^{3},2^{6},4^{4'}$ 808.
2516. $4,4^{2},235^{3},23^{4},23^{5},34^{5'},3^{4'}$ $234^{2},23^{3},25^{4},2^{5},D1^{5'},3^{2'},D1^{1'}$ D* 243.
2517. $4,4^{2},235^{3},23^{4},23^{5},4^{5'}$ $123^{2},13^{3},25^{4},2^{5},D14^{5'},3^{2'},D1^{1'}$ D* 244.
2518. $4,4^{2},245^{3},24^{4},235^{5},5^{5'},4^{4'}$ $12345^{2},4^{2},1235^{4},13^{5},1^{5'}$ 809.
2519. $4,4^{2},25^{3},3^{3'}$ $45,45^{2},5^{3},D45^{4},D5^{5},34^{5'},1^{3'}$ PV.
2520. $4,4^{2},2^{3},4^{4},12^{5},5^{4'},1^{3'}$ $1,34^{3},23^{5},3^{5'},3^{4'},3^{3'}$ 810. G 186.
2521. $4,4^{2},34^{3},2^{4},15^{5},4^{5'},4^{4'}$ $45,4^{2},D23^{3},2^{4},3^{5},5^{2'}$ 811. Ch. XII 172.
2522. $D4,4^{2},45^{3},1^{5'}$ $D3^{5},5^{4'}$ D* DE 245.
2523. $4,4^{2},4^{3},4^{4}$ $1^{2},D2^{5}$ H 337. Mz 89.
2524. $4,4^{2},13^{4},5^{5},12^{5'},1^{3'}$ $145,5^{2},3^{3},D2^{4},5^{5}$ 812.
2525. $D4,4^{2},4^{4},5^{5},1^{6'},D5^{1'}$ $12,2^{3},2^{4},D2D3^{1'}$ E 321.
2526. $4,4^{2},4^{4},1^{2'}$ $1^{5},12^{5'},1^{4'}$ C 25.
2527. $4,4^{2},45^{2'}$ $D3^{5'},5^{1'}$ * 12. 813. Ch. XII 139.

2528. $4,5^{2},12345^{3},123^{4}$ $15^{2},1235^{4},125^{5},4^{5'}$ H 338.

2529. $4,5^{2},1D235^{3},2^{4},2^{5}$ $24^{2},34^{3},13D5^{4},25^{5},14^{5'},4^{4'},4^{2'}$ E 455.

2530. $4,5^{2},134^{3},2^{4},3^{5},35^{5'},5^{4'}$ $1234^{2},24^{3},124^{4},5^{5'}$ E 172.

2531. $4,5^{2},13^{3},45^{4},245^{5},5^{5'},45^{4'}$ $5,2345^{2},24^{3},1234^{4},3^{5},1^{5'}$ C 58.

2532. $4,5^{2},1^{3},2^{4},35^{5},14^{5'},3^{4'},1^{5'}$ $1,24^{2},35^{3},45^{4},5^{5},D3'$ H 339. Mz 215.

2533. $4,5^{2},235^{3},35^{4},4^{5},35^{5'}$ $1,124^{2},34^{3},134^{4},1^{5},1^{5'}$ E 341.

2534. $4,5^{2},23^{3},234^{4},134^{5},3^{5'}$ $35,12345^{2},45^{4},1^{5},5^{5'}$ 814.

2535. $4,5^{2},2^{3},23^{4},13^{5},1^{5'},3^{4'}$ $15^{2},2^{3},2^{4},D1^{5'},D1'$ D* PH 246.

2536. $4,5^{2},34^{3},13^{4},25^{5},14^{5'},34^{4'}$ $4,1234^{2},23^{3},2^{4},2^{5},1^{3'}$ 815.

2537. $4,5^{2},35^{3},3^{4},3^{5}$ $3^{3},1^{4},5^{5'},D12^{5'}$ H 340.

2538. $4,5^{2},5^{3},23^{4},3^{5}$ $4^{2},3^{3},1234^{4},2^{5},5^{5'},D1^{2'}$ H 341.

2539. $4,5^{2},5^{3},245^{4},1235^{5},35^{5'},4^{4'},5^{3'}$ $14,12345^{2},24^{3},125^{4},12^{5}$ C 168.

2540. $4,5^{2},5^{3},245^{4},1235^{5},45^{5'},4^{4'},5^{3'}$ $14,12345^{2},24^{3},125^{4},12^{5}$ 816.

2541. $4,5^{2},1^{4},5^{5},124^{5'}$ $3,12^{2},24^{3},3^{5},D2^{5'}$ H 342.

2542. $4,5^{2},4^{4},23^{5'}$ $5,D3^{2},2^{3},1^{5}$ H 343. Mz 112.

2543. $4,D5^{2},5^{4},2^{5},123^{5'},5^{4'}$ $D1,D45^{2},125^{3},4^{4},23^{5'},D5'$ D* 247.

2544. $D4,D5^{2},23^{5},4^{5'}$ 14 ou $1D4,13D5^{2},2^{3},15^{4}$ H 344. Mz 352,

2545. $4,5^{2},12^{5},3^{2'}$ $45^{4},5^{5'},5^{4'},3^{3'}$ E 166.

2546. $4,5^{2},5^{5},12^{5'}$ $1,2D3^{3}$ H 345. Mz 97.

2547. $D4,D5^{2},D3^{5'}$ $D5^{3}$ 817.

2548. $4,5^{2},D3'$ $5^{5'},23^{4'}$ E 418.

2549. $4,1234^{3},12^{4},123^{5},4^{5'},5^{4'}$ $45,12345^{2},35^{3},24^{4},5^{5'}$ M 71. Mz 39.

2550. $4,1234^{3},15^{4},12^{5},4^{5'},4^{4'}$ $35,245^{2},35^{3},15^{4},3^{5},4^{5'}$ C 90.

2551. $4,1234^{3},25^{4},23^{5},25^{5'},4^{4'}$ $12345^{2},14^{3},5^{4},1^{5'},5^{5'}$ C 32.

2552. $4,1234^{3},234^{5},3^{5'}$ $35,1235^{2},2^{3},15^{4},1^{5},5^{4'}$ D* j. 248.

2553. $4,123^{3},12^{4},123^{5},4^{5'},5^{4'}$ $45,12345^{2},35^{3},4^{4},4^{5'}$ M* 25. Coup renversé.

2554. $4,12^{3},123^{4},23^{5},3^{5'},4^{4'}$ $13,2345^{2},14^{3},D5^{4},1^{5'}$ E 349.

2555. $4,12^{3},12^{4},2^{5}$ $5^{2},4^{3},D1^{5},1^{5'},3^{4'}$ H 346.

2556. $4,134^{3},1234^{4},5^{5}$ $2345^{2},14^{3},134^{4},5^{5}$ 818 G 25.

2557. $4,134^{3},1345^{4},15^{5},4^{5'}$ $3,1235^{2},D1^{3},25^{4},2^{5},3^{5'}$ E 443.

2558. $4,14^{3},24^{4},45^{5},3^{5'}$ $1,15^{2},134^{3},1^{4},15^{5}$ H 347.

2559. $D4,14^{3},3^{4},34^{5'}$ $4,D12^{2},2^{3},15^{4},5^{5},1^{5'}$ H 348.

2560. $4,14^{3},45^{4},4^{5},5^{5'}$ $13^{2},14^{3},1^{5},3^{5'},D2^{2'}$ H 349.

2561. $4,15^{3},235^{4},34^{5},5^{5'}$ $4,1^{2},4^{3},15^{4},12^{5},D2^{2'}$ H 350.

2562. $4,D1^{3},14^{4},25^{5'},5^{5'},D4'$ $5,D12^{3},34^{5},5^{2'},D5'$ D W 122.

2563. $D4,1^{3},34^{4},5^{5},125^{5'},1^{5'},D2'$ $4,24^{2},3D45^{3},34^{4},1^{5'},5^{4'},D1'$ 819.

2564. $4,1^{3},5^{4},4^{5},2^{5'},45^{4'}$ $35^{2},D4^{3},3^{4},D1^{5}$ Mz 240.

2565. $4,D1^{3},4^{5},3^{4'}$ $3^{2},D5^{4'}$ PV.

2566. $D4,1^{5},3^{5'}$ $4^{5'},4^{5'}$ D* 249.

2567. $4,2345^{3},35^{4},3^{4'}$ $1,13^{2},25^{3},1^{4},1^{5},1^{5'}$ H 351.

2568. $4,234^{3},12^{4},3^{5},4^{5'},1^{4'}$ $23,3^{2},35^{3},234^{4},3^{5}$ 820. Ch. XII 51. D 521.

2569. $4,234^{3},25^{4},34^{5'},5^{4'}$ $4,25^{2},23D4^{3},1^{5}$ 821. Ch. XII 171. D 376.

2570. $4,234^{3},2^{4},23^{5},4^{5'},4^{4'},5^{3'}$ $4,1235^{2},13^{3},3^{4},1^{5},1^{5'},5^{5'}$ D CL 440.

2571. $4,234^{3},2^{4},5^{5},4^{5'},5^{4'}$ $35,2^{2},23^{3},2^{4},13^{5}$ D DU 162.

2572. $4,23^{3},12^{4},23^{5}$ $1,23^{2},5^{3},13^{4},D4^{3'}$ H 352.

2573. $4,23^{3},234D5^{4},5^{5},1^{4'},1^{5'}$ $14,35^{2},345^{3},35^{5},1D2^{5'}$ 822.

2574. $4,23^{3},234D5^{4},5^{5},1^{4'},1^{5'}$ $14,35^{2},D3D45^{3},3D5^{5},1D2^{5'}$ VE 34.

2575. $4,23^{3},5^{4},3^{5},4^{4'},4^{5'}$ $1^{2},D1^{4},D2^{5},4^{5'},14^{3'}$ VE 1.

2576. $4,23^{3},5^{4},3^{5},5^{4'},4^{5'}$ $12^{2},1^{3},D1^{5},4^{5'},14^{4'}$ G 32.

2577. $4,23^{3},5^{4},3^{5},5^{4'},4^{3'}$ $12^{2},1^{4},D2^{5},4^{5'},14^{3'}$ PV.
2578. $4,23^{5},D2^{5'},14^{3'}$ $135,2^{2},3^{5'},5^{3'}$ E 44. G 84.
2579. $4,23^{5},2^{2'},D3^{'}$ $4,5^{2},D25^{4},1^{5'},4^{4'},5^{3'}$ E 301.
2580. $4,245^{3},2^{4},123^{5},4^{5'},3^{4'}$ $25,125^{2},35^{3},4^{4},45^{5'}$ D* 250.
2581. $4,24^{3},1234^{4},2^{5},15^{4'},345^{4'},5^{3'}$ $24D5,12345^{2},1^{3},2^{4},5^{4'},1^{3'}$ D HV 203.
2582. $D4,D2,D5^{3}$ $D5^{5'}$ 823.
2583. $4,25^{3},23^{4},24^{5},345^{5'},34^{4'}$ $24,1245^{2},13^{3},15^{4},1^{5'}$ 824.
2584. $4,2^{3},124^{4},23^{5},3^{4'}$ $2,23^{2},2^{3},25^{4},5^{5},1^{5'}$ * 20. 825. Ch. XII 26.
2585. $4,2^{3},15^{4},1^{4'}$ $134^{3},34,4^{3'}$ D* I 251.
2586. $4,2^{3},24^{4},123^{5},24^{5'}$ $5,25^{2},3D5^{3},45^{4}$ H 353. Mz 187.
2587. $4,2^{3},2^{4},12^{5},14^{5'}$ $4,1^{2},D25^{3},24^{4}$ H 354.
2588. $4,2^{3},3^{4},24^{5},4^{5'},3^{4'}$ $2,4^{2},23^{3},15^{4},D5^{3'}$ H 355.
2589. $4,34^{3},125^{4},4^{5}$ $5^{2},2345^{3},3^{4},3^{5},3^{2'}$ H 356.
2590. $4,34^{3},3^{4},3^{5},345^{5'},3^{4'}$ $2,124^{2},145^{3},2^{5},5^{3'}$ D H j. 245.
2591. $4,35^{3},5^{4},13^{4'}$ $3,5^{3},D4^{2'}$ D* MD à W 252.
2592. $4,35^{3},2^{5},3^{4'},4^{5'}$ $35,12^{2},12^{4},4^{5'}$ E 310.
2593. $4,35^{3},4^{5}$ $1D4^{4},4^{4'}$ H 357.
2594. $4,3^{3},12^{5},D3^{2'}$ $5^{3},5^{4},4^{5'},5^{2'}$ E 38. G 135.
2595. $4,3^{3},12^{5},D4^{'}$ $12^{2},5^{4},34^{5'},5^{3'}$ E 70.
2596. $4,3^{3},45^{5},4^{5'},1^{4'}$ $13,4^{2},3^{3},2^{4},5^{3'}$ D* 253.
2597. $D4,3^{3},4^{5}$ $4^{3},5^{5'},2^{3'}$ PV.
2598. $D4,3^{3},4^{5}$ $4^{3},3^{5'},2^{3'}$ * 27. 826 Ch. XII 138. Pl. 8.
2599. $4,3^{3},4^{5},4^{5'},14^{4'}$ $1,3^{2},3^{3},5^{4},5^{5'},5^{3'}$ D MD j. 189.
2600. $D4,45^{3},124^{4},124^{5},D1^{5'}$ $D3,1245^{2},2^{3},234D5^{4},4^{5},5^{4'}$ E 447.
2601. $4,45^{3},345^{4},235^{5},4^{5'}$ $1234^{2},235^{3},234^{4}$ 827. G 190.
2602. $4,45^{3},45^{5},25^{5'},4^{4'},1^{3'}$ $1,35^{2},D34^{3},D2^{3'}$ H 358.
2603. $4,D4^{3},23^{4},3^{5'},3^{4'}$ $13^{2},D15^{4},13^{5},D1^{4'}$ H 359.
2604. $4,4^{3},25^{4},245^{5},2^{5'}$ $1,12D3^{2},2^{3},35^{4}$ H 360.
2605. $4,4^{3},35^{4},23^{5},24^{5'},2^{3'}$ $13,234^{2},D5^{3},1^{5'}$ H 361. Mz 192.
2606. $4,4^{3},23^{5},D1^{5'},4^{4'},5^{3'},D5^{'}$ $4,135^{2},D3^{3},1^{5'},235^{3'},D1D5^{2'}$ VE 6.
2607. $4,4^{3},23^{5},D1^{5'},4^{4'},5^{3'},D5^{'}$ $4,135^{2},3^{3},1^{5'},235^{3'},15^{2'}$ 828.
2608. $D4,D4^{3},D4^{5}$ $D4$ 829.
2609. $4,5^{3},245^{4},35^{5'}$ $2,1D4^{2},1D34^{3}$ H 362. Mz 243.
2610. $4,5^{3},3^{4},4^{5},2^{5'}$ $1^{2},D2^{3},D4^{4'}$ H 363. Mz 231. VT 7.
2611. $4,5^{3},4^{4},23^{5},25^{5'},4^{4'}$ $13,3D4^{2},1^{3},1^{4},1^{5}$ H 364.
2612. $D4,5^{3},D5^{'}$ $D4$ M 26. Mz 268.
2613. $4,1^{4},1^{5},124^{5'},4^{4'},12^{3'}$ $123,345^{2},D4^{3'}$ H 365.
2614. $4,1^{4},45^{5},1^{5'},3^{2'}$ $1,5^{3},13^{5'},2^{2'}$ D DU 208.
2615. $D4,234^{4},1234^{5}$ $1,2^{2},345^{3},12345^{4}$ H 366.
2616. $D4,234^{4},1^{5'}$ $4,D5^{2},2^{3},4^{4},3^{5}$ H 367. Mz 302.
2617. $4,2^{4},D135^{5},1^{5'}$ $1,2D35^{3},23^{4}$ H 368. Mz 325.
2618. $D4,2^{4},25^{5},24^{5'},1345^{4'},4^{5'}$ $5,25^{2},1^{3},5^{4'},D5^{3'},D4^{2'}$ D* F 254.
2619. $4,2^{4},3^{5},35^{5'},2^{4'}$ $1^{2},245^{3},D4^{4'}$ H 369. Mz 135.
2620. $4,2^{4},2^{2'}$ $4^{5},1^{4'}$ 830. F 15. Ch. VII 17.
2621. $4,3^{4},45^{5},145^{5'},4^{4'}$ $123^{2},34^{3},2^{4},5^{3'}$ 831.
2622. $D4,3^{4},5^{5'},4^{4'},1^{3'}$ $235,4^{2},1^{2'}$ E 131.
2623. $4,45^{4},35^{5}$ $1^{2},D23^{4}$ H 370. Mz 96.
2624. $4,5^{4},45^{5},D5^{5'}$ $1,2^{2},1^{3},1^{4},2^{2'}$ D* j. 255.
2625. $D4,D5^{4},1^{4'}$ $5,1^{3},D1^{'}$ 832.

2626. 4,13^{5},4^{6},D2$^{5'}$ — 14,4^{2},5^{4},5$^{5'}$,5$^{3'}$ E 39. G 65.
2627. 4,13^{5},2$^{4'}$,3$^{5'}$ — D4^{3},1^{4} H 371. Mz 102.
2628. D4,D1^{5},D3$^{5'}$ — D5$^{6'}$ 833.
2629. D4,D3^{5},D5$^{2'}$ — D4$^{4'}$ 834.
2630. 4,5^{5},25$^{4'}$ — 1,3^{2},3^{3},4$^{3'}$ H 372. Mz 12.
2631. D4,D1D3$^{5'}$ — D3^{2} 835.
2632. D4,D2$^{5'}$,1$^{4'}$ — 5^{2},1^{5},D1$^{'}$ M 33. Mz 271.
2633. D4,D2$^{5'}$,1$^{4'}$ — 1^{3},1$^{3'}$,D1$^{'}$ PV.
2634. D4,2$^{5'}$,1$^{4'}$ — 1^{3},1$^{2'}$ H 373. M 43. Mz 80.
2635. D4,D3$^{5'}$,D5$^{'}$ — D4^{4} M* 14. M 14. Mz 378.
2636. 4,2$^{4'}$,1D5$^{3'}$ — 1D3,3^{4} 836.
2637. 5,12345^{2},1234^{3},2345^{4},13^{5},1$^{5'}$ — 13,1235^{2},1235^{3},2345^{4},234^{5} Badelle.
2638. D5,12345^{2},4^{3},4^{4},4^{5},1$^{5'}$ — D1,2^{2},24^{3},234,5^{5},D23$^{5'}$,115$^{4'}$ D LM 598.
2639. 5,1234^{2},123^{3},234,2^{5},2$^{5'}$ — 5,34^{2},345^{3},35^{4},1^{5},1$^{5'}$,4$^{4'}$,5$^{2'}$ D C 404.
2640. 5,1234^{2},1^{3},25^{4},23^{5},14$^{5'}$ — 3,13^{2},12345^{3},12^{4},3^{5},1$^{4'}$,5$^{3'}$ D* chez Lafayette.
2641. 5,1234^{2},2345^{3},12345^{4} — 124^{2},2345^{3},245^{4},1235^{5},4$^{5'}$ G 178.
2642. 5,1234^{2},234^{3},1^{4},25^{5},1$^{5'}$,5$^{4'}$,5$^{5'}$ — 34,245^{2},1234^{3},1234^{4},4^{5},4$^{5'}$,5$^{2'}$ 837.
2643. D5,1235^{2},14^{3},12^{4},13^{5},4$^{5'}$,34$^{6'}$ — 45,12345^{2},5^{3},125^{4},D1D2^{5},5$^{4'}$ D CH 73.
2644. 5,123^{2},2345^{3},1234^{4},34^{5},5$^{5'}$ — 3,23^{2},2345^{3},13^{4},2^{5} G 202. Q. P. G.
2645. 5,123^{2},25^{3},34^{4},3^{5} — 2,3D45^{3},15^{5},2$^{5'}$ H 374.
2646. 5,124^{2},1234^{3},34^{4},4^{5} — 5,1^{2},2345^{3},13^{4},5^{5},2^{5},D1$^{'}$ D LM 252.
2647. 5,124^{2},1234^{3} — 2345^{4},14^{5},12$^{5'}$,5$^{2'}$ 838.
2648. 5,124^{2},245^{3},3^{5},5$^{4'}$ — 5,35^{2},D1234^{3},2^{5},3$^{4'}$ H 375.
2649. 5,124^{2},34^{3},234^{4},235^{5},12$^{5'}$,5$^{4'}$,1$^{3'}$ — 135,5^{2},34^{3},234^{4},345^{5},15$^{4'}$,1$^{3'}$,D2$^{'}$ D LMP 40.
2650. 5,12^{2},23^{3},124^{4},24^{5},245$^{5'}$ — 2,1345^{2},1235^{3},135^{4},3^{5},5$^{4'}$,5$^{2'}$ C 162.
2651. 5,134^{2},3^{3},D24^{4},35^{5} — 14D5^{2},234^{3},4^{4},1^{5},1$^{3'}$ D LM 484.
2652. 5,13^{2},34^{3},34^{4},4^{5},25$^{5'}$,12$^{4'}$,1$^{3'}$ — 13,D23^{2},34^{3},4^{4},1$^{5'}$,D4$^{'}$ VE 30.
2653. 5,145^{2},23^{3},5^{4},23^{5},45$^{6'}$,4$^{6'}$ — 23,1235^{2},12D3^{3},12^{4},1^{5} E 340.
2654. 5,145^{2},24^{4},24$^{5'}$,2345$^{3'}$ — 1234,1^{3},135^{5},135$^{4'}$,3$^{2'}$ 839. Mz 390.
2655. 5,14^{2},5^{3},14$^{5'}$,35$^{4'}$,D3$^{'}$ — D1,5^{2},1^{3},2^{4},D4$^{5'}$,1$^{4'}$,D3$^{5'}$,3$^{2'}$ VE 12.
2656. 5,14^{2},5^{3},14$^{5'}$,34$^{'}$,5$^{2'}$,D3$^{'}$ — D15,1^{3},2^{4},4$^{5'}$,1$^{4'}$,3$^{3'}$,2$^{2'}$ 840.
2657. 5,14^{2},24^{4},1235^{5},12$^{5'}$,4$^{4'}$,5$^{3'}$ — 4,12345^{2},3^{3},235^{4},3^{5},5$^{4'}$ C 114.
2658. 5,15^{2},1234^{3},235^{4},13^{5},4$^{5'}$ — 15,1235^{2},245^{3},15^{4},2^{5},45$^{5'}$ C 127.
2659. 5,15^{2},245^{3},24^{4},3^{5},234$^{5'}$,3$^{6'}$ — 24,D24^{2},345^{3},5^{4},15^{5},1$^{5'}$ C 188.
2660. D5,1D5^{2},2^{3},2345^{4},234^{5},5$^{6'}$ — 1234D5^{2},2D34^{3},1234^{4},125^{5},1$^{5'}$ D LMP 318.
2661. 5,1^{2},235^{3},14^{4},124^{5},25$^{5'}$,2$^{4'}$ — 134^{2},D135^{3},D135^{4},1^{5},3$^{5'}$,5$^{2'}$ D LM 435.
2662. 5,1^{2},35^{3},15$^{5'}$,4$^{4'}$,5$^{3'}$ — 4,235^{2},3^{3},D2^{5},4$^{5'}$ D* à DA 257.
2663. 5,1^{2},245^{4},12345^{5},135$^{5'}$ — 35,1235^{2},245^{3},1235^{4} 841.
2664. D5,1^{2},2^{4},2^{5} — 2^{4},3^{5},1$^{5'}$,5$^{2'}$ 842.
2665. D5,1^{2},4^{4},1^{5},4$^{6'}$ — 12^{2},D25^{4},3^{5},5$^{4'}$ H 376. Mz 321.
2666. D Z de 5 à 5$^{2'}$ (Trictrac). — 5^{4},5^{5},1$^{5'}$ march^{t} v. la 1re l. adv. D où elle veut. M 19
2667. D5 ou 4^{2} — D ou Ps/1234^{2},1234^{4},5^{5},345$^{5'}$,12$^{4'}$,45$^{3'}$,123$^{2'}$ Mz.
2668. D5 ou 4^{2} — D ou Ps/123^{2},45^{3},12^{4},345^{5},5$^{5'}$1234$^{4'}$,1234$^{2'}$ Mz.
2669. 5,2345^{2},12345^{3},1234^{4},124^{5} — 135,2345^{2}.134^{3},345^{4},134^{5},5$^{6'}$ 843.
2670. 5,2345^{2},124^{3},345^{4} — 1234D5^{4},24^{5},23$^{5'}$ 844.
2671. 5,2345^{2},124^{3},345^{4} — 1234D5^{4},24^{5},34$^{5'}$ 845.
2672. 5,234^{2},12345^{3},12345^{4},124^{5} — 3,1235^{2},1345^{3},12345^{4},124^{5} 846.
2673. 5,234^{2},12^{3},4^{4},34^{5},24$^{5'}$,12$^{6'}$ — 2,123^{2},135^{3},34^{4},5^{5},1$^{5'}$,5$^{2'}$ 847.
2674. 5,234^{2},2^{3},45$^{5'}$,25$^{6'}$ — 1345^{2},4^{3},1^{4},D1^{5},4$^{6'}$,1$^{3'}$ D* à CR 261.

2675. $5,234^{2},34^{3},13^{4},25^{5},125^{5'},1^{3'},1^{2'}$ — $4,D234^{2},34^{3},D34^{4},3^{5},3^{5'},4^{4'},5^{2'}$ VE 97.
2676. $5,234^{2},34^{3},13^{4},25^{5},125^{5'},1^{3'},1^{2'}$ — $4,234^{2},345^{3},34^{4},34^{5},3^{5'},4^{4'},5^{2'}$ 848.
2677. $5,234^{2},5^{3},234^{4},123^{5'}$ — $12,12^{2},1345^{3},45^{5},1^{4'}$ 849.
2678. $5,235^{2},1^{3},1^{4},4^{5'},3^{4'},D5'$ — $3,123^{2},2^{3},1^{4},1D5^{5'},234^{4'}$ DV 350.
2679. $5,235^{2},1^{3},23^{4},13^{5},1^{4'},2^{5'}$ — $13,1^{2},345^{3},4^{4},45^{5},5^{4'}$ C 47.
2680. $5,23^{2},234^{3},234^{4},1^{5},23^{5'},5^{4'},1^{3'}$ — $12345,D2D3^{2},1^{5},5^{5'}$ VE 36.
2681. $5,23^{2},245^{3},3^{4},3^{5},5^{3'},5^{2'}$ — $345,13^{2},123^{4},2^{5},1^{5'}$ E 316.
2682. $5,23^{2},24^{3},5^{5}$ — $1^{2},D1^{5'},D4^{4'}$ H 377.
2683. $5,23^{2},2^{3},24^{4},124^{5'},5^{2'}$ — $35,234^{3},1^{5'},D1'$ D BT 375.
2684. $5,23^{2},2^{3},4^{4},2^{5},3^{5'}$ — $3,14^{2},1^{3},14^{4},4^{5'}$ 850. Ch. XII 17.
2685. $5,23^{2},345^{3},234^{4},1^{5}$ — $1^{2},123D45^{5},24^{4},24^{5}$ H 378.
2686. $5,23^{2},3^{3},D25^{4},4^{5},3^{5'}$ — $4,234^{3},3^{4},1^{5},D1^{5'},2^{5'}$ E 14.
2687. $5,23^{2},3^{3},34^{5},1^{5'}$ — $45^{2},1^{3},2^{4},2^{5'},D5^{4'}$ H 379.
2688. $5,23^{2},4^{3},2^{4},24^{5},24^{5'},234^{4'},5^{3'}$ — $14,12345^{2},13^{3},15^{4},5^{5'},5^{4'}$ C 61.
2689. $D5,245^{2},134^{3},2345^{4},3^{5}$ — $124D5^{2},24^{3},123^{4},135^{5},12^{5'}$ D LM 527.
2690. $5,245^{2},23^{3},5^{4},23^{5},45^{5'},5^{4'}$ — $23,1235^{2},12D3^{3},12^{4},1^{5}$ E 340.
2691. $5,245^{2},2^{3},135^{4},34^{5},134^{5'},2^{4'}$ — $1D23^{2},1245^{3},D4^{4},5^{5},D1^{5'},D3'$ D* LM 259.
2692. $5,245^{2},34^{3},1^{4},23^{5},4^{5'}$ — $5^{2},1235^{3},15^{4},125^{5}$ E 197.
2693. $5,24^{2},1^{3},5^{5},2^{5'},4^{4'},D1^{3'}$ — $5^{2},3^{3},5^{4},2^{5'},23^{4'},5^{2'},D1'$ VE 8.
2694. $D5,24^{2},25^{3},4^{5'},D2'$ — $2^{3},D2^{4},235^{5},35^{4'},1^{5'}$ D LM j. 170.
2695. $5,24^{2},5^{3},34^{4},15^{5}$ — $234^{3},35^{4},3^{5},D3^{5'}$ H 380.
2696. $5,24^{2},5^{3},35^{4},125^{5'},4^{4'},35^{3'},4^{2'}$ — $D14,5^{2},2^{3},4^{5},3^{5'},D4^{3'},D13^{2'}$ VE 83.
2697. $5,25^{2},135^{3},2^{4},34^{5},4^{5'},4^{4'},4^{3'}$ — $3,123^{2},12D5^{4},1^{5},1^{5'},4^{4'}$ D PH 229.
2698. $5,25^{2},135^{3},2^{4},34^{5},4^{5'},4^{4'}$ — $13D4,123^{2},12^{4},1^{5},4^{4'}$ D DU 507.
2699. $5,2D5^{2},15^{3},2345^{4},2^{5},4^{5'},5^{3'}$ — $125^{2},D34^{3},12^{4},123^{5},3^{2'},D4'$ D* LM 260.
2700. $5,25^{2},3^{3},23^{4},5^{5},12^{5'}$ — $12,13^{2},D23^{3},3^{4},3^{5}$ H 381.
2701. $5,25^{2},5^{3},45^{4},123^{5},145^{5'},5^{3'}$ — $45,1234^{2},13^{3},25^{4},2^{5}$ 851.
2702. $5,25^{2},D1^{5},D2^{5'}$ — $4^{4'},1^{2'},D1'$ M 91. Mz 274.
2703. $5,2^{2},12^{3},12^{4},134^{5}$ — $25^{2},234D5^{3},25^{4}$ H 382.
2704. $5,2^{2},134^{3},3^{5},2^{5'}$ — $2^{2},134^{3},14^{4},1^{5'}$ H 383.
2705. $5,2^{2},135^{3},125^{4},23^{5},23^{5'}$ — $135,1234^{2},5^{3},45^{4},1^{5},1^{5'}$ E 412.
2706. $5,2^{2},13^{3},34^{4},124^{5},45^{5'},34^{4'}$ — $3,12345^{2},23^{3},15^{4},23^{5},5^{5'},5^{2'}$ D* LM 261.
2707. $5,2^{2},14^{3},1234^{4},1^{5}$ — $1D5^{2},D3^{3},5^{4},34^{5}$ H 384.
2708. $5,2^{2},3^{3},1235^{4},12^{5}$ — $D4,4^{3},135^{4},134^{5}$ H 385.
2709. $5,2^{2},123^{4},34^{5},3^{5'},3^{3'}$ — $13,14^{2},1^{3},D4^{4},145^{5},5^{5'},35^{2'}$ VE 21.
2710. $D5,2^{2},35^{4},2^{5},1^{5'}$ — $25^{2},134^{3},35^{4},D2'$ E 128. G 35.
2711. $5,2^{2},1^{5},24^{5'},D1^{3'},5^{2'}$ — $35,2^{2},13^{5},D1^{2'}$ E 64. G 58.
2712. $D5,D2^{2},D4^{4'},5^{3'}$ — $D4,D5^{2},5^{4'}$ M* 37. M 37. Coup savant. Mz 278.
2713. $5,345^{2},234^{3},1234^{4},1^{5},1^{5'},5^{4'},5^{3'}$ — $124,1235^{2},3^{3},234^{4},234^{5},5^{5'}$ C 109.
2714. $5,345^{2},34^{3},1D34^{4},1^{5},3^{5'}$ — $1,134^{2},124^{3},24^{4},14^{5},D5^{5'},5^{4'},D2'$ A 33.
2715. $5,34^{2},14^{3},12^{4},23^{5},5^{5'}$ — $5,2345^{2},4^{3},24^{4},5^{5'},5^{4'}$ 852.
2716. $5,34^{2},23^{3},23^{4},234^{5},4^{4'},5^{3'}$ — $124,234^{2},1^{3},1^{4},1^{5},15^{5'},5^{4'},5^{2'}$ D* 262.
2717. $5,34^{2},45^{3},1234^{4},123^{5},5^{4'}$ — $2,1234^{2},14^{3},234^{4},14^{5},5^{5'},5^{4'}$ 853.
2718. $5,34^{2},4^{3},23^{4},25^{5},4^{5'},3^{4'},4^{3'}$ — $35,2^{2},35^{3},12^{4},12^{5},5^{4'},5^{3'}$ D HV 302.
2719. $5,34^{2},4^{3},5^{4},23^{5},2^{5'},5^{4'},2^{3'}$ — $13D4,3^{2},3^{3},3^{4},D2^{2'}$ VE 12.
2720. $5,35^{2},1^{3},5^{4},1234^{5},234^{5'}$ — $13,1234D5^{2},24^{3},5^{4}$ H 386. Mz 223.
2721. $5,D35^{2},23^{3},234^{4},35^{5},1^{5'}$ — $2,34^{2},2^{3},2D5^{4},23^{5},D15^{3'}$ 854.
2722. $5,35^{2},35^{3},3^{4},2^{5}$ — $4^{2},1^{3},1235^{4},3^{5},5^{5'},D2^{4'}$ H 387.
2723. $5,35^{2},3^{3},235^{4},25^{5},15^{5'},5^{4'}$ — $13,234^{2},4^{3},234^{4},23^{5},1^{5'}$ 855.

2724. $5,35^{2},34^{3},235^{4},13^{5}$ $2,123^{6},13^{7},5^{8},D2^{9}$ Mr 209.

2725. $5,35^{2},34^{3},235^{4},13^{5}$ $1235^{6},13^{7},5^{8},D2^{9}$ H 388.

2726. $5,3^{2},1245^{3},34^{4},3^{5}$ $2,23^{6},4^{7},5^{8},12^{9},5^{10}$ 856.

2727. $5,3^{2},125^{3},4^{4},2^{5},1^{6},5^{7},5^{8}$ $145,13^{2},134^{3},23^{4},4^{5},5^{6}$ E 380.

2728. $5,3^{2},2345^{3},24^{4},234^{5},1345^{6},14^{7}$ $25,12345^{2},235^{3},5^{4},2^{5},1^{6},D1^{7},5^{8}$ D LM j. 184.

2729. $5,3^{2},2345^{3},34^{4},12^{5},3^{6},4^{7},5^{8}$ $14,1345^{2},3^{3},5^{4},12^{5},1^{6},5^{7}$ C 191.

2730. $D5,3^{2},2345^{3},34^{4},34^{5},35^{6}$ $12,234D5^{2},134^{3},134^{4}$ D LM 393.

2731. $5,3^{2},2D5^{3},4^{4},23^{5},3^{6},3^{7}$ $D5,123D5^{2},4^{3},1^{4}$ D LM 592.

2732. $5,3^{2},2^{3},3^{4},D1D4^{5}$ $1^{6},D1^{7},12^{8},4^{9},5^{10}$ E 296.

2733. $5,3^{2},2^{3},4^{4},24^{5},23^{6},5^{7}$ $4,345^{2},1234^{3},34^{4},4^{5}$ E 390.

2734. $5,3^{2},35^{3},34^{4}$ $2,12^{5},2D34^{6}$ H 38.

2735. $5,3^{2},3^{3},1234^{4},2^{5},5^{6},4^{7}$ $2,35^{2},1D25^{3},3^{4},3^{5},4^{6}$ H 390.

2736. $5,3^{2},3^{3},14^{4},1234^{5},5^{6},5^{7}$ $345,234^{2},134^{3},12^{4}$ G 10.

2737. $5,3^{2},5^{3},45^{4},245^{5},2345^{6},3^{7}$ $4,1234^{2},1345^{3},15^{4},5^{5}$ 857.

2738. $D5,3^{2},5^{3},5^{4},35^{5},4^{6},14^{7}$ $234,124^{2},3^{3},D5^{4},4^{5}$ D SPH 18. G 140.

2739. $5,3^{2},4^{3},5^{4},15^{5},5^{6},5^{7}$ $23,4^{2},1234^{3},3^{4},4^{5},1^{6}$ D[a] LM 263.

2740. $5,45^{2},D1^{3},124^{4},3^{5},2^{6},1^{7}$ $3,D134^{2},234^{3},4^{4},15^{5},1^{6},5^{7}$ C 194.

2741. $5,45^{2},23^{3},234^{4},12^{5},1^{6},4^{7}$ $35,134^{2},23^{3},234^{4},3^{5},1^{6}$ 858. Ch. XII 85.

2742. $D5,D45^{2},2^{3},4^{4},4^{5}$ $15^{6},3^{7},1^{8},1D4^{9},3^{10},1^{11}$ 859.

2743. $5,45^{2},2^{3},4^{4},5^{5},24^{6},5^{7}$ $5,D235^{2},3^{3},35^{4},5^{5},3^{6}$ VE 18.

2744. $5,45^{2},34^{3},4^{4},2345^{5},13^{6}$ $13,234^{2},24^{3},234^{4},1^{5}$ C 51.

2745. $5,4^{2},1234^{3},1^{4},23^{5}$ $234^{6},14,14^{7},14^{8}$ 860. Ch. XII 37.

2746. $5,4^{2},1235^{3},134^{4},2^{5},34^{6},4^{7}$ $15,12345^{2},3^{3},1^{4},1^{5},15^{6}$ M[a] 38. Coup de Marchand ou le Bouquet. M 62. Mr 45.

2747. $5,4^{2},D134^{3},345^{4},4^{5},23^{6},1^{7},12^{8}$ $1D23,245^{2},34^{3},5^{4},145^{5},2^{6},1^{7}$ 861.

2748. $D5,4^{2},D134^{3},5^{4},3^{5},4^{6}$ $D2D3D4,23^{2},2^{3},1^{4},4^{5},D5^{6}$ E 453.

2749. $5,4^{2},135^{3},134^{4},4^{5},3^{6}$ $14,134^{2},25^{3},1^{4},2^{5},1^{6}$ 862. CH XII. D B j. 129.

2750. $D5,4^{2},135^{3},34^{4},1^{5}$ $1234^{2},D1^{3},5^{4},4^{5},3^{6}$ E 442.

2751. $5,4^{2},D13^{3},5^{4},24^{5},145^{6},2^{7},25^{8}$ $12D35,34^{2},134^{3},34^{4},2^{5},5^{6}$ 863.

2752. $5,4^{2},D13^{3},24^{4},145^{5},2^{6},25^{7}$ $12D35,D3D4^{2},134^{3},34^{4},2^{5},5^{6}$ VE 64.

2753. $5,4^{2},145^{3},234^{4},34^{5},2^{6},1^{7},1^{8}$ $235,245^{2},3^{3},2345^{4},15^{5},5^{6}$ 864.

2754. $5,4^{2},14^{3},145^{4},4^{5},23^{6},1^{7},1^{8}$ $1D234,2^{2},234^{3},34^{4},14^{5},2^{6},2^{7},2^{8}$ 865.

2755. $5,4^{2},15^{3},34^{4},25^{5}$ $3D45^{6},2^{7},23^{8},5^{9}$ C 180.

2756. $5,4^{2},234^{3},234^{4},25^{5},4^{6}$ $4,1235^{2},3^{3},235^{4},1^{5}$ D[a] 284.

2757. $5,4^{2},24^{3},1^{4},134^{5}$ $1,13^{2},1^{3},134^{4},1^{5},5^{6}$ M[r] 28. C. de la Montellerie.

2758. $5,4^{2},25^{3},1345^{4},123^{5},5^{6},5^{7},5^{8}$ $345,123^{2},D134^{3},34^{4},2^{5}$ E 142. G 114.

2759. $D5,4^{2},2^{3},5^{4},5^{5},13^{6}$ $D124,2D3^{2},2^{3},4^{4},1^{5}$ Mr 367.

2760. $5,4^{2},3^{3},1^{4},5^{5}$ $5^{2},14^{3},4^{4},5^{5},5^{6}$ H 391.

2761. $5,4^{2},4^{3},123^{4},34^{5},24^{6},234^{7}$ $24,12345^{2},13^{3},15^{4},5^{5},5^{6}$ 866.

2762. $5,D4^{2},4^{3},34^{4},1^{5},13^{6},145^{7}$ $34,5^{2},2^{3},5^{4},2^{5},D1^{6},D15^{7}$ VE 44

2763. $5,D4^{2},4^{3}$ $1,5^{2},5^{4},4^{5}$ D S j. 85. G 39.

2764. $5,4^{2},125^{3},2^{4},4^{5},34^{6},3^{7}$ $124,15^{2},125^{3},1^{4},D2^{5}$ H 391. Mr 216.

2765. $5,4^{2},1^{3},D5^{4}$ $1^{3},1^{4},5^{5},45^{6}$ DA 535.

2766. $D5,D4^{2},D5^{3}$ $D4^{2}$ VE 8.

2767. $5,4^{2},24^{3},134^{4},4^{5},4^{6}$ $45,5^{2},125^{3},5^{4},1^{5},5^{6}$ C 23.

2768. $D5,D4^{2},D2^{3}$ $D4^{2}$ 167.

2769. $5,5^{2},12345^{3},25^{4},34^{5},35^{6}$ $135,1234^{2},24^{3},14^{4},1^{5},1^{6}$ H 393.

2770. $5,5^{2},135^{3},134^{4},4^{5},3^{6}$ $14,134^{2},25^{3},1^{4},2^{5},1^{6}$ 868. Ch. XII 73.

2771. $5,D5^{2},D1^{3},1^{4},2^{5},245^{6},2^{7}$ $4,5^{2},2D5^{3},D3^{4},23^{5}$ D[a] W 265.

2772. $D5, 5^2, 1^8, 2^4, 3^5, 34^{53}, 3^6$ $15, 12D34^{52}, 4^{53}, D1^4, 1^6, 1^2$ VE 30.
2773. $5, D5^2, 4^{53}, 34^4, 3^5, 23^6, 1^6, 1235^8$ $1234^5, 5^2\ 4^8, D4^4, 4D5^3, D2^4, D1^6, D12^2$ VE 86.
2774. $5, D5^2, 4^{53}, 34^4, 3^5, 23^6, 1^6, 1234^8$ $1234^5, 5^2, 4^3, 4^4, 45^6, D2^6, 1^6, 12^2$ 869.
2775. $D5, 5^2, 4^8, 3^4, 4^6, 3^8$ $3^5, 1^2, 5^4, 5^3, D4^4$ H 394. Mz 337.
2776. $5, 5^2, 135^4, 2^5, 15^3, 14^6, 1^8$ $2D34^5, D2D4^2, D2^4$ H 395. Mz 266.
2777. $5, 5^2, 135^4, 2^5, 5^6, 14^6, 1^8$ $2D3D4^5, D2^2, D2^4$ H 396.
2778. $D5, 1234^5, 34^{54}, 3^5, 34^5, 3^6$ $D1, 1234^{52}, 4D5^3, 14^4, 25^5, 1^4$ D LM 609.
2779. $5, 123^8, 3^4, 1234^5, 2^5, 25^6$ $14, 1234^2, 13^5, 13^4, 5^5, 5^6$ C 50.
2780. $5, 124^8, 123^4, 35^5, 2^5, 1^6$ $13, 1234^2, 134^5, 3^4, 1^6$ E 358.
2781. $5, 125^8, 134^4, 24^5, 2^8, 1^6, 1^8$ $23, 2345^2, 4^8, 3^4, 3^5, 1^5, 5^2$ D C 556.
2782. $5, 12^8, 12^4, 2^6, 3^6$ $24^2, 4^5, 4^4, D4^6$ H 397.
2783. $D5, 12^8, 345^6, 2^8, D12^8$ $234^2, D4^5, 3^4, 5^5, 12^6, 5^5, 3^2, D2^2$ D HV 96.
2784. $D5, 12^8, D3^6$ $1, 1^5, D2^6$ E 242.
2785. $5, 135^8, 14^4, 135^6, 5^6, 4^6$ $23, 1234^2, 124^5, 12^4, 1^5$ D V 301.
2786. $5, 145^8, 23^6, 4^8$ $34^5, 5^4, 2^5, 1^6$ D° à CR 266.
2787. $D5, 234^8, 3^4, 3^8$ $3, 1^2\ D3^5, 1^4, 15^5$ E 266.
2788. $5, 234^5, 4^4, 345^6, 4^6, 1^8$ $4, 235^2, 4^5, 2^5, 5^5, 12^6, 1^5, 5^2$ VE 37.
2789. $5, 23^8, 234^4, 34^6$ $24^5, 2^4, D5^5, 12^5$ H 398. M 196.
2790. $5, 23^8, 24^4, 134^5, 14^6$ $14^5, 24^{52}, 5^5, 24^{56}$ 870.
2791. $5, 23^8, 2^4, 1^5, 5^5, 5^6$ $5, 1234^2, 3^4, 15^5$ C 43.
2792. $5, 23^5, 4^5, 3^6$ $3, 134^5, 1^5, 4, 5^5, D5^6$ H 399.
2793. $5, 23^5, 2^4, 23^5, 3^6, 3^8$ $23, 1^2, 25^8, 4^4, 5^5, D5^5$ H 400. Mz 199.
2794. $5, 23^5, 35^4, D13^5, 14^6$ $D4, 2^2, 24^5, 2^4, 5^5, 12^5$ E 450.
2795. $5, 24^5, 3^4, 234^5, 3^5$ $24^{52}, D14^5, 34^4$ H 401.
2796. $5, 24^5, 4^4, 145^5, 5^5$ $3, 1^2, 4^5, 1234^4, D1^5, 3^5$ E 84. G 90. Pl. 1 bis.
2797. $5, 24^5, 4^4, 145^5, 5^5$ $3, 3^2, 4^5, 1235^4, 1^5, 3^5$ 871.
2798. $D5, 2^8, 1^4, D2^5$ $D3^4, 4^5, 1^2$ 872.
2799. $D5, 2^8, 235^5, 3^5, 34^6$ $45, 234^2, D2^5, 25^4, 1^6$ D° 267.
2800. $5, 2^5, 23^5, 34^6, 1^2$ $5, 5^2, 25^4, 2^5, 14^5, 4^5, 3^2$ G 99.
2801. $5, 2^5, 23^5, 4^6, 1^8$ $5, 35^2, 5^4, 14^5, 4^5$ E 143.
2802. $5, 34^8, 24^4, 14^5, 45^5, 4^6, 5^5, D5^5$ $14\ 12345^2, 23^8, 1^4, 1^6, D5^6$ D LM 488.
2803. $5, 34^8, 34^4, 3^5, 135^5, 1^6, 1^8$ $123, 125^2, 24^5, 1^4, 5^5, 5^6$ E 239.
2804. $5, 34^8, 14^5, 2^6$ $3^2, 5^4, 5^5, 5^6, D2^5$ H 402.
2805. $D5, 35^8, 1^4, 1^5$ $5, 345^2, 25^3, 5^4, 4^5$ G 148.
2806. $D5, 3^8, 1^4, 1^5$ $5, 345^2, 25^3, 5^4, 5^5$ E 22.
2807. $5, 3^8, 235^4, 1^5, 14^5, 3^6$ $45, 2^5, 5^4, D2^5, 4^6$ H 403. Mz 193.
2808. $5, 3^8, D23^5, 3^8, 34^6, 234^5$ $345, 5^4, 15^5, 4D5^5, D15^2$ VE 27.
2809. $D5, 4^8, 124^4, 4^6$ $D2^3, 3^5$ D T 344.
2810. $5, 4^8, 13^4, 24^5, 5^5$ $2^2, D134^5, 23^4$ H 404.
2811. $5, 4^5, 3^4, 14^6$ $1D4^5, D3^5$ H 405. Mz 230.
2812. $D5, 4^8, 3^4, 34^5$ $23, D1^2, 123^5$ H 406. Mz 316.
2813. $D5, 4^8, 3^4, 4^6$ $35, 1^2, 15^4, 5^5, D4^5$ Mz 337.
2814. $D5, 4^8, D1^5, 23^6, 3^8$ $134, 3^2, 5^5, D1^5, D5^6$ Mz 351.
2815. $5, 5^8, 34D5^4, 5^6, 123^5, 2^6, 3^8$ $D34, 345^2, 45^3, 45^4, 4^5, D1^6$ 873.
2816. $5, 5^8, 5^4, 4^6, 2^8$ $1^5, 5^2$ 874.
2817. $D5, 12^4, 4^6$ $D2^4, 5^5, 3^2$ M 39. Mz 290.
2818. $5, 13^4, 2^5, 24^5, 1D5^6, 1^8$ $34, 45^2, 2^5, 1^5, 5^2, D3^5$ D A 467.
2819. $5, 14^4, 14^5, 35^5, 5^6, 13^8$ $12, 4^4, 25^6, D1, 1D35^2$ VE 25.
2820. $5, 1^4, 1^5, 34^6, 4^8$ $4, 1^6\ D2$ H 407.

2821.	$5,245^{4},D45^{5},2^{61},3^{41}$	$1D3,12^{2},15^{3},1^{4},15^{5}$ F 18.
2822.	$D5,3^{4},3^{5},5^{31}$	$2,2^{2},D4^{3}$ G 95.
2823.	$D5,3^{4},3^{5},5^{31}$	$D4^{3},3^{4}$ E 141.
2824.	$5,4^{4},2D5^{5},24^{51},14^{41}$	$15,245^{2},5^{4},2^{21},D4^{1}$ D B Y 374.
2825.	$D5,4^{4},2^{51},3^{41}$	$23,1D3^{2},1^{3}$ H 408. Mr 295.
2826.	$5,4^{4},3^{61},4^{41},45^{31},D5^{21}$	$24,1^{2},12^{3},3^{4},2^{5},D1^{61}$ E 118. G 78.
2827.	$5,4^{4},4^{51},D3^{41}$	$D1^{5},5^{21}$ D* 268.
2828.	$D5,D5^{4},D3^{5}$	$D4^{2}$ 875.
2829.	$5,23^{5},4^{51},D5^{41},135^{31},5^{21}$	$245,D2^{5},1^{61},4^{41},4^{31},23^{21}$ D SP 221.
2830.	$D5,D3D5^{5}$	$D4^{2}$ 876. VE 4.
2831.	$5,D3^{5},23^{3},234^{4},35^{5},1^{61}$	$2,34^{2},2^{3},2D5^{4},23^{5},D15^{31}$ D LM 596.
2832.	$D5,D3^{5},D2^{41}$	$D4^{2}$ 877.
2833.	$D5,D3^{5},D5^{41}$	$D4^{3}$ 878.
2834.	$D5,3^{5},D1^{51},5^{61}$	$5,D2^{4},5^{21}$ E 74. G 49.
2835.	$5,5^{5},1^{61},3^{41}$	$2^{3},2^{4},4^{61}$ H 409.
2836.	$D5,34^{51},34^{41}$	$45,D25^{2},2^{5},5^{61}$ H 410. Mr 318.
2837.	$D5,D3^{61},D5^{31}$	$D4^{1}$ 879
2838.	$D5,D4^{41},5^{51}$	$5^{2},4^{61},D5^{21}$ D* BL 269.
2839.	$5,4^{41}$	$1^{5},5^{21}$ 880. Ch. VII 15. Mr 11. Modifié.
2840.	$5,4^{51}$	$4^{41},5^{21}$ M 25. Mr 11.
2841.	D5	$3^{2},4^{61},5^{21}$ D* à F 270.
2842.	D5	$3^{3},23^{4}$ * 15. D B 500. 881. Ch. XII 135. Pl. 2.
2843.	D sur le trictrac de 5 à 5^{21}	$D1,5^{4},5^{5},1^{51}$ M 18.
2844.	$12345^{2},1234^{3},145^{4},14^{5}$	$5,145^{2},234^{3},1235^{4},124^{5}$ 882.
2845.	$12345^{2},234^{3},124^{4},45^{5},2^{61}$	$2,134^{2},123^{3},134^{4},134^{5},1^{61},5^{41}$ 883.
2846.	$1234^{2},1234^{3},145^{4},25^{5}$	$145^{2},345^{3},1235^{4},124^{5}$ 884.
2847.	$1234^{2},2345^{3},4^{4},1^{5},1^{41}$	$13,1345^{3},34^{4},4^{5},D5^{21}$ E 309.
2848.	$1234^{2},235^{3},2^{4}$	$1^{2},123^{4},24^{5}$ G 194. Q. P. G.
2849.	$1235^{2},1235^{3},1245^{4},2^{5},15^{61},1^{41}$	$135,245^{2},1235^{3},235^{4},3^{5},34^{51}$ D* BL 271.
2850.	$1235^{2},125^{3},125^{4},5^{5},1^{61}$	$35,245^{2},3^{3},23^{4},23^{5},14^{61}$ M 75. Mr 43.
2851.	$1235^{2},235^{3},234^{4},34^{5}$	$4^{2},2345^{3},135^{4},125^{5},1^{61}$ H 411.
2852.	$123D5^{2},2^{3},4^{4},14^{5},1^{61}$	$23^{2},2^{3},245^{4},D3^{51},2^{41}$ 885.
2853.	$123^{2},1235^{3},125^{4},25^{5},15^{61}$	$35,245^{2},23^{3},235^{4},23^{5},34^{51}$ D DM 530.
2854.	$123^{2},12^{3},234^{5},2^{61},23^{41}$	$23,123^{2},15^{3},45^{4},D1^{5},1^{51}$ C 193.
2855.	$D123^{2},234^{3},3^{4},3^{5},5^{61},2^{41},5^{21}$	$145,13^{2},4D5^{3},D14^{4},1D5^{51},5^{31}$ VE 46.
2856.	$D123^{2},234^{3},3^{4},3^{5},5^{61},2^{41},5^{21}$	$145,13^{2},45^{3},14^{4},15^{61},5^{21}$ 886.
2857.	$123^{2},25^{3},125^{4},25^{5},1^{61}$	$35,24^{2},13^{3},234^{4},3^{5},4^{61}$ 887. Ch. XII 59. D B j. 74
2858.	$123^{2},2^{3},45^{4},5^{5},2^{61},1^{41},D1^{31}$	$4^{2},3^{3},234D5^{4},34^{5},12^{51},1^{61}$ D LM 604.
2859.	$123^{2},2^{3},5^{41}$	$4^{2},D2^{61},3^{41}$ 888.
2860.	$123^{2},3^{3},12^{4},1^{5},13^{61}$	$125,12^{2},4^{4},2^{5},3^{61}$ C 1. C F j. (PV*.)
2861.	$123^{2},23^{4},4^{5},23^{51},2^{41}$	$D134^{2},14^{3},4D5^{4}$ H 412.
2862.	$123^{2},2^{4},3^{5},D1^{61}$	$23,23^{2},5^{3},D4^{4},15^{5}$ E 288.
2863.	$124^{2},1^{3},24^{5},234^{51},4^{41},1^{31}$	$125,235^{2},35^{3},5^{4},1^{41},5^{21}$ 889.
2864.	$124^{2},235^{3},2^{4},3^{51}$	$2^{2},234^{3},5^{4},25^{5},2^{61},D5^{41}$ H 413. Mr 207.
2865.	$124^{2},23^{3},124^{4},4^{5},2^{61}$	$2,123^{2},1^{3},13^{4},134^{5},1^{61},5^{41}$ H 414.
2866.	$124^{2},23^{3},14^{4},3^{5},3^{61}$	$45,5^{2},D234^{3},5^{5},5^{41},5^{21}$ PV*.
2867.	$124^{2},23^{3},24^{4},4^{5},2^{61}$	$2,123^{2},1^{3},13^{4},15^{5},1^{61},15^{41}$ H 415. Mr 76.
2868.	$124^{2},23^{3},2^{4},12^{5},3^{61}$	$12,5^{2},13D4^{3},4^{4},4^{41}$ D B 465. 890. Ch. XII 176.
2869.	$125^{2},1234^{3},2345^{4},24$ [illegible]	$23,345^{2},1245^{3},35^{4},13^{5}$ H 416.

2870. $125^{2},235^{3},12345^{4},235^{5},25^{5'}$ $4,1345^{2},12345^{3},235^{4},13^{5}$ C 166.
2871. $125^{2},235^{3},124^{4},1235^{5},4^{4'}$ $14,234^{2},13^{7},235^{4},123^{5},4^{5'}$ D HV 57.
2872. $125^{2},235^{3},12^{4},234^{5},4^{5'}$ $12,2345^{2},5^{3},245^{4},1^{5},1^{5'}$ M 70. Mz 38.
2873. $125^{2},235^{3},12^{4},23^{5},1^{5'}$ $23,24^{2},35^{3},235^{4},3^{5},4^{5'},45^{4'}$ E 439.
2874. $125^{2},23^{3},2^{4}$ $2^{2},24^{3},45^{3},5^{4'}$ 891.
2875. $125^{2},2^{3},1245^{4},5^{5'},1^{3'}$ $4^{2},234^{3},24^{4},13^{5},1^{5'},4^{2'}$ 892.
2876. $12D5^{2},12^{4},13^{5}$ $3^{2},24^{3},D23^{4},3^{5},4^{5'}$ H 417. Mz 341.
2877. $12^{2},234^{3},35^{4},1^{5}$ $4^{2},24^{3},234^{4},14^{5},D5'$ H 418.
2878. $12^{2},235^{3},1235^{4},14^{3'},1^{4'},1^{5'}$ $2,134^{2},4^{3},5^{4},23^{5},4^{5'},4^{4'},5^{2'}$ 893.
2879. $12^{2},245^{3},2^{4},35^{5}$ $1^{2},D1^{3},234^{4},2^{5}$ A 34.
2880. $12^{2},24^{3},D3^{5},34^{5'}$ $35,1345^{2},4^{3},1^{4},D1^{5'},1^{3'}$ E 101. G 132.
2881. $12^{2},2^{3},345^{4},25^{5}$ $1345^{3},34^{4},1D3^{5},1^{5'}$ H 419.
2882. $12^{2},2^{3},3^{4},3^{5'},3^{4'},D2'$ $345^{2},4^{3},5^{4},15^{5'},15^{3'}$ E 150.
2883. $D1D2^{2},D2^{3}$ $D2^{2}$ 894. VE 9.
2884. $D1D2^{2},D2^{3}$ $D1^{5}$ H 420. D LM 499. Mz 383.
2885. $12^{2},345^{3},345^{4}$ $12,1^{2},3^{3},1^{4},34^{5},3^{5'},1^{4'}$ H 421.
2886. $12^{2},34^{3},4^{4},34^{5}$ $1345^{3},1^{5},2^{5'},D5^{2'}$ H 422.
2887. $12^{2},3^{3},235^{4},1^{5}$ $4^{2},D124^{3},5^{4},34^{5}$ H 423.
2888. $12^{2},1^{4},4D5^{5'},4^{4'}$ $34^{2},D2^{3},12^{4},3^{5}$ H 424.
2889. $12^{2},1^{4},D5^{2'}$ $D35^{5}$ 894.
2890. $12^{2},245^{4},3D4^{5},24^{5'},3^{4'}$ $12,2^{2},135^{3},1^{4},15^{5},D5'$ C 183.
2891. $12^{2},3^{4},34^{5},3^{5'}$ $13^{2},45^{3},14^{4},45^{5},1^{5'}$ E 209.
2892. $1345^{2},45^{3},234^{4},23^{5},4^{5'},4^{4'}$ $2345^{2},235^{3},123^{4},23^{5},5^{4'}$ M 74. Mz 47.
2893. $134^{2},124^{3},1345^{4},24^{5}$ $3,12^{2},2345^{3},1235^{4},1^{5}$ H 425.
2894. $13D4^{2},124^{3},3^{4},4^{5},3^{5'},3^{3'}$ $4,34^{2},24^{3},D145^{5},12^{5'}$ A 35.
2895. $134^{2},15^{4},2^{5},34^{5'}$ $4,4^{2},2345^{3},35^{4'}$ 895. Ch. XII 20.
2896. $134^{2},5^{5},23^{5'},5^{4'}$ $234^{2},15^{3},2^{4'},2^{5'}$ D à A 398.
2897. $135^{2},145^{3},14^{4},24^{5}$ $24^{2},12345^{3},135^{4},1^{3'}$ H 426.
2898. $135^{2},1^{3},4^{4},1^{3'}$ $1,1^{2},2^{4'},D2^{2'}$ H 427.
2899. $135^{2},234^{3},234^{4},2^{5},1^{5'}$ $1,234^{2},123^{3},234^{4},23^{5},1^{5'}$ H 428.
2900. $135^{2},235^{3},35^{5},5^{3'}$ $1235^{2},24^{3},123^{4},2^{5'}$ E 419.
2901. $13^{2},124^{3},12^{4},2^{5}$ $45^{2},35^{3},5^{4},D3^{5},3^{5'}$ Mz 181.
2902. $13^{2},125^{3},12^{4},5^{5},2^{4'}$ $3,123^{2},45^{3},4^{4},5^{5},1^{5'},3^{3'}$ E 57. G 55.
2903. $13^{2},12^{3},12^{4},4^{5},13^{5'},5^{4'}$ $D3,5^{2},3D4^{3},3^{4},D4^{2'}$ H 429.
2904. $13^{2},12^{3},2^{4},D14^{5'},4^{4'}$ $3,3D5^{2},13^{3},3^{5},1^{5'},3^{3'}$ E 78. G 44.
2905. $13^{2},145^{3},14^{4},14^{5}$ $4,1^{2},1345^{3},135^{4},1^{5}$ H 430.
2906. $13^{2},145^{3},3^{4},1^{5'},1^{4'}$ $12,2D3^{4},3^{5}$ DS j. 134.
2907. $13^{2},1^{3},13^{4},23^{5},3^{5'}$ $45^{2},235^{3},D45^{4}$ H 431.
2908. $13^{2},1^{3},4^{4},4^{5},1^{5'}$ $1,1^{2},2^{4'},D2'$ H 432.
2909. $13^{2},1^{3},4^{4},5^{5},1^{5'}$ $1,1^{2},2^{4'},D2'$ Mz 126.
2910. $13^{2},1^{3},4^{4},1^{5'}$ $15^{2},2^{4'},D2^{2'}$ H 433. Mz 116.
2911. $13^{2},1^{3},5^{4},2^{5'},D4'$ $1^{2},5^{5},45^{4},15^{5},D4^{4'}$ D C 471.
2912 $13^{2},234^{3},1^{4},25^{5},25^{5'},1^{4'}$ $1235,D35^{2},34^{3},2D34^{4},34^{5},3^{5'}$ VE 26.
2913. $13^{2},24^{3},134^{4},245^{5},4^{5'},5^{4'}$ $4,123^{2},13^{3},13^{4},1^{5},3^{3'},D5'$ D LM 387.
2914. $13^{2},24^{3},4^{4},1^{5}$ $5^{2},3^{3},34^{4},D13^{5},3^{5'},2^{4'}$ H 434.
2915. $13^{2},2^{3},134^{4},25^{5},2^{5'},1^{4'},5^{3'}$ $14,4^{2},D13^{3},235^{4},4^{5},13^{5'}$ D LM 291.
2916. $D13^{2},2^{3},2^{4},14^{5},23^{5'},4^{4'}$ $1,2345^{2},135^{3},3^{5'},D5'$ D* à F 272.
2917. $1D3^{2},34^{3},3^{4},4^{5}$ $5,1^{2},D4^{3},1^{4},15^{5'}$ E 333.
2918. $13^{2},4^{3},1245^{4},34^{5'},5^{5'}$ $2,124^{2},134^{3},134^{4}$ D LM 541.

2919.	$13^2,4^3,14^4,4^5,5^{6'}$	$35^2,D4^3,4^5,D3^{5'},2^{6'}$	H 435.
2920.	$13^2,4^3,4^4,5^5,2^{5'},D1D5^{3'}$	$23^2,D3^3,3^4,D2^{5'},12^{4'},2^{2'}$	D W 347.
2921.	$13^2,3^3,15^{5'},3^{3'}$	$1,2^3,1^4,4^{2'}$	G 68.
2922.	$145^2,34^3,23^4,25^5,4^{5'}$	$4,234^2,13^3,235^4,1^5$	E 72. G 77.
2923.	$145^2,5^3,123^4$	$234^3,24^4,25^5,4^{5'}$	H 436.
2924.	$145^2,5^3,1^4,1234^5,2^{5'},2^{4'},3^{3'}$	$124,134^2,1^3,1^4,1^{3'},D2^{1'}$	D* CM 273.
2925.	$D14D5^2,4^4,12^{5'},35^{3'}$	$D134,12^3,34^5,235^{4'},2^{3'},D1^{1'}$	896.
2926.	$1D4^2,134^3,14^5$	$5,15^2,35^3,134^4,4^5$	E 62.
2927.	$14^2,1^3,2345^4,14^5$	$15,12345^2,14^4,5^5,2^{5'}$	D Mj. 164.
2928.	$14^2,34^3,25^4,3^5$	$1^2,D3^3,4^{5'},2^{3'}$	D I 573.
2929.	$14^2,34^3,25^4,3^5$	$1D3^2,4^{5'},2^{3'}$	L* Hennequin.
2930.	$14^2,34^3,2^4,234^{5'}$	$3,234^2,14^3,D5^4,2^{3'}$	H 437.
2931.	$14^2,35^3,4^5,34^{4'}$	$D1,1^3,3^5$	D DE 88.
2932.	$14^2,3^3,345^4,4^5$	$1,12^2,13^4,5^5,1^{3'}$	D DU 114.
2933.	$14^2,34^4,134^5,3^{5'},4^{4'},14^{3'}$	$1D245,5^2,2^3,5^4,1^5,5^{4'}$	E 426.
2934.	$14^2,34^5,D5^{4'}$	$1^2,D24^3,2^4,5^{4'}$	H 438. Mz 308.
2935.	$D14^2,3^5,4^{4'}$	$5,5^2,3^3,1^4,D5^{1'}$	E 372.
2936.	$15^2,134^3,1^5,5^{5'},5^{4'}$	$45,345^2,1D23^4,5^{5'}$	D BT 278.
2937.	$15^2,13^3,12^4,12^5,235^{5'},2^{4'},4^{3'}$	$235,235^2,D13^3,45^4,5^5,4^{4'}$	E 374.
2938.	$15^2,14^3,2^5,5^{4'}$	$D1^3,1^{3'},5^{4'},2^{2'}$	D MD 89.
2939.	$15^2,24^3,4^4,25^5,2^{5'}$	$123^2,35^4,D1^5,13^{5'},5^{3'}$	E 227.
2940.	$15^2,35^3,234^4,5^5$	$2,2^2,4^3,24^4,1^5,D2^{3'}$	H 439.
2941.	$15^2,35^3,345^4,1245^5$	$34^2,1234^3,123^4,134^5$	D* I 274.
2942.	$15^2,2D3^4,34^5$	$3,34^2,12D34^4,1^5,5^{4'}$	H 440.
2943.	$15^2,34^4,4^5,4^{5'},5^{4'},2^{3'},15^{2'}$	$34^3,3^4,135^5,2^{3'},15^{4'},2^{2'},D4^{1'}$	897.
2944.	$15^2,34^4,4^5,4^{5'},5^{4'},2^{3'},15^{2'}$	$D3D4^3,3^4,13D5^5,2^{5'},D15^{4'},2^{2'},D4^{1'}$	VE 42.
2945.	$15^2,45^4,35^5,3^{3'}$	$23^2,12^3,2D4^4,1^5$	H 441.
2946.	$1D5^2,2^5,5^{3'}$	$1D5,1^3,5^4$	PV*.
2947.	$D1D5^2$	$D1,245^3,24^5,234^{4'},2^{3'},4^{2'},D1^{1'}$	898.
2948.	$1^2,123^3,23^4,1^5,2^{5'},1^{3'}$	$2,2345^3,4^4,D4^{1'}$	899.
2949	$1^2,12^3,12^4,34^5,123^{5'},1^{4'},1^{3'}$	$123,15^2,3D4^3,5^4,5^5,1^{3'}$	H 442.
2950.	$1^2,12^3,4^4,35^5,D1^{5'}$	$145^2,3^3,3^4,1^5,D2^{1'}$	900. Ch. XII 162. DB 566.
2951.	$1^2,12^3,2^5,3^{5'}$	$3,5^3,5^4,1^{5'},D4^{1'}$	D* W 275.
2952.	$1^2,135^3,23^4,3^5,2^{5'}$	$2,1^2,1345^3,2^4,D1^{3'}$	H 443.
2953.	$1^2,135^3,4^5,2^{3'},1^{3'}$	$23,12D4^2,D3D4^4,2^{5'},4^{3'}$	VE 2.
2954.	$1^2,135^3,4^5,2^{5'},1^{3'}$	$23,124^2,34^4,2^{3'},4^{3'}$	901.
2955.	$1^2,13^3,23^4,5^{4'}$	$5^2,34^3,2^5,D4^{2'}$	H 444.
2956.	$1^2,145^3,3^4,1^5,4^{5'}$	$123^2,5^4,5^{5'},D5^{2'}$	D* J. 276.
2957.	$1^2,14^3,2^4,234^5,34^{5'},2^{3'},1^{2'}$	$1,345^2,3^3,2^4,D1^{5'},5^{3'}$	D SP 127.
2958.	$1^2,15^3,125^4,D3^5,34^{5'},3^{4'}$	$13,45^2,12^5,25^4,2^5,D15^{3'}$	E 198.
2959.	$1^2,15^3,34^4,235^5$	$23D5^3,2^4,1^5,1^{5'}$	H 445.
2960.	$D1^2,D1^3,D2^4$	$D1^5$	902.
2961.	$1^2,234^3,24^4,125^{5'},4^{3'}$	$345,245^2,135^3,3^4,3^5,3^{5'}$	G 179.
2962.	$1^2,234^3,2^4,2^5,3^{5'}$	$2345^3,15^4,25^5,5^{3'}$	G 8.
2963.	$1^2,D234^3,3^4,4^5$	$14^2,D23^3,2^4,D4^5$	H 446.
2964.	$1^2,23^3,24^4,34^5,24^{5'},1^{4'}$	$D12,234^2,D1235^3,4^4$	A 36.
2965.	$1^2,23^3,45^4,35^5,4^{3'}$	$1^2,135^3,135^4,1^5$	H 447.
2966.	$1^2,23^3,235^5$	$35^2,D12^3,235^4,1^5$	H 448.
2967.	$1^2,23^3,4^5,1^{3'}$	$35^2,1^3,2D3^4,4^{5'}$	H 449.

2968.	$1^2,23^3,4^5,23^{3'}$	$1234^3,4^5,1^{5'},1^{6'}$	903. Ch. XII 13.
2969.	$1^2,23^3,5^5,23^{4'},1^{5'}$	$23,1^2,D4^4,2^{5'}$	H 450. Mz 146.
2970.	$D1^2,24^3,2^4,2^5$	$5^2,D2D3^4,1^5$	H 451.
2971.	$1^2,2^3,125^4,4^5$	$5,12^2,134^4,5^5,1^{6'}$	H 452.
2972.	$1^2,2^3,1^4,34^5,23^{5'}$	$34,5^2,1234^3,5^4,5^5$	H 453. Mz 72.
2973.	$D1^2,D2^3,D1^4$	D3	G 61.
2974.	$D1^2,D2^3,D1^4$	$D1^3$	904.
2975.	$D1^2,D2^3,D2^4$	D2	905.
2976.	$D1^2,D2^3,D2^4$	$D1^3$	906. M* 13. M 13. Mz 377.
2977.	$1^2,2^3,345^4,34^5,1^{5'}$	$2,13^2,2D3^3,24^4$	H 454.
2978.	$1^2,D2^3,3^4,4^5$	$3,123^2,245^3,1D2^4,25^5$	Mz 343.
2979.	$1^2,1^3,2^5,1^{5'},D5'$	$1,2^2,25^4,5^{5'},D1'$	E 126.
2980.	$1^2,2^3,4^5,155^{5'}$	$1^2,D24^3,3^4$	H 455. Mz 129.
2981.	$1^2,2^3,2^{5'},1^{4'}$	$1,D2^2$	H 456.
2982.	$1^2,34^3,124^4,12^5,2^{5'},1^{4'},1^{3'}$	$2,1234^2,3^3,34^4,3^5,3^{5'},D4'$	D LM 201.
2983.	$1^2,34^3,234^4$	$23^2,24^4,D145^5,2^{5'}$	H 457.
2984.	$1^2,34^3,35^4,1^5,2^{5'}$	$124^2,5^3,14^5,D4^{5'}$	H 458.
2985.	$1^2,3D4^3,4^5,2^{5'}$	$D34^3,3^4,14^5,3^{5'}$	H 459.
2986.	$1^2,D35^3,13^4,24^5$	$123D5^2,34^4,4^{5'}$	907.
2987.	$1^2,35^3,45^4,2^5,5^{5'},5^{2'}$	$4,234^2,35^4,123^5,4^{5'}$	D* 277.
2988.	$1^2,3^3,1D3^4,123^5,2^{4'}$	$D245,5^2,5^3,D5^{5'}$	E 458. G 152.
2989.	$1^2,3^3,23^4,24^5,35^{4'},3D5^{3'}$	$345,1^2,1^3,1^4,1^{5'},D5'$	D H j. 107.
2990.	$1^2,3^3,24^4,23^{5'}$	$123^2,23^3,4^4,1^{4'}$	D* j. 180.
2991.	$1^2,3^3,2D5^4,4^5$	$5^2,5^4,5^5,12^{5'},D3^{4'}$	E 361.
2992.	$1^2,3^3,2^4,3^5,3^{4'},D2'$	$5^2,1^3,5^4,1^{5'},D4'$	D* LM 281.
2993.	$1^2,3^3,2^4,135^{5'}$	$5^2,2^3,3^{5'},4^{3'}$	908.
2994.	$1^2,3^3,5^4,D13^{5'}$	$4,145^2,1^3,2^5,2^{5'},1^{4'}$	909. Ch. XII 146.
2995.	$1^2,3^3,23^5,24^{4'}$	$34,45^2,D1^3,1^4$	Mz 159.
2996.	$1^2,45^3,15^4,14^5,23^{5'}$	$23,123^2,123^3,4^4,5^{5'}$	E 1. G 162.
2997.	$1^2,4^3,23^4,3^5,5^{5'},4^{4'}$	$1^2,D2^3,D1^4,2^5,5^{5'}$	B de Nantua.
2998.	$1^2,4^3,34^4,25^5,1^{5'},3^{4'}$	$3,14^2,1^3,25^4,D4^5$	H 460.
2999.	$1^2,5^3,1D5^4$	$34^2,4^3,234^4,24^5,34^{5'},2^{4'}$	910.
3000.	$1^2,13^4,12^5,35^{5'}$	$5,34^3,2^5,5^{5'},D4^{2'}$	H 461. Mz 164.
3001.	$1^2,2345^4,345^5$	$D2,34^2,134^3,24^4,2^{3'}$	H 462.
3002.	$1^2,235^4,34^5,5^{5'}$	$123^2,24^3,134^4,D4^{2'}$	H 463.
3003.	$1^2,2^4,23^5,4^{5'}$	$5^2,1^{5'},D4^{3'}$	H 464. Mz 106.
3004.	$1^2,2^4,2^5,2^{5'},1D5^{4'}$	$13,D1^2,134^3,3^5$	H 465. Mz 333.
3005.	$1^2,3^4,2^{5'},1^{4'},2^{3'}$	$1,4^5,2^{4'},1^{3'}$	D R 69.
3006.	$1^2,4^4,234^5,134^{5'},3^{4'},1^{3'}$	$13,21^2,D35^3,5^4,1^{5'}$	911.
3007.	$1^2,4^4,2^5,345^{5'},3^{3'}$	$34,45^2,D1^3,4^{5'}$	H 466.
3008.	$1^2,4^4,45^5,1^{5'},D5'$	$D1,2^3,D5^{2'}$	D 282.
3009.	$1^2,5^4,3^5,1^{5'},2^{4'}$	$1^2,D2^3,3^4$	H 467.
3010.	$D1^2,2^5,234^{5'},3^{4'}$	$D2^2,15^3,1^{5'},D4^{4'}$	H 468. Mz 357.
3011.	$1^2,3^3,2^{5'},2^{4'},2^{3'}$	$14,D3^5$	H 469.
3012.	$1^2,3^5,2^{4'},2^{3'}$	$1,D3^5$	Mz 84.
3013.	$1^2,3^3,2^{4'},D5^{3'}$	$D3^5$	D* BL 283.
3014.	$1^2,4^5,D2'$	$1^{5'},2^{4'}$	E 353.
3015.	$D1^2,D4^5,D3'$	$D1^{4'}$	912.
3016.	$1^2,12^{5'},2^{3'},D2'$	$13,3^2,14^3,2^{4'}$	E 17.

3017. $D1^{2},D1^{6'},D3^{3'}$ — $D1^{8'}$ 913.
3018. $1^{2},2^{3'},12^{3'}$ — $12,D3^{5'}$ H 470. Mz 92
3019. $1^{2},2^{8'},2^{2'}$ — $1^{8},1^{5'},2^{4'}$ E 95. 914. Ch. VII 32.
3023. $D1^{2},D5^{8'},D1^{8'}$ — $D2^{2}$ 915.
3020. $D1^{2},D1^{4'},D2^{3'}$ — $D1^{4'}$ D SP 377 retourné.
3021. $D1^{2},D2^{3'},D2^{2'}$ — $D2^{2'}$ 916. VE 7.
3022. $D1^{2},D3^{8'},D3'$ — $D3'$ PV.
3024. $D1^{2},D1^{2'}$ — $D1,D1'$ 917.
3025. $D1^{2},D2^{2'},D2^{3'}$ — $D2^{2'}$ 918.
3026. $D1^{2},D2^{4'},D1^{3'}$ — $D1^{5}$ PV.
3027. $2345^{2},12345^{3},14^{4},124^{5},1^{4'}$ — $135,234^{2},234^{3},345^{4},34^{5},5^{4'}$ D* 284.
3028. $2345^{2},1345^{3},124^{4},124^{5},1^{6'}$ — $135,234^{2},234^{3},345^{4},34^{5},5^{4'}$ D* 285.
3029. $2345^{2},35^{3},3^{4},24^{8'}$ — $234,1^{4},145^{5},5^{6'}$ PV*.
3030. $2345^{2},3^{3},2^{4},23^{5},1^{5'}$ — $1^{2},1^{3},23^{4},1D4^{6'},D1^{2'}$ H 471.
3031. $2345^{2},5^{3},1^{4},4^{5},D3^{4'}$ — $D5^{2},5^{5},3^{3'},D25^{4'}$ D W 111.
3032. $234^{2},12345^{3},2345^{4},3^{5},4^{6'}$ — $34,25^{2},123^{3},125^{4},123^{5},1^{6'}$ D DC 380.
3033. $234^{2},123^{3},2^{4},235^{5}$ — $23^{2},35^{3},124^{4},3^{5},14^{6'}$ 919. (1808 chez Manouri).
3034. $234^{2},134^{3},134^{4},1^{5},1^{6'}$ — $1,35^{2},1234^{3},345^{4},4^{5},2^{6'},5^{4'}$ 920.
3035. $234^{2},1^{3},234^{5},134^{6'},12^{4'},3^{8'}$ — $4,1345^{2},D45^{3},1^{4'},5^{2'}$ 921. Ch. XII 187. D 561.
3036. $234^{2},234^{3},245^{4},2^{5'},5^{4'}$ — $2D4,13^{2},24^{3},134^{5}$ H 472.
3037. $234^{2},13^{3},234^{4},4^{5},2^{6'},2^{5'}$ — $123,1345^{3},5^{4},45^{5},5^{4'},5^{2'}$ 922.
3038. $234^{2},34^{3},23^{4},14^{5},5^{6'},5^{4'}$ — $24,15^{2},12^{3},3^{4},34^{5},5^{6'},5^{4'}$ G 184.
3039. $234^{2},24^{4},5^{5},45^{6'}$ — $4,1^{2},25^{3},2^{4},2^{5},35^{4'}$ D 472.
3040. $235^{2},234^{3},23^{4},34^{5}$ — $3^{2},1234^{3},234^{4},14^{5}$ H 473.
3041. $235^{2},2^{3},1245^{4},5^{6'},1^{3'}$ — $4^{2},234^{3},24^{4},13^{5},1^{6'},4^{2'}$ M* 36. M 51. Mz 32. c. d. r.
3042. $235^{2},23^{4},5^{5},125^{4'},1^{8'}$ — $1D4,3^{2},D4^{3},4^{5},1^{4'},1^{2'}$ VE 38 923. Ch. XII 193.
3043. $2D35^{2},4^{4},2^{5},45^{6'},5^{4'}$ — $D4,23^{2},3^{3},13^{5},5^{3'},D1'$ D* BV 286.
3044. $23^{2},12^{3},5^{4'}$ — $4^{2},D2^{5'},3^{4'}$ Mz 107.
3045. $23^{2},135^{3},1345^{4},123^{5}$ — $13^{2},1234^{3},2345^{4},124^{5}$ H 474.
3046. $23^{2},13^{3},1234^{4},1^{5},2^{6'}$ — $2,34^{2},345^{3},45^{4},14^{5}$ * 30. 924. Ch. XII 71.
3047. $23^{2},15^{3},45^{4},45^{5},234^{6'},3^{4'}$ — $1235^{2},1235^{3},1^{4},5^{5},2^{8'},12^{4'},5^{2'}$ 925.
3048. $23^{2},234^{3},12^{4},24^{5},1^{5'}$ — $13^{2},12^{3},13D4^{4},4^{5}$ H 475.
3049. $23^{2},234^{3},235^{4},134^{5}$ — $3,12^{2},24^{3},124^{4},124^{5}$ H 476.
3050. $23^{2},23^{3},2345^{4},2^{5},4^{6'},45^{4'}$ — $134,1235^{2},4^{3},12^{4},123^{5},1^{3'}$ C 163.
3051. $23^{2},24^{3},34^{4},25^{5},25^{6'}$ — $1,D1245^{2},25^{3},5^{4}$ H 477.
3052 $D23^{2},24^{3},35^{4},1^{5}$ — $1,15^{2},12D3^{3},14^{5},1^{4'}$ H 478.
3053. $23^{2},2D4^{3},23^{5},3^{4'}$ — $4^{2},25^{4},12^{5},D1^{5'},3^{4'}$ D LM 594.
3054. $23^{2},2^{3},245^{4},145^{5},12^{6'},2^{4'},2^{8'}$ — $1234,3^{2},1345^{3},34^{4},1^{4'}$ 926.
3055. $23^{2},2^{3},2^{4},1^{5}$ — $5^{4},3^{5},D4^{4'}$ H 479.
3056. $23^{2},34^{3},234^{4},24^{5},45^{6'},1^{8'}$ — $134,3^{2},35^{3},1234,123^{5}$ C 146.
3057. $23^{2},34^{3},2^{4},124^{5},1^{6'}$ — $D3,24^{2},23^{3},135^{4},3^{5}$ H 480.
3058. $23^{2},34^{3},2^{4},134^{5},1^{6'}$ — $24,13^{2},1^{3},D235^{4}$ H 481.
3059. $23^{2},34^{3},345^{4},24^{5},4^{6'}$ — $3,12^{2},1245^{3},1^{4},2^{5},1^{2'}$ D* 287.
3060. $23^{2},34^{3},3^{4},1234^{6'},2^{4'}$ — $1,135^{2},34^{3},5^{4},D5^{4'}$ H 482. Mz 212.
3061. $2D3^{2},34^{3},1^{5},3^{6'},3^{4'},4^{8'}$ — $34,12^{2},5^{4},12^{5},5^{6'},5^{4'},D1^{2'}$ D* BL 288.
3062. $23^{2},3^{3},235^{4},234^{5},2^{6'}$ — $2,234^{2},134^{3},34^{4},5^{6'}$ H 483.
3063. $23^{2},3^{3},D25^{4},4^{5},3^{6'}$ — $234^{3},3^{4},1^{5},D1^{6'},1^{4'}$ E 13. G 147.
3064. $23^{2},3^{3},2^{4},3^{5},4^{4'},15^{6'}$ — $5,5^{2},23^{3},2^{4},23^{5},14^{4'}$ G 21.
3065 $23^{2},4^{3},2D3^{4},24^{5},3^{4'}$ — $15,123^{2},12^{4},1^{5},D5'$ B LM 927.

3066. $23^{2},4^{3},14^{4},1^{5'}$	$4^{2},123^{3},13D4^{4}$	H 484.
3067. $23^{2},4^{3},15^{5},2^{5'}$	$1^{2},1^{3},4^{4},1^{5},2^{1'}$	Mad. M. O. E. T.
3068. $23^{2},4^{3},2^{5},13^{5'},23^{4'}$	$2,1234^{2},1^{3},D4^{4}$	927. Ch. XII 165.
3069. $23^{2},4^{3},2^{5},13^{5'},2^{3'}$	$2,1234^{2},1^{3},D4^{4}$	928.
3070. $23^{2},D4^{3},2^{5},4^{5'},4^{4'},3^{3'}$	$124,D5^{2},2^{3},1^{5}$	E 90. G 82.
3071. $23^{2},1^{4}$ ou 4^{4}	$1^{5'}$ ou $5^{5'}$	929. M 7.
3072. $23^{2},234^{4},235^{5}$	$2,5^{2},12D45^{3},1^{5}$	H 485.
3073. $23^{2},23^{4}$	$3^{2},3^{4},D123^{5}$	H 486.
3074. $23^{2},2D5^{4},25^{5}$	$5^{2},2^{3},D2^{4},123^{5}$	H 487.
3075. $23^{2},4^{5},4^{5'},34^{4'}$	$23^{2},3^{3},5^{4},D1^{5},5^{5'}$	H 488.
3076. $23^{2},23^{5'},1^{2'}$	$5,4^{2},3^{5},4^{3},4^{2'}$	G 53.
3077. $D23^{2},2^{5'}$	$1^{3},5^{4},2^{4'}$	930.
3078. $D23^{2},2^{5'}$	$1^{3},5^{4},3^{2'}$	931.
3079. $245^{2},1245^{3},24^{4},2^{5'}$	$1,124^{2},2^{3},34^{4},135^{5},12^{5'}$	H 489.
3080. $245^{2},235^{3},2^{4},2345^{5'},2^{4'},1^{5'}$	$145,2D35^{2},34^{3},D1^{5},5^{4'}$	VE 37.
3081. $245^{2},3^{3},23^{4},14^{5},3^{5'},13^{4'},1^{5'}$	$25,245^{2},4^{3},45^{4},5^{4'},D1^{3'}$	932.
3082. $245^{2},45^{3},134^{4},45^{5},25^{5'}$	$D15,24^{2},134^{3},5^{4},14^{5},3^{5'},2^{4'},D5^{5'}$	D LM 461.
3083. $245^{2},5^{4},234^{5},2^{5'}$	$D134,24^{2},25^{3},4^{4}$	H 490. Mz 198.
3084. $24^{2},1234^{3},123^{4},4^{5},23^{5'},2^{4'}$	$135,12345^{2},1^{3},14^{4},4^{5},15^{5'},5^{4'}$	E 384.
3085. $24^{2},134^{3},25^{4},23^{5},14^{5'},1^{4'}$	$24,2345^{2},125^{3},2^{4},1^{5'},1^{4'}$	D* 289.
3086. $24^{2},13^{3},1235^{4},1235^{5},1^{5'}$	$2345^{2},12345^{3},345^{4},4^{5}$	933.
3087. $24^{2},13^{3},14,3^{5'}$	$1,3^{2},5^{3},5^{5},4^{4'},D5^{4'}$	H 491.
3088. $24^{2},15^{3},245^{4},25^{5},134^{5'},34^{4'}$	$5,1345^{2},245^{3},15^{4},5^{5},1^{5'},1^{4'}$	934.
3089. $24^{2},234^{3},1^{4},25^{5},25^{5'},1^{4'}$	$1235,D35^{2},34^{3},2D34^{4},34^{5},3^{5'}$	935.
3090. $24^{2},234^{3},23^{4},23^{5},2^{4'}$	$12,45^{3},3^{4},2^{5},15^{5'},5^{4'}$	C 29.
3091. $24^{2},234^{3},23^{4},23^{5},2^{4'}$	$2,1^{2},45^{3},3^{4},2^{5},15^{5'},5^{4'}$	936.
3092. $24^{2},245^{3},1345^{4},12^{5},4^{5'},4^{4'},5^{3'}$	$4,12345^{2},2^{3},125^{4},13^{5},1^{3'}$	C 141.
3093. $24^{2},25^{3},4^{4},24^{5},3^{5'},25^{4'},4^{3'}$	$145,1D25^{2},1^{4},1^{5'},5^{4'},1^{3'},35^{2'}$	VE 54.
3094. $24^{2},34^{3},2D5^{4},4^{5'}$	$2,1^{2},1^{3},3^{5},14^{5'},D1^{2'}$	D HV j. 161.
3095. $D24^{2},34^{3},4^{5},2^{5'}$	$12,1^{2},1^{3},1^{5},D5^{5'}$	D* j. 290.
3096. $24^{2},3^{3},12^{4},234^{5},4^{5'}$	$23,1^{2},345^{3},134^{4}$	937. Ch. XII 35.
3097. $24^{2},3^{3},23^{4},1^{5},4^{5'}$	$2,5^{2},D134^{3},4^{4'}$	H 492.
3098. $24^{2},3^{3},23^{4},2^{5},23^{5'}$	$12,1D24^{2},2^{3},1^{5'}$	H 493. Mz 182.
3099. $24^{2},3^{3},23^{4},12^{5'}$	$2,1D23^{2},2^{3},3^{4}$	H 494. Mz 165.
3100. $24^{2},5^{3},45^{5},4^{5'}$	$123^{2},3^{3},1D25^{4}$	H 495.
3101. $24^{2},23^{4}$	$3^{2},3^{4},D123^{5}$	H 496. Mz 117.
3102. $24^{2},5^{4},2^{5'},34^{4'},14^{3'},4^{2'}$	$235,1^{4'},35^{2'}$	938.
3103. $25^{2},12^{3},34^{4},4^{5},123^{5'}$	$1,1245^{2},234^{3},4^{5},12^{5'},5^{4'}$	D LM 239.
3104. $25^{2},2D34^{3},2^{4},34^{5},3^{5'}$	$3,145^{2},4^{4},D15^{5},5^{5'},D1^{5'}$	E 366.
3105. $25^{2},2^{3},14^{4},345^{5},123^{5'},2^{4'},2^{3'}$	$1345,15^{2},145^{3},3^{4},5^{5},1^{5'},5^{4'}$	939.
3106. $25^{2},2^{3},1^{4},2^{5},D1^{5'}$	$4,45^{2},34^{3},4^{4},3^{5},D1^{5'}$	E 4. G 158.
3107. $25^{2},345^{3},2^{4},3^{5},4^{5'}$	$1,1^{2},123^{3},2^{4},5^{5},15^{4'}$	G 191.
3108. $25^{2},35^{3},345^{4},1245^{5}$	$34^{2},1234^{3},123^{4},134^{5}$	M 52. Mz 67. Ch. XII 194.
3109. $25^{2},3^{3},134^{4},235^{5},34^{5'},3^{4'}$	$14,134^{2},125^{3},12^{4},2^{5'},5^{3'}$	940.
3110. $25^{2},45^{3},4^{5},4^{5'},12D5^{4'},12^{5'}$	$1234,3^{2},5^{5'},D1D4^{4'}$	D H 540.
3111. $25^{2},5^{3},124^{4},12^{5},2^{5'},1^{4'}$	$1,234^{2},134^{3},35^{4},3^{5}$	G 6.
3112. $25^{2},5^{3},35^{4},5^{5},23^{5'}$,	$1,245^{3},5^{5},1^{5'},1^{3'}$	D* 291.
3113. $25^{2},5^{3},5^{4},3^{2'}$	$3^{5'},2^{4'}$	941.
3114. $25^{2},14^{4},134^{5},3^{5'}$	$2^{5},234^{3},45^{4},1^{5},D5^{5'}$	H 497.

3115.	$25^{2},24^{4},2^{5},4^{5'},24^{4'},25^{3'},D1'$	$23,3D5^{2},1^{3},1^{5},13^{4'},1^{3'},134^{2'}$	VE 43.
3116.	$25^{2},3^{4},D1^{5'},2^{3'}$	$2,5^{2},5^{3},1^{5'},1^{2'}$	E 264.
3117.	$25^{2},45^{4},24^{5},5^{4'},5^{2'}$	$5,14^{2},4^{3},13^{4},135^{5}$	E 162.
3118.	$25^{2},4^{4},4^{5},1^{5'}$	$1,D2D3^{4}$	H 498. Mz 228.
3119.	$25^{2},3^{2'}$	$3^{5'},2^{4'}$	M 32. Mz 8. D B 577. 942. Ch. VII 31.
3120.	$2^{2},12345^{3},25^{4},25^{5}$	$D4,1^{2},14^{3},245^{4},3^{5},1^{5'}$	H 499.
3121.	$2^{2},12345^{3},5^{4},3^{5},4^{5'},4^{4'},5^{3'}$	$34,35^{2},12^{3},2^{4},12^{5},14^{5'}$	943.
3122.	$2^{2},1235^{3},34^{4},3^{5'}$	$5,35^{2},145^{3},25^{3},D2^{5'}$	H 500.
3123.	$2^{2},12^{3},245^{4},25^{5},14^{5'}$	$5,2D35^{2},45^{3},2^{4},2^{5}$	H 501. Mz 210.
3124.	$2^{2},12^{3},2^{4},2^{5'}$	$5^{4},3^{5},D3^{4'}$	H 502.
3125.	$2^{2},135^{3},14^{4},3^{5}$	$2^{2},D35^{3},25^{4},23^{5}$	H 503.
3126.	$2^{2},D1^{3},2^{5},2^{5'},1^{4'}$	$14,D1^{2},1^{3},5^{4}$	H 504. Mz 298.
3127.	$2^{2},234^{3},2345^{4},234^{5},4^{5'}$	$12345^{2},135^{3},135^{4},2^{5},1^{5'}$	D* à B 292.
3128.	$2^{2},234^{3},2^{4},245^{5'}$	$1234^{2},34^{3},2^{4},1^{3'}$	944. Ch. XII 23.
3129.	$2^{2},235^{3},135^{4},14^{5},2^{5'}$	$1,1234^{2},24^{3},34^{4},4^{5}$	G 28.
3130.	$2^{2},235^{3},25^{4},3^{5'}$	$3^{2},12^{3},1^{5},1D3^{5'}$	H 505.
3131.	$2^{2},23^{3},5^{4},245^{5},15^{5'},1^{4'}$	$12,123^{2},3^{3},35^{4},3^{4'}$	945.
3132.	$2^{2},245^{3},12345^{4},25^{5},1^{4'}$	$14,235^{2},134^{3},234^{4},4^{5},1^{5'}$	D CO 178.
3133.	$2^{2},24^{3},14^{4},23^{5},2^{4'},3^{5'}$	$12,2^{2},45^{3},14^{4},1^{5}$	946. Ch. XII 32. D 137.
3134.	$2^{2},24^{3},2^{4},2^{5'},D1'D3'$	$45.45^{2},5^{3},5^{4},1^{5'},D5^{3'},D1'$	PV.
3135.	$2^{2},D24^{3},45^{4},1^{5'},4^{3'},D5^{2'}$	$4,2^{3},D2^{3},2^{4},5^{5},D1^{5'}$	947.
3136.	$2^{2},24^{3},5^{5},2^{5'}$	$14^{2},13^{3},13^{4},3^{5'}$	H 506.
3137.	$2^{2},25^{3},1345^{4},13^{5}$	$1235^{2},24^{3},14^{4},4^{5}$	G 27.
3138.	$2^{2},25^{3},4^{5},2^{5'},5^{3'}$	$1,35^{2},2^{3},3^{5'},14^{3'}$	Mz 62.
3139.	$2^{2},2^{3},24^{4},34^{5}$	$2345^{3},135^{4},25^{5}$	Mz 74.
3140.	$2^{2},2^{3},45^{4},15^{5},2^{5'}$	$2,1^{2},1D34^{3},15^{4}$	H 507.
3141.	$2^{2},2^{3},4^{4},3^{5},2^{5'}$	$23^{2},3^{3},4^{4},D1^{5'}$	H 508.
3142.	$2^{2},2^{3},245^{5},1^{5'}$	$2^{3},1^{4},3^{5'},D5^{4'}$	H 509.
3143.	$2^{2},2^{3},25^{5},2^{5'},D5^{4'}$	$34,2^{2},1^{3'},4^{4'}$	PV.
3144.	$2^{2},2^{3},25^{5},2^{5'},D4'$	$23,2^{2},3^{5},1^{5'},4^{2'}$	948. Ch. XII 155. D 534.
3145.	$D2^{2},D2^{3},D1^{2'}$	$D2^{2}$	949.
3146.	$D2^{2},D2^{3},D2'$	$D1^{5}$	950.
3147.	$2^{2},34^{3},2^{4},4^{5},1^{3'}$	$12,24^{3},3^{4},D1^{5'},1^{4'}$	H 510. Mz 169.
3148.	$2^{2},34^{3},23^{5},2^{5'}$	$4,1^{2},3^{3},D34^{4}$	H 511.
3149.	$2^{2},35^{3},12^{4},234^{5},3^{5'},5^{3'}$	$4,1235^{2},24^{3},23^{4}$	C 17.
3150.	$2^{2},3^{3},D145^{4},2345^{5},45^{5'}$	$1D2,134^{2},23^{3},1235^{4},1^{5}$	D LMP 414.
3151.	$2^{2},3^{3},1^{4},123^{5}$	$45^{2},4^{3},45^{4},D4^{5'}$	H 512.
3152.	$2^{2},3^{3},23^{4},5^{5'}$	$5^{3},1^{4},3^{5},4^{2'}$	G 3.
3153.	$2^{2},3^{3},245^{4},145^{5}$	$D4,2^{3},135^{4},34^{5}$	H 513.
3154.	$2^{2},3^{3},24^{4},3^{5},3^{4'}$	$1245^{2},1D2^{4},1^{5}$	H 514.
3155.	$2^{2},3^{3},25^{4},235^{5}$	$13D45^{3},2^{4},1^{5},1^{5'}$	H 515.
3156.	$2^{2},3^{3},345^{4},34^{5},13^{5'},1^{4'},1^{3'}$	$123,2^{2},2345^{3},25^{5},1^{4'}$	C 13.
3157.	$2^{2},3^{3},4^{4},5^{5}$	$2^{3},D3^{5}$	H 516. Mz 88.
3158.	$2^{2},3^{3},4^{4},4^{5'},4^{4'},D1^{2'}$	$D235^{2},1^{3},D2'$	H 517.
3159.	$2^{2},3^{3},5^{4},234^{5}$	$D24^{2},3^{3},1^{5}$	H 518. Mz 122.
3160.	$2^{2},3^{3},D5^{4},35^{5},13^{5'},13^{4'}$	$13,24^{2},3^{3},4^{4},4^{5'},4^{4'},4^{3'},D1^{2'}$	A 37.
3161.	$D2^{2},3^{3},2^{4},5^{5'},15^{3'}$	$235^{2},D24^{3},2^{4}$	951.
3162.	$2^{2},45^{3},4^{3},4^{4'},12D5^{4'},12^{3'}$	$1234,3^{2},5^{5'},D1'D4'$	D* 293.
3163.	$2^{2},4^{3},5^{4},345^{5},2^{5'}$	$15,1^{2},D25^{3},35^{4}$	H 519. Mz 172.

3164. $2^{2},4^{3},2^{5},14^{5'},4^{4'}$ $2,23^{2},1D4^{3},5^{4},4^{5'}$ H 520.
3165. $2^{2},4^{3},2^{5'},D4^{2'}$ $3^{5},3^{5'},12^{4'}$ 952. Ch. XII 142.
3166. $2^{2},123^{4},25^{5},13^{5'}$ $13,124^{2},45^{4},1^{5'}$ D* à BT 294.
3167. $2^{2},145^{4},235^{5},15^{5'}$ $2,23^{2},2D34^{3},145^{4}$ H 521.
3168. $2^{2},145^{4},25^{5},24^{5'},45^{4'}$ $12,35^{2},134^{3},2^{4},3^{5},1^{5'}$ D LM 339.
3169. $2^{2},24^{4},14^{5},2^{5'}$ $1^{2},3^{3},23D45^{4}$ H 522.
3170. $2^{2},24^{4},5^{5},3^{5'}$ $23^{3},1^{5},D3^{5'}$ H 523. Mz 114.
3171. $2^{2},24^{4},23^{5'}$ $13^{2},24^{3},3^{5'}$ H 524.
3172. $2^{2},35^{4},1^{5},4^{2'}$ $24^{4},1^{5},4^{4'},1^{2'}$ D* Robert 295.
3173. $2^{2},35^{4},1D5^{3'}$ $1,D2^{4},1^{2'}$ Pl.
3174. $2^{2},3^{4},123^{5},3^{5'},3^{5'}$ $45,5^{2},45^{3},D145^{4}$ D Ej. 36.
3175. $D2^{2},3^{4},2^{5},5^{5'},15^{5'}$ $235^{2},D24^{3},2^{4}$ 953. Ch. XII 152.
3176. $2^{2},3^{4},D1^{3'}$ $3^{5},D1^{4}$ Mz 281.
3177. $2^{2},45^{4},235^{5},34^{5'},3^{4'}$ $45,12D35^{2},1^{5'}$ H 525. Mz 206.
3178. $2^{2},45^{4},24^{5},5^{4'},5^{2'}$ $5,14^{2},4^{3},13^{4},135^{5}$ E 162.
3179. $2^{2},45^{4},45^{5},124^{5'}$ $1D2,135^{2},123^{3},1^{4}$ H 526.
3180. $2^{2},4^{4},23^{5},5^{5'},4^{4'}$ $D3,25^{4},1^{5}$ H 527.
3181. $2^{2},4^{4},35^{5}$ $2^{3},D3^{4}$ H 528.
3182. $2^{2},1345^{5},123^{5'},5^{4'}$ $1234^{2},1345^{3},3^{4}$ G 187.
3183. $2^{2},35^{5},D1^{5}$ $1^{3},45^{4},1^{5},2^{5'}$ D* 296.
3184. $D1^{2},13^{5},2^{2'}$ $3^{4},D1^{5}$ A. G 2.
3185. $2^{2},1^{5'},1^{4'}$ $1,4^{3},2^{4}$ H 529.
3186. $D2^{2},23^{5'},3^{4'},4^{5'}$ $124,2^{3},D2^{5'}$ H 530. Mz 307.
3187. $2^{2},2^{5'},34^{4'},14^{5'},4^{2'}$ $1235,1^{5},1^{4'},3^{2'}$ 954.
3188. $D2^{2},2^{5'},2^{5'}$ $3^{5},3^{5'},2^{4'}$ E 170.
3189. $2^{2},34^{4'},14^{5'},4^{2'}$ $235,2^{5},1^{4'},3^{2'}$ 955.
3190. $2^{2},D12^{5'}$ $2^{4'},1^{5'}$ 956. Ch. VII 20. E 49.
3191. $345^{2},145^{3},3^{4}$ $3^{2},3^{3},13^{4},2^{5},D14^{5'}$ H 531.
3192. $345^{2},245^{3},4^{4},12^{5},1^{5'},4^{4'},5^{5'}$ $24,12345^{2},1^{3},25^{4},3^{5'},5^{4'}$ 957.
3193. $345^{2},2^{3},1^{4},2^{5},1^{2'}$ $5^{3},25^{4},1^{5},3^{5'},35^{4'}$ 958.
3194. $345^{2},345^{3},45^{4},12^{5},1^{5'},4^{4'},5^{5'}$ $24,12345^{2},1^{3},25^{4},2^{5},3^{5'}$ C 70.
3195. $345^{2},35^{3},24^{4},2^{5},45^{5'}$ $134^{2},1234^{3},3^{4},3^{5},5^{4'}$ G 16.
3196. $345^{2},45^{3},234^{4},3^{5},4^{5'},4^{4'}$ $12,1235^{2},5^{3},2^{4},23^{5},5^{4'}$ Coup du Hollandais.
3197. $345^{2},45^{3},3^{5'},3^{4'},4^{3'}$ $12,1^{2},1D5^{3},1^{4},5^{5'},D1^{3'}$ D B 532.
3198. $34^{2},12345^{3},134^{4},145^{5}$ $135,125^{2},135^{3},234^{4},345^{5},2^{5'}$ PV.
3199. $34^{2},1234^{3},12^{4},1^{5}$ $D1345^{3},35^{4},3^{5},4^{5'}$ H 532.
3200. $34^{2},1235^{3},124^{4},23^{5},2^{4'}$ $12,1234^{2},13^{3},235^{4},3^{5}$ D M 281.
3201. $34^{2},1345^{3},245^{4},23^{5},234^{5'},34^{4'}$ $4,1234^{2},345^{3},5^{4},15^{5},1^{5'},D4^{5'}$ 959.
3202. $34^{2},13^{3},12^{4},1^{5},5^{5'},4^{4'},5^{5'}$ $5,123^{2},123^{4},13^{5},45^{5'}$ G 9.
3203. $34^{2},145^{3},34^{4},234^{5}$ $1345^{3},1235^{4},1^{5},D3^{5'}$ H 533.
3204. $34^{2},14^{3},1234^{4},125^{5},1^{5'},15^{5'}$ $234,245^{2},34^{3},235^{4},34^{5}$ 960.
3205. $34^{2},14^{3},1234^{5},25^{5'},5^{4'}$ $24,12345^{2},13^{3},23^{4},D5^{5'}$ E 51.
3206. $34^{2},1^{3},34^{4},4^{5},35^{3'}$ $D34,15^{2},4^{3},2^{4},2^{5'}$ 961.
3207. $34^{2},1^{5},34^{4},3^{5'},D2^{4'},35^{5'}$ $D34,D15^{2},4^{3},D1^{4},2^{5'}$ VE 11.
3208. $D34^{2},234^{3},2^{4},3^{5'},12^{5'}$ $123,34^{3},125^{5},D3^{5'},5^{4'}$ 962.
3209. $34^{2},23^{3},123^{4},15^{5},D12^{5'},1^{5'}$ $23,134^{2},4^{3},4^{4},345^{5},5^{4'},D1^{3'}$ A 38.
3210. $34^{2},23^{3},23^{4},345^{5},14^{5'}$ $12,2345^{2},13^{3},35^{4},1^{5'}$ D* I. 297.
3211. $34^{2},24^{3},234^{4},34^{5}$ $2,1234^{3},13^{4},1^{5},5^{5'}$ H 534.
3212. $34^{2},24^{3},2^{4},24^{5},5^{5'}$ $25^{2},3D5^{3},2^{4},5^{5'}$ H 535.

3213. $34^2,34^3,1D34^4,3^5,5^{5'}$ $2,134^2,124^3,24^4,D1^5,D2^{'}$ E 431.
3214. $34^2,34^3,25^4,15^5,14^{5'},5^{4'}$ $2345^2,135^3,24^4,4^{5'},1^{8'}$ D LM 123.
3215. $34^2,3^3,145^5,D12^{5'},2^{3'}$ $1,34^2,14^3,4^4,5^5,D2^{5'},1^{2'}$ 963. LM.
3216. $34^2,3^3,15^5,2^{5'},1245^{4'}$ $123D4,124^2,1^5$ 964.
3217. $34^2,4^3,2^4,12^5,35^{5'},D5^{2'}$ $1^2,24^3\ 25^4,2^5,5^{5'},4^{4'},1^{8'},D5^{'}$ D* LM 298.
3218. $34^2,4^3,45^5,25^{5'},15^{3'},5^{2'}$ $15,2^2,3^3,34,5^{4'},2^{3'},D3^{'}$ E 86. G 89.
3219. $3D4^2,5^3,1235^5,235^{5'},2^{4'}$ $2,1234D5^2,4^3,5^4,5^{4'},2^{3'}$ 965. LM. A 39.
3220. $34^2,34^4,134^{5'},12^{4'},3^{3'}$ $45,1345^2,45^3,5^4,5^5,1^{4'},D2^{3'},25^{2'}$ D F 61.
3221. $34^2,4^4,13^{5'},12^{4'},3^{3'}$ $45,1345^2,45^3,5^4,5^5,13^{4'},D125^{2'}$ 966.
3222. $35^2,1235^3,1345^4,14^5,5^{5'}$ $4^2,134^3,1345^4,1234^5$ 967. Ch. XII 102. EB 463. G 171
3223. $35^2,125^3,15^4,134^5,24^{5'}$ $15,1235^2,235^3,34^4,1^5$ E 167.
3224. $35^2,15^3,245^4,15^5,1^{5'}$ $15^2,245^3,24^4,345^5,4^{5'},D2^{'}$ 968.
3225. $35^2,245^3,245^4,23^5,15^{5'},15^{3'}$ $124,2345^2,24^3,235^4,23^5$ C 161.
3226. $35^2,25^3,34^4,124^5,235^{5'},3^{4'}$ $5,12345^2,24^3,5^4,14^5,1^{3'}$ 969.
3227. $35^2,2^3,14^4,245^5,2^{5'},1^{4'}$ $12,D3D4^2,3D4^4,4^5,1^{5'},4^{2'}$ VE 16.
3228. $35^2,3^3,235^4,25^5,15^{8'},5^{4'}$ $1,234^2,4^3,234^4,23^5,1^{5'}$ C 10.
3229. $35^2,3^3,35^4,3^5,1^{5'}$ $1,123D5^2,24^3,3^4$ H 536.
3230. $35^2,34^4,15^5,24^{5'}$ $123^2,D25^3,5^4,D2^{4'}$ D DU 599.
3231. $35^2,5^4,3^5,5^{5'},34^{4'}$ $13,14^2,1^4,1^5,D14^{5'}$ H 537.
3232. $3^2,1234^3,12345^4,34^5,4^{5'}$ $5,12345^2,124^3,12^4,1^5,1^{5'}$ H 538.
3233. $3^2,1234^3,134^4,34^5,3^{5'}$ $15,12345^3,4^4,15^5,1^{5'},D5^{4'}$ H 539.
3234. $3^2,123^3,134^4,34^5$ $1^2,1D235^3,15^5,1^{5'}$ H 540.
3235. $3^2,124^3,12^4,5^5,1^{5'}$ $2,4^2,12^3,13^4,3^5,1^{5'}$ H 541. Mz 22.
3236. $3^2,124^3,1^4,2^5,4^{5'},345^{4'},34^{3'},5^{2'}$ $345,4^2,12^4,12^5,15^{5'},5^{3'}$ C 154.
3237. $3^2,125^3,134^4$ $5^2,3^3,45^4,D1^5,5^{5'}$ H 542.
3238. $3^2,12^3,12^4,4^5,13^{5'},5^{4'}$ $D35,5^2,34^3,3^{4'},D4^{2'}$ Mz 253.
3239. $3^2,12^3,2^4,3^{5'},3^{4'},4^{3'},D1^{'}$ $45,5^2,5^3,D45^4,25^5,1^{5'},4^{4'},5^{3'}$ D C 443.
3240. $3^2,134^3,12345^4,14^5,3^{5'}$ $1234^2,2345^3,135^4,2^5$ H 543.
3241. $3^2,134^3,12^4,1^5,1^{5'},1^{4'}$ $2,45^2,3^3,45^4,235^5,4^{5'}$ 970. Ch. XII 53.
3242. $3^2,134^3,3^4,234^5,3^{5'}$ $15,134^2,24^3,12^4,2^5,D2^{5'}$ H 544.
3243. $3^2,D134^3,3^4,35^{5'},234^{4'}$ $4,234^2,5^{5'},4^{4'},25^{3'},D2^{'}$ LM.
3244. $3^2,13^3,135^4,123^5,2^{5'}$ $5,12^2,34^3,345^4,4^5,5^{5'}$ D* BL 4. 299.
3245. $3^2,13^3,13^4,123^5,1^{5'}$ $12^2,34^3,2345^4,4^5$ *10. Pon d. Md d. b. 971 Ch. XII 4[illegible]
3246. $3^2,13^3,2^4,3^5,14^{5'},2^{4'},3^{3'}$ $24,1^2,145^3,4^4,5^5,1^{5'}$ E 381.
3247. $3^2,15^3,345^4,4^5,4^{5'},3^{4'}$ $13^2,25^3,1^4,25^5,2^{5'},12^{4'},5^{2'}$ 972.
3248. $3^2,1^3,4^5,D1^{4'}$ $D2^5$ M 94. Mz 279.
3249. $3^2,2345^3,34^4,12^5,3^{5'},4^{4'},5^{3'}$ $14,1345^2,3^3,5^4,12^5,1^{5'},5^{2'}$ 973.
3250. $3^2,234^3,245^4,45^5,25^{5'}$ $12,14^2,1D24^3,134^4$ D LMP 463.
3251. $3^2,234^3,3^4,345^5,1^{5'},14^{3'}$ $235,24^2,235^3,5^4,1^{5'}$ 974. Ch. XII 81. D B 21.
3252. $3^2,234^3,1^5,3^{5'},5^{4'}$ $1,D234^2,24^3,2^4,5^{5'}$ H 545.
3253. $3^2,235^3,3^5,235^{5'},125^{4'}$ $35,1234^2,14^3,34^4,1^5$ E 293.
3254. $3^2,235^3,5^5,24^{5'}$ $235^3,D5^4,1^{5'}$ H 546. Mz 144.
3255. $3^2,24^3,3^4,34^{5'},34^{4'}$ $2,2345^2,13^3,D1^5,5^{5'}$ E 102.
3256. $3^2,24^3,4^4,34^{5'},34^{4'}$ $2,2345^2,3^3,1^4,D1^5,5^{5'}$ G 111.
3257. $3^2,24^3,235^5,4^{5'}$ $3,2345^2,4^3,2^4,D4^{4'}$ H 547.
3258. $3^2,25^3,1245^4,4^5$ $4^2,12^3,1234^4,14^5,1^{5'}$ H 548.
3259. $3^2,25^3,2^4,234^5,245^{4'},4^{3'}$ $123D45,135^2,3^3,1^4,15^{5'}$ VE 24.
3260. $3^2,25^3,D123^5,4^{5'}$ $1,234^2,D34^3,35^4,5^{5'}$ D* LM 300.
3261. $3^2,1^3,12^4,3^{5'},3^{4'},D1^{'}$ $D345,5^2,3^3,5^4,5^5,1^{5'},4^{4'},5^{3'}$ 975.

3262. $D3^{2},2^{3},23^{4},2^{6}$ — $23,D12^{2},D3^{3},2^{4}$ M* 27. Coup Turc. M 3.
3263. $3^{2},2^{3},23^{4},34^{5},4^{6}$ — $D1D24^{2},5^{6'},D1^{5'}$ PV.
3264. $3^{2},2^{3},23^{4},34^{5}$ — $D1D2^{2},5^{5'},D1'$ M* 33. C. de l'enfil. M 60 Mz 262.
3265. $3^{2},2^{3},2^{4},1234^{5},4^{5'}$ — $12^{2},1D45^{3},4^{4},5^{6'}$ H 549. Mz 177.
3266. $3^{2},2^{3},4^{4},234^{5'}$ — $D3^{2},23^{3},1^{5'}$ H 550.
3267. $3^{2},D2^{3},23^{5},2^{4'},1^{3'},1^{2'}$ — $4,45^{2},1D3^{3},5^{5'}$ G 177.
3268. $3^{2},2^{3},2D4^{5},23^{6'}$ — $3D5,12^{2},1^{3},4^{4}$ H 551. Mz 328.
3269. $3^{2},345^{3},4^{4},1245^{5},2^{5'},4^{4'},5^{3'}$ — $14,1345^{2},23^{3},25^{4},3^{5'},5^{2'}$ 976.
3270. $3^{2},34^{3},235^{4},345^{5},135^{5'},1^{3'}$ — $12345,D25^{2},2D35^{3},D5^{2'}$ VE 42.
3271. $3^{2},35^{3},2^{5'},2^{3'}$ — $1,13^{2},3^{3},3^{4},D2^{5'}$ H 552.
3272. $3^{2},3^{3},14^{4},245^{5},5^{5'}$ — $1,14^{2},4^{3},134^{4},D5^{2'}$ H 553. Mz 197.
3273. $3^{2},3^{3}$,2 ou $35^{4},124^{5},5^{5'}$ — $35,5^{2},D235^{3},1^{4},1^{5}$ H 554. Mz 200.
3274. $3^{2},4^{3},45^{4},45^{5}$ — $12^{2},12^{3},3^{5'},D2^{4'}$ H 555.
3275. $3^{2},4^{3},4^{4},35^{5},2^{5'},D1D5^{3'}$ — $23^{2},D3^{3},D5^{5},2^{5'},1^{4'},12^{2'}$ LM.
3276. $3^{2},D4^{3},D4^{4'},5^{3'}$ — $5^{2},D2^{4'}$ M 98. Mz 270.
3277. $3^{2},5^{3},24^{4},234^{5},2^{5'},3^{3'}$ — $23,15^{2},1^{3},24D5^{4}$ H 556.
3278. $3^{2},5^{3},24^{4},2^{5},45^{5'},4^{4'}$ — $3D4^{2},123^{3},2^{4},3^{5},4^{5'}$ H 557.
3279. $3^{2},5^{3},2^{4},35^{5},4^{5'}$ — $234^{3},2D5^{4},5^{5}$ H 558.
3280. $3^{2},5^{3},34^{4},45^{5},2^{5'},3^{4'}$ — $23,1^{2},D5^{3},4^{4},1^{5},D2^{3'}$ Mz 251.
3281. $3^{2},5^{3},34^{4},45^{5},2^{5'},3^{4'}$ — $23,D5^{3},4^{4},1^{5},D2^{5'}$ H 559.
3282. $3^{2},5^{3},3^{5},45^{5'},4^{4'}$ — $3D5^{2},2^{3},125^{4},1^{5},4^{5'}$ H 560.
3283. $3^{2},5^{3},4^{5},45^{5'},3^{4'},4^{3'},1^{2'}$ — $4,25^{2},D3^{3},5^{4'},2^{2'}$ D W j. 235.
3284. $3^{2},1234^{4},123^{5}$ — $15^{2},34^{3},34^{4},D1^{5}$ H 561.
3285. $3^{2},14^{4},1^{5},5^{4'}$ — $3,5^{2},D1^{5},D3^{5'}$ Mz 229.
3286. $D3^{2},D1^{4},1^{5}$ — $5^{4},D3^{3'}$ 977.
3287. $3^{2},1^{4},4^{5},4^{5'},3^{4'},4^{3'}$ — $25,D1^{5},5^{5'}$ H 562. Mz 124.
3288. $3^{2},24^{4},1^{5},5^{4'}$ — $35^{2},D4^{4},D1^{5}$ H 563.
3289. $3^{2},34^{4},35^{5},2^{6'}$ — $1,3^{2},13D5^{3},13^{4}$ H 564.
3290. $3^{2},3^{4},13^{5},12^{5'},4^{4'}$ — $D45^{2},12^{3},4^{5}$ H 565.
3291. $3^{2},3^{4},3^{4'}$ — $4^{4'}$ Mz 2. 978. Ch. VII 13. Modifié.
3292. $3^{2},D1^{5},1^{5'},1^{4'}$ — $1^{2},5^{3},4^{2'}$ D DU 583.
3293. $3^{2},3^{5},1^{5'},4^{4'},134^{3'}$ — $13,2^{4},2^{5'},2^{3'},2^{2'}$ G 206. Les Contraires.
3294. $3^{2},23^{3'},1^{2'}$ — $5,3^{3},4^{5},4^{2'}$ E 79.
3295. $3^{2},3^{3'}$ — $5^{4},2^{5'}$ E 120. 979. Ch. VII 1.
3296. $D3^{2}$ — $5,4^{3},2^{4},1^{4'}$ D* H 301.
3297. $4D5^{2},12^{3},345^{5},2^{5'},D1^{3'}$ — $D5,3^{2},35^{3},3^{4},5^{5},12^{5'},5^{4'},3^{2'},D2'$ D 219.
3298. $45^{2},1345^{3},2345^{4},24^{5}$ — $1235^{2},1^{3},123^{4},12^{5},1^{5'}$ 980.
3299. $4D5^{2},1^{3},1^{4},4^{5'},1^{4'},4^{3'},1^{2'}$ — $4,5^{2},5^{3},2^{4},5^{5'},23^{4'},D2'$ D DU 622.
3300. $45^{2},245^{3},123^{4},2^{5'}$ — $1235^{3},34^{4},1345^{5},13^{5'}$ 981.
3301. $45^{2},2^{3},4^{4},1^{5},234^{5'}$ — $2,1D3^{2},1234^{3},5^{4}$ H 566.
3302. $45^{2},345^{3},234^{4},23^{5},14^{5'}$ — $45,245^{2},25^{3},2^{4},23^{5},1^{5'},5^{4'}$ 982.
3303. $45^{2},345^{3},234^{4},3^{5},14^{5'},34^{4'},1^{3'}$ — $145,1234^{2},5^{3},25^{4},2^{5},5^{4'},1^{3'}$ 983.
3304. $45^{2},345^{3},234^{4},3^{5},14^{5'},34^{4'},1^{3'}$ — $145,D2345^{2},5^{3},D25^{4},2^{5},5^{4'},1^{3'}$ VE 90.
3305. $45^{2},345^{3},234^{4},3^{5},14^{5'}$ — $5,245^{2},25^{3},245^{4},2^{5},5^{4'}$ M 79. Mz 37.
3306. $45^{2},34^{3},2^{4},2^{5},2^{4'},D4'$ — $1^{2},4^{3},345^{4},5^{5'},45^{4'},D5'$ 984.
3307. 45^{2} $34^{3},4^{4},234^{5},D2'$ — $15,5^{2},145^{3},125^{4},1^{5},5^{4'}$ D MD j. 259.
3308. $45^{2},35^{3},24^{4},1235^{5},5^{5'},5^{4'}$ — $45,145^{2},123^{3},23^{4},23^{5}$ 985.
3309. $45^{2},35^{3},3^{5},2^{5'},25^{4'},5^{3'}$ — $1245,3^{2},13^{3},13^{5}$ H 567. Mz 24.
3310. $45^{2},4^{3},4^{4},23^{5'},12^{4'},24^{3'}$ — $135,1D3^{3},1D3^{3},13^{4'},D2^{2'}$ VE 58.

3311. $45^2, 43^3, 4^4, 23^5, 12^6, 24^7$ — $135, 15^3, 15^3, 15^4, 2^5$ — 986.

3312. $43^2, 45^3, 4^4$ — $3^5, 1^6, 34^7, 5^8, D2D4^9$ — PV.

3313. $45^2, 4^3, 34^4, 125^5, 124^6, 4^7, 15^8$ — $123, 1235^2, 23^3, D2^4, 3^5, 5^6, 2^7, D5^8$ — VE 82.

3314. $45^2, 5^3, 1^4, 234^5, 23^6, 3^7$ — $1235, 1^2, 1^3, 5^4, D3^5$ — 986.

3315. $45^2, 4^4, 4^5, 23^6$ — $12D34^3, 3^4, 4^5$ — 987. D 544.

3316. $45^2, 1^3, D4^4$ — $2, 4^3, D3^4$ — 988. Ch. XII 140. D B j. 198.

3317. $D4^2, 123^3, 35^4, 25^5$ — $D^2, 4^3, 1235^4, 35^5, 1^6$ — D LM 590.

3318. $4^2, 124^3, 12^5, 45^6, 45^7, 4^8$ — $235, 1345^2, 3^3, 1^4, 5^5, 3^6$ — D* CR 302.

3319. 4^2 ou $D4^2, 12^3, 4D5^4, 25^5$ — $2D3^2, 3^3, 125^4, 1^5, D2^6$ — H 568. Mz 368.

3320. $4^2, 12^3, 45^5, 2^6, 2^7$ — $3, 13^2, 3^3, 3^4, 13^5, 3^6, 3^7$ — E 75. G 62.

3321. $4^2, 1345^3, 345^4, 4^5, 3^6$ — $23, 34^2, 1^3, 1^4, 12^5, 1^6, 2^7$ — G 13.

3322. $4^2, 134^3, 1235^4, 1^5, 5^6$ — $5^2, 23^3, D3^4, 124^5, 4^6, D5^7$ — H 569.

3323. $4^2, 134^3, 1234^4, 15^5$ — $4, 2345^2, 13^3, 235^4, D5^5$ — E 27. G 160.

3324. $4^2, 13^3, 134^4, 12^5, 14^6, 5^7$ — $1235, 34^2, 235^3, 23^4, 4^5$ — 989.

3325. $4^2, 13^3, 13^4, 12^5, 14^6, 5^7, 1^8$ — $1235, 34^2, 235^3, 23^4, 4^5$ — C 99.

3326. $4^2, 13^3, 2^4, D25^5$ — $23^2, 3^3, 2D5^4, 1^5, 1^6$ — H 570.

3327. $4^2, D13^3, 3^4, 23^5, 1^6$ — $12, 14^2, 4^4, 5^5, 5^6, 4^7, D2^8$ — D R 63. (Rotrou).

3328. $4^2, D13^3, 3^4, 23^5, 1^6$ — $5, 45^2, 4^4, 5^6, 4^7, D2^8$ — M 99. Mz 339. D 353.

3329. $4^2, 14^3, 3^4, 24^5$ — $D4, 15^2, 23^4$ — H 571.

3330. $4^2, D14^3, 4^4, 34^5, 45^6, 3^7, 45^8$ — $134, 12D5^2, 12^3, 1^4, 5^5, 5^6$ — D DU 310. D* j. 303.

3331. $4^2, D15^3, 4^4, 1^5$ — $D4^4, 5^6$ — D DE 76.

3332. $4^2, 1^3, 123^4, 2D3^5, 24^6$ — $3^5, 34^2, 14^3, 1D5^4, 15^5$ — E 382.

3333. $4^2, D1^3, 2^4, 3^5, 3^6$ — $D5, 5^2, 24^3, 5^5$ — E 289.

3334. $4^2, D1^3, 4^4, 4^5, 34^6$ — $5, 1235^2, D1^4, D1^5$ — H 572. Mz 363.

3335. $4^2, 2345^3, 23^4, 24^5, 4^6, 4^7$ — $24, 23^2, 1^3, 15^4, 1^5, 15^6, 5^7$ — 990.

3336. $4^2, 234^3, 145^4, 2^5$ — $34^2, 4^3, 2^4, 12^5, 13^6$ — H 573.

3337. $4^2, 234^3, 14^4, 125^5, 45^6, 5^7$ — $145, 125^2, 3^3, 23^4, 3^5, 4^6, 5^7$ — D* LM 304.

3338. $4^2, 234^3, 2^4, 24^5, 123^6$ — $134D5^2, 12^3, 4^4$ — H 574.

3339. $4^2, 234^3, 34^4, 13^5, 4^6, 3^7$ — $D34, 124^2, 45^3, 4^4$ — H 575. Mz 208.

3340. $D4^2, 23^3, 123^4$ — $1^2, 24^3, 1D23^4, 1^5, 4^6$ — H 576.

3341. $4^2, 23^3, 23^4, D13^5, 23^6, 2^7, 24^8$ — $1D234, D13^2, 3^3, 4^4, 5^5, 5^6, 5^7$ — D LM 14.

3342. $4^2, 23^3, 24^4, 23^5, 4^6$ — $123^2, 35^3, 5^4, 1^5, 14^6$ — H 577.

3343. $4^2, 245^3, 3^4, 24^5, 4^6, 3^7$ — $2, 12^2, 135^3, 15^4, 5^5, 1^6$ — Mz 66.

3344. $4^2, 245^3, 4^4, 234^5$ — $234^3, 134^4, 2^5, 5^6$ — D BT 83.

3345. $D4^2, 24^3, 123^4, 235^5, 4^6, 5^7$ — $D5, 12^2, 245^4, 1^5, 1^6, D1^7$ — D HV 26.

3346. $4^2, 2^3, 123^4, 235^5$ — $3, 234^3, 5^4, D5^5$ — H 578.

3347. $4^2, 2^3, D2^4, 235^5, 2^6$ — $D4, 1345^3, 5^4, 1^5$ — 991. Ch. XII 161. DBL 230.

3348. $4^2, 2^3, 3^4, 3^5, 5^6$ — $23^2, D4^3, 1^4, 2^5, 5^6$ — H 579.

3349. $4^2, 2^3, 4^4, 25^5, 3^6, D2^7$ — $45, 4^3, 15^4, 1^5, 1D4^6$ — E 225.

3350. $D4^2, D2^3, D3^4$ — $D5^5$ — 992.

3351. $4^2, 345^3, 2^4$ — $4D5^5, 4^6, 2^7$ — H 580.

3352. $4^2, 34^3, 124^4, 125^5, 5^6, 4^7, 5^8$ — $145, 125^2, 3^3, 23^4, 3^5, 4^6, 5^7$ — D LMP 272. G 34.

3353. $4^2, 34^3, 13^4, 5^5$ — $2, 12^3, 5^4, D2^5$ — H 581.

3354. $4^2, 35^3, 13D5^4, 2^5, 1^6, D2^7$ — $D1, 24^2, D135^3, 34^4, 3^5, 4^6, 1^7$ — D LM 191.

3355. $4^2, 3^3, 1^4, 12^5, D4^6$ — $5^2, 45^3, 5^4, 4^5, D5^6$ — E 85. G 80.

3356. $4^2, 3^3, 24^4, 4^5, 5^6$ — $34^2, 3D45^3$ — H 582.

3357. $4^2, 3^3, 34^4, 4^5$ — $5, D1D2D34^2, D2^3, D1D4^4, 5^5$ — PV. C. d'apparat.

3358. $D4^2, D4^3, 3^4, 3^5, 5^6$ — $5, 45^2, 23^4, 4^5$ — 993. E 298.

3359. $4^2, 45^3, 234^4, 14^5, 4^6, 4^7$ — $5, 2^2, 15^3, 15^4, 12^5$ — G 14.

3360. $4^2,4^3,1234^1,24^3,45^{3'}$ $35^2,35^3,13^4,23^5,5^{5'},D5^{1'}$ A 40.
3361. $4^2,4^3,12^4,5^5,45^{3'},5^{2'}$ $D1,234^2,4^3,24^4,5^{2'}$ D* 305.
3362. $4^2,4^3,1345^4$ $35^2,D4^3,12^4,124^5$ H 583.
3363. $4^2,4^3,1^4,4^5,145^{5'}$ $3,2345^2,14^3,D2^4$ H 584.
3364. $4^2,4^3,234^4,12^5,2^{4'}$ $3^2,1^3,135^4,14^5,5^{4'}$ D* H 306.
3365. $4^2,4^3,23^4,4^5,4^{5'},3^{3'}$ $2,145^3,1^4,125^5$ G 15.
3366. $4^2,4^3,24^4,34^5,24^{5'}$ $5,235^2,D23^3,5^5$ H 585. Mz 174.
3367. $4^2,4^3,2^4,24^5,4^{5'}$ $D34^3,15^4,2^5$ H 586. Mz 151.
3368. $4^2,4^3,4^4,D4^5,25^{4'}$ $35,4^2,1^3,5^{5'},D3^{4'}$ H 587. Mz 323.
3369. $4^2,4^3,5^4,24^5,35^{5'},5^{4'}$ $D134^2,4^3,34^4,1^{5'}$ VE 3.
3370. $4^2,4^3,5^{5'}$ $2,1^3,45^{5'}$ E 16.
3371. $4^2,5^3,34D5^4,2^5,34^{5'},4^{4'},5^{3'}$ $14,D1D235^2,2^3,1^4,13^{2'}$ VE 29.
3372. $4^2,5^3,34D5^4,2^5,34^{5'},4^{4'},5^{3'}$ $14,D1D235^2,2^3,1^4,13^{2'}$ 994.
3373. $D4^2,5^3,35^4,2^5,4^{5'},4^{4'},5^{5'}$ $14D5,1235^2,1^4,1^5,123^{2'}$ 995.
3374. $D4^2,5^3,35^4,2^5,4^{5'},4^{4'},5^{3'},D5^{1'}$ $14,D1D235^2,1^4,1^5,D123^{2'}$ VE 9.
3375. $4^2,5^3,3^4,D3^{2'}$ $D5^3,3D4^5$ H 588.
3376. $D4^2,D5^3,D3^5$ [illegible]   H 589.
3377. $4^2,5^3,D4^{5'},3^{4'}$ $2,14,1^2,1^4$ 996. Ch. XII 143.
3378. $4^2,5^3,D4^{5'},3^{4'}$ $3,1D4^2,1^4$ 997.
3379. $4^2,1245^4,1234^5,2^{5'}$ $5,25^2,34^3,345^4,D1^5$ H 590.
3380. $4^2,13^4,3^5,3^{5'},5^{4'}$ $5,D45^2,3^3,2^5$ H 591.
3381. $4^2,1^4,124^5,2^{4'}$ $23^2,5^3,D345^4$ H 592.
3382. $4^2,1^4,12^5,2^{5'},2^{4'}$ $23^2,D35^3,45^4$ H 593.
3383. $4^2,1^4,D2^5,5^{5'},2^{3'}$ $2,5^4,D12^3,3^{4'}$ D* BL j. 307.
3384. $4^2,1^4,45^5,2^{5'},5^{4'}$ $D4,2^2,14^3,3^4,4^5$ H 594.
3385. $4^2,D1^4,4^5,1^{4'},14^{3'}$ $24,5^2,3^{3'},2^{4'},5^{2'}$ 998. Ch. XII 154. D 273.
3386. $4^2,1^4,5^5,D5^{3'}$ $3^{5'},3^{4'},3^{2'}$ 999.
3387. $4^2,234^4,3^5,5^{4'}$ $45^2,23^3,D3^4,2^5$ H 595. Mz 155.
3388. $4^2,23^4,5^5,123^{5'},25^{4'}$ $25,1D2^2,12^3,D4^5$ H 596. Mz 252.
3389. $4^2,245^4,345^5,123^{5'},1^{4'}$ $23^2,14^3,4D5^4,45^5,D1^{5'}$ D* LM 306.
3390. $4^2,2^4,2^5,34^{5'},25^{4'}$ $35,2^2,4^3,D5^{5'}$ H 597. Mz 140.
3391. $4^2,2^4,35^5,12^{5'},4^{4'}$ $25,23^2,1^3,4^5,D1^{2'}$ E 26. G 173.
3392. $4^2,2^4,23^{5'},25^{4'}$ $1D35^2,2^3,4^5$ H 598.
3393. $4^2,34^4,123^5,1^{4'}$ $234^2,135^3,235^4,5^{4'}$ E 183.
3394. $4^2,34^4,5^5,4^{5'},D5^{2'}$ $1^2,1^3,12^4,1D3^5$ E 378.
3395. $4^2,35^4,4^5,2^{5'},4^{2'}$ $3,D2^{5'},3^{2'}$ D W j. 100. PV* 20.
3396. $4^2,3^4,4^{5'},3^{2'}$ $D1,5^{2'}$ D* j 309.
3397. $4^2,4^4,5^5,4^{5'},5^{4'},D5^{2'}$ $2,2^3,2^4,1D3^5,3^{5'}$ E 311.
3398. $4^2,4^4,5^5,4^{5'},D5^{2'}$ $1,2^4,1D3^5,D2^{2'}$ E 294.
3399. $4^2,1234^5,4^{5'}$ $3D45^2,5^3,25^4$ H 599.
3400. $4^2,1^5,145^{5'},3^{4'}$ $245^2,D3^{5'}$ H 600. Mz 123.
3401. $D4^2,1^5,D3^{5'}$ $D4,5^{4'}$ E 232.
3402. $4^2,D1^5,3^{4'}$ $45^{4'}$ E 368.
3403. $4^2,25^5,D5^{5'}$ $3^{5'},3^{4'},3^{2'}$ 1000.
3404. $D4^2,D5^5,D3^5$ $D5^4$ H 601.
3405. $D4^2,D4^4,D2^4$ $D5^4$ 1001.
3406. $D4^2,D3^5,D5^{2'}$ $D5^4$ 1002.
3407. $D4^2,D3^5,D5^{2'}$ $D4^{5'}$ 1003.
3408. $D4^2,D3^{5'},D5^{2'}$ $D5^4$ 1004.

No.	Position	Solution	Source
3409.	D4^{2},D5$^{4'}$,D2$^{5'}$	D3^{2}	G 52.
3410.	5^{2},1235^{3},354^{4},5$^{5'}$	5,25^{2},4^{3},24^{4},12$^{5'}$	H 602.
3411.	5^{2},1245^{3},1234^{4},35^{5}	35^{2},D12^{3},234^{4},124^{5},1$^{5'}$	D LM 242.
3412.	5^{2},13^{3},124^{4},4$^{5'}$,3$^{4'}$	345,1^{2},125^{4},1^{5},5$^{3'}$	1005. Ch. XII 30.
3413.	5^{2},13^{3},235^{4},234^{5},35$^{5'}$,45$^{4'}$	3,12345^{2},24^{3},134^{4},1$^{5'}$,D4$^{4'}$	C 186.
3414.	5^{2},145^{3},23^{4},234^{5},14$^{5'}$,5$^{4'}$	45,135^{2},234^{3},134^{4},1$^{5'}$,5$^{4'}$	1006.
3415.	5^{2},145^{3},3D5^{4},2$^{5'}$,145$^{4'}$,24$^{3'}$	1D2D345,35^{2},1^{3},124$^{5'}$	D LM 580.
3416.	5^{2},14^{3},134^{4},2^{5},5$^{5'}$	15^{2},4^{3},134^{4},5$^{5'}$,D1$^{4'}$	D* CR 310.
3417.	D5^{2},15^{3},25^{4},2$^{5'}$	35^{2},5^{3},15^{5},D1$^{5'}$,4$^{3'}$	E 216.
3418.	5^{2},D1^{3},4^{4},4^{5},2$^{5'}$,D5$^{4'}$	D4,1^{3},1^{5},5$^{4'}$	L*
3419.	D5^{2},D1^{3},D4^{4},D2^{5}D3$^{5'}$	D1,D2^{4} ou D1$^{5'}$	M* 20. M 23. Mz 387.
3420.	D5^{2},D1^{3},D4^{4},D2^{5}D3$^{5'}$	D1,D3$^{5'}$	M* 20. M 23. Mz 387.
3421.	D5^{2},D1^{3},D4^{4},D2^{5}D3$^{5'}$	D1,D4$^{5'}$ ou D2$^{5'}$	M* 20. M 23. Mz 387.
3422.	D5^{2},D1^{3},D4^{4},D2^{5}D3$^{5'}$	D1$^{4'}$,D3$^{5'}$	M* 20. M 23. Mz 387.
3423.	D5^{2},D1^{3},D4^{4},D2^{5}D3$^{5'}$	D1$^{4'}$,D2$^{4'}$	M* 20. M 23. Mz 387.
3424.	D5^{2},D1^{3},D4^{4},D2^{5}D3$^{5'}$	D1$^{4'}$,D2$^{5'}$	M* 20. M 23. Mz 387.
3425.	5^{2},2345^{3},1234^{4},23^{5}	3,1234^{3},5^{4},125^{5},4$^{5'}$	1007. Ch. XII 204.
3426.	5^{2},2345^{3},25^{4},35^{5},1$^{5'}$,4$^{4'}$.32$^{3'}$	1,15^{2},124^{3},1235^{4},2^{5}	1008.
3427.	5^{2},2345^{3},25^{4},35^{5},1$^{5'}$,4$^{4'}$	1,135^{2},124^{3},1235^{4},2^{5}	VE 19.
3428.	5^{2},235^{3},2345^{4},35^{5},4$^{5'}$	23^{2},23^{3},12^{4},1235^{5},1$^{5'}$	1009.
3429.	5^{2},235^{3},24^{4},2^{5}	5^{2},45^{3}.35^{4},13^{5}	M* 22. Coup composé.
3430.	5^{2},23^{3},2^{4},124$^{5'}$,24$^{4'}$	1D5,25^{2},D5^{4},1$^{5'}$	H 603. Mz 250.
3431.	5^{2},23^{3},4^{4},4^{5},1$^{5'}$,123$^{4'}$,D4$^{3'}$	3,13^{2},5^{3},4^{4},D5^{5},123$^{5'}$,15$^{3'}$,D4$^{2'}$	VE 31.
3432.	5^{2},23^{3},23^{5},24$^{5'}$	2D34^{2},3^{3},2^{4},5$^{5'}$,5$^{4'}$	H 604.
3433.	5^{2},23^{3},24^{5},24$^{5'}$,235$^{4'}$,2$^{3'}$,1$^{2'}$	D123,345^{2},1^{3},1^{5},5$^{4'}$,14$^{3'}$,D4$^{2'}$	VE 71.
3434.	5^{2},23^{3},35^{5},125$^{5'}$,1$^{4'}$,15$^{3'}$,5$^{2'}$	D235,23^{2},34^{3},D1$^{3'}$	E 328.
3435.	D5^{2},24D5^{3},4^{4},4$^{3'}$	15^{2},3^{3},1D3^{4},3^{5},3$^{5'}$,1$^{3'}$	1010.
3436.	5^{2},2^{3},135^{4},2$^{5'}$,5$^{4'}$	5^{2},1^{3},4^{5},D15$^{5'}$	H 605.
3437.	5^{2},2^{3},145^{4},24^{5},135$^{5'}$,45$^{4'}$,1$^{3'}$	123,2345^{2},24^{3},23^{4},1$^{5'}$	1011.
3438.	D5^{2},24^{3},123^{4},235^{5},4$^{4'}$,5$^{2'}$	D5,12^{2},235^{4},1^{5},1$^{5'}$,D1$^{4'}$	D HV 26.
3439.	5^{2},1^{3},234^{4},34^{5},3$^{5'}$,3$^{4'}$,4$^{3'}$	4,12^{3},124^{4},5^{5},5$^{4'}$,5$^{3'}$,D5$^{4'}$	D LM 99.
3440.	5^{2},2^{3},23^{4},12^{5},23$^{5'}$	34^{2},2^{3},45^{4},5$^{5'}$,5$^{4'}$,1$^{3'}$	D LM 429.
3441.	5^{2},2^{3},23^{4},234^{5},4$^{5'}$,34$^{4'}$,5$^{3'}$	24,12345^{2},3^{3},125^{4}	1012.
3442.	5^{2},2^{3},23^{4},234^{5},4$^{5'}$,34$^{4'}$,5$^{3'}$	4,12345^{2}.3^{3},125^{4},1$^{5'}$	C 57.
3443.	5^{2},2^{3},34^{4},235^{5},4$^{5'}$,34$^{4'}$,5$^{3'}$	4,12345^{2},3^{3},125^{4},1$^{5'}$	1013.
3444.	5^{2},2^{3},2^{5},D4$^{5'}$,2$^{3'}$	3,4^{3},5$^{4'}$,D3$^{5'}$	1014. Ch. XII 145. D B j. 183.
3445.	5^{2},345^{3},2345^{4},25^{5},4$^{4'}$,4$^{3'}$	135,124^{2},15^{4},3^{5},1$^{5'}$,D3$^{4'}$	D LM 382.
3446.	5^{2},345^{3},45^{4},35^{5}.24$^{5'}$	2,1^{2},1D23^{3},2^{4},15^{5}	H 606.
3447.	5^{2},34^{3},12345^{4},245^{5}	1,15^{2},2^{3},1235^{4},2^{5},1$^{5'}$	1015.
3448.	5^{2},34^{3},135^{4},1^{5},5$^{5'}$	1,1^{2},24^{3},1234^{4},24^{5}	PV.
3449.	5^{2},34^{3},34^{4},1234^{5},4$^{5'}$	4,1235^{2},1345^{3},2^{4},1^{5}	H 607.
3450.	5^{2},D3^{3},2^{4},123$^{5'}$	3,13^{2},15^{3},3$^{5'}$,D4$^{4'}$	H 608.
3451.	D5^{2},3^{3},13^{5},5$^{4'}$	4,235^{2},5$^{5'}$,D2$^{4'}$	E 244.
3452.	D5^{2},3^{3},D1$^{5'}$,2$^{3'}$	2,5^{3},1$^{2'}$	E 30.
3453.	5^{2},45^{3},24^{4},234^{5},1$^{5'}$,5$^{4'}$	45,15^{2},23^{3},13^{4},5^{5},5$^{4'}$	D CO 31. G 71.
3454.	D5^{2},45^{3}.34^{5},4$^{4'}$	3,14^{2},23^{3},12^{4},D2$^{4'}$	E 329.
3455.	D5^{2},4^{3},23^{4},23^{5},4$^{4'}$	14,1^{2},3^{3},125^{4},1D2^{5}	D* à CH 311.
3456.	5^{2},5^{3},123^{4},3^{5},4$^{5'}$	235^{2},1D2^{3},1^{4},2^{5},5$^{5'}$	H 609.
3457.	5^{2},5^{3},135^{4},24^{5},D4$^{5'}$	2,3^{2},14^{3},D15^{4},1^{5}	H 610.

3458. $D5^2,D5^3,D1^4$ — $D5^5$ 1016.
3459. $5^2,5^3,4^4$ — $45^3,13^5$ M* 21. Coup simple.
3460. $5^2,5^3,5^4,1^5,5^{5'},5^{6'}$ — $5,45^2,145^3,14^4,12^5,45^{5'},4^{6'}$ 1017.
3461. $5^2,5^3,5^4,1^{5'},35^{6'}$ — $5^2,1^3,2^4,D3^5,4^{5'}$ H 611.
3462. $D5^2,D5^3,D5^4$ — $D5^5$ VE 12.
3463. $5^2,123^4,2^5,D3^{6'},24^{6'}$ — $13,34^2,4^3,1D5^4,15^{5'}$ E 34. G 134.
3464. $D5^2,13^4,4^5,2^{5'}$ — $4,D13^2,12^3,5^4,D2^{5'}$ H 612. Mz 360.
3465. $5^2,D13^4,2^{5'}$ — $1^3,D2^{4'}$ E 116. G 63.
3466. $5^2,1^4,234^5,125^{5'}$ — $2^2,5^4,5^{4'},14^{5'}$ C 85.
3467. $D5^2,D1^4,5^5,2^{5'},5^{5'}$ — $D5,5^{5'},D13^{5'}$ E 110.
3468. $D5^2,D2^4,D3^{5'}$ — $D5^5$ 1018.
3469. $D5^2,D2^4,D5^{5'}$ — $D5^4$ D HV 293.
3470. $5^2,345^4,24^5,3^{5'},4^{6'}$ — $123D4^2,3^3,1^4,2^5$ 1019. Ch. XII 166. D 294.
3471. $5^2,345^4,2^5,4^{5'}$ — $15^2,3^3,12^4,2^5,3^{5'}$ D* j. 312.
3472. $5^2,34^4,14^{5'}$ — $2D5^{5'},D12^{5'}$ H 613.
3473. $5^2,3^4,4^{2'}$ — $1,1^{5'}$ 1020. Ch. VII 21. E 100.
3474. $D5^2,4^4,D4^5,D2^{5'}$ — $D1^4,1^5,D1^{5'}$ 1021.
3475. $5^2,4^4,1^{5'},D3^{5'}$ — $1,3^{5'},D2^{4'}$ D* W 313.
3476. $D5^2,D5^4,D3^{5'}$ — $D5^5$ 1022.
3477. $D5^2,D1^5,D1^{2'}$ — $D2^2$ 1023.
3478. $D5^2,23^5,34^{6'},3^{4'}$ — $45,D2^3,125^4$ H 614. Mz 377.
3479. $D5^2,D3^5,D4^{2'}$ — $D4^{5'}$ 1024.
3480. $D5^2,D5^{4'},D2^{5'}$ — $D3^2$ 1025. Enc. Méth. 4
3481. D de 5^2 à $5^{5'}$ (Trictrac.) — $1^5,5^{5'},5^{6'}$,D à volonté. 1026. M 19.
3482. $D5^2$ ou 5^3 — $1234^2,1234^4,5^5,345^{5'},12^{6'},45^{5'},123^{2'}$ 1027. Mz 394
3483. $D5^2$ ou 5^3 — $45,45^2,5^3,5^4$,(hors) $12^5,1234^4,5^{5'},1234^{6'},1234^{2'}$ Mz 394
3484. $1234^3,1234^4,2^5,14^{5'}$ — $45,124^2,2345^3,135^4,25^5,4^{5'}$ H 615.
3485. $1234^3,134^4,12^5,3^{5'}$ — $3,234^2,3^3,4^4,1^5,5^{5'}$ 1028. C. du Moulinet Ch. XII 31
3486. $1234^3,145^4,5^{5'}$ — $125^2,1^3,134^4,4^5,3^{5'}$ H 616.
3487. $1234^3,1^4,124^5,3^{4'}$ — $15,145^2,124^4,3^{5'},5^{5'}$ 1029.
3488. $1234^3,234^4,12^5,4^{5'}$ — $5,1245^2,5^3,145^4,5^{5'}$ D* j. 314.
3489. $1235^3,12345^4,23^5,4^{5'}$ — $123^2,34^3,235^4,1235^5,1^{5'}$ PV* G.
3490. $125^3,134^4,2^5,4^{4'},D1^{5'}$ — $3^3,35^4,12^5,1^{5'},D4^{5'}$ D* MD 315.
3491. $123^3,2^4,23^5$ — $45^2,5^3,35^4,5^{2'}$ D* C 316.
3492. $1245^3,34^4,234^5,4^{6'}$ — $1234^2,13^3,1^4,D2^5$ C 177.
3493. $1245^3,34^4,234^5,45^{4'},5^{5'}$ — $4,125^2,13^3,13^4,1D2^5$ 1030.
3494. $124^3,34^4,45^5,25^{5'},1^{5'}$ — $123,24^2,4^3,1345^4,1^{5'}$ 1031.
3495. $D124^3,3^4,2^{4'}$ — $D5,1^2,1^3,3^4,4^5,2^{5'}$ H 617. Mz 311.
3496. $124^3,2^5,24^{5'}$ — $D3,1^2,35^3,4^4$ H 618.
3497. $125^3,1245^4,15^5,1^{5'}$ — $35^2,234^3,245^4,3^5,34^{5'}$ Coup fait à B.
3498. $125^3,134^4,24^5,2^{5'},1^{4'},1^{3'}$ — $23,2345^2,4^3,3^4,3^5,1^{5'}$ 1032.
3499. $125^3,14^4,5^5,3^{5'},2^{4'}$ — $24^2,1^3,4^4,5^5,1^{5'},D4^{5'}$ E 11. G 81.
3500. $12^3,123^4,234^5,23^{5'},2^{4'}$ — $123^2,124D5^3,45^4,1^{5'}$ H 619. Mz [illegible]
3501. $12^3,12345^4,5^5,4^{5'}$ — $2,2345^2,4^3,12^4,1^{5'}$ H 620.
3502. $12^3,12^4,1D5^{2'}$ — $1,25^4,1^5,15^{5'},5^{5'},D1^{5'}$ G 48.
3503. $12^3,235^4,14^5,4^{5'}$ — $3^2,345^3,15^4,1[illegible]$ H 621.
3504. $12^3,3^4,3^5,D5^{2'},D4^{4'}$ — $1^{6'},D2^{4'},D5^{5'}$ [illegible]
3505. $12^3,4^4,4^5,23^{5'},2^{4'},D5^{5'}$ — $2,2^2,1^3,14^5,12^{5'},D2^{4'}$ D H [illegible]
3506. $12^3,4^4,2^{2'}$ — $3^4,2^{5'},5^{6'},3^{5'}$ 1033. Ch. XII 9

3507. D1D2^{5},D1^{2} D1^{3} 1034.
3508. D1D2^{5},D1^{2} D4^{3} M*. M 11. Enc. Méth. 4. Mz 376.
3509. 12^{5},3^{2} 3^{4} 1035. Ch. VII 14. Mz 5.
3510. 12^{5} 2^{5},2^{5} 1035 bis.
3511. 1345^{2},15^{4},3^{5},2^{5},3^{4} 3,12345^{2},2^{5},1^{5},1^{5} E 205.
3512. 1345^{5},35^{4},2^{5},145^{5},4^{4},5^{5},2^{5} 345,135^{2},2^{5},12^{4},2^{5},12^{4} 1036.
3513. 134^{5},14^{4},24^{5},5^{5} 3,12^{2},35^{5},135^{4},23^{5} G 47.
3514. 134^{5},14^{4},24^{5},5^{5} 3,24^{2},3^{5},135^{4},23^{5} E 117.
3515. 134^{5},15^{4},2^{5},14^{5},4^{4} 135^{2},2^{5},25^{4},23^{5},4^{5} 1037. Ch. XII 52.
3516. 134^{5},2^{5},3^{5},24^{4},5^{5} 4,D135^{2},5^{5} H 622. Mz 160.
3517. 135^{5},125^{4},135^{5},15^{5} 135^{2},1234^{5},124^{4},2^{5} 1038.
3518. 135^{5},345^{4},235^{5},45^{5},4^{4},5^{5},2^{5} 345,135^{2},2^{5},12^{4},23^{5},1^{4} 1039.
3519. 135^{5},35^{4},24^{5},13^{5} 1235^{2},24^{5},234^{4} H 623.
3520. 13^{5},123^{4},34^{5} 2^{5},5^{5},2^{5},D5^{4},4^{5} Mz*
3521. 13^{5},145^{4},23^{5} 1,12^{2},D4^{5},1^{5} H 624. Mz 141.
3522. 13^{5},1D5^{4},145^{5} 14,123^{2},4^{5},D4^{5} D* Bl. j. 317.
3523. 13^{5},2^{4},2^{5},D1234^{5} 5,35^{2},45^{5},5^{4},12^{5},D4^{5} D MD 451.
3524. D13^{5},5^{4},2^{5},2^{4},D24^{5} 135,D15^{2},4^{5},D5^{5} H 625.
3525. 13^{5},5^{4},2^{5},2^{4},D24^{5} 1234^{2},23D4^{5},1^{5} H 626.
3526. 13^{2},2^{5},2^{4},D24^{5} 15,D15^{2},4^{5},D5^{5} Mz 350.
3527. 15^{5},14,345^{5},234^{5} 1D4,12^{2},13^{5},1^{4},5^{5} H 627. Mz 205.
3528. 15^{5},345^{4},13^{5},45^{5},34^{4},5^{5},D2^{5} 3,235^{2},23^{5},1^{4},2^{5},D2^{5},3^{2} 1040.
3529. 15^{5},345^{4},23^{5},4^{5},4^{5} 4,D12^{2},2^{5},D12^{4},2^{5},2^{5} VE 24.
3530. 15^{5},345^{4},23^{5},4^{5},4^{5} 4,D1^{2},23^{5},D12^{4},2^{5},2^{5} 1041.
3531. 15^{5},345^{4},4^{5},45^{5},345^{4},5^{5},D2^{5} 34,2345^{2},23^{5},1^{4},2^{5},3^{2},D1^{5} 1042.
3532. 15^{5},4^{4},4^{5},D1234^{5},3^{4},1^{5} 1,234^{2},2345^{2},1^{5},2^{4},D4^{5} D LM 462.
3533. 1^{5},12^{4},124^{5},25^{5},4^{4} 34,1234^{2},24^{5},D5^{5} Mz 214.
3534. 1^{5},12^{4},3^{5},345^{5} 2,35^{2},4^{5},D5^{4},D4^{5} H 628.
3535. 1^{5},145^{4},45^{5},3^{5} 1,1234^{2},34^{5},3^{4},14^{5},1^{5} 1043.
3536. 1^{5},1^{4},14^{5},125^{5},2^{4} 2D3,15^{2},14^{5},D5^{5} H 629.
3537. 1^{5},1^{4},1^{5},1^{5},1^{4},1^{5} 12,125^{2},25^{5},45^{4},45^{5},2^{5} 1044.
3538. 1^{5},1^{4},234^{5},234^{5},2^{4} 235,235^{2},13^{5},5^{4},1^{5} H 630.
3539. D1^{5},D1^{4},3^{5},D2^{2} 4^{5},D1^{5} P XV. Pl. 15.
3540. 1^{5},D1^{4} 5^{4},4^{5},3^{5} D BV 15.
3541. 1^{5},23^{4},25^{5},12^{5},5^{4} D4,25^{2},12^{5},4^{4},3^{5} H 631.
3542. 1^{5},23^{4},3^{5},3^{4} 3^{2},1^{4},D4^{2} H 632. Mz 101.
3543. 1^{5},2^{4},123^{5},1^{4} 23^{2},1^{5},1D3^{5} H 633.
3544. D1^{5},3^{4},145^{5},3^{4} 5,1235^{2},D3^{5} H 634.
3545. D1^{5},45^{4},3^{5},2^{4},1^{5} 125,13^{2},4^{5},D2^{2} E 335.
3546. 1^{5},45^{4},5^{5},13^{5},4^{5} 13,5^{5},2^{4},D2^{5} H 635.
3547. 1^{5},4^{4},23^{5},1234^{5},34^{4},4^{5} 145,135^{2},25^{5},5^{4},15^{4},2^{5} 1045.
3548. 1^{5},4^{4},3^{5},2^{5},1^{4},12^{5} 13,5^{5},1D2^{5} H 636.
3549. 1^{5},D5^{4},2^{5},1^{4} 13,1^{5},D2^{5} Mz 292.
3550. 1^{5},5^{4},34^{5},D1^{5} 4,23D4^{2},34^{5},1^{5},1^{5} H 637. Mz 338.
3551. 1^{5},5^{4},4^{5},D4D5^{5} 3,5^{2},D5^{4},D1^{5} PV*.
3552. 1^{5},134^{5},34^{5},23^{4} 4,124^{2},15^{5},45^{4},D5^{4} H 638.
3553. 1^{5},1^{5} 4^{5},1^{5},2^{2} M* 2.
3554. 1^{5},1^{5} 5^{5},4^{4},2^{5} 1046.
3555. 1^{5},1^{5} 1^{4} M* 3.

3556. $1^{3},3^{5},5^{5},4^{6},25^{8}$ ... $25,3^{2},D4^{5}$ — H 639. Mz 107.
3557. $D1^{3},4^{5},1^{6}$ ... $1,D1^{2}$ — H 640. Mz 282.
3558. $D1^{3},5^{5},4^{5},D5^{5}$ ... $2,1^{2},1^{3},D2^{4}$ — D* j. 318.
3559. $1^{3},D14^{5}$ ... $4^{5},5^{4},D3^{5}$ — E 273.
3560. $1^{3},1^{5},4^{6}$ ... 3^{5} — 1047. Ch. VII 9. D MD 139.
3561. $1^{3},3^{5},4^{6},45^{5},D5^{5}$ ... $14,2^{2},2^{3},1^{4},D3^{5}$ — E 114. G 109.
3562. $1^{3},4^{5},D4^{5}$ ... $5^{2},24^{3},4^{5},2^{5}$ — E 51. G 105.
3563. $2345^{3},124^{4},4^{5},4^{5}$ ... $2345^{2},23^{3},235^{4}$ — H 641.
3564. $2345^{3},134^{4},2^{5}$ ... $4,D13^{2},4^{3},35^{4},2^{5},1^{5}$ — H 642.
3565. $234D5^{3},4^{4},3^{5}$ ... $2^{2},2^{3},2^{4}$ ou $D2^{4},13^{5},1^{5}$ — H 643.
3566. $234^{3},1^{4},1234^{5},3^{5},5^{6}$ ... $134^{2},24^{3},1234^{4}$ — C 9.
3567. $234^{3},1^{4},1234^{5},3^{5},5^{6}$ ... $2345^{2},24^{3},1234^{4}$ — 1048.
3568. $234^{3},245^{4},1^{5},25^{5},1^{6}$ ... $4,1^{2},1345^{3},34^{4},3^{5},2^{5},1^{5}$ — E 363.
3569. $234^{3},24^{4},3^{5}$ ... $2^{2},12^{4},235^{3},2^{5}$ — * 23. 1049. Ch. XII 16.
3570. $234^{3},3^{4},23^{5}$ ... $45,3^{2},125^{4},1^{6}$ — M 96. Mz 63.
3571. $234^{3},125^{3},34^{5},1^{5},5^{5}$ ... $14^{3},1234^{2},45^{4}$ — E 41.
3572. $234^{3},23^{5},24^{5}$ ... $2D34^{2},3^{3},2^{4},5^{5},5^{6}$ — H 644. Mz 179.
3573. $235^{3},234^{4},1^{5}$ ... $123^{2},1^{3},35^{4},1^{5},1^{5}$ — 1050. Ch. XII 19.
3574. $235^{3},234^{4},4^{5},1^{5},3^{6}$ ... $2,1D1^{2},1^{3},15^{4},1^{5},1^{5}$ — H 645.
3575. $235^{3},25^{4},34^{5},25^{5},5^{6}$ ... $3,145^{2},4^{3},34^{4},125^{5}$ — C 63.
3576. $235^{3},2^{4},34^{5},135^{5},5^{6}$ ... $134^{2},245^{3},124^{4},1^{5}$ — 1051.
3577. $235^{3},35^{4},35^{5},1^{5}$ ... $2,34^{2},24^{3},234^{4},5^{5},14^{5}$ — 1052. VT 1.
3578. $235^{3},35^{4},5^{5},35^{5},2^{6},5^{6}$ ... $D1234^{2},4D5^{3},4^{4},1^{5}$ — VE 39.
3579. $235^{3},3^{4},23^{5},2^{5},15^{6}$ ... $4,1235^{2},1^{3},34^{4}$ — 1053. Ch. XII 48. DL 358.
3580. $235^{3},45^{4},2^{5},234^{5},3^{6}$ ... $1D24,135^{2},5^{4},1^{5},1^{5}$ — E 35. G 144.
3581. $23^{3},123^{4},35^{5},23^{5}$ ... $1234^{2},123^{3},4^{4},1^{5}$ — H 646.
3582. $D2D3^{3},D1^{4}$ ... D3 — 1054.
3583. $D2D3^{3},D1^{4}$ ... $D1^{5}$ — 1055.
3584. $23^{3},2345^{4},5^{5},3^{6}$ ... $24^{2},D145^{3},1^{5}$ — H 647.
3585. $23^{3},245^{4},4^{5},2^{5}$ ... $3,5^{3},D234^{4},345^{5},1^{6}$ — H 648.
3586. $23^{3},24^{4},34^{5},14^{5}$ ... $145,24^{2},5^{3},45^{4}$ — D* 316.
3587. $23^{3},24^{4},3^{5},13^{5}$ ... $1,134^{2},4^{3},4^{4}$ — G 4.
3588. $23^{3},24^{4},45^{5},15^{5}$ ... $3,24^{2},134^{3},123^{4}$ — G 12.
3589. $2D3^{3},34^{4}$ ... $4,D5^{3},4^{4},1^{2},1^{5}$ — H 649.
3590. $23^{3},4^{4},1D2^{5},5^{6}$ ... $345^{2},1^{4},1^{5},D^{5}$ — 1056. Ch. XII 151.
3591. $23^{3},4^{4},2^{5},12^{5},D5^{5}$ ... $1^{2},12^{3},35^{4},34^{5},1^{5}$ — D* 5 BL 320.
3592. $23^{3},5^{4},2^{5},4^{5},2^{5}$ ... $4,45^{3},1^{5},5^{5}$ — D* 321.
3593. $23^{3},1234^{4},24^{5},4^{6}$ ... $235^{2},135^{3},15^{4}$ — 1057.
3594. $23^{3},234^{5},24^{5},4^{6}$ ... $123^{2},13^{3},15^{4}$ — C 4.
3595. $23^{3},234^{4},24^{5},4^{6}$ ... $34^{2},13^{3},15^{4}$ — 1058.
3596. $23^{3},24^{5},12^{5}$ ... $D1^{2},235^{3},3^{4},4^{5},1^{5}$ — H 650.
3597. $245^{3},15^{4},4^{5},2^{5},2^{6},3^{5}$ ... $13,1^{2},15^{3},4^{5},1^{5},D4^{5}$ — H 651. Mz 213.
3598. $245^{3},1^{4},134^{5},1^{5}$ ... $2,D1^{2},3^{3},4^{4},D4^{5}$ — D DU 480.
3599. $245^{3},34^{4},34^{5},3^{5},45^{6},5^{5}$ ... $4,125^{2},1^{3},1^{4},D24^{5},1^{5}$ — 1059.
3600. $24^{3},1345^{4},2^{5}$ ... $D134^{3},15^{4},2^{5}$ — H 652.
3601. $24^{3},14^{4},34^{5},2^{5},25^{6},2^{5},1^{5}$ ... $12,3D4^{2},1^{3},34^{4},1^{5},5^{5},5^{6}$ — VE 21.
3602. $24^{3},2345^{4},4^{5}$ ... $2^{2},1D1^{3},4^{5},1^{5},1^{5}$ — H 653.
3603. $24^{3},23^{4},12^{5},23^{5},2^{6}$ ... [illegible] — E 103.
3604. $D24^{3},23^{4},14^{5},25^{6}$ ... [illegible] — D B Y [illegible]

3605. $24^{3},3^{4},2^{3},5^{4'}$ $14^{3},1D5^{3'}$ D* LM 322.
3606. $24^{3},4^{4},23^{5'}$ $D3^{2},2^{3},4^{5},1^{5'}$ H 654.
3607. $24^{5},5^{4},235^{3},4^{5'},3^{4'}$ $3,123^{2},35^{3},1^{4},14^{5'}$ G 17.
3608. $24^{3},34^{3},2^{5'},234^{4'},2^{3'},1^{2'}$ $12,3^{2},15^{3},4^{4},D5^{5},5^{5'},5^{4'},135^{3'}$ 1060. VE 21.
3609. $25^{3},123^{4},124^{3},2^{5'}$ $1,123D5^{2},3^{3},45^{4}$ H 655.
3610. $25^{3},235^{4},24^{5},245^{5'},45^{4'}$ $24,12345^{2},13^{3},13^{4},1^{5'},1^{5'}$ C 11.
3611. $25^{3},235^{4},24^{5},245^{5'},45^{4'}$ $24,12345^{2},13^{3},13^{4},1^{5'}$ 1061.
3612. $25^{3},23^{4},3^{5},2^{5'}$ $2,123^{2},1^{5},3D45^{4}$ H 656.
3613. $25^{3},245^{4},235^{5},5^{5'},34^{4'}$ $2,1245^{2},12^{3},12^{4},1^{5},1^{5'}$ 1062.
3614. $25^{3},2^{4},23^{5},245^{5'},4^{4'}$ $4,135^{2},13^{3},D3^{'}$ D MD 220.
3615. $25^{3},3^{5},24^{5'},1^{4'}$ $12D35^{2},3D5^{3},1^{3'}$ H 657.
3616. $D2D5^{3},D4^{'}$ $D5^{5}$ 1063.
3617. $2^{3},12^{4},23^{5},45^{5'},35^{4'},4^{3'}$ $235,125^{2},1^{3},12^{4},45^{5'}$ 1064.
3618. $2^{3},12^{4}$ $5,4^{2},5^{3}$ G 57.
3619. $2^{3},134^{4},2^{5},235^{5'}$ $4,3^{2},D25^{3},1^{5},5^{4'}$ H 658.
3620. $2^{3},1D5^{4}$ $1^{5'},3^{2'}$ M 28. Mz 79.
3621. $2^{3},1^{4},D2^{5},D1^{'}$ $D3^{4},4^{5},1^{5'}$ 1065.
3622. $2^{3},1^{4},5^{3'}$ $3^{5'}$ PV.
3623 $D2^{3},D1^{4},D1^{2'}$ $D1^{4}$ D SP 377.
3624. $D2^{3},D1^{4},D2^{'}$ $D1^{4}$ 1066. VE 10.
3625. $2^{3},234^{4}$,3 ou $4^{5},2^{5'}$ $4^{2},1^{5},D3D4^{4},1^{5'}$ H 659.
3626. $2^{3},24^{4},234^{5'},3^{5'},2^{4'}$ $25,124^{2},145^{3},1^{5'}$ E 251.
3627. $2^{3},24^{4},D2^{5},4^{5'},5^{3'}$ $5,D2^{2},12^{3},D2^{4},1^{5}$ H 660.
3628. $2^{3},24^{4},5^{5},1^{3'},4^{5'}$ $1235,D2^{2},2^{4}$ H 661. Mz 153.
3629. $2^{3},24^{4},13^{5'},1^{2'}$ $45,34^{2},4^{5},5^{5'}$ C 26.
3630. $2^{3},25^{4},12^{5}$ $5^{2},4^{4},4^{5'},D4^{4'}$ H 662.
3631. $2^{3},2^{4},3^{5},5^{4'},345^{5'}$ $234,25^{2},1^{4},45^{5'}$ 1067.
3632. $D2^{3},D2^{4},D3^{5}$ $D1^{5'}$ 1068.
3633. $D2^{3},D2^{4},D3^{5}$ $D3^{'}$ 1069.
3634. $2^{3},2^{4},4^{5},4^{5'},3^{4'},3^{3'}$ $3,D145^{2}$ H 663. Mz 125.
3635. $2^{3},2^{4},5^{5},1^{5'},D4^{3'}$ $3,12^{2},3^{5},D4^{5'},1^{5'}$ H 664. Mz 314.
3636. $2^{3},3^{4},24^{5},5^{5'},34^{4}$ $1D3,34^{2},15^{4},2^{5},5^{5'}$ D MD 389.
3637. $2^{3},3^{4},24^{5},5^{5'},4^{4'}$ $D3,4^{2},125^{4},2^{5},5^{5'}$ H 665. Mz 167. PV.
3638. $2^{3},3^{4},2^{5},D2^{'},D4^{'}$ $4^{4},1^{5'},D4^{2'}$ H 666.
3639. $2^{3},3^{4},3^{5},3^{5'},4^{4'}$ $123^{2},4^{3},15^{4},1^{3'}$ H 667.
3640. $2^{3},D4^{4},34^{5},4^{5'}$ $4^{2},23^{3},2^{4},D5^{2'}$ H 668.
3641. $D2^{3},4^{4},4^{5},2^{4'}$ $1^{3},1D3^{4}$ H 669.
3642. $2^{3},4^{4},1^{2'}$ $34^{4},3^{3},3^{4'}$ D* j. 323.
3643. $D2^{3},D5^{4},D4^{2'}$ $D3^{2'}$ M 16. Mz 380.
3644. $D2^{3},D5^{4},D4^{2'}$ $D4^{2'}$ 1070.
3645. $2^{3},1^{5},3^{5'}$ $D3^{3},5^{4},4^{3'}$ D* I. 324.
3646. $2^{3},234^{5},3^{5'},1^{3'}$ $1,3^{2},D3^{3},45^{4}$ Mz 134.
3647. $2^{3},234^{5},3^{5'},1^{3'}$ $35^{2},D3^{3},4^{4}$ H 670.
3648. $2^{3},25^{5},14^{3'},4^{4'}$ $D345^{2},1^{3},25^{4}$ H 671.
3649. $D2^{3},D2^{5},D1^{4'}$ $D5^{3}$ M* 10. M 10. Mz 374. Enc. Méth. 2.
3650. $D2^{3},D2^{5},D4^{4'}$ $D1^{5}$ 1071.
3651. $2^{3},34^{5},2^{5'},3^{4'}$ $3^{2},1^{3},1^{5'},2^{4'},D2^{'}$ H 672. Mz 111.
3652. $2^{3},3^{5},4^{5'},35^{3'}$ $4,1^{3},D3^{'}$ D* j. 325.
3653. $D2^{3},4^{5'},1^{5'}$ $1D4^{2},1^{4}$ H 673. Mz 291.

3654. 2^{3},12$^{5'}$,3$^{2'}$ 125^{3},1D3$^{3'}$ 1072. Ch. XII 144 bis.
3655. D2^{3},D1$^{3'}$,D5$^{3'}$ D3^{2} 1073.
3656. D2^{3},2$^{5'}$,1$^{4'}$,2$^{3'}$,3$^{2'}$ 1,D1^{2},1^{3},1$^{3'}$ D* 326.
3657. 2^{3},4$^{5'}$,D3$^{3'}$ 5^{4},1$^{5'}$,3$^{4'}$ D* à HV 327.
3658. 2^{3},4$^{4'}$ 23^{2},1$^{3'}$ 1074. Ch. VII 22. E 410.
3659. D2^{3} D3^{3},D5^{4},D1$^{5'}$ 1075. M* 8.
3660. 345^{3},135^{4},14^{5},5$^{4'}$ D3,13^{3},134^{4},23^{2} H 674.
3661. 345^{3},135^{4},3^{5} 4,2^{2},D1^{3},2^{4},13^{5} H 675.
3662. 345^{3},3^{4},2^{5},4$^{5'}$,4$^{4'}$,1$^{3'}$ 2,45^{2},2^{4},D2^{3},4$^{5'}$ H 676.
3663. 345^{3},45^{4},2D4^{5},23$^{5'}$ 1D35,134^{2},4^{5},1^{5},1$^{5'}$ D 520.
3664. 34D5^{3},34^{5} 1^{2},2D4^{3},1^{4},1^{5},2$^{5'}$,1$^{4'}$ H 677.
3665. D3D4D5^{3} D4 1076.
3666. 34^{3},1D245^{4},4^{5},2$^{5'}$,2$^{4'}$ 23^{2},13^{3},34D5^{4},14^{5} 1077.
3667. 34^{3},134^{4},123^{5},2$^{5'}$,2$^{4'}$ 134,34^{2},5^{3},45^{4},D1^{5} 1078. Ch. XII 181.
3668. 34^{3},1^{4},23^{5},5$^{5'}$,D3$^{3'}$ 5,3^{2},45^{3},5^{4},5$^{5'}$,D5$^{5'}$ E 66. G 73.
3669. 34^{3},23^{4},23^{5},25$^{5'}$ 1,D1D3^{2},24^{3},5^{4} H 678. Mz 248.
3670. 34^{3},23^{4},345^{5},1245$^{5'}$ 2,1245^{2},12D34^{3} H 679.
3671. D34^{3},23^{4},45^{5},1$^{4'}$ 1,2^{2},1345^{3},2^{4},5^{5},1$^{5'}$,1$^{4'}$,15$^{5'}$ D* LM 328.
3672. 34^{3},23^{4},4^{5},12$^{4'}$ 13,234^{2},4^{3},4^{4},D5$^{5'}$ H 680.
3673. 34^{3},35^{4},123$^{5'}$,1$^{4'}$ 1,23^{2},3^{3},D2$^{3'}$,D2$^{2'}$ H 681. Mz 246.
3674. 34^{3},3^{4},14^{5},3$^{5'}$,3$^{4'}$,1$^{3'}$ 235,D3^{2},2$^{3'}$,D2$^{2'}$ D H 559.
3675. 34^{3},4^{4},124^{5},2$^{5'}$,1$^{3'}$ 15,D1^{2},34^{3},245^{4} H 682.
3676. 35^{3},135^{4},4$^{5'}$,D4$^{4'}$ 1,12^{2},134^{3},2^{4},23^{5},14$^{5'}$ D C 345. D* 329.
3677. 35^{3},345^{4},12^{5},45$^{5'}$ 5,245^{2},3D4^{3},2^{4},12^{5} H 683.
3678. 35^{3},3^{5},13$^{5'}$,3$^{4'}$ 234^{2},1^{3},D5^{4},2$^{5'}$ H 684. Mz 168.
3679. 3^{3},12^{4},D1234$^{5'}$ D5,35^{2},34^{3},5^{4},D4$^{4'}$ D* 330.
3680. 3^{3},14^{4},12^{5},3$^{5'}$,4$^{4'}$ 2345^{2},5^{4},4$^{5'}$ E 68. G 117.
3681. 3^{3},14^{4},24^{5},2$^{5'}$,2$^{4'}$ 1,123^{2},1^{5},D3$^{4'}$ H 685.
3682. 3^{3},1^{4},14^{5},3$^{5'}$ 4,123^{2},4^{3},D14^{4} E 422. PB.
3683. 3^{3},1^{4},1D4^{5} 3,5^{3},5^{4},D3$^{4'}$ E 283.
3684. 3^{3},1^{4},2^{5},45$^{5'}$,2$^{4'}$ 34^{2},4^{3},D1^{4},1^{5} H 686.
3685. D3^{3},D1^{4},D2$^{4'}$ D3 D* M 331.
3686. 3^{3},24^{4},34$^{5'}$,4$^{4'}$ 12,2345^{2},3^{3},4$^{5'}$ 1079. Ch. XII 14. D Bl 587.
3687. 3^{3},25^{4},2^{5},4$^{5'}$,2$^{2'}$ 14^{3},1$^{5'}$,D5$^{5'}$ M 95. Mz 130. VT 2.
3688. 3^{3},2^{4},14^{5},5$^{4'}$ 35^{2},D1^{4},D4^{5} H 687. Mz 235.
3698. 3^{3},2^{4},2^{5},D1234$^{5'}$ 5,35^{2},45^{3},5^{4},1$^{2'}$,D4$^{4'}$ D MD 451. D* 332.
3690. 3^{3},2^{4},2^{5},4$^{4'}$,2$^{2'}$ 45,1$^{5'}$,D5$^{5'}$ PV.
3691. 3^{3},2^{4},2$^{4'}$ 5^{4},5^{5},2$^{5'}$ 1080. Ch. VII 19. E 29.
3692. 3^{3},2^{4},2$^{4'}$ 5^{5},2$^{5'}$ 1081. Ch. VII 24. E 420.
3693. 3^{3},2$^{4'}$,3$^{2'}$ 1^{4},2$^{3'}$ Pl. B.
3694. D3^{3},3^{4},12^{5},24$^{5'}$,1$^{4'}$,3$^{3'}$ 4,45^{2},D145^{3},5^{4},3^{5},D5$^{4'}$ E 435.
3695. 3^{3},3^{4},25^{5},1$^{5'}$,2$^{4'}$ 12,1^{2},D35^{4} H 688. Mz 138.
3696. 3^{3},45^{4},2$^{2'}$ 5^{2},5^{3},1$^{3'}$,2$^{5'}$ D* BL j. 333.
3697. 3^{3},1^{5},1$^{5'}$,3$^{2'}$ 15^{3},5^{4},23^{5},4$^{2'}$ 1082.
3698. 3^{3},D1^{5},2$^{5'}$,1$^{3'}$ 2,2$^{5'}$,D2$^{4'}$ E 31. G 146.
3699. 3^{3},1^{5},3$^{4'}$ 1^{5} 1083.
3700. D3^{3},D3^{5},D3$^{4'}$ D5^{4} 1084.
3701. D3^{3},D3^{5},D3$^{4'}$ D4$^{4'}$ 1085.
3702. D3^{3},D3^{5},D4$^{5'}$ D4$^{4'}$ 1086.

3703.	$3^{5},3^{5},1^{6}$	2^{51}	1087. Ch. VII 16. Mz 4.
3704.	$3^{5},4^{5},5^{2},D5^{2}$	$2^{4},1^{2}$	E 96.
3705.	$D4^{5},5^{5},1^{6},4^{5},D5^{5}$	$1,1D3^{5},2^{4},4^{5}$	E 19.
3706.	[illegible]	$13^{5},34^{5},45^{6},5^{5},45^{2},4^{5}$	1088.
3707.	[illegible]	$1^{4},2^{5}$	* 14. 1089.
3708.	[illegible]	$2^{4},4^{5},4^{5}$	PV.
3709.	[illegible]	$2^{2},2^{5}$	1090.
3710.	[illegible]	$5,1235^{2},3^{5},15^{4},1^{5}$	E 290.
3711.	[illegible]	$12,D23^{2},2^{5},5^{4},D1^{2}$	H 689.
3712.	$D4D5^{5},D2^{4}$	D4	1091.
3713.	$45^{5},34^{6},34^{5}$	$4,123^{2},13^{5},D1^{6},2^{5}$	H 690. Mz 172.
3714.	[illegible]	$23,1^{2},1D5^{5},4^{6}$	H 691. Mz 157.
3715.	$D4D5^{5},D5^{5}$	D4	VE 6.
3716.	[illegible]	$13,1^{2}D5^{5},4^{6}$	H 692. Mz 137.
3717.	[illegible]	$13,234^{52},4^{5},34^{6},1^{5}$	1092.
3718.	[illegible]	$13^{2},D15^{6},2^{5}$	Mz 359.
3719.	[illegible]	$1,5^{2},14^{4},1^{5},D1^{2}$	H 693.
3720.	[illegible]	$4,5^{2},D15^{4},D2^{5},5^{6}$	H 694. Mz 361. PV*
3721.	[illegible]	$235,12^{2},145^{4},1^{5}$	E 399.
3722.	[illegible]	$2,2^{5},D35^{4},5^{6}$	H 695. Mz 297.
3723.	[illegible]	$13,23D4^{2},4^{5}$	H 696.
3724.	[illegible]	$4^{5},25^{2},25^{5},15^{4}$	H 697.
3725.	[illegible]	$D5^{2},3^{5},23^{4}$	H 698.
3726.	[illegible]	$4^{5},1^{4},4^{5},D3^{5}$	H 699.
3727.	[illegible]	$1^{2},12^{5},4^{4},1^{5},D1^{5}$	H 700.
3728.	[illegible]	$24^{6},12^{5},D1^{5}$	H 701.
3729.	[illegible]	$1^{5},2^{5},D5^{6}$	M 42. Mz 273.
3730.	[illegible]	$35^{2},44^{5},D1^{5}$	H 702.
3731.	[illegible]	$4^{2},14^{5},D3^{5}$	Mz 109.
3732.	[illegible]	$D5,5^{2},1^{5},D3^{6}$	D* V 334.
3733.	[illegible]	$5^{5},1^{5},D5^{5}$	E 145.
3734.	[illegible]	$5,5^{2},13^{5},1^{5},5^{5}$	E 210.
3735.	[illegible]	$3D5,5^{2},5^{5},1^{5}$	E 327.
3736.	[illegible]	$5^{2},34^{4},3^{5}$	* 18. 1093. Ch. XII 7.
3737.	[illegible]	1^{4}	D* A j. 335.
3738.	[illegible]	D4	1094.
3739.	[illegible]	$5^{2},15^{5},2^{4},3^{5}$	1095. Ch. XII 10. D 290.
3740.	[illegible]	$D4^{5}$	DF 394.
3741.	[illegible]	$2,134^{52},34^{5},35^{4}$	G 22.
3742.	[illegible]	$13,D35^{2},3^{5},23^{4},3^{5},4^{5}$	* 1. 1096. Ch. XII 178.
3743.	[illegible]	$4^{5},123^{5}$	D CB 12. G 66.
3744.	[illegible]	$45,3^{2},D15^{4},4^{5},D3^{2}$	P' E VI. Pl.
3745.	[illegible]	$5,134^{52},25^{5},1^{4}$	1097.
3746.	[illegible]	$14^{5},2D5^{4},15^{5}$	H 703.
3747.	[illegible]	$34^{52},2^{5},1^{4},2^{5},D1^{5}$	1098. Ch. XII 199.
3748.	[illegible]	$23,2^{2},15^{5},5^{4},12^{5},5^{4},1^{2}$	E 291.
3749.	[illegible]	$13,D24^{2},4^{4},4^{5},1^{5}$	1099.
3750.	[illegible]	$2^{2},124^{5},4^{4},D2^{5}$	H 704.
3751.	[illegible]	$4,234^{2},1^{5},D2^{2}$	H 705. Mz 166.

3752.	$5^{3},45^{4},5^{5},3^{3'}$	$3,D1^{5}$ H 706.
3753.	$5^{3},45^{4},5^{5}$	$2^{5},D1^{5}$ H 707. Mz 87
3754.	$5^{3},4^{4},5^{5},1^{4'}$	$12^{2},12^{3}$ M* 6.
3755.	$5^{3},D4^{4},D3^{3'},D5^{5'}$	$5^{4},D5^{2'},D4^{4'}$ D A 306.
3756.	$D5^{3},D4^{4},D2^{2'},5^{5'}$	$1^{4},D5^{2'},D4^{4'}$ M 37. Retourné. Mz 278.
3757.	$5^{3},D4^{4},D1^{2'},D5^{5'}$	$5^{4},D5^{2'},D4^{4'}$ M 97. Mz 277.
3758.	$D5^{3},D5^{4},D5^{5}$	$D5^{4}$ 1100.
3759.	$5^{3},5^{4},2^{2'}$	$3^{4'}$ 1101. M 24. Mz 3.
3760.	$D5^{3},D5^{4},D5^{5}$	$D5^{5}$ VE 11.
3761.	$D5^{3},D1^{5},D4^{3'}$	$D3^{2'}$ 1102.
3762.	$5^{3},5^{4},3^{2'}$	$3^{4'}$ 1103. Ch VII 12. D A 421.
3763.	$5^{3},1^{5},34^{5'},D3^{4'},4^{3'}$	$35,5^{4},2^{5},D14^{3'}$ E 237.
3764.	$5^{3},4^{5},12^{4'},2^{3'}$	$3,2^{2},D3^{3'}$ H 708.
3765.	$5^{3},5^{5},2^{3'}$	3^{4} 1104.
3766.	$5^{3},5^{5},3^{5'}$	4^{4} 1105. Ch. VII 7. E 69.
3767.	$5^{3},5^{5},4^{5'},4^{4'},4^{3'},D5^{2'}$	$123,13^{3},D5^{4}$ Mz 330.
3768.	$5^{3},5^{5},2^{3'}$	$1^{5'}$ 1106.
3769.	$5^{3},5^{5},1^{2'}$	$4^{5},2^{5'}$ 1107. Ch. VII 23. E 214.
3770.	$D5^{3},D1D3^{5'}$	$D3^{2}$ 1108.
3771.	$D5^{3},D3^{5'},D5^{5'}$	$D4^{5}$ 1109.
3772.	$D5^{3},D3^{5'},D5^{5'}$	$D3^{4'}$ 1110.
3773.	$5^{3},4^{4'},24D5^{3'},D5^{2'}$	$1^{5},3^{5},3^{5'},1D3^{4'},3^{3'},15^{2'}$ 1111.
3774.	$5^{3},4^{4'},2^{3'},D45^{2'},D5^{5'}$	$1^{5},3^{5},1D4^{5'},1^{4'},3^{5'},1^{5'}$ 1112.
3775.	$12345^{4},4^{5}$	$12^{2},12^{3},D24^{4}$ H 709.
3776.	$1234^{4},124^{5},3^{4'}$	$15,145^{2},124^{4},3^{5'},5^{3'}$ 1113.
3777.	$12^{4},124^{5},3^{5'}$	$234^{5},1D5^{4}$ H 710.
3778.	$12^{4},15^{5},125^{5'},2^{4'},25^{3'}$	$12D5,13^{2},1^{3},3^{4},3^{4'}$ 1114. Ch. XII 180. D Bl. 417.
3779.	$134^{4},3^{5},34^{5'},5^{4'},1^{3'}$	$D15,45^{2},35^{3},5^{4'}$ 1115.
3780.	$13^{4},2^{5},34^{5'}$	$34^{2},4^{3},D1^{2'}$ H 711.
3781.	$13^{4},3D4^{5'},34^{4'},4^{3'}$	$35,12^{2},D15^{4},2^{5}$ H 712.
3782.	$13^{4},3^{5'},35^{4'},3^{3'}$	$245,5^{2},D1^{3},2^{5}$ H 713. Mz 156.
3783.	$145^{4},2^{5},35^{5'},234^{4'}$	$1,1D234^{2},D24^{3},1^{4},1^{5}$ D LM 565.
3784.	$D15^{4},2^{5},1^{5'},4^{4'}$	$2,35^{2},2^{5},D1^{3'}$ H 714. Mz 299.
3785.	$1^{4},1234^{5},45^{4'},4^{3'}$	$2345,1D25^{2},5^{5'}$ H 715. Mz 201
3786.	$1^{4},1^{5},4^{5'}$	2^{4} D* F à BL 336.
3787.	$1^{4},25^{5},15^{5'},4^{4'},4^{3'}$	$45,25^{2},12^{3},D2D4D5^{5'}$ PV.
3788.	$D1^{4},D2^{5},D5^{4'}$	$D1^{5}$ Mz 372.
3789.	$1^{4},3^{5},1^{5'},5^{4'},2^{3'}$	$5,3^{2},4^{4},D5^{5'}$ D DC 494.
3790.	$D1^{4},4^{5},1^{4'}$	$1,D1^{2}$ D* BT 337.
3791.	$D1^{4},3^{5'},3^{4'}$	$13,13^{2},2^{3},1^{4},3^{5'},D1^{5}$ E 271.
3792.	$1^{4},12^{5'},34^{3'}$	$13,D15^{2},5^{3}$ H 716. Mz 132. VT 2.
3793.	$1^{4},35^{4'},2^{4'}$	$D134^{2},4^{3}$ H 717. Mz 108.
3794.	$D1^{4}$ ou 1^{5}	Ps/5,$5^{2},5^{3}$,DouPs/$1234^{2},1234^{4},2345^{5'},2345^{3'},1^{2'}$Mz
3795.	$D1^{4}$	$5^{3},123^{5}$ D* W 338.
3796.	$234^{4},34^{5},2^{5'},3^{4'}$	$D12,3^{2}$ ou $D3^{2},2^{3},5^{5}$ H 718. Mz 148.
3797.	$234^{4},34^{5},2^{5'},3^{4'}$	$2,D13^{2},2^{3},5^{5}$ H 719.
3798.	$234^{4},34^{5},3^{4'}$	$1,4^{2},2^{4},1^{5},D1^{2'}$ H 720.
3799.	$234^{4},3^{5},3^{5'},5^{4'},2^{3'}$	$D2,5^{2},4^{4},D4^{5},5^{4'}$ H 721. Mz 133 et 241. VT 4.
3800.	$234^{4},3^{5},3^{5'},5^{4'},2^{3'}$	$D2,5^{2},4^{4},4^{5},5^{4'}$ PV.

3801.	$23^{4}, 13^{5}, 4^{5'}, D5^{4'}$	$D23^{2}, 134^{5}, 2^{4}, 4^{4'}$ H 722.
3802.	$23^{4}, 2^{5}, 2^{5'}, D5^{4'}$	$1, 12^{2}, 34^{5}, D13^{5}$ H 723. Mz 317.
3803.	$24^{4}, 24^{5}, 24^{5'}$	$4, 234^{2}, 3^{5}, 5^{4}, D4^{2'}$ H 724.
3804.	$24^{4}, 2^{5}, 3^{5'}, 1^{4'}, 1^{5'}$	$12, 2^{2}, 45^{5}, D5^{4}, D1^{5'}$ H 725.
3805.	$24^{4}, 5^{5}, 1^{5'}, 4^{5'}$	$35, D2^{2}, 2^{4}$ H 726.
3806.	$24^{4}, 13^{5'}$	$1D2^{2}, 4^{5'}$ H 727.
3807.	$2D5^{4}, 234^{5}, 23^{5'}$	$2, 12^{2}, 124D5^{5}, 3^{4}$ H 728. Mz 342.
3808.	$25^{4}, 4^{5}, D1^{2'}$	$3^{4}, 1^{4'}, 1^{5'}$ D W 332.
3809.	$25^{4}, 25^{5'}, D1^{5}$	$5, 234^{2}, 14^{5}, D5^{4}, 1^{5}$ E 130. G 50.
3810.	$2^{4}, 4^{5}, 2^{5'}, D4^{2'}$	$3^{5}, 3^{5'}, 1^{4'}$ 1116.
3811.	$2^{4}, 23^{5}, 3^{5'}, 12^{5'}$	$4, 3^{2}, D3^{5}, 45^{4}$ Mz 136.
3812.	$2^{4}, 2^{5}, 5^{5'}$	$4^{5}, 3^{4}, 3^{5}$ 1117.
3813.	$2^{4}, 34^{5}, 3^{5'}, 2^{4'}$	$3^{2}, D13^{5}, 1^{4}$ H 729. Mz 113.
3814.	$D2^{4}, D3^{5}, D3^{5'}$	$D5^{4}$ 1118.
3815.	$D2^{4}, D3^{5}, D3^{5'}$	$D^{4'}$ 1119.
3816.	$2^{4}, D4^{5}, 3^{5'}, 12^{5'}$	$2^{5}, 45^{5}, D3^{5'}, 1^{4'}$ E 108. G 121.
3817.	$2^{4}, 13^{5'}, 1^{2'}$	$5^{2}, 5^{4}, 1^{4'}, 4^{5'}$ E 10. G 155.
3818.	$2^{4}, 2^{5'}, 2^{5'}, 2^{2'}$	$1, 35^{2}, 1^{5}, 5^{4}, D1'$ D MD 330.
3819.	$2^{4}, 3^{5'}, 3^{4'}$	$234^{2}, 1^{4}, D35^{5'}$ Mz 119.
3820.	$D2^{4}, 4^{5'}, 4^{4'}, 2^{5'}$	$25, 5^{2}, D1^{5'}$ E 308.
3821.	$D2^{4}, D3D4^{4'}$	$D5^{4'}$ Mz 406.
3822.	$D2^{4}, D4^{4'}, D4^{2'}$	$D5^{4'}$ 1120.
3823.	$2^{4}, 4^{5'}, D4'$	$4^{5'}$ Mz 78.
3824.	$D2^{4}, D4^{2'}, D5'$	$D4^{2'}$ 1121.
3825.	$345^{4}, 1245^{5}, 5^{5'}, 5^{4'}, 1^{5'}$	$145, 34^{5}, 34^{4}, D2^{5'}$ H 730. Mz 211.
3826.	$345^{4}, 5^{5'}, 4^{4'}, 345^{5'}$	$2345, 1D5^{2}, 2^{5}, 1^{4}, 1^{5}$ E 154.
3827.	$D345^{4}$	$D5^{4}$ 1122.
3828.	$D3D4D5^{4}$	$D5^{4}$ 1123.
3829.	$D3D^{4}D5^{4}$	$D4$ PV.
3830.	$34^{4}, 134^{5}, 2^{5'}, 5^{4'}, 12^{5'}$	$15, 4^{2}, 45^{5}, 4^{4}, D2^{5'}$ 1124.
3831.	$34^{4}, 4^{5}, 2^{5'}, D5'$	$D1, 1^{5}, D5^{2'}$ M 38. Mz 353.
3832.	$D3^{4}, 123^{5}, 3^{4'}$	$D14^{2}, 245^{4}, 5^{5'}$ E 208.
3833.	$3^{4}, 2^{5}, D5^{4'}, D1^{5'}$	$D3^{5}$ D* Rouler. 339.
3834.	$3^{4}, 3^{5}, 123^{5'}, 4^{5'}$	$4, 15^{2}, 2^{5}, D5^{4'}$ H 731.
3835.	$3^{4}, 3^{5}, 12^{5'}, 13^{4'}$	$1, 24^{2}, 1D4^{5}$ H 732.
3836.	$3^{4}, D3^{5}$	$5^{5'}, 5^{5'}$ D* I 340.
3837.	$3^{4}, 1^{5'}, 3^{5'}$	$1^{5'}$ 1125.
3838.	$3^{4}, 1^{5'}, 3^{4'}$	5^{5} 1126.
3839.	$D3^{4}, D3^{5'}, D3^{5'}$	$D4$ 1127.
3840.	$D3^{4}, D3^{5'}, D3^{5'}$	$D5^{4'}$ 1128.
3841.	$D3^{4}, 1^{4'}, 2^{5'}$	4^{5} 1129.
3842.	$D3^{4}, 2^{4'}, 2^{5'}$ (ou $2^{5}, 1^{4}, D3^{4}$).	$D4^{5}$ (ou $4^{5'}$) Pl.
3843.	$3^{4}, 2^{5'}, D3^{2'}$	$5^{5'}$ * 26. 1130.
3844.	$D3^{4}, 2^{5'}, 3^{2'}$	$5^{5'}$ 1131.
3845.	$D3^{4}$	$5^{2}, 1^{5}, 5^{4}, 2^{5'}$ D 91.
3846.	$45^{4}, 134^{5}, 1^{5'}, 15^{4'}, 2^{5'}$	$1, 134^{2}, 1^{5}, 3^{4}$ 1132.
3847.	$45^{4}, 14^{5}, 14^{4'}, 2^{5'}$	$13, 5^{2}, D35^{4}$ H 733. Mz 139.
3848.	$45^{4}, 234^{5}, 24^{5'}, 2^{4'}$	$3^{2}, 13D5^{5}, 15^{4}$ H 734. Mz 170.
3849.	$45^{4}, 5^{5}, 3^{5'}, 5^{5'}$	$2^{5}, 1^{5}, D1'$ G 31.

3850. $45^{4},5^{5},1^{4'},3^{2'}$ — $1,1D2^{7},3^{2'}$ — E 42. G 87.
3851. $D4D5^{4},D3^{5'}$ — $D4^{4}$ — 1133.
3852. $4^{4},D14^{5},2^{5'},2^{4'}$ — $1^{5},1D3^{4},D3^{2'}$ — H 735. Mz 355.
3853. $4^{4},234^{5},35^{5'}$ — $D1,D345^{5},5^{4}$ — H 736.
3854. $D4^{4},D2D3^{5}$ — $D5^{4}$ — H 737. Mz 381.
3855. $4^{4},24^{5},4^{5'},4^{4'},D3^{5'}$ — $5,45^{2},15^{4},D4'$ — D* 341.
3856. $4^{4},2^{5},5^{5'},45^{4'}$ — $1D4,5^{2},23^{4},1^{5}$ — H 737.
3857. $4^{4},2^{5},3^{2'}$ — $1^{5'},35^{4'}$ — 1134.
3858. $4^{4},4^{5},4^{5'},3D5^{4'}$ — $5,D23^{2},1^{3},2^{4},1^{5}$ — H 738. Mz 312.
3859. $4^{4},4^{5},1^{4'},12^{5'}$ — $13,D4^{2},3^{5}$ — H 739. Mz 115.
3860. $4^{4},5^{5},D2^{4'},D4^{5'}$ — $2,2^{2},1^{5},1^{5},D3^{3'},D3'$ — D* j. 342.
3861. $4^{4},5^{5},2^{2'}$ — $1^{5},1^{4'}$ — 1135. Ch. VII 30. Mz 7.
3862. $4^{4},2^{5'},4^{2'}$ — $1^{5},1^{5'}$ — 1136. Ch. VII 18. E 48. G 97.
3863. $D4^{4},1^{4'},5^{5'}$ — $4,25^{2},3^{4'},$ — D* 343.
3864. $4^{4},34D5^{4'},4^{5'}$ — $35,15^{2},2^{4},D5^{4'}$ — H 740. Mz 319.
3865. $4^{4},4^{5'},35^{2'}$ — $3,1^{3},13^{5},D4^{5'}$ — D* j. 344.
3866. 4^{4} ou $5^{4},134^{5},1^{5'},2^{5'}$ — $1,13^{2},1^{5},35^{4}$ — H 741.
3867. $5^{4},134^{5},1^{5'},5^{4'}$ — $1,134^{2},1^{5},3^{4}$ — 1137. Ch. XII 15.
3868. $5^{4},134^{5},1^{5'},2^{3'}$ — $1,13^{2},1^{3},35^{4}$ — Mz 13.
3869. $5^{4},1^{5},1^{5'}$ — $4^{4'}$ — D* à BL 345.
3870. $5^{4},1^{5},2^{5'}$ — $3^{5'}$ — * 19. 1138. Ch. VII 10. DB 400. Ch. XII 3.
3871. $5^{4},D2^{5},25^{5'},4^{4'},5^{5'}$ — $23,1^{5},1^{5},3^{5'},D5^{2'}$ — 1139. Ch. XII 149.
3872. $D5^{4},D3^{5},D1^{6'}$ — $D5^{5}$ — 1140.
3873. $D5^{4},D3^{5},D2^{2'}$ — $D5^{5}$ — M* 15. M 15. Mz 397. Enc. Méth. 6.
3874. $5^{4},345^{5},34^{5'},2^{4'}$ — 1 ou $D12^{2},5^{5},D2^{3'}$ — H 742. Mz 150.
3875. $5^{4},34^{5},1D4^{5'},3^{4'}$ — $1,13^{2},12^{5},1^{4},D2^{2'}$ — E 325.
3876. $D5^{4},D3^{5},D1^{5'}$ — $D5^{5}$ — H 743.
3877. $D5^{4},D3^{5},D2^{2'}$ — $D5^{5}$ — PV.
3878. $5^{4},D5^{5},1^{4'},1^{5'}$ — $2,D2^{5'}$ — 1141. M 101. Mz 285.
3879. $D5^{4},1D2^{5'}$ — $1^{3},D1'$ — M 30. Mz 269.
3880. $D5^{4},1^{5'},1^{2'}$ — $4^{5},3^{4'},2^{3'}$ — E 178.
3881. $D5^{4},2^{5'},1^{4'},2^{2'}$ — $5^{2},1D2^{5}$ — DM 533.
3882. $D5^{4},D2^{5'},D1^{4'}$ — $1^{5},D1$ ou 1^{2} ou bien D *L* $1^{2'}$ à 3^{5} — M* 16. M 17.
3883. $D5^{4},D2^{5'},D1^{4'}$ — 1^{5},D *L* 1^{2} à $1^{2'}$ — 1142. Mz 276.
3884. $D5^{4},2^{5'},1^{4'}$ — $1^{5},2^{4'}$ — G 37.
3885. $5^{4},3^{5'},1^{4'},1^{5'}$ — $1,2^{2},D4^{5}$ — H 744. Mz 93.
3886. $D5^{4},D3^{5'},D5'$ — $D4^{4}$ — M 14. Mz 378.
3887. $D5^{4},D3^{5'},D5'$ — $D5^{3}$ — 1143.
3888. $D5^{4},D3^{-'},D5'$ — $D4^{3'}$ — 1144.
3889. $D5^{4},2^{5'}$ — $3,1^{4'}$ — E 135. G 45.
3890. $123^{5},1^{5'},45^{4'},5^{2'}$ — $D1,34^{2},2^{3},3^{4},4^{2'}$ — 1145.
3891. $D123^{5}$ — $D1^{5}$ — 1146.
3892. $D1D2D3^{5}$ — $D1^{5}$ — 1147.
3893. $125^{5},D1'$ — $345^{4},4^{5'},4^{2'}$ — 1148.
3894. $12^{5},4^{5'},3^{4'}$ — $5^{3},2^{4},D4'$ — E 423. PR
3895. $1D2^{5},D2^{5'}$ — $1,D1^{2},1^{5}$ — PV.
3896. $D1D3^{5},D1^{3}$ — $D2^{2}$ — 1149.
3897. $D1D3^{5},D3^{4'}$ — $1D^{4}$ ou 1^{5} — M* 11. M 11. Enc. Méth. 3.
3898. $D1D3^{5},D3^{4'}$ — $D1^{5}$ — M* 3.

3899. D1D3^{5},D3$^{4'}$ D1$^{4'}$ Mz 375.
3900. 14^{5},13$^{5'}$,13$^{4'}$,4$^{3'}$ 35,124^{2},D2$^{5'}$ H 745. Mz 162.
3901. D1^{5},1$^{5'}$,2$^{4'}$,4$^{3'}$ 24,D1$^{3'}$ E 194.
3902. D1^{5},D3$^{5'}$,D5$^{4'}$ D5$^{5'}$ 1150.
3903. D1^{5},2$^{4'}$,23$^{3'}$ 124,D1$^{2'}$ H 746. Mz 294.
3904. D1^{5},D1$^{'}$D3$^{'}$ D34^{3},4^{4},D2^{5} Mz*
3905. D1^{5} 2^{3},2$^{4'}$ G 56.
3906. 1^{5} 4^{5},5^{5} M* 1.
3907. D2D3^{5},D4$^{3'}$ D1^{5} Mz 382.
3908. D23^{5},1$^{2'}$,D1$^{'}$ 5^{2},D245^{4} E 45. G 86.
3909. 25^{5},5$^{5'}$,34$^{4'}$,4$^{3'}$,D2$^{'}$ 5^{2},2^{3},D1^{4},1D3$^{5'}$,345$^{3'}$ VE 3.
3910. 25^{5},5$^{5'}$,34$^{4'}$,4$^{3'}$,D2$^{'}$ 5^{2},2^{3},1^{4},13$^{5'}$,345$^{3'}$ 1151.
3911. 2^{5},4$^{5'}$,4$^{4'}$,D4$^{'}$ 5^{2},5^{4},5$^{3'}$,D3$^{2'}$ 1152.
3912. D34^{5} 5$^{5'}$,5$^{3'}$ D* I. 346.
3913. 35^{5},23$^{4'}$,1$^{3'}$ 25,1^{2},D5^{3},4^{4} H 747.
3914. 35^{5},3$^{4'}$,1$^{3'}$ 25,D5^{3},24^{4} Mz 118.
3915. 3^{5},13$^{5'}$,23$^{4'}$,3$^{3'}$ 235,D1^{2},D1$^{3'}$ H 748. Mz 239.
3916. D3^{5},D1D3$^{5'}$,D2$^{4'}$ D1$^{5'}$,D3$^{'}$ M 93. Mz 386.
3917. 23^{5},D2$^{5'}$,125$^{4'}$,2$^{3'}$ D5,1^{3},4^{4},2$^{5'}$,25$^{3'}$ E 323.
3918. D3^{5},D3$^{5'}$,D2$^{4'}$ D4 1153.
3919. D3^{5},D3$^{5'}$,D2$^{4'}$ D5$^{4'}$ 1154.
3920. 3^{5},3$^{5'}$,1$^{2'}$ 5,5^{2},1$^{4'}$ E 206. 1155. Ch. VII 35.
3921. 3^{5},D2$^{3'}$,4$^{2'}$ 5$^{3'}$ 1156.
3922. D3^{5},D5$^{3'}$,D4$^{2'}$ D5$^{4'}$ D* 347.
3923. D3^{5},D3D4$^{'}$ D3$^{2'}$ 1157.
3924. D3^{5},D4$^{'}$ D3,D3$^{2'}$ 1158.
3925. 45^{5},3$^{5'}$,1$^{4'}$,2$^{3'}$ 13,13D45^{2} H 749.
3926. 45^{5},D2D4$^{'}$ 5^{4},1$^{3'}$,1$^{2'}$ E 83.
3927. 4^{5},1234$^{5'}$,2$^{4'}$,3$^{3'}$ 3,1^{2},14^{3},D3$^{2'}$ H 750. Mz 143.
3928. 4^{5},234$^{5'}$,2$^{4'}$,3$^{3'}$ 3,1^{2},14^{3},D3$^{2'}$ H 751.
3929. D4^{5},2$^{5'}$,2$^{4'}$,23$^{3'}$ 124,1^{3},1$^{4'}$,D2$^{3'}$ H 752. Mz 313.
3930. 4^{5},3$^{5'}$,2$^{3'}$,4$^{2'}$ 1,D2^{4},3$^{3'}$ E 218.
3931. 4^{5},4$^{5'}$,34D5$^{4'}$ 5,35^{2},5$^{5'}$,D5$^{3'}$ H 753. Mz 301.
3932. 4^{5},1$^{4'}$,D4$^{'}$ 2^{2},1$^{2'}$ E 99.
3933. D4^{5} 1D4^{5},5$^{5'}$,5$^{4'}$ M 19. Mz 284.
3934. 5^{5},12$^{5'}$,1$^{4'}$,2$^{3'}$ D13^{3} Mz 91.
3935. D5^{5},D1$^{5'}$,D1$^{4'}$ D1$^{5'}$ 1159.
3936. 5^{5},1$^{5'}$,D13$^{3'}$ 3,1$^{2'}$ E 156.
3937. D5^{5},23$^{5'}$,15$^{4'}$ 24,1D5^{2},4^{5} H 754. Mz 305.
3938. 5^{5},2$^{5'}$,1$^{4'}$ 1$^{5'}$ E 53. 1160. Ch. VII 2.
3939. 5^{5},2$^{5'}$,4$^{3'}$ 1$^{5'}$ E 152. 1161. Ch. VII.
3940. 5^{5},2$^{5'}$,2$^{2'}$ 5^{2},1^{3},1$^{3'}$ * 21. 1162. Ch. XII 8.
3941. 5^{5},1$^{4'}$,1$^{3'}$ 2$^{5'}$ E 91. 1163. Ch. VII 5.
3942. 5^{5},1$^{4'}$,1$^{2'}$,1234$^{'}$ 12,1D2^{2},1^{3},D1$^{5'}$,D2$^{4'}$,D1$^{3'}$ 1164.
3943. 5^{5},D3$^{4'}$,4$^{2'}$ 2^{4},3$^{5'}$ D* 348.
3944. D1D2D3$^{5'}$ D1$^{5'}$ 1165.
3945. 1D2$^{5'}$,D2$^{3'}$ 1,D1^{2},1^{3} M 104. Mz 271. Altroite. Pl. (4 bis.)
3946. 12$^{5'}$,D1$^{'}$ 1^{5},2$^{5'}$,1$^{4'}$,1$^{3'}$ D LA 517.
3947. D1D4$^{5'}$,D4$^{'}$ D4$^{'}$ PV.

3948.	$1^{5'}$,$12^{4'}$	4^{3},34^{4}	1166.
3949.	$1^{5'}$,$5^{4'}$,$2^{2'}$	$3^{4'}$	E 59. 1167. Ch. VII 4.
3950.	$1^{5'}$,$3^{3'}$,$1^{2'}$	4,5^{3},$3^{4'}$	E 355. 1168. Ch. VII 36.
3651.	$23^{5'}$,$D3^{4'}$	3D5,1^{3}	M 40. Mz 287.
3952.	$23^{5'}$,$2^{3'}$,$2^{2'}$	1,35^{2},1^{3},$1^{5'}$,$D1'$	D* MD j. 349.
3953.	$D2D3^{5'}$,$D4^{4'}$	$D5^{4'}$	1169.
3954.	$24^{5'}$,$23^{4'}$,$3^{3'}$,$D2^{4'}$	$D5^{4}$,$235^{4'}$,$243^{3'}$	1170.
3955.	$2^{5'}$,$1D2^{4'}$	1^{3},$12^{5'}$,$1^{3'}$	PV.
3956.	$2^{5'}$,$1^{4'}$,$2^{3'}$	1^{3},$1^{5'}$	D 407. 1171. Ch. VII 29.
3957.	$2^{5'}$,$1D3^{3'}$	1,$D2^{3}$	1172. Ch. XII 137.
3958.	$2^{5'}$,$D1^{3'}$	$1^{5'}$,$2^{4'}$	PV*
3959.	$2^{5'}$,$D1^{3'}$	1^{5},$2^{4'}$	D* 350. PV.
3960.	$2^{5'}$,$2^{3'}$,$3^{2'}$	$1^{4'}$	E 97. 1173. Ch. VII 6.
3961.	$D2^{5'}$,$D2^{3'}$,$D2'$	$D3'$	1174.
3962.	$2^{5'}$,$3^{3'}$	4^{3},5^{4},1^{3}	D* H 351.
3963.	$3D4^{5'}$,$34^{4'}$,$4^{3'}$	4,5^{2},12^{3},$D2'$	H 755. Mz 304.
3964.	$D3D4^{5'}$,$D3^{4'}$	$D1^{3}$	1175.
3965.	$3^{5'}$,$4^{4'}$,$45^{3'}$,$D5^{2'}$	24,1^{3},13^{4},$5^{5'}$,$D1^{3'}$	E 193.
3966.	$D3^{5'}$,$5^{4'}$,$4^{3'}$	3,1^{3},$D3^{4}$	H 756. Mz 288.
3967.	$D3^{5'}$,$D2^{4'}$,$D2^{3'}$	$D1^{3}$	1176.
3968.	$D3^{5'}$,$D2^{4'}$,$D2^{4'}$	D3	1177.
3969.	$D3^{5'}$,$D3D5^{4'}$	$D5^{2}$	1178.
3970.	$3^{5'}$,$2^{3'}$	4^{5},$2^{4'}$	E 220. 1179. Ch. VII 3.
3971.	$D3^{5'}$,$D3^{3'}$,$D3'$	$D3'$	1180.
3972.	$3^{5'}$,$5^{3'}$,$2^{2'}$	5,$1^{4'}$	E 54. 1181. Ch. VII 25.
3973.	$D3^{5'}$,$D5^{3'}$,$D4^{2'}$	$D5^{4'}$	H 757.
3974.	$D3^{5'}$,$D5^{3'}$,$D4^{2'}$	$D4'$	H 758.
3975.	$3^{5'}$,$1^{2'}$	5,5^{2},$3^{5'}$,$1^{4'}$	1182.
3976.	$D3^{5'}$	$1^{5'}$,$1^{4'}$,$1^{5'}$,$D2'$	Mz 283. P R
3977.	$D4^{5'}$,$D4^{3'}$,$D4'$	$D4'$	1183.
3978.	$5^{5'}$,$4^{4'}$,$D1'$	45^{2},$5^{3'}$	E 354.
3979.	$5^{5'}$,$D1'$	4^{3},$5^{3'}$	PV.
3980.	$12345^{4'}$ pour aller à D	D1D2D3D4D5,12345^{2}	Badelly et B 1184.
3981.	$D1^{4'}$,$D2D3^{3'}$	$D3'$	1185.
3982.	$D1^{4'}$,$D2^{3'}$,$D1^{2'}$	$D3'$	1186.
3983.	$D1^{4'}$,$D2^{3'}$,$D1^{2'}$	$D1^{4'}$	1187.
3984.	$D2^{4'}$,$D2^{3'}$,$D1^{2'}$	$D2'$	VE 1. G 83.
3985.	$D2^{4'}$,$D2^{3'}$,$D1^{2'}$	$D1^{3'}$	1188.
3986.	$2^{4'}$,$34^{3'}$	$1^{5'}$	D DE 362. 1189. Ch. VII 11.
3987.	$D2^{4'}$,$D4D5^{3'}$	$D4'$	1190.
3988.	$D2^{4'}$,$D5^{3'}$,$D5^{2'}$	$D5^{5'}$	1191.
3989.	$D345^{4'}$	$D5^{4'}$	1192.
3990.	$D3D4D5^{4'}$	$D5^{4'}$	1193.
3991.	$D4^{4'}$,$D5^{3'}$,$D4^{2'}$,$D5'$	6^{2},$D1^{3'}$	D* I 352.
3992.	$D4^{4'}$,$5^{3'}$,$D1'$	5^{2},$4^{5'}$,$D5^{2'}$	D* 353.
3993.	$D5^{4'}$	4^{3},$3^{3'}$,	D* BL j. 354.
3994.	$12^{3'}$	2,$2^{5'}$	1194. Ch. XII 1.
3995.	$13^{3'}$	1,$1^{5'}$	H 759.
3996.	$1^{3'}$,$2^{2'}$,$23'$	1^{3},$D1'$	1195.

3997. $2^{3'},12^{2'}$	$5^{3},1^{4'}$ 1196. Ch. XII. D B 335. Ch. VII 28.
3998. $D2^{3'},12^{2'}$	$D1^{5'}$ 1197.
3999. $4^{3'}$	23^{2} M* 4.
4000. $12345^{2'}$, D1D2D3D4D5'	12345^{4} Celui-ci passe à D 1198.
4001. $1^{2'}$, D4'	$4^{3},4^{5},3^{4'}$ 1199.
4002. D1'	$3^{3},5^{5},4^{4'},23^{5'}$ M* 5.
4003. D1' marchant sur toute la *L* de 1' à 1	tandis que le P ne fait qu'un pas $1^{5'},2^{4'},1^{3'}$ M 18.
4004. D3'D4'D5'	$5^{2},D5^{4}$ PV.
4005. D4'	$2^{3},4^{4}$ D* BL à F 355.
4006. D4'	DouP s/ $123^{2},45^{3},12^{4},45^{5},345^{5'},1^{4'},45^{5'},123^{2'}$ Mr.*
4007. D4' ou $4^{2'}$	DouP s/ $12^{2},45^{3},123^{4},5^{5},345^{5'},12^{4'},45^{3'},123^{2'}$ Mr.*
4008. D5'	$5^{2},2^{4}$ 1200. J'observe que Jaffa nomme pour auteur de ce Coup M. Hennequin, mais il appartient évidemment à Blonde; car je l'ai découvert dans ses manuscrits.

N. B. Depuis que la *Liste universelle des Coups de Dames* a été mise sous presse, divers nouveaux Problèmes sont venus à ma connaissance; j'ai résolu d'en faire jouir les Amateurs. On les trouvera donc décrits ci-après.

Ceux de Blonde formeront la suite des numéros commencés précédemment.

Voici quelles seront les signatures des autres.

M. Altbolle,	ALT.
M. Chevallier, de Marseille,	CH de M.
M. Eugène Leclercq,	E LC.
M. Louis, de Marseille,	L de M.
M. Rambaud, de Lyon,	R de L.
Un Journal de Lyon,	J de L.

ADDITION A LA LISTE UNIVERSELLE.

COUPS DE DAMES PARVENUS A L'ÉDITEUR DEPUIS L'IMPRESSION.

1.	42'.	$1234,15^{2},1^{4},12^{5'}$, D3'	$24^{4},45^{3},4^{4},4D5^{5},2^{6'},5^{6'},1^{3'}$	E LC 1.
2.	84'.	$123,23^{2},4^{3},23^{4},25^{5},15^{6'},45^{4'}$	$2,12,345^{2},134^{3},23^{4},4^{4'}$	E LC 2.
3.	117'.	$124D5,235^{2},35^{3},125^{4},125^{6},1^{6'}$	$134,123D45^{2},123^{3},235^{4},3^{5},4^{5'}$	E LC 3.
4.	229'.	$12,5^{2},1^{3},345^{4},15^{5},1^{5'}$	$13.134^{2},13^{3},35^{4}$	E LC 4.
5.	243'.	$1345,12^{2},135^{3},14^{4},15^{5}$	$34,4^{2},234^{3},134^{4},145^{5},2^{6'}$	E LC 5.
6.	275'.	$134,12^{2},4^{3},24^{5},1^{5'},5^{4'}$	$45.1235^{2},23^{3},23^{4}$	E LC 6.
7.	277'.	$134,15^{2},134^{3},5^{4},1^{5},5^{5'},4^{4'}$	$13,1235^{2},23^{3},12^{4},1^{5},3^{6'}$	E LC 7.
8.	305'.	$13D4,2^{4},2^{5},35^{6'}$	$235^{2},D1^{3},5^{4},2^{5},4^{3'}$	1201.
9.	379'.	$13,15^{3},35^{4},23^{5},34^{5'}$	$13,1235^{2},35^{3},1^{4},1^{5'}$	E LC 8.
10.	398'.	$D145,15^{2},12^{3},1^{4},1245^{5},25^{5'},1^{3'}$	$24.2D35^{2},3^{3},3^{4},4^{5},3D5^{6},34^{3'},3^{2'}$, D2', D3'	L de M
11.	620'.	$2345,1245^{2},12^{3},15^{4},12^{5},145^{6'},5^{6'}$	$135,12345^{2},2345^{3},12^{4},23^{5},4^{5'},3^{6'}$	E LC 9.
12.	729'.	$234,45^{2},14^{3},5^{4},1^{5},45^{5'},4^{4'},5^{5'}$	$134,235^{2},23^{3},12^{4},2^{5},5^{6'}$	E LC 10.
13.	831'.	$234,4^{2},23^{3},5^{5},5^{4'},2^{5'}$	$1.135^{2},13^{3},2^{4},3^{5},4^{5'},1^{5'}$	1202.
14.	825'.	$235,4^{2},34^{3},5^{4},3^{5},1^{5'},1^{5'}$	$D2,5^{2},24^{3},4^{4},25^{5},4^{5'},1^{6'}$	1203.

15. 832'. [illegible] $3^{3},25^{4},25^{5'},1^{8}$
16. 1041'. $245,34^{2},1^{3},12^{4},12^{5},5^{5'},5^{6'}$
17. 1070'. $245,D2^{3},1D25^{4},24^{5},5^{5'}$
18. 1120'. $24,2^{2},34^{3},15^{4},2^{5},145^{6'}$
19. 1181'. $24,24^{3},234^{5},4^{5'},3^{4'},3^{5'}$
20. 1213'. $25,1234^{2},235^{3},3^{4},45^{5},12^{5'}$
21. 1216'. $25,1234^{2},2^{3},24^{4},1^{5}$
22. 1233'. $25,234^{2},1345^{3},35^{4},1^{5},5^{4'}$
23. 1269'. $25,2^{2},3^{3},1D5^{3'}$
24. 1290'. $25,4^{2},3^{4},4^{5}$
25. 1297'. $25,345^{3},1^{4},125^{5},5^{5'}$
26. 1335'. $2,13^{2},4^{3},14^{4},25^{6},25^{5'},1^{4'}$
27. 1341'. $2,1D4^{2},135^{3},3^{4},3^{5'}$
28. 1351'. $2,1^{2},234^{3},3^{4},4^{5},123^{5'},5^{3'}$
29. 1361'. $2,1^{2},23^{4},25^{5'},2^{4'},D5^{2'}$
30. 1396'. $D2,25^{2},1^{3},4^{4},34^{5},23^{3'},2^{4'}$
31. 1464'. $2,35^{2},25^{3},24^{4},25^{5'},4^{4'}$
32. 1524'. $2,5^{2},24^{3},123^{4},2^{5},1^{5'},5^{4'},5^{5'}$
33. 1542'. $2,13^{3},135^{5},1^{5'},5^{4'}$
34. 1546'. $2,234^{3},1^{4},125^{5}$,25[illegible]
35. 1546". $2,235^{2},1234^{4}$,2345[illegible],$12^{5'}$
36. 1580'. $D2,D3^{3}$ ou $D3^{3'},3^{4}$
37. 1618'. $2,3^{4},2^{3'}$
38. 1618". $D2,4^{4},34^{5},4^{4'},2^{3'}$
39. 1648'. $345,14^{2},4^{3},13^{4},4^{5},3^{5'},3^{4'}$
40. 1701'. $34D5,23^{3},13^{4},2^{5},2^{5'}$
41. 1709'. $34,124^{2},12^{3},35^{4},135^{5}$
42. 1753'. $34,2^{2},2^{3},35^{4},3^{5},34^{5'},3^{4'}$
43. 1787'. $34,4^{2},134^{3},345^{4},1234^{5}$
44. 1813'. $34,34^{3},2^{4},4^{5'},5^{4'},4^{3'}$
45. 1830'. $35,12^{2},4^{4},2D4^{5},2^{5'}$
46. 1841'. $35,1D5^{2},1^{3},25^{5},5^{5'},24^{4'},2^{3'}$
47. 1926'. $35,24^{4},D4^{5},24^{5'}$
48. 1960'. $3,14^{2},34^{3},25^{4},3^{5}$
49. 2005'. $3,235^{2},25^{3},1^{4},2^{5}$
50. 2007'. $3,235^{2},25^{4},1^{5},4^{5'}$
51. 2007". $3,235^{2},25^{4},1^{5},4^{5'}$
52. 2036'. $3,25^{2},3^{3},12^{4},2^{5},1^{5'},D2'$
53 2098'. $3,D3^{2},234^{3},23^{5}$
54. 2117'. $3,3^{2},5^{4},14^{5'},5^{2'}$
55. 2127'. $3,4^{2},15^{3},25^{5},24^{5'}$
56. 2181'. $3,13^{3},14^{4},123^{5},1^{5'}$
57. 2191'. $3,1^{3},4^{4},12345^{5},24^{5'},45^{4'}$
58. 2248'. $D3,1^{4},D1D4^{5}$
59. 2265'. $D3,3^{4},2^{5'}$
60. 2396'. $4,12^{2},34^{3},245^{4},4^{5},3^{4'}$
61. 2428'. $D4,235^{2},5^{3},5^{4},5^{5}$
62. 2445'. $4,2^{2},24^{3},12^{4},3^{5},4D1^{5'}$
63. 2501'. $D4,3^{2},5^{4},5^{5},25^{5'}$

$1^{2},124^{3},123^{4},2^{5},14^{5'},1^{3'}$ E LC 11.
$3,34^{2},234^{3},23^{4},23^{5},5^{5'},4^{4'}$ E LC 12.
$12D35,3^{2},1^{3},1^{4},1^{5},D3'$ 1204.
$2,24^{2},2345^{3},15^{4},3^{5},4^{5'}$ E LC 13.
$245,12^{2},15^{3},15^{5}$ 1205.
$15^{2},12345^{3},23D4^{4},45^{5},1^{5'}$ C de M
$345^{3},34^{4},234^{5},3^{5'}$ E LC 14.
$35,1235^{2},23^{3},12^{4},134^{5}$ E LC 15.
$134,D2^{5},2^{5'},D4^{4'},5^{5'}$ J de L
$14^{2},2^{4},1^{5'},5^{4'}$ 1206.
$1235,2D3^{3},3^{5},4^{5'}$ 1207.
$23,1D4^{2},135^{3},3^{4},3^{5'}$ 1208.
$2,13^{2},4^{3},14^{4},25^{5},25^{6'},1^{4'}$ 1209.
$25,123^{2},123^{5},1^{5'},1^{4'},1^{3'}$ 1210.
$4,234^{2},4^{3},3^{4},D5'$ 1211.
$14,345^{2},13^{3},1^{4},1^{5'},D4^{2'}$ L de M
$24,1234^{2},24^{3},3^{5},1^{5'},1^{5'}$ 1212.
$35,12^{2},23^{3},234^{4},4^{5},1^{5'}$ 1213.
$12,134^{2},1^{3},2^{4},2^{5'}$ E LC 16.
$345,5^{2},D13^{4},4^{5},4^{5'}$ R de L
$4,123^{2},1234^{3},35^{4},1^{5'},D3'$ C de M
$4^{2},4^{3},5^{5'}$ 1214.
$5,34^{2},3^{4},2^{4'}$ 1215.
$4,D15^{2},3^{4},1^{5}$ 1216.
$24,124^{2},45^{3},1^{4},15^{5'}$ 1217.
$12,4^{2},45^{3},234^{4},34^{5},1^{5'}$ 1218.
$35^{2},2345^{3},24^{4},125^{5}$ E LC 17.
$4,1235^{2},35^{3},1^{4},1^{5},1^{6'}$ 1219.
$3,1235^{2},45^{3},1245^{4},12^{5}$ 1220.
$5,5^{2},23^{3},2^{4},23^{5},4^{5'}$ E LC 18.
$35,D13^{2},135^{3},1^{4}$ 1221.
$13,23^{2},4^{3},5^{4},34^{5'},4^{3'},D2'$ Bl. LM
$23,D13^{2},15^{3},1^{4}$ 1222.
$D45,15^{2},4^{5'},2^{3'}$ 1223.
$2345^{3},34^{5'}$ 1224.
$3,234D5^{3},23^{5}$ 1225.
$23^{2},234^{3},23^{5}$ 1226.
$13,45^{2},25^{4},5^{5},D5'$ Bl. G 1227.
$3,235^{2},25^{4},1^{6},4^{5'}$ 1228.
$4^{3},2^{5},4^{5'},4^{4'},4^{3'}$ Bl. Thévenau. 1229
$45^{2},2345^{3},15^{4'}$ 1230.
$2,2^{2},34^{3},2345^{4},4^{5}$ 1231.
$234,2345^{2},13^{3},13^{4}$ E LC 19.
$D3^{3}$ 1232.
$5,34^{2},3^{4},2^{4'}$ 1233.
$24^{2},145^{3},15^{4},1^{5},1^{5'},D2'$ 1234.
$5,12345^{2},D34^{3},134^{4},1D3^{4'},1^{2'}$ E LC 20.
$23,3^{2},35^{3},234^{4},3^{5}$ 1235.
$14,13^{3},3^{4},4^{5},2^{2'}$ 1236. Coup de la Gageure.

64. 2531'. D4.5^{2},15^{3},3^{4},1^{5},5$^{6'}$,45$^{4'}$
65. 2553'. 4,12^{3},12345^{4},235^{5},4$^{6'}$,5$^{2'}$
66. 2595'. D^{4},3^{3},4^{5}
67. 2624'. D4,5^{4},2$^{6'}$
68. 2626'. 4,12^{5},5$^{4'}$
69. 2744'. D5,45^{2},5^{3},1245^{4},23^{5},4$^{4'}$
70. 2762'. 5,D4^{2},4^{3}
71. 2767'. 5,4^{2},2$^{6'}$,4$^{4'}$,D1$^{3'}$
72. 2789'. 5,23^{2},23^{4},234^{5},5$^{3'}$,25$^{4'}$
73. 2816'. 5,5^{3},4^{5},5$^{4'}$,1$^{3'}$,D5$^{2'}$
74. 2816''. 5,5^{3},4$^{6'}$,3$^{4'}$,1$^{5'}$,5$^{2'}$
75. 2876'. 12^{2},13^{3},2^{4},3^{5},1$^{6'}$,2$^{4'}$
76. 2895'. 134^{2},12^{4},D12^{5},2$^{3'}$
77. 2948'. 1^{2},124^{3},D4^{4},34^{5}
78. 2948''. 1^{2},124^{3}.D4^{4},34^{5}
79. 2960'. 1^{2},1^{3},23D5^{5},2$^{3'}$
80. 2960''. 1^{2},1^{3},23^{5},D12$^{6'}$,3$^{4'}$
81. 3038'. 234^{2},4^{3},23^{4},1$^{5'}$,3$^{4'}$
82. 3053'. 23^{2},25^{3},25^{4},235^{5},35$^{6'}$,5$^{4'}$
83. 3125'. 2^{2},145^{3},1^{4},234^{5},14$^{6'}$,1$^{4'}$
84. 3207'. 34^{2},1^{3},4^{4},234^{5},234$^{6'}$
85. 3254'. 3^{2},23^{3},25^{4},1235^{5},1$^{6'}$
86. 3270'. 3^{2},34^{3},D3^{4},3^{5},13$^{4'}$
87. 3493'. 124^{3},1^{4},2^{5},4$^{4'}$
88. 3522'. 13^{3},2345^{4},1$^{4'}$
89. 3569'. 234^{3},3^{4},23^{5},3$^{5'}$,4$^{4'}$,1$^{3'}$
90. 3572'. 235^{3},123^{4},2^{5},124$^{3'}$
91. 3619'. 2^{3},14^{4},3^{5},25$^{4'}$
92. 3619''. 2^{3},14^{4},4$^{6'}$,25$^{4'}$
93. 3621'. 2^{3},1^{4},D4$^{6'}$,D4$^{2'}$
94. 3621''. 2^{3},1^{4},D4$^{6'}$,D3$^{2'}$
95. 3768'. 5^{3},5^{5},1$^{2'}$
96. 3824'. 2^{4},D4^{5}
97. 3917'. 3^{5},3$^{2'}$
98. 3934'. 5^{5},2$^{3'}$,2$^{2'}$
99. 3962'. 1$^{6'}$,D3^{1}
100. 3993'. D5$^{4'}$
101. 3994'. 12$^{3'}$
102. 4003'. 2$^{2'}$

1D345,1235^{2},2^{5} E LC 21.
25,13^{2},234^{3},25^{4},12^{5},1$^{3'}$ E LC 22.
4^{3},3$^{6'}$,2$^{6'}$ 1237.
3^{4},3^{5},3$^{5'}$,4$^{4'}$ 1238.
D4^{2},D4^{5},1$^{4'}$,2$^{3'}$ 1239.
1,23^{2},D134^{3},5^{4},12^{5},3$^{2'}$ 1240.
15,5^{4},4^{5} 1241
3^{2},3^{5},D3$^{5'}$,4$^{4'}$ 1242.
4,345^{2},13^{3},1^{4},5$^{6'}$,5$^{4'}$ E LC 23.
134,34^{2},34^{3},1^{4},1^{5} 1243.
134,34^{2},34^{3},2^{4},1^{5} 1244.
5,3^{2},145^{3},5^{5},D5$^{4'}$ E LC 24.
245^{2},2^{3},5^{4},D4$^{4'}$,5$^{2'}$ 1245.
D5,13^{2},5^{3},3^{4},1$^{5'}$ 1246.
D5,3^{2},25^{3},3^{4},1$^{6'}$ 1247.
5.24^{2},2^{3},5^{4},D2$^{2'}$ 1248.
3,245^{2},2^{3},D3^{1} 1249.
24,1^{2},2^{3},12^{4},5^{5},1$^{4'}$ 1250.
13,12345^{2},24^{3},23^{4} 1251.
14,234^{2},235^{3},234^{4} 1252.
24,234^{2},15^{3},14^{4},15$^{4'}$ 1253.
1245^{5},12345^{4},23^{5} 1254.
5,245^{2},5^{3},1$^{6'}$,1$^{2'}$,D5^{1} ALT
3,34^{2},3^{4},14$^{6'}$ 1255.
3^{2}.2^{4},235^{5},1$^{6'}$ 1256.
145,23^{2},3^{3},5^{4},2^{5},1$^{6'}$ 1257.
23,345^{2},123^{3},3^{5},1$^{5'}$ 1258. D^{on} forcée à SH.
2,34^{2},1^{3},1^{5},1$^{6'}$ 1259.
2,4^{2},14^{3},1^{5},1$^{6'}$ 1260.
5^{4},12$^{6'}$,D4^{1} 1261.
4,2^{4},12D4$^{6'}$ 1262.
2$^{4'}$ 1263.
1^{2},1$^{4'}$ 1264.
1^{2},2$^{5'}$ 1265.
5^{2},1^{3},1$^{3'}$ 1266.
5^{2},1^{3},1$^{3'}$ 1267.
4^{3},2^{4},3$^{6'}$ 1268.
2,3^{3},3^{4} 1269.
5^{3},3^{1} 1270.

AVERTISSEMENT.

Voici la seconde section de la *Liste universelle des Coups.*

Presque toujours elle se contentera d'indiquer les mouvemens du Joueur A qui a le trait ; il arrivera cependant quelquefois, mais dans des cas assez rares, qu'il faudra aussi marquer les mouvemens du Joueur B ; ce sera quand la partie l'exigera pour la clarté. (Voir plus bas.)

Blonde est le premier auteur qui ait mis cette pratique en usage. On a vu ci-dessus, page 22, note (a), qu'à cet égard, lui et moi avons conçu la même pensée.

Il est à propos d'appeler ici l'attention des Amateurs sur quelques points qui ont rapport avec l'objet dont il s'agit.

CHIFFRES INDIQUANT L'ORDRE DES TRAITS A JOUER.

Manoury a soin, dans son Traité de 1787, de marquer exactement par des chiffres l'ordre des traits dont les coups sont composés. Les ouvrages publiés depuis ont mal-à-propos négligé cette précaution, dont j'ai reconnu l'opportunité. J'en ai donc rétabli la pratique, en indiquant par des chiffres au haut et au bas de chaque page l'ordre des traits que doit faire le Joueur A.

CONTINUATION DU JEU JUSQU'A RÉSULTAT DÉCISIF.

Le Jeu des *Coups de Dames* sera continué, tantôt jusqu'au gain de la partie, tantôt jusqu'à un résultat décisif. Il m'a semblé que cela conviendrait mieux que de rien laisser à deviner au lecteur. Celui-ci trouvera encore assez l'occasion d'exercer son intelligence, soit en exécutant les manœuvres de la défense, qui sont omises à dessein dans l'imprimé, mais qu'il faut découvrir soi-même afin de mettre le dénouement en évidence ; soit en recherchant les moyens de s'assurer la victoire quand la désignation des mouvemens s'arrêtant avant la fin de la lutte, lui demandera de la compléter.

NOTES EXPLICATIVES DONNÉES LORSQU'IL LE FAUDRA.

Dans le cas où certains Coups auront besoin de quelques mots d'éclaircissement, une note courte et explicative y sera annexée.

COUPS DE BLONDE SANS SOLUTION INDIQUÉE.

Diverses fins de partie avaient été laissées par Blonde sans y joindre la description du Jeu ; j'ai prié des hommes de mérite de s'occuper à les résoudre. Ici je remercie MM. Largeteau, Patot-Vence, Eugène Leclercq, Lacroix, Altroffe, etc., de la part des Amateurs, à qui ils ont rendu un vrai service, en travaillant à perfectionner ainsi l'ouvrage d'un auteur éminent. De tels collaborateurs sont bien faits pour inspirer la confiance dans la tâche dont ils se sont si obligeamment chargés.

Si parmi ces coups il en restait dont le jeu fût en blanc, je ne les maintiendrais pas moins à leur place sur la liste, afin d'offrir aux Amateurs l'occasion d'en chercher et d'en découvrir eux-mêmes la solution. Je les invite à m'en adresser alors les détails circonstanciés.

PAR QUELS AUTEURS IL CONVIENT D'ABORD DE S'EXERCER AUX COUPS DE DAMES.

On peut voir, page 103, par quels auteurs je crois que les commençans feront bien de se servir des *Coups de Dames*, s'ils veulent procéder à cette étude essentielle avec quelque méthode. Il est naturel de débuter par les plus faibles, que je voudrais nommer *Coups élémentaires*. Tous ceux de Manouri, d'Huguenin, du *Livre de* Metz qui sont d'Huguenin pour la plupart, composent la série. On devra passer ensuite à ceux d'Éverat, de M. Alliey, de Dufour, de Conmart et de M. Grégoire. On s'occupera des Coups de Blonde et de Van-Embden immédiatement après avoir épuisé les Coups élémentaires.

Quant à la *Partie de 3 Dames contre 1*, on fera bien de l'entreprendre dès les premiers tems, certain de s'y appliquer avec fruit.

QU'INDIQUERA LA NOTATION QUAND IL Y AURA LIEU DE MARQUER LE TRAIT FAIT PAR LE JOUEUR B?

Lorsqu'il y aura lieu pour la clarté, de marquer le trait du joueur B, ce trait sera porté, en le renfermant dans une parenthèse, exactement au-dessous de celui que vient d'exécuter le joueur A.

www.ingramcontent.com/pod-product-compliance
Lightning Source LLC
LaVergne TN
LVHW021647060726
842527LV00003B/833

* 9 7 8 2 3 2 9 0 6 6 1 3 4 *